Linda-Marie Günther

Herodes der Große

GESTALTEN DER ANTIKE

Herausgegeben von
MANFRED CLAUSS

Linda-Marie Günther

Herodes der Große

Wissenschaftliche Buchgesellschaft

Die Deutsche Bibliothek verzeichnet diese Publikation
in der Deutschen Nationalbibliografie;
detaillierte bibliografische Daten sind im Internet über
http://dnb.ddb.de abrufbar.

Die Herausgabe des Werkes wurde durch
die Vereinsmitglieder der WBG ermöglicht.
Satz: Setzerei Gutowski, Weiterstadt
Gedruckt auf säurefreiem und alterungsbeständigem Papier
Printed in Germany

Besuchen Sie uns im Internet: www.wbg-darmstadt.de

ISBN 3-534-15420-7

Inhalt

Vorwort zur Reihe

„Gestalten der Antike" – die Biographien dieser Reihe stellen herausragende Frauen und Männer des politischen und kulturellen Lebens jener Epoche vor. Ausschlaggebend für die Auswahl war, dass die Quellenlage es erlaubt, ein individuelles Porträt der jeweiligen Personen zu entwerfen, und sie konzentriert sich daher stärker auf politische Persönlichkeiten. Sie ist gewiss auch subjektiv, und neben den berühmten „großen Gestalten" stehen interessante Personen der Geschichte, deren Namen uns heute vielleicht weniger vertraut sind, deren Biographien aber alle ihren je spezifischen Reiz haben.

Die Biographien zeichnen spannend, klar und informativ ein allgemeinverständliches Bild der jeweiligen „Titelfigur". Kontroversen der Forschung werden dem Leser nicht vorenthalten. So geben auch Quellenzitate – Gesetzestexte, Inschriften, Äußerungen antiker Geschichtsschreiber, Briefe – dem Leser Einblick in die „Werkstatt" des Historikers; sie vermitteln zugleich ein facettenreiches Bild der Epoche. Die Darstellungen der Autorinnen und Autoren zeigen die Persönlichkeiten in der Gesellschaft und Kultur ihrer Zeit, die das Leben, die Absichten und Taten der Protagonisten ebenso prägt wie diese selbst die Entwicklungen beeinflussen. Die Lebensbeschreibungen dieser „Gestalten der Antike" machen Geschichte greifbar.

In chronologischer Reihenfolge werden dies sein:

Hatschepsut (1479–1457), von den vielen bedeutenden Königinnen Ägyptens nicht nur die bekannteste, sondern auch die wichtigste, da sie über zwei Jahrzehnte die Politik Ägyptens bestimmt hat;

Ramses II. (1279–1213), der Pharao der Rekorde, was seine lange Lebenszeit wie die nahezu unzähligen Bauvorhaben betrifft;

der spartanische König ***Agesilaos (398–361)***, sein Engagement in Kleinasien, seine Auseinandersetzungen mit Athen und Theben veränderten nachhaltig das Erscheinungsbild Spartas und ganz Griechenlands;

Alexander (356–323), der große Makedonenkönig, dessen Rolle in der Geschichte bis heute eine ungebrochene Faszination ausübt;

Ptolemaios I. (323–282), unter den zahlreichen Nachfolgern Alexanders der fähigste Politiker und interessanteste Staatsgründer;

Hannibal (247–183), einer der begabtesten Militärs der Antike und Angstgegner der Römer; seine Kriege gegen Rom haben Italien mehr geprägt als manch anderer Entwicklung der römischen Republik;

Sulla (138–78), von Caesar als politischer Analphabet beschimpft, weil er die Diktatur freiwillig niederlegte, versuchte, in einem eigenständigen Konzept, den römischen Staat zu stabilisieren;

Cicero (106–43), Philosoph, Redner und Politiker, von dem wir durch die große Zahl der überlieferten Schriften und Briefe mehr wissen als von jeder anderen antiken Persönlichkeit; sein Gegenpart,

Caesar (100–44), ein Machtmensch mit politischem Gespür und einer ungeheuren Energie;

Kleopatra (69–30), Geliebte Caesars und Lebensgefährtin Marc Antons, die bekannteste Frauengestalt der Antike, die vor allem in den Darstellungen ihrer Gegner unsterblich wurde;

Herodes (73 v.–4 v. Chr.), der durch rigorose Anpassung an die hellenistische Umwelt die jüdische Monarchie beinahe in den Dimensionen der Davidszeit wiederherstellte, dem seine Härte jedoch letzten Endes den Ruf des „Kindesmörders“ eintrug;

Augustus (43 v.–14 n. Chr.), der mit unbeugsamer Härte, aber auch großem Geschick das vollendete, was Caesar angestrebt hatte; da er den Bürgerkriegen ein Ende setzte, wurde er für die Zeitgenossen zum Friedenskaiser;

Nero (54–68), der in der Erinnerung der Nachwelt als Brandstifter und Muttermörder disqualifiziert war, auch wenn ihn die zeitgenössischen Dichter als Gott auf Erden feierten;

Hadrian (117–138), einer der eigenwilligsten römischen Kaiser, der nach früheren Expansionen das riesige Römische Reich stabilisieren wollte; seine Regierung war durch den Bar-Kochba-Aufstand ebenso geprägt wie durch seine leidenschaftliche Beziehung zu Antinoos;

Marc Aurel (161–180), der so gerne als Philosoph auf dem Thron bezeichnet wird und doch immer wieder ins Feld ziehen musste, als die ersten Wellen der Völkerwanderung das Römische Reich bedrohten;

Septimius Severus (193–211), der erste „Nordafrikaner“ auf dem Thron, aufgeschlossen für orientalische Kulte; er förderte die donauländischen Truppen und unterwarf das Reich zahlreichen Veränderungen;

mit ***Diocletian (284–305)*** lässt man die Spätantike beginnen, die sich vor allem durch konsequente Ausübung der absoluten Monarchie auszeichnet;

Konstantin der Große (306–337), der im Zeichen des Christengottes in die Schlacht zog und siegte, hat den Lauf der Geschichte nachhaltig verändert; dem Christentum war nun der Weg zur Staatsreligion vorgezeichnet;

Athanasius (295–373), unter den großen politischen Bischöfen der Spätantike einer der radikalsten und erfolgreichsten in dem Bemühen, den neuen Glauben im und gegen den Staat durchzusetzen;

Julian (361–363), dessen kurze Regierungszeit vieles von seinen Plänen unvollendet ließ und deshalb die Phantasie der Nachwelt anregte;

Theodosius der Große (379–395), von dem man sagt, er habe mit einer rigorosen Gesetzgebung das Christentum zur Staatsreligion erhoben; er bewegte sich mit Geschick durch eine Welt religiöser Streitigkeiten;

Galla Placidia (390–450), seine Tochter, eine jener spätantiken Herrscherinnen, die nicht länger hinter den Kulissen, sondern auf der politischen Bühne agierten;

Anastasius (491–518), der nicht nur den größten Staatsschatz aller römischen Kaiser hinterließ, sondern durch seine Regierungsmaßnahmen wesentlich zur Langlebigkeit des Oströmischen Reiches beitrug;

Theoderich der Große (474–526), der bedeutendste jener „barbarischen“ Heerführer, die das Weströmische Reich beendeten,

und schließlich Kaiser ***Justinian (527–565)***, der zusammen mit Theodora die Größe des alten Imperium Romanum wiederherstellen wollte; die Beschreibung seiner Herrschaft kann insofern einen guten (chronologischen) Abschluss bilden.

Manfred Clauss

Vorwort der Autorin

„Ein Idumäer … erwarb sich in Judäa ein Königreich, wie man sich ein Vermögen erwirbt, und erkämpfte sich kühn und raffiniert die heilige Krone Salomons und Josaphats. Er erwies sich als ein guter Beamter … und als harter, grausamer Mann. Er erbaute den Tempel, gründete Caesarea, schaffte seinem Volk in Zeiten des Hungers zu essen und ermordete alle seine Feinde. Dies war Herodes der Große."
(Anatole France, 1892)

In der Reihe der Monographien über bedeutende Gestalten der Antike darf der judäische König Herodes I. nicht fehlen. Erstens war er ein 'Großer' in der Geschichte seines Volkes und Landes, zweitens hat er einen festen Platz in der historischen Erinnerung der Europäer, drittens vermittelt uns die literarische Überlieferung ein deutliches Bild von seinen Taten, Motiven und Wesenszügen. Als vierter Punkt ließe sich anführen, dass die internationale Spatenforschung der letzten Jahrzehnte viel zur Ergänzung des literarischen Bildes beigetragen hat. Daher fiel meine Wahl ohne Zögern auf Herodes, als ich von Herrn Kollegen Clauss die Einladung erhielt, in seiner Biographien-Reihe eine Persönlichkeit zu behandeln.

Inzwischen wüsste ich viele Punkte, unter denen von der Wahl Herodes' I. für eine Biographie abzuraten wäre; einige möchte ich benennen:

Erstens verdankt Herodes seinen festen Platz in der europäischen Erinnerungskultur einer Verleumdung, denn er ist nicht der 'Kindermörder von Bethlehem' im Neuen Testament, dem das Matthäusevangelium die Rolle des ersten Schurken der Heilsgeschichte angedichtet hat. Außerdem hat nicht er, sondern sein Sohn Herodes Antipas, den Tod Johannes' des Täufers auf dem Gewissen.

Zweitens ist das Bild, das der antike jüdische Geschichtsschreiber Flavius Josephus überliefert, alles andere als zuverlässig – oder gar 'objektiv', und zwar nicht nur, weil seine Werke drei Generationen später entstanden.

Drittens bedient der Buchmarkt das Interesse an Herodes recht gut, zugleich entzieht sich allerdings das Sujet einem einfachen Forschungsresümee. Als historiographisches Objekt ist Herodes nämlich im Verständnis jüdischer – wie auch nichtjüdischer – Geschichtsschreibung keine Frage der Vergangenheit, sondern ein gegenwärtiges Menetekel. Als ein Fall für die wissenschafts- und zeitgeschichtliche Analyse hängt die Bewertung der historischen Persönlichkeit des Herodes auch mit der Bedeutung des Flavius Josephus zusammen, der zudem selbst als Zeitzeuge des 'Jüdischen

Krieges', der Zerstörung des Zweiten Tempels in Jerusalem und der römischen Eroberung Masadas nicht unumstritten ist.

Wer sich mit Herodes, dem König von Judäa, beschäftigen will, kann heutzutage auf eine Reihe älterer und neuerer Monographien zurückgreifen, unter denen diejenige von Abraham Schalit weiterhin unverzichtbar ist. Das dicke Standardwerk, das 1960 in hebräischer, 1969 in deutscher Sprache publiziert wurde, liegt dankenswerterweise seit 2001 in einem Nachdruck vor, dem ein aufschlussreiches Vorwort von Daniel R. Schwartz beigegeben ist.

Im Jahr 1929, in dem Schalit aus Wien nach Palästina übersiedelte, erschien „Das Haus des Herodes" von Hugo Willrich, der schon seit dem Ende des 19. Jahrhunderts den Plan zu diesem Buch gefasst hatte. Der vollständige Titel „Das Haus des Herodes zwischen Jerusalem und Rom" verdeutlicht das Anliegen dieses Autors, „die zwischen jenen beiden Welten gähnende Kluft zu überwinden". Da seine Perspektive eine spezifisch kulturgeschichtliche ist – oder doch zu sein vorgibt –, setzt er sich viel weniger als Schalit mit der Aufbereitung des bisherigen Forschungsstandes durch Walter Otto auseinander, die der damals noch junge Gelehrte, der später München zu einem Zentrum der Hellenismusforschung machte, 1913 für die Real-Encyclopädie von Pauly und Wissowa vorgelegt hatte.

Wie instruktiv Untertitel zumal bei Herodes-Biographien sein können, zeigen nicht nur Schalit („König Herodes. Der Mann und sein Werk"), der den Blick auf den 'Realpolitiker' Herodes erahnen lässt, sondern auch 1957 Steward Perowne („The Life and Times of Herod the Great"), 1968 Samuel Sandmel („Herodes. Bildnis eines Tyrannen", engl. 1967), 1977 Gerhard Prause („Herodes der Große. König der Juden"; bei den späteren Auflagen auch noch „Korrektur einer Legende"), 1996 Peter Richardson („Herod. King of the Jews and Friend of the Romans") sowie jüngst 2002 Manuel Vogel („Herodes. König der Juden, Freund der Römer").

Als Manfred Clauss in seine Reihe „Gestalten der Antike" Herodes aufzunehmen plante, lag in deutscher Sprache neben dem *opus magnum* von Schalit und außer den übersetzten Büchern von Perowne und Sandmel lediglich die – inzwischen vergriffene – Biographie von Gerhard Prause vor. Dieses für ein breiteres Publikum geschriebene Buch wollte „das ursprüngliche Bild von Herodes, sein Leben, wie es wirklich war" offen legen und zugleich die jahrtausendealten „Lügen und Legenden entlarven", doch hat es dieses Ziel insofern nicht erreicht, als im allgemeinen Bewusstsein einer an Geschichte und Theologie interessierten Öffentlichkeit Herodes immer noch als vermeintlicher Kindermörder von Bethlehem und als brutaler Tyrann und Wüterich gegen seine engsten Familienangehörigen figuriert.

Das wird künftig wohl so bleiben, denn in der literarischen wie künstlerischen Rezeption und im Geschichtsbild Alteuropas behauptet Herodes gerade deswegen seinen Platz, weil er ein Exponent der Alterität, letztlich des Orients ist. An diesem Blick auf den judäischen König hat sich trotz der – von Willrich bis Vogel vorgetragenen – Akzentuierung seiner Romorientierung nicht viel geändert, wird doch, wenn auch subtil, nach Phänomenen einer Akkulturation und einem darin enthaltenen Potential für Friedenssicherung gefragt.

Die hier vorgelegte Biographie könnte im Untertitel Herodes als „letzten hellenistischen König" charakterisieren, als der er nach meiner Ansicht anzusprechen ist. Für viele seiner Untertanen, die in ihm den Fremdherrscher sahen, machte es keinen Unterschied, ob er als Instrument der neuen Weltmacht oder als 'zweiter Antiochos Epiphanes', als Wiedergänger jenes großen Religionsfrevlers, die Juden tyrannisierte.

Somit war Herodes auch aus der Perspektive des jüdischen Volkes, welcher Flavius Josephus weithin verpflichtet ist, ein Exponent der Alterität. Dies erklärt, warum sich gerade jüdische Gelehrte so schwer tun, den König Judäas beziehungsweise der Judäer als 'König der Juden' zu erfassen. Am weitesten geht hier Samuel Sandmel, Professor am Hebrew Union College, wenn er den Tyrannen Herodes primär als Psychopathen schildert.

Allen Interpretationen gemeinsam ist freilich die Quellengrundlage: die Darstellung der herodianischen Zeit in den beiden Hauptwerken des Flavius Josephus, den *Antiquitates Judaeorum (Jüdische Altertümer)* und dem *Bellum Judaicum (Jüdischer Krieg)*. Ich habe mich dafür entschieden, diesen Gewährsmann sehr oft direkt zu Wort kommen zu lassen, nicht zuletzt um einen unmittelbaren Eindruck von seinem teilweise deutlich polemischen Stil zu vermitteln. Dabei wird aus dem *Jüdischen Krieg* (= BJ) zumeist nach der Übersetzung von O. Michel und O. Bauernfeind (1959), seltener nach derjenigen von H. Clementz (um 1900, ND 1923, 1959) zitiert, aus den *Jüdischen Altertümern* (= AJ) nach der Übersetzung von H. Clementz, die hier wie dort der neuen Rechtschreibung angepasst und, sehr selten, auch sprachlich retouchiert wurde. Statt in Anmerkungen sind die Zitate in ihrem unmittelbaren Kontext belegt durch die Angaben der Buch-, Kapitel-, Absatz- sowie Paragraphenzählung.

Eine Bemerkung ist zu den Namensschreibungen vorauszuschicken: Ortsnamen werden in der gebräuchlichen Form der deutschsprachigen Literatur angeführt (z.B. Joppe, Hesbon); einige Festungen in der griechischen Fassung (z.B. Herodeion statt Herodium). Bei Personennamen finden bei bekannten wie Alexander die geläufigen, ansonsten die latinisierten Formen Verwendung (Antigonus, Hyrkanus, Malichus, Philippus); für den Namen Antipatros, den in Herodes' Familie mehrere Männer trugen, ist die genannte griechische Form für den Sohn der Salome, Herodes' Neffen, gewählt worden, die eingedeutschte Form Antipater dagegen für Herodes' Vater und ältesten Sohn. Der häufige hasmonäische Name Aristobulos wird für den Bruder des Hyrkanus in der Form Aristobulus verwendet, für den Sohn der Alexandra, den Enkel jenes Aristobulus, dagegen Aristobul, ebenso wie für den Sohn der Mariamne mit Herodes, den Enkel der Alexandra, mithin Urenkel jenes Aristobulus.

Die beigefügten Stammbäume mögen die Orientierung in der Prosopographie der herodianischen Sippe erleichtern, die auch für Fachleute ein extrem dorniges Feld ist. Hier hat Nikos Kokkinos 1998 mit seinem hilfreichen Buch über die herodianische Dynastie den Durchblick sehr erleichtert, aber auch durch neue Datierungen und genealogische Zuordnungen zahlreiche Diskussionen entfacht. Auch die Autorin dieser Biographie mag nicht jedem dortigen Vorschlag folgen, muss sich aber gemäß der Konzeption der „Gestalten der Antike“ ausführliche Diskussionen dazu in den Anmerkungen ebenso versagen wie zu manchen anderen kontroversen Details. Alle Zeitangaben in diesem Buch beziehen sich, wenn nicht anders vermerkt, auf die Zeit vor Christi Geburt. Bedauerlicherweise muss mit Blick auf ein weiteres Lesepublikum schließlich die Bibliographie auf thematisch einschlägige Monographien beschränkt werden, obgleich bekanntlich die wissenschaftliche Forschung in Aufsätzen und Beiträgen zu Kongressen vorangetrieben wird.

Die Aufgabe, der ich mich gestellt habe, ist mit der Vorlage dieses Buches abgeschlossen. Es bleiben gemischte Gefühle angesichts des Vielen, was in einer Monographie wie dieser keine Berücksichtigung finden kann; es bleibt aber auch die gute Erfahrung, von vielen Seiten Unterstützung erfahren zu haben.

Daher möchte mich gern bedanken: zuerst sehr herzlich bei Herrn Professor Dr. Dr. Manfred Clauss in Frankfurt für seine Initiative und seine Geduld mit der Autorin; sodann bei der Ruhr-Universität Bochum, die mir im Winter 2003/04 ein höchst willkommenes Forschungsfreisemester gewährte; schließlich bei meinem lieben Mann Dr. Wolfgang Günther in München, der mir mit grenzenlosem Verständnis und Zuspruch die Arbeit doch auch zu einem Vergnügen hat werden lassen. Er hat mir mit seiner bewundernswerten Kompetenz in diffizilen philologischen Fragen zur Seite gestanden und die Literaturbeschaffung wesentlich erleichtert. Ohne auch seinen Verzicht auf Freizeit und Urlaub, ohne seine – oftmals stumme – Frage „Wann gehst du wieder an den Herodes?“ wäre dieses Buch wohl noch immer nicht fertig geworden.

Bochum/München, im März 2005 Linda-Marie Günther

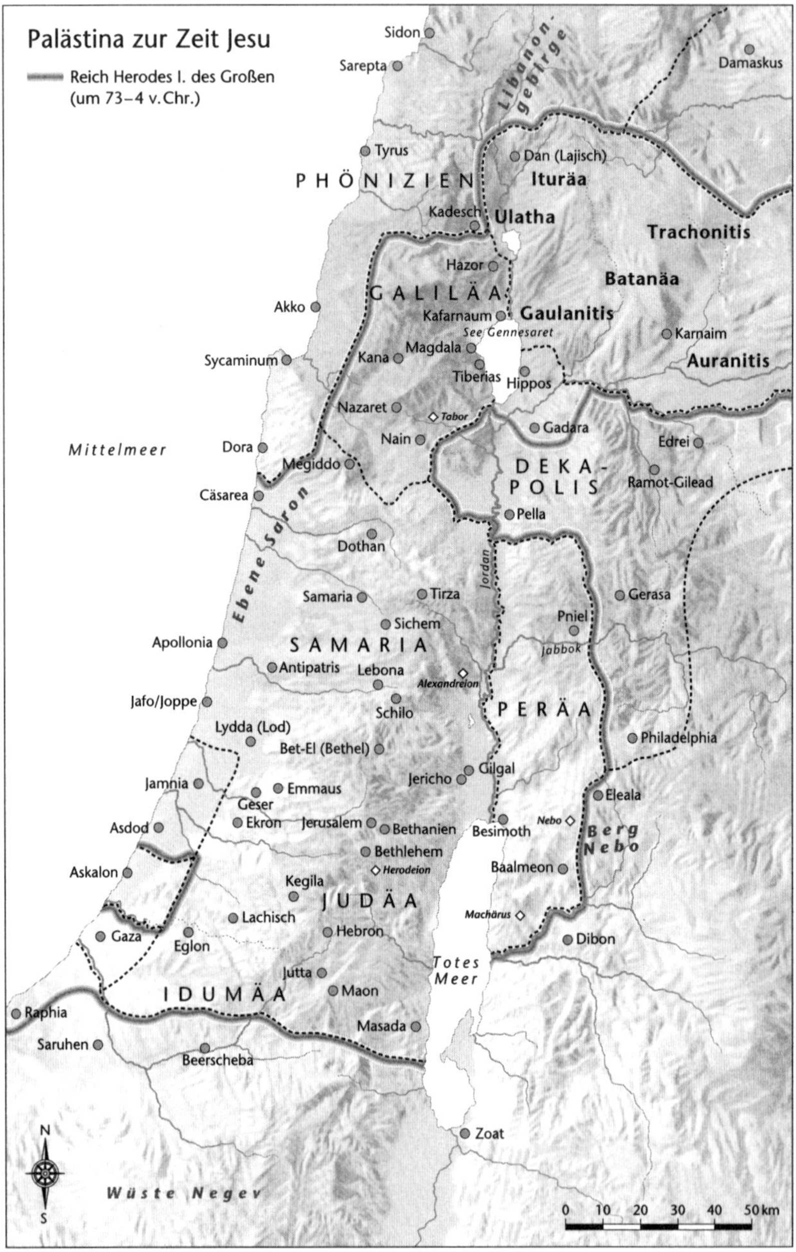
Palästina zur Zeit Jesu
Reich Herodes I. des Großen (um 73–4 v. Chr.)
Sidon
Sarepta
Libanon-gebirge
Damaskus
Tyrus
Dan (Lajisch)
PHÖNIZIEN
Ituräa
Kadesch
Ulatha
Trachonitis
Hazor
Batanäa
GALILÄA
Akko
Kafarnaum
Gaulanitis
See Gennesaret
Karnaim
Magdala
Sycaminum
Kana
Auranitis
Tiberias
Hippos
Nazaret
Tabor
Gadara
Nain
Edrei
Mittelmeer
Dora
Megiddo
DEKAPOLIS
Ramot-Gilead
Cäsarea
Pella
Ebene Saron
Dothan
Jordan
Samaria
Tirza
Gerasa
Sichem
Pniel
Apollonia
SAMARIA
Jabbok
Antipatris
Lebona
Alexandreion
Jafo/Joppe
Schilo
PERÄA
Lydda (Lod)
Philadelphia
Bet-El (Bethel)
Gilgal
Jericho
Jamnia
Emmaus
Eleala
Geser
Ekron
Jerusalem
Bethanien
Besimoth
Nebo
Asdod
Berg Nebo
Bethlehem
Askalon
Herodeion
Baalmeon
Kegila
JUDÄA
Lachisch
Machärus
Gaza
Hebron
Eglon
Dibon
Totes Meer
Jutta
IDUMÄA
Maon
Raphia
Masada
Saruhen
Beerscheba
Zoat
N
S
Wüste Negev
0 10 20 30 40 50 km

I. Salome

Ohne die Mythen und Legenden des klassischen Altertums, ohne die Gestalten der Bibel ist die europäische Kultur undenkbar. Malerei, Literatur und Musik schöpfen aus dem so überreichen Reservoir der alt- und neutestamentlichen sowie der heidnisch-antiken Überlieferung – sei es zurückgreifend auf diese selbst, sei es in Anverwandlung bereits vielfach verarbeiteten Materials. Von der Renaissance bis in die Gegenwart setzt sich diese vielschichtige Rezeption fort, selbst in Zeiten reduzierter christlicher wie humanistischer Kenntnishorizonte. Auch in der Wissenschaft, die zur Kultur in ihrer spezifisch europäischen Ausprägung gehört, spiegelt sich jener kreative Prozess.

Insbesondere gilt dies für die Geschichtsschreibung mit ihrer Ergebnisdarlegung, der Historiographie: Sie steht der literarischen Kunst nahe – nicht zufällig ist Klio eine der neun Musen! Gerade die antike – heidnische wie christliche – Geschichtsschreibung verstand sich als literarisches Genre und nahm daher Darstellungsforme(l)n ihrer Zeit und ihres spezifischen intellektuellen Umfeldes auf.

Der moderne Historiker, von dem zumindest gelegentlich noch erwartet wird, dass er berichtet 'wie es denn eigentlich gewesen sei', sieht sich in einem Dilemma, zumal bei der Untersuchung großer Gestalten in ihren jeweiligen Ereignis- und Interpretationszusammenhängen: Je bekannter die Person, die er als historischen Protagonisten erforscht, desto mehr ist ihm gerade durch die Vielzahl der Quellen und vor allem der bereits vorhandenen Deutungen die eigenständige Wahrnehmung des so genannten Faktischen verstellt. Dabei sind ihm nicht immer alle Bilder bewusst, die durch die vielfältigen früheren Betrachtungen und Bewertungen, künstlerische wie analytische, nachwirken. Man denke an die komplexen Assoziationen, die historische Helden wie Alexander III. (der Große) hervorrufen und von denen sich nicht einmal der Wissenschaftler umfassend freimachen kann.

Auch der judäische König Herodes wird in der Historiographie „der Große" genannt. An ihm als einer bedeutenden Figur auf der politischen Bühne der letzten Jahrzehnte des 1. Jahrhunderts v. Chr. sind diverse Perspektiven der heidnisch-antiken, der christlich-antiken und nicht zuletzt der jüdisch-antiken Überlieferung zu beobachten. Das Geschehen seiner Zeit stellt sich als ein extrem komplexes Gewirr von Ereigniszusammenhängen dar: Historische Prozesse der griechisch-hellenistischen, der römischen und der judäischen Geschichte fließen hier zusammen, so dass von den verschiedenen Standorten her die Vorgänge samt ihrer Bewertung und ihres Begründungskontextes ganz unterschiedlich gesehen werden können – und gesehen wurden.

Dass bei alledem der heutige Betrachter des großen Herodes und seiner Zeit eingebunden ist in europäisch-abendländische Wahrnehmungstraditionen, soll einleitend an einem Beispiel skizziert werden, dessen Protagonisten der herodianischen Familie angehören.

Herodes – hieß so nicht auch der judäische Herrscher, der Johannes den Täufer töten ließ, weil die schöne Salome bei seinem berühmten Gastmahl vor ihm getanzt und zum Lohn den Kopf des Propheten gefordert hatte? Und hatte nicht Johannes sich dadurch bei dem Herrscher unbeliebt gemacht, dass er dessen Ehe mit der Schwägerin Herodias getadelt hatte? War es nicht der besondere Hass dieser Frau, die den Tod des frommen Mannes heraufbeschworen hatte – und die sogar noch das Haupt des Täufers misshandelt haben soll?

Schlagen wir nach beim Evangelisten Markus: König Herodes, heißt es dort, hatte zwar den Johannes inhaftiert, doch fürchtete er den frommen Mann, „gehorchte ihm in vielen Sachen und hörte ihn gern". Es war jedoch Herodias, „seines Bruders Philippus' Frau", die dem Johannes nach dem Leben trachtete und zunächst seine Einkerkerung, dann durch ihre Tochter seinen Tod erreichte. Sie ließ nämlich das Mädchen, das bei einem großen Festmahl des Herodes als Tänzerin auftrat, als ihre Belohnung den Kopf des Asketen fordern. Markus berichtet, wie der König – von der Darbietung ebenso begeistert wie seine hochrangigen Gäste – dem Mädchen unter Eid versprach: „Was du von mir erbitten wirst, will ich dir geben, bis an die Hälfte meines Königsreichs." Auf Anraten der Mutter Herodias lautete die Forderung: „Ich will, dass du mir jetzt zur Stunde auf einer Schüssel das Haupt Johannes des Täufers gibst." Gebunden an seinen Schwur beauftragte Herodes den Henker, den Gefangenen zu köpfen und das Haupt wie verlangt herbeizubringen – das Mädchen „gab's ihrer Mutter" (Markus 6,14–29).

Den Namen der folgsamen Tochter nennt auch Matthäus nicht, der in seinem Evangelium (14,1–12) dieselbe Geschichte in kürzerer Form und mit minimalen Varianten erzählt. Wie kommt es also, dass die Tänzerin, deren Darbietung zumal als verführerisch im Sinne von lasziv und sexuell erregend gedacht wird, unter dem Namen Salome in die abendländische Kunst eingegangen ist?

Informationen über eine Tochter der Herodias namens Salome gibt Flavius Josephus, der in den letzten Jahrzehnten des 1. Jahrhunderts n. Chr. in seinem Werk über die *Jüdischen Altertümer* schreibt, dass Herodias durch ihren Vater Aristobul eine Enkelin Herodes' des Großen war; ebenso erfahren wir dort, dass sie verheiratet war „mit Herodes, dem Sohn Herodes' des Großen und der Mariamne, der Tochter des Hohepriesters Simon" und ihm eine Tochter Salome gebar (AJ 18, 5,4/136). Demnach war Salome, Stieftochter desjenigen Herodes, der im Evangelistenbericht über Galiläa herrschte, mütterlicherseits eine Urenkelin, väterlicherseits eine Enkelin des Königs Herodes. Ist auch die weitverzweigte herodianische Sippe ein vertracktes Thema, soll doch an dieser Stelle der Hinweis genügen, dass der bei Markus genannte König Herodes ein Sohn jenes „großen" Herodes war und zunächst Antipas hieß. Mit seinem Herrschaftsbeginn in Galiläa nahm er dann den Namen Herodes Antipas an, führte allerdings nicht den Königstitel, sondern war Tetrarch (Vierfürst), Herrscher über einen Landesteil des Reiches Judäa.

1. Tanz durch die Rezeptionsgeschichte

Warum wir die in den Evangelien namenlos bleibende Tochter der Herodias als Salome kennen, ist damit zwar beantwortet; offen bleibt aber die Frage, wie sich das Bild der Tänzerin zu dem einer *femme fatale* entwickelt hat, als welche Salome gerade auch im 20. Jahrhundert gesehen wird. Werfen wir also einen Blick auf die nachantike Rezeption dieser Figur.[1]

Da bereits in der theologischen Literatur des 4. Jahrhunderts n. Chr. die Verwerflichkeit jenes Tanzes thematisiert wurde, erscheint in Darstellungen sowohl der abendländisch-katholischen wie der byzantinisch-orthodoxen Kunst Salome als akrobatisch sich verrenkende Figur. In den mittelalterlichen Darstellungen vom Tod des Johannes übergibt der Henker der Salome direkt eine Schüssel mit dem Haupt. Die barocke Malerei dagegen bevorzugte drastischere Themen wie die Enthauptung des Johannes im Kerker.

Ein Beispiel hierfür ist das monumentale Fresko des Giovanni Battista Tiepolo in der Capella Colleoni zu Bergamo (von 1732/33) mit einer neuartigen Figurengruppe aus Henker, Rumpf des Täufers, dem Mädchen und einer Alten. Das vornehme Paar im rechten Vordergrund neben dem Steinsockel mit dem Geköpften gilt gemeinhin als Salome und Herodes, doch ist diese herrisch posierende Frau Herodias, die eigentlich Verantwortliche für die grausame Tat. Salome wird hier dagegen marginalisiert, was ihre Unschuld betont: Sie wendet sich im Hintergrund der linken Bildhälfte vom Geschehen ab. Dabei verhüllt sie ihre als spezifisch gedachte Nacktheit mit einem weißen lakenartigen Umschlagtuch, ihr linker Oberschenkel bleibt unbedeckt, was sie als die Tänzerin charakterisiert.

Zum Mittelpunkt der künstlerischen Wahrnehmung wird Salome erst in der zweiten Hälfte des 19. Jahrhunderts in Frankreich. Dort nahm zum einen der Orientalismus infolge der napoleonischen Feldzüge in der Levante starken Einfluss auf Literatur und Malerei, zum anderen die frühe

Abb. 1: Die Enthauptung Johannes des Täufers, Fresko in der Cappella Colleoni, Bergamo, von G. B. Tiepolo.

Fin-de-Siècle-Stimmung. In Paris beschäftigte sich 1875/76 bis 1878 der Maler Gustave Moreau mit dem Thema *Salome* in einem allein dieser Figur gewidmeten Zyklus. Dessen berühmtestes Bild „Die Erscheinung", ein großes Aquarell, das im Pariser Salon 1876 ausgestellt wurde, zeigt die Tanzende im linken Bildfeld. Im Hintergrund sitzen Herodes und Herodias, deren rostrotes Kleid mit dem gleichfarbigen Gewand des Henkers korrespondiert, welcher sich am rechten Bildrand auf sein langes Schwert stützt. In der Bildmitte hat sich auf dem Boden des orientalischen Raumes eine Blutlache gebildet, darüber schwebt der Kopf Johannes' des Täufers mit einem edelsteinverzierten Nimbus im Strahlenkranz, in den mit ihrer linken erhobenen Hand hineingreifend Salome auf ihre Vision verweist. Sie selbst ist unbekleidet bis auf ihren überaus reichen, mit Edelsteinen verzierten Schmuck und ein üppig gemustertes, aber dünnes, schleierartiges Tuch hinter ihrem Körper. Mit seiner mystischen Stimmung verleiht das Bild der Salome eine völlig neue Dimension morbider Erotik.

Gustave Moreau hat unmittelbar Gustave Flaubert zu seiner Novelle „Hérodias" inspiriert, die 1877 in seinen „Trois Contes" erschien und die Moreau'sche schwüle Mystik ironisiert.

Die Hauptperson der Erzählung ist Herodias, deren Tochter Salome zwar überraschend auftritt, deren wahre Identität Herodes unbekannt bleibt. Der für seine „Salammbô“ berühmte Romancier soll hier seine Inspiration sowohl aus der Darstellung vom Johannestod an der Kathedrale seiner Heimatstadt Rouen bezogen haben als auch aus einer Orientreise. Seine dort bei erotischen Tanzdarbietungen gewonnenen Eindrücke fanden ihren Niederschlag in der brillanten Schilderung von Salomes Tanz, die schließlich Richard Strauss in seiner „Salome“ im Tanz der sieben Schleier kongenial in Musik umsetzte. Bereits die Oper „Hérodiade“ von Jules Massenet – 1881 uraufgeführt und von umstrittener musikalischer Qualität – berief sich auf Flauberts Erzählung. Ihr eigenwilliges Libretto deformiert die Geschichte vom Tod des Täufers in abstruser Weise: Die Tänzerin Salome, längst in Johannes verliebt und angesichts des für ihn beschlossenen Todes verzweifelt, wird von Herodes begehrt; die eifersüchtige Herodias weiß als Einzige um die verwandtschaftliche Identität des Mädchens. Da in diesem 'plot' kein Platz war für den kanonischen Tanz der Salome, hat der Komponist mit Blick auf die Erwartungen des französischen Publikums als Balletteinlage einen babylonischen Tanz von Sklavinnen zugefügt. Einmalig ist in der „Hérodiade“ eine große jüdische Gottesdienst-Szene auf der Opernbühne, die kirchliche Kreise so schockiert hat, dass eine Exkommunikation von Komponist und Librettist bei Papst Leo XIII. beantragt wurde!

Gleichfalls von Moreau und Flaubert angeregt und gleichfalls von einem langjährigen Aufführungsverbot – nämlich in London – betroffen war die in Paris entstandene Tragödie „Salomé“ aus der Feder des englischen Dichters Oscar Wilde. Sie wurde 1893 in französischer, 1894 in englischer Sprache publiziert und schließlich 1896 in Paris uraufgeführt – mit der berühmten Sarah Bernhardt in der Titelrolle.

Nicht zuletzt wegen der großen Resonanz beim Publikum während der deutschen Erstaufführung 1901 in Breslau folgte 1905 in Dresden die gefeierte Uraufführung der einaktigen Oper „Salome“ von Richard Strauss, deren Libretto die gekürzte deutsche Übersetzung jenes Dramas ist. Hier ist Salome nicht einfach Werkzeug ihrer Mutter, sondern wird von ihrer eignen Hassliebe zum keuschen Johannes getrieben. Der Komponist, der durch Klangmagie und raffiniertes musikalisches Farbenspiel eine adäquate Verdichtung der überhitzten Atmosphäre der Wilde'schen Tragödie erreicht, hat mit der musikdramatischen Geschlossenheit dieses Werkes seinen Ruhm als Meister der modernen Oper begründet. Seit 100 Jahren gehört „Salome“ zum Repertoire aller namhaften Opernhäuser – welch ein globaler Erfolg für eine Story, deren Historizität äußerst fragwürdig ist!

2. Herodes Antipas

Wie hat die Geschichtswissenschaft die herodianischen Protagonisten des Salome-Mythos in ihren Ereignis- und Interpretationszusammenhang eingeordnet?[2]

Aus der Auflistung der Nachfahren Herodes' des Großen bei Flavius Josephus kennen wir den Namen der fatalen Tänzerin: Salome. Sie war die offenbar einzige Tochter der Herodias; ihr Vater war nach derselben Quelle Herodes, ein Sohn des Königs Herodes von seiner dritten Gattin Mariamne, einer Tochter des Hohepriesters Simon. Somit stammte Salome aus einer sowohl königlichen als auch priesterlichen Familie. Außerdem erfahren wir, dass Herodias nach der Geburt des Kindes „Herodes, den Tetrarchen und Stiefbruder ihres Gatten heiratete ... Ihre Tochter Salome war zunächst mit Herodes' Sohn Philippus, dem Tetrarchen von Trachonitis, vermählt, und als dieser ohne Kinder starb, heiratete sie Aristobulus, den Sohn von Agrippas Bruder Herodes und gebar ihm drei Söhne" (AJ 18,5,4/137).

Der heutige Historiker, der überlieferte Ereignisse und somit auch Heiraten und Geburten in Herrscherfamilien zumindest ungefähr zeitlich zuordnet, fragt hier: Wann hat Herodias die Tochter geboren, wann ist sie eine neue Ehe eingegangen? Als gesichert kann gelten, dass Herodias selbst um 15/14 v. Chr. geboren wurde, so dass ihre Verheiratung respektive die Geburt der Tochter nicht vor den ersten Jahren des 1. Jahrhunderts n. Chr. erfolgt sein dürfte. Da sie Flavius Josephus zufolge bald nach der Geburt des Kindes den Tetrarchen Herodes heiratete, wäre nun zu erwarten, dass sich der Tod des Johannes um 15 bis 20 n. Chr. ereignete, als Salome – bei den Evangelisten als „Mädchen" *(korasion)* bezeichnet – höchstens 16 Jahre alt war. Aufgrund anderer Evidenzen ist ein Todesdatum Johannes' des Täufers vor dem Jahr 20 n. Chr. nicht denkbar, so dass die besondere Bedeutung der genauen Chronologie jener Hinrichtung auf der Hand liegt. Nun berichtet gleichfalls Flavius Josephus von diesem Ereignis, wenn auch in einem anderen Zusammenhang als die Evangelisten: „Herodes ... kehrte ... bei seinem Stiefbruder Herodes ein. Hier fasste er eine so heftige Neigung zu dessen Gattin Herodias, die ihres gemeinschaftlichen Bruders Aristobul Tochter ... war, dass er mit dem Plan umging, sie zur Ehe zu nehmen. Herodias war damit einverstanden, ... jedoch unter der Bedingung, dass er des Aretas Tochter verstoße. Herodes sagte (ihr) das zu" (AJ 18,5,1/110). Tatsächlich kehrte Herodes' erste Gattin zu ihrem Vater, dem Nabatäerkönig Aretas, zurück; daraufhin brachen massive Feindseligkeiten aus, in deren Verlauf „des Herodes ganzes Heer aufgerieben (wurde) ... Manche Juden waren übrigens der Ansicht, der Untergang der Streitmacht des Herodes sei nur dem Zorne Gottes zuzu-

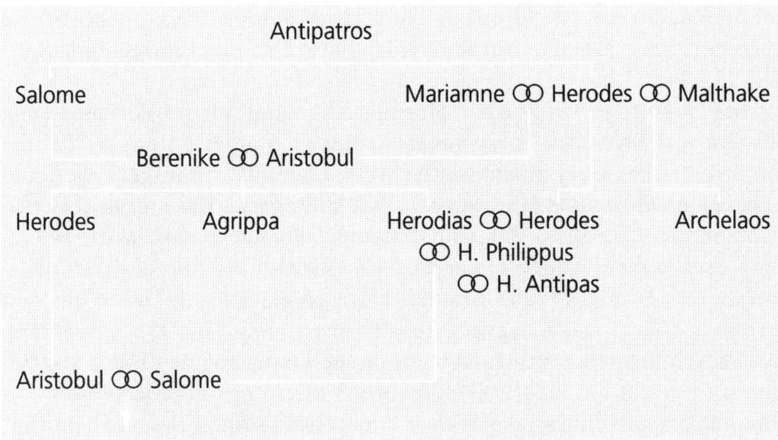

Herodes' Ehefrauen und Söhne

A) ca. 45–28 v. Chr.

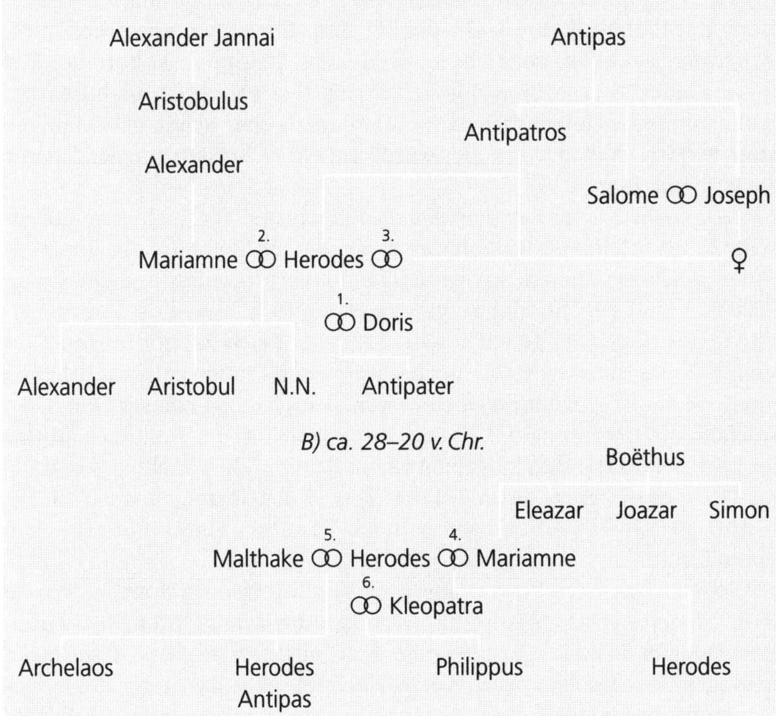

schreiben, der für die Tötung Johannes' des Täufers die gerechte Strafe gefordert habe. Den Letzteren nämlich hatte Herodes hinrichten lassen" (AJ 18,5,1–2/115f.).

Hier ist Herodes' Heirat mit Herodias die unmittelbare Voraussetzung für den verlustreichen Krieg gegen Aretas IV. Zugleich liegt die Tötung des Täufers, die jener glücklosen Schlacht ebenfalls vorausgegangen sein muss, kaum allzu viele Jahre zurück. Das militärische Ereignis lässt sich in den Sommer des Jahres 36 n. Chr. datieren. Nehmen wir zudem die Erzählung der beiden Evangelisten ernst, dass Johannes die Ehe des Tetrarchen mit „seines Bruders Frau" getadelt hatte, so gehört sein Tod in die Zeit zwischen Heirat und Kriegsbeginn, also etwa in das Jahr 35 n. Chr.; die in der Forschung gelegentlich angenommene Datierung des Todes von Johannes um das Jahr 28 n. Chr. ignoriert allerdings gerade diesen Zusammenhang.[3] Wenn, so können wir nun weiter rechnen, Salome beim Tod des Johannes tatsächlich das tanzende Mädchen gewesen sein sollte, müsste sie im Jahr 20 oder bald danach geboren worden sein, also nach mehr als zwanzigjähriger kinderloser Ehe ihrer inzwischen fünfunddreißigjährigen Mutter Herodias. Es ist weniger diese – an sich aber nicht unmögliche – Vorstellung als vielmehr des Josephus zitierte Behauptung, Salome sei zuerst mit Philippus, ihrem Großonkel, dem Tetrarchen von Trachonitis, verheiratet gewesen, die nicht ins Bild passt. Philippus ist bereits 33/34 n. Chr. kinderlos gestorben, müsste für sich aber gerade die Geburt eines Erben von seiner letzten Ehe mit einer damals eben schon gebärfähigen Braut erwartet haben. Auch dies würde auf ein Geburtsdatum der Salome vor 20 n. Chr. führen.

Wie man die Frage nach dem Alter von Herodes' Stieftochter zum Zeitpunkt jenes fatalen Gastmahles auch wendet, es bleibt ein gravierender Widerspruch zwischen den Angaben bei Flavius Josephus und den Evangelisten bestehen. Um hier zu einer Lösung zu kommen, ist in der Forschung der Vorschlag gemacht worden, dass es sich bei der jungen Tänzerin Salome um eine leibliche Tochter des Herodes gehandelt haben könnte.[4] Dies ist von der Hand zu weisen, denn hält man dieses Detail, auf welchem die Erzählung der Evangelisten vom Tod des Johannes infolge der Intrige der Herodias aufgebaut ist, im Kern für doch nicht authentisch, muss man eingestehen, dass der Historiker seinen Texten auch nicht mehr 'historische' Informationen entnehmen kann als einem neuzeitlichen Opernlibretto!

Während nun nach Flavius Josephus der Tetrarch Philippus der erste Gatte Salomes gewesen sein soll, schreiben die Evangelisten, dass Herodias, Salomes Mutter, gerade seine Frau gewesen sei, bevor sie ihren Schwager Herodes Antipas ehelichte. Nach Josephus dagegen hatte sie zuerst den Herodes, den Enkel des Hohepriesters Simon, geheiratet. Dieser

Widerspruch lässt sich zu einer plausiblen Rekonstruktion auflösen, wenn man annimmt, dass alle drei genannten Söhne des großen Herodes mit Herodias verheiratet waren, also jeder Quellenbericht zutreffend und unvollständig zugleich ist. Demnach können wir annehmen, dass auf Herodias' Ehe mit dem Hohepriester-Enkel zunächst die Ehe mit dem Tetrarchen Philippus folgte und nach dessen Tod dann die Heirat mit dem Tetrarchen Herodes Antipas. Zugleich ergibt sich, dass der erste Teil der Angabe, nämlich über die Ehe Salomes mit ihrem Großonkel Philippus, falsch ist.

Dass Salome tatsächlich die Gattin des Aristobulus und durch ihn die Mutter dreier Söhne war, und zwar um das Jahr 50 n.Chr., ist indessen nachweisbar. Demnach kann dann allerdings diejenige Salome, die wir als Tochter der Herodias aus den Darlegungen des Flavius Josephus kennen, erst um oder bald nach 20 n.Chr. geboren sein! Offen bleiben muss dagegen die Frage, ob ihr Vater der erste oder der zweite Gatte der Herodias war. Schließlich lässt sich auch der doppelte Irrtum unseres Autors erklären: Die Aussage, Philippus sei kinderlos gestorben, könnte in dem Sinne zu verstehen sein, dass er zwar keinen Sohn, wohl aber eine Tochter hinterlassen hat. Die Behauptung, Salome sei zunächst Gattin dieses Mannes gewesen, beruht dagegen auf einer Verwechslung mit ihrer Mutter Herodias.

Haben wir nun mit den Feststellungen über die Irrtümer des Berichts bei Flavius Josephus sicheren Boden unter den Füßen und können die Authentizität des Evangelistenberichtes bestätigen – oder sind auch Markus und Matthäus nicht allzu wörtlich zu nehmen? Wozu ist es eigentlich wichtig zu wissen, ob nun tatsächlich das junge Mädchen nach seinem beeindruckenden Tanz und von der Mutter angestiftet den Kopf des Täufers Johannes gefordert hat?

Der Historiker interessiert sich für die – etwaige – Fiktivität von Quellenberichten, um gegebenenfalls nach den hinter ihnen stehenden Intentionen zu fragen, also ob eine sachlich unzutreffende Darstellung auf schlichter Ignoranz oder subtiler Absicht des Autors oder seiner Informanten beruht. Bleibt ein wahrscheinlich zuverlässiger Kern einer Darstellung, so ist er daraufhin zu untersuchen, was er für die Rekonstruktion von Begründungszusammenhängen zu leisten vermag. Dies eröffnet einen neuen Blick auf vergangenes Geschehen, der weniger von eigenen kulturellen Traditionen und geradezu selbstverständlichen Sehgewohnheiten beeinflusst ist.

Herodes Antipas ist also der Machthaber, der auf den Wunsch eines entzückenden Mädchens einen Mann köpfen lässt, den er zwar gefangen gesetzt hat, den er aber eigentlich gar nicht töten will.[5] Vielmehr ist er, wie Matthäus und Markus erzählen, von Herodias ausgetrickst worden. Eine Erklärung für den Vernichtungswillen dieser Frau bietet die Schilderung mit dem Hinweis auf die Kritik des frommen Predigers an ihrer Ehe mit Herodes als seine – wie wir wissen: verwitwete – Schwägerin.

Auch nach der Ansicht des Flavius Josephus war Herodias der Motor der Politik des Herodes Antipas. Schließlich soll ihr Gestaltungswille sein späteres politisches Schicksal bewirkt haben. Wenden wir uns also den betreffenden Ereignissen zu, die im Verlauf nur weniger Jahre zum Sturz des Tetrarchen führten. Wir treffen dabei auf evidente und latente Machtverhältnisse, die ihrerseits das Ergebnis einer längeren historischen Entwicklung sind. Da der historische Prozess wesentlich von König Herodes dem Großen mitgestaltet worden ist, erhalten wir zugleich einen Einblick in die Struktur der judäisch-römischen Beziehungen.

Auch hier können wir anknüpfen an die bisher behandelten Quellentexte. Die beiden Evangelisten, die vom Ende des Johannes erzählen, stimmen in einem kleinen Punkt nicht ganz überein, nämlich in des Herodes' Haltung gegenüber dem volkstümlichen Propheten. Nach Matthäus hätte er den Gefangenen auch gern getötet, fürchtete sich aber vor dem Volk, das den Prediger für einen Propheten hielt. Bei Markus hingegen fürchtet er, diesen Mann zu töten, weiß er doch um dessen Frömmigkeit, hat selbst ihm gern zugehört und die Ratschläge auch befolgt. Ein entsprechendes Bild von Herodes gibt auch der Evangelist Lukas, nach dessen Aussage der Herrscher auf die Neuigkeiten vom Wundertäter Jesus aus Nazareth mit dem Wunsch reagierte, diesen zu sehen. Sein Wunsch erfüllte sich einige Zeit später, als er zum Pessah-Fest in Jerusalem weilte und als jener Galiläer vor dem Prokurator Pontius Pilatus angeklagt war. Der römische Gerichtsherr überstellte nämlich ihm, dem Tetrarchen von Galiläa, den umstrittenen Mann. Herodes freute sich, „denn er hätte ihn längst gern gesehen – denn er hatte viel von ihm gehört – und hoffte, er werde ein Zeichen von ihm sehen. Und er fragte mancherlei, er antwortete ihm aber nichts" (Lukas 9,9; 23,8–9).

Die Begeisterung des Volkes für den Täufer Johannes und die Furcht des Herodes vor dem Volk finden sich auch in der Historiographie des Flavius Josephus. An den Tod des Predigers wird erinnert, als und weil „manche Juden" die militärische Niederlage gegen den Nabatäerkönig Aretas als Strafe Gottes interpretierten. Demnach hatte sich Herodes gegen Gott versündigt, als er Johannes hinrichten ließ, „obwohl er (i.e. Johannes) ein edler Mann war, der die Juden anhielt, nach Vollkommenheit zu streben, indem er sie ermahnte, Gerechtigkeit gegeneinander und Frömmigkeit gegen Gott zu üben ... Da nun infolge der wunderbaren Anziehungskraft solcher Reden eine gewaltige Menschenmenge zu Johannes strömte, fürchtete Herodes, das Ansehen des Mannes, dessen Rat allgemein befolgt zu werden schien, möchte das Volk zum Aufruhr treiben, und er hielt es daher für besser, ihn rechtzeitig aus dem Weg zu räumen, als beim Eintritt einer Wendung der Dinge in Gefahr zu geraten und dann, wenn es zu spät sei, Reue empfinden zu müssen. Auf diesen Verdacht hin ließ also Herodes den Johannes in Ketten legen, nach der Festung Machärus bringen ... und dort hinrichten“ (AJ 18,5,2/117–119).

Ist es bei den Evangelisten die Furcht des Tetrarchen vor dem Volk und dessen tiefe Verehrung für Johannes, die ihn von der Tötung des frommen Mannes abhielt, so führt bei Flavius Josephus die Furcht des Herodes davor, dass das Volk unter der charismatischen Führung des Täufers eines nahen Tages gegen seine Herrschaft rebellieren könnte, gerade zur Hinrichtung des Johannes. Nicht fromme Scheu also, die von Herodias hätte überlistet werden müssen, sondern die Angst vor einem möglicherweise unkalkulierbaren religiös-sozialen Protest bewog den Herodes Antipas um 35 n. Chr., den asketischen Prediger präventiv „aus dem Weg zu räumen“. Somit stabilisierte der Tod des Johannes aus der Sicht des Tetrarchen seine Herrschaft. In einem derartig operierenden Machtkalkül hat das Entzücken über den Tanz eines Mädchens, dem man sofort sein halbes ‘Königreich’ zu schenken bereit ist, keinen Platz!

Auf dem Hintergrund dieser Überlegungen erscheint der Bericht der Evangelisten in einem anderen, nämlich apologetischen Licht. Würden hier dem Herodes genuin politische Motive für die Tötung des frommen Predigers zugestanden, würde damit zugleich die Lehre von Jesus als dem wahren Messias abgewertet. So wenig, wie Jesus von Nazareth zu Recht als Rebell gegen die weltliche Herrschaft gelten konnte und sollte, so wenig durfte sein Vorläufer Johannes ein potentieller Aufrührer gewesen sein.

Wo ein politisches, öffentliches Motiv nicht sein darf, muss ein ganz privates an seine Stelle treten: die intrigante Frau, die ihren Mann auszunutzen versteht. Dass Herodes den Forderungen seiner moralisch diskreditierten Frau durch seinen eigenen, von einem reizenden kleinem Mädchen pervertierten Großmut erliegt, macht den Tetrarchen in den Augen der frühen und aller späteren Christen zu einem Despoten, der menschliches und göttliches Recht missachtet, während Johannes zum Opfer, die Jünger Jesu zu Zeugen einer unpolitischen Mordtat werden.

Die vorgetragene Interpretation beruht auf der Annahme, dass Flavius Josephus mit seiner Schilderung die Beweggründe des Herodes Antipas für eine unverzügliche Ausschaltung des Täufers richtig erfasst hat, dass also jener tatsächlich im aufrührerischen Potential einer Massenbewegung, die von Johannes angeführt wurde, eine Gefährdung seiner Position gesehen hat.

Schließlich kommt der Aussage des Historiographen über den Ort, an dem Johannes inhaftiert und getötet wurde, eine spezielle Bedeutung zu: Machärus, eine herodianische Festung über dem Ostufer des Toten Meeres und an der Südgrenze des Herrschaftsgebietes Peräa zum benachbarten Nabatäerreich. Bei den Evangelisten, die auf eine Ortsangabe für das Fest des Herodes und die Enthauptung des Täufers verzichten, geben die Anwesenheit der „Obersten und Hauptleute und Vornehmen in Galiläa" einerseits, die baldige Aushändigung des Leichnams zur Bestattung an die Jünger Jesu andererseits einen indirekten Hinweis: Herodes beging seinen Geburtstag eher im Zentrum seines Reiches als an dessen Peripherie, also in einer seiner galiläischen Residenzen, wahrscheinlich in Tiberias.

Die Festung Machärus erwähnt Flavius Josephus bereits, als er vom Ausbruch des Krieges mit dem Nabatäerkönig berichtet: Dorthin hatte sich nämlich jene erste Gattin des Herodes bringen lassen, weil sie von seiner Trennungsabsicht wusste; von Burg zu Burg reisend war sie dann schließlich zu ihrem Vater Aretas gelangt; „daraufhin brachen die Feindseligkeiten aus" (AJ 18,5,1/113).

Ungeachtet der etwas rätselhaften Bemerkung, damals habe Machärus unter der Botmäßigkeit des Aretas gestanden, dürfte unstrittig sein, dass zum Zeitpunkt von Johannes' Gefangensetzung in Machärus dieser Platz respektive der dortige Kommandant dem Herodes als zuverlässig gegolten haben.

Das Verhältnis zwischen den jüdischen Machthabern westlich, zeitweise auch östlich des Jordans und den Nabatäern war seit vielen Generationen angespannt.[6] So war die Festung Machärus im Hochland von Moab angelegt worden, als der erste judäische König Alexander Jannai (103–76 v. Chr.) das Gebiet östlich des Toten Meeres erobert hatte. Herodes der Große hatte sie um 30 v. Chr. ausgebaut, während er die Ausdehnung seiner Macht auch im transjordanischen Gebiet am See Genezareth betrieb, das wenig später durch Augustus seiner Herrschaft unterstellt wurde. Die gesamte Region, über die jetzt der römische Klientelkönig in Judäa als Vasall Roms gebot, war und blieb freilich insofern nabatäische Interessenzone, als hier die Haupthandelsroute aus Arabien über Bosra zum syrischen Damaskus verlief. Nach Herodes' Tod (4 v. Chr.) war die Herrschaft über eben jenes Gebiet – die Gaulanitis (Golangebirgszone), die östlich anschließende Batanäa, die Trachonitis und Auranitis (Haurân) – mit römischer Zustimmung seinem Sohn Philippus als Tetrarch zugefallen, während Judäa, Idumäa und Samaria, die Kerngebiete des judäischen Königreiches, an seinen Sohn Archelaos als Ethnarchen kamen, der jedoch schon 6 n. Chr. aufgrund massiver Beschwerden der Bevölkerung von Augustus abgesetzt wurde. Damals mochte Herodes Antipas, der jüngere Vollbruder des Archelaos, selbst seit dem Tod seines Vaters Tetrarch in Galiläa und Peräa, erwartet haben, dass Augustus ihm das jüdische Erbland – und möglichst auch den Königstitel – antrage. Derartige Hoffnungen wurden allerdings enttäuscht, denn das betreffende Gebiet kam nunmehr als prokuratorische Provinz Judäa unter die direkte römische

Herrschaft. Als eine Generation später der Tetrarch Philippus starb (33/34 n. Chr.), wiederholten sich offenbar Erwartung und Enttäuschung bei Herodes Antipas, denn nicht ihm wurde jetzt die Region östlich vom See Genezareth bis in die Gegend von Bosra zugeschlagen, sondern der nördlich angrenzenden Provinz Syrien.

3. Herodias

In den skizzierten Kontext machtpolitischer Ambitionen gehört die Eheschließung des letzten herodianischen Tetrarchen mit der Witwe des Philippus. Wenn auch Flavius Josephus irrtümlich einen anderen Halbbruder des Herodes als vorherigen Gatten der Herodias nennt, so gibt er doch einen wichtigen Hinweis auf den Hintergrund seines Interesses an der Schwägerin: „Als er nun nach Rom reiste, kehrte er bei seinem Stiefbruder … ein. Hier fasste er eine so heftige Neigung zu dessen Gattin Herodias, … dass er mit dem Plan umging, sie zur Ehe zu nehmen. Herodias war damit einverstanden, dass sie gleich nach seiner Rückkehr aus Rom in sein Haus kommen solle, jedoch unter der Bedingung, dass er des Aretas Tochter verstoße. Herodes sagte das zu und reiste nach Rom weiter“ (AJ 18,5,1/110f.). Was wollte er in der römischen Kapitale? Was erhoffte er sich von seiner Aufwartung beim Kaiser Tiberius? Dessen besonderes Wohlwollen für den Tetrarchen zeigte sich schon bald darin, dass er, sobald ihn jener von dem Krieg mit Aretas und von der eigenen Niederlage in Kenntnis setzte, dem Statthalter von Syrien befahl, in den Krieg auf der Seite des Herodes einzugreifen. Dieser Feldzug, zu dem dann Lucius Vitellius auch aufbrach, endete bereits in Jerusalem, wo ihn nämlich die Nachricht vom Tode des Tiberius erreichte. Er zog sich dann in richtiger Einschätzung der Situation, dass nämlich der neue Kaiser Caius Caesar Germanicus, genannt Caligula („Stiefelchen“), kaum eine Fortsetzung des Feldzuges anordnen würde, nach Antiocheia zurück. Hieran schließt Josephus die Bemerkung an: „Des Aristobul Sohn Agrippa aber war bereits ein Jahr vor dem Tode des Tiberius nach Rom gereist, um mit dem Caesar Verhandlungen anzuknüpfen, sobald sich ihm dazu Gelegenheit bieten würde“ (AJ 18,5,3/126).

Demnach hatte sich Agrippa,[7] ein Bruder der Herodias, seit Herbst 35 n. Chr. in Rom aufgehalten, wo er beste Beziehungen zu Antonia, der Schwägerin des Tiberius, und zu deren Enkel, dem jungen Caius, unterhielt; sein Vater Aristobul hatte als junger Mann einige Jahre in Rom in der engeren Umgebung des Augustus gelebt. Offenbar traf Agrippa am Tiber ein, als sein Onkel Herodes Antipas „seine in Frage stehenden Angelegenheiten“ erledigt hatte. Wenn wir vermuten dürfen, dass es sich dabei um die Bitte handelte, das Herrschaftsgebiet des jüngst verstorbenen Philippus zu erhalten, dann hatte wohl auch Agrippa dasselbe im Sinn: mit dem nördlichen Transjordanien bedacht zu werden – vielleicht sogar unter Hinweis auf seine dortige verwitwete Schwester Herodias. Diese Vermutung ist insofern nicht überzogen, als es dann 37 n. Chr. zu eben dieser kaiserlichen Entscheidung kam. Freilich war es nicht eine Verfügung des Tiberius, dessen Gunst Herodes Antipas hatte. Vielmehr hatte Caligula, der im März jenes Jahres die Nachfolge seines Großonkels Tiberius antrat, sogleich in der Politik gegenüber Judäa eine Wende vollzogen und statt des Herodes Antipas den Agrippa zum Günstling Roms gemacht. Somit erhielt dieser als Nachfolger seines Onkels und Schwagers Philippus nunmehr die Region Gaulanitis, Batanäa, Auranitis und Trachonitis, außerdem sogar den Königstitel, den seit dem Tod Herodes' I., also seit nahezu 40 Jahren, keiner der Erben mehr hatte tragen dürfen!

Doch zurück zu den Vorgängen im Jahr 35/36 n. Chr. und zu Herodes Antipas.[8] Nach dem Geschilderten ist deutlich, warum der Tetrarch vor seiner Abreise nach Italien seine Schwägerin aufgesucht und ihr die Heirat angeboten hat: Wollte er von Tiberius das Gebiet des verstorbenen Tetrarchen erbitten, so empfahl es sich, in die gewünschte Abmachung die Witwe Herodias einzubeziehen, um nicht von lokalem Widerstand überrascht zu werden. Nicht zuletzt galt es auszuschließen, dass Herodias angesichts einer 'Fusion' des ihr seit Jahren vertrauten Herrschaftsbereiches mit Galiläa und Peräa vielleicht doch ihr Herz für ihren ehrgeizigen Bruder entdeckte. Die als Preis für ihre Zustimmung geforderte Trennung von seiner bisherigen Gattin dürfte dem Herodes nicht allzu schwer gefallen sein, hatte doch auch jene Ehe politischen Zielen gedient, nämlich einer friedlichen Koexistenz mit dem Nabatäerkönig Aretas IV. Wenn folglich mit der Scheidung von dessen Tochter die Gefahr bestand, dass die Friedensgarantie fortfiel, konnte der Tetrarch aufgrund seiner künftigen territorialen Überlegenheit hoffen, vom transjordanischen Norden her den arabischen Nachbarn quasi in Schach zu halten. Dass er sich hierin verrechnet hatte, zeigt dann jene verlustreiche Schlacht, die ihn zum Hilferuf an seinen Protektor Tiberius veranlasste.

Die Bemerkung des Flavius Josephus, dass Söldner aus der Tetrarchie des Philippus durch ihren Wechsel auf die nabatäische Seite die Niederlage des Herodes Antipas verursachten, zeigt zweierlei: dass Herodes die Übernahme der Tetrarchie seines verstorbenen Bruders herrschaftsorganisatorisch realisierte, indem er die dortigen Söldner in seinen Dienst nahm, und dass Philippus seinerzeit – ebenso wie sein mit einer Tochter des Aretas verheirateter Bruder – gute Beziehungen zu den Nabatäern gepflegt hatte. Daher dürfte es auch im Beraterkreis um den transjordanischen Tetrarchen eine pronabatäische Gruppe gegeben haben. Deren Interessen lagen in der Fortsetzung der bisherigen Politik, mit welcher die Beibehaltung der bisherigen Kräfteverhältnisse verbunden war. Diese Kreise stützten sich auf Aretas IV., einen Freund Roms *(amicus populi Romani)* wie seine judäischen Nachbarn auch, und dürften damit gerechnet haben, dass die römische Vormacht eine Restauration herodianischer Dominanz in jener Region kaum akzeptieren würde. Freilich war eben diese wiederhergestellte Vormacht das Ziel des Herodes Antipas beziehungsweise auch der Herodias. Jedenfalls zeichnet Flavius Josephus von dieser ehrgeizigen Frau ein entsprechendes Bild. Zwar ist zu vermuten, dass sie mit ihrer Forderung, ihr neuer politischer Partner müsse sich für ihre Unterstützung seiner Expansionspläne von seiner nabatäischen Gattin trennen, ihren eigenen künftigen Einfluss sicherstellen wollte, doch ging möglicherweise die Initiative zur Heirat aus denselben Gründen auf sie zurück. Hätte Herodes nicht auch von sich aus auf die Idee kommen können, den Einfluss der Nabatäer-Freunde an seinem eigenen Hof zumindest zu reduzieren? Aretas war zweifellos gezielt provoziert worden, wobei der Tetrarch vermutlich damit rechnete, als Opfer eines Angriffs römische Militärhilfe aus der benachbarten Provinz Syrien zu erhalten.

Darüber, welchen Verlauf der Krieg genommen hätte, wenn Tiberius nicht im Frühjahr 37 n. Chr. gestorben wäre oder wenn sein Nachfolger doch den Marschbefehl für den syrischen Statthalter bestätigt hätte, ist jede Spekulation müßig. Immerhin ist aus dem tatsächlichen Ereignisverlauf – in Rom antichambrierte Agrippa und wurde zum König über jene von Herodes begehrte Region ernannt – zu ersehen, dass jegliche ehrgeizige Rechnung den Wirt in Rom einzubeziehen hatte. Wer im festen Glauben an die fortgesetzte kaiserliche Gunst seine eigene Position so massiv ausdehnen wollte, spielte ein risikoreiches Spiel. Und der Verlust des allmächtigen Protektors traf besonders denjenigen empfindlich, der in der vermeintlichen Gewissheit alternative Optionen zur Erreichung oder auch Reduktion seiner Wünsche vernachlässigt hatte. Diese Lektion hatte einst niemand besser gelernt als Herodes der Große.

Es dauerte dann nur noch zwei Jahre, bis Herodes Antipas von Caligula abgesetzt und nach Lyon verbannt wurde – so ähnlich wie 6 n. Chr. sein Bruder Archelaos von Augustus. Diesmal beschwerte sich freilich nicht die Delegation einer unterdrückten Bevölkerung über ein unerträgliches Regime, vielmehr tappte der Tetrarch unvorsichtig in eine intrigante Falle.

Als Herodes mit seiner Gattin 39 n. Chr. nach Rom reiste, um höchstpersönlich von Caligula seine Erhebung zum König zu erbitten, wurde dies von seinem Nachbarn, dem König Agrippa, konterkariert. Der schickte einen Gesandten an den Kaiserhof, wo man ihm ja sehr gewogen war, mit einem Dossier, das den Herodes nicht nur massiver geheimer Rüstungen, sondern auch der Beteiligung an einem hochverräterischen Komplott beschuldigte. Nachdem durch einen Zufall Caligula diese Anklage schon gelesen hatte, als Herodes seine Audienz erhielt, gab der Tetrarch auf Anfrage zu, „dass er die Waffen besitze. Caius aber glaubte nun auch das für wahr halten zu müssen, was ihm von der Verschwörung berichtet wurde, er nahm daher dem Herodes seine Tetrarchie und vereinigte sie mit dem Reiche Agrippas ... Den Herodes verurteilte er zu dauernder Verbannung und wies ihm die Stadt Lugdunum in Gallien zum Aufenthalt an" (AJ 18,7,2/251 f.).

Flavius Josephus lässt bei seiner erzählfreudigen Darstellung vom politischen Ende des Herodes Antipas keinen Zweifel daran, dass es Herodias war, die aus Ehrgeiz und Neid auf den nunmehr königlichen Bruder den Gatten zu seiner Bittstellermission in Rom gedrängt hatte: „Sie konnte ihren Neid nicht verbergen, sondern stachelte ihren Gatten an, er solle nach Rom reisen und sich um die gleiche Würde bewerben. Sie vermöge das Leben nicht mehr zu ertragen, erklärte sie, wenn Agrippa ... mit der Königswürde bekleidet zurückkehre, während Herodes, eines Königs Sohn, dem seine Verwandtschaft den nächsten Anspruch auf den Thron gebe, sich mit dem Leben eines Privatmannes begnüge ... Herodes sträubte sich zwar anfangs gegen den Plan, weil er Ruhe und Bequemlichkeit liebte ... Sie ... ruhte nicht, bis Herodes wider seinen Willen zur Nachgebigkeit gebracht war; konnte er sich doch überhaupt nicht leicht dem entziehen, was sie einmal beschlossen hatte" (AJ 18,7,1–2/240–246). Der moralisierende Kommentar desselben Autors über die Verbannung des allzu machtgierigen Paares lautet sodann: „So strafte Gott die Herodias für den Neid gegen ihren Bruder und den Herodes für die Nachgiebigkeit gegen die eitle Rede seiner Frau" (ebd. 255).

Wir haben am Beispiel des neutestamentlichen Berichts über den Tod des Johannes feststellen können, dass die Schuldzuweisung an Herodias und ihre Tochter den Zweck verfolgte, den Tetrarchen zu entlasten. Indem er als religiös interessiert, friedfertig und zugleich ungemein nachgiebig gegenüber den Frauen seines Hauses charakterisiert wird, erreichen die Evangelisten, dass ein Gedanke gar nicht aufkommt, nämlich dass Herodes vornehmlich aus politischen Gründen – und präventiv – handelte, als er der für bedrohlich gehaltenen Bewegung des Täufers ihren Kopf nahm. Eben diesen Gedanken äußert aber Flavius Josephus, der an der entsprechenden Stelle seiner Berichterstattung irgendeinen Einfluss der Herodias völlig ignoriert.

Können wir das skizzierte Interpretationsmodell, nämlich ein subtiles Ablenkungsmanöver der Evangelisten zu Lasten der Herodias und ihrer Tochter, auch auf die Passage des jüdischen Historiographen übertragen,

Abb. 2: „L'Apparition" (Die Erscheinung), Aquarell von G. Moreau.

die als primäre Ursachen für den Sturz des Tetrarchen die moralischen Defekte seiner Gattin präsentiert? Warum werden nicht des Herodes eigene Ambitionen getadelt, sondern Ehrgeiz, Neid und Machtgier der Herodias? Und was ergäbe sich daraus für die Absicht des Autors – etwa mit Blick auf Adressaten und Publikum seines Werkes?

Eine Antwort liegt in der Person des Agrippa, den Flavius Josephus als einen seines Königstitels durchaus würdigen Konkurrenten des Herodes Antipas insgesamt sehr positiv beurteilt, insofern er durch seine Großmutter Mariamne mit der Hasmonäerdynastie verbunden war. Als Schwester des Agrippa hätte Herodias am Ruhm der Abstammung aus der Hasmonäerdynastie durch die Großmutter Mariamne partizipieren können – und es mag sich ein gutes Stück ihres sicherlich authentischen Ehrgeizes aus einem derartigen Familienstolz gespeist haben. Sollen wir bei ihr eine Anspruchshaltung tadeln, die bei ihrem Bruder politisch akzeptabel erscheint? Nicht von der Hand zu weisen ist indes der Verdacht, dass es Hass, Neid und Machtwille auch des Agrippa waren, die zur Absetzung des Tetrarchen von Galiläa und Peräa führten. Wenn Josephus angesichts des geradezu rasenden Ehrgeizes seiner Gattin den Herodes zum bequemen Ireniker stilisiert, andererseits dann aber von seinen gut gefüllten Waffenarsenalen berichtet, so drängt sich eine Vermutung auf: Sollte die Schuldzuweisung an Herodias kaschieren, dass es hinter den politischen Kulissen für den Tetrarchen nur zu gute Gründe gab, auf Ausdehnung respektive Verteidigung der eigenen Positionen und Ansprüche nicht zu verzichten – und zwar gegen den dynamischen Agrippa, den Günstling des Caligula? In gewisser Weise, so ließe sich behaupten, deckt hier der jüdische Autor die traditionelle kaiserliche Günstlingswirtschaft im Rom des ausgehenden 1. Jahrhunderts auf, die sich nur allzu gern – ob zu Recht oder Unrecht bleibe offen – in Frauengewändern versteckt.

Unsere einführende Beschäftigung mit dem historischen Umfeld einer mehr oder weniger legendären Szene, nämlich des Tanzes der Salome vor Herodes Antipas, hat ein in mehrfacher Hinsicht ambivalentes Bild ergeben: Da sind nicht nur die verwirrenden Familienbeziehungen der herodianischen Sippe, sondern auch die komplizierten Machtverhältnisse im „Heiligen Land“, also in Judäa, Galiläa und den angrenzenden Territorien unter einst judäischer, inzwischen direkter römischer Herrschaft, nicht nur die offizielle Abhängigkeit der Tetrarchen von Rom, sondern auch und besonders ihr prekärer individueller Günstlingsstatus am Kaiserhof, nicht nur innere Spannungen mit symptomatischen religiösen und sozialen Bewegungen, sondern auch mehr oder weniger offene Konflikte mit den benachbarten Nabatäern. Zu den diversen chronologischen Unklarheiten kommt schließlich die – stets für die Arbeit des Historikers grundlegende – Diskussion über die Auswertung der Quellen, sei es der Evangelistenberichte, der Geschichtsschreibung des Flavius Josephus oder anderweitiger Zeugnisse.

Alle diese mit Schwierigkeiten behafteten Aspekte begegnen auch – und zum Teil noch komplexer – bei der Untersuchung, Darstellung und Bewertung einer so hervorragenden historischen Gestalt, wie es Herodes der Große, König von Judäa, war.

II. Herodes' Aufstieg (ca. 80–40 v. Chr.)

Im Winter 64 auf 63 fand das Seleukidenreich sein Ende – nach zweieinhalb Jahrhunderten und einer generationenlangen Zerfallsphase. Pompeius Magnus hatte im Zuge seiner erfolgreichen Kriegführung gegen Mithridates VI. von Pontos auch dessen Verbündeten, den König Tigranes von Armenien, niedergekämpft, der in Personalunion der letzte nominelle König der Seleukiden war. Während mehrere Abkömmlinge der einstmals mächtigen Herrscherdynastie um den Seleukidenthron rivalisierten, machte der römische Generalissimus kurzerhand Syrien zu einer römischen Provinz. Als dann Pompeius in Rom seinen grandiosen Triumphzug abhielt, waren unter den auf Schautafeln verzeichneten besiegten Ländern und Völkern auch Judäa, Palästina und Arabien; unter den hochrangigen Gefangenen, die vor dem Wagen des Triumphators einhergehen mussten, befand sich auch Aristobulus, der König der Juden. In der Tat hatte Pompeius von Syrien aus auch Judäa unterworfen und im Spätherbst 63 Jerusalem erobert.[1]

Die Unterwerfung Judäas im Zuge der römischen Neuordnung des hellenistischen Ostens zeigt einmal mehr, wie das Schicksal dieses Landes vielfältig mit dem des benachbarten Seleukidenreiches verflochten war. Keine Macht, die definitiv ihre Vorherrschaft im östlichen Mittelmeerraum etablieren wollte, konnte das Stabilitätsrisiko verkennen, das die permanenten Thronstreitigkeiten in der Hasmonäerdynastie – ähnlich wie bei den Seleukiden und den Ptolemäern in Ägypten – darstellten. Doch während Syrien fortan römische Provinz blieb, stand Judäa vor einer baldigen neuen Eigenstaatlichkeit. Die Ereignisse, die mit der Erstürmung Jerusalems und der Schändung seines Tempels durch den siegreichen Feldherrn kulminierten, hatten eine Vorgeschichte, die in der historischen Rückschau als Geschichte vom Aufstieg der Familie eines künftigen neuen Königs gelesen werden kann, nämlich die Erfolgsgeschichte von Antipater, dem Vater des Herodes, eines im Jahr 63 etwa zehnjährigen Knaben. Als 49/48 der Bürgerkrieg zwischen Pompeius und Julius Caesar ausbrach und sich rasch auf Schauplätze im hellenistischen Osten ausdehnte, unterstützte Antipater mit einem kleinen Hilfskorps im rechten Moment Caesar, nämlich in Alexandria, woraufhin ihm der Sieger dann als einem bewährten Freund die eigentliche militärische und politische Gewalt in Judäa anvertraute (47). Im nächsten römischen Bürgerkrieg – nach Caesars Tod – hielten es Antipaters Söhne Phasaël und Herodes, beide schon zu Lebzeiten ihres Vaters in hohen Miltärkommandos, zwar erst mit den

Abb. 3: Modell von mehrgeschossigen Türmen in Jerusalem.

'Republikanern', doch dann gelang es ihnen im Jahr 42/41, vom neuen starken Mann im Osten, von Marcus Antonius, wiederum als regionale Machthaber bestätigt zu werden.

Der entscheidende Mann in Judäa, an dessen Seite Antipater und seine Söhne agierten, war der Hohepriester Hyrkanus, der Bruder des in römische Kriegsgefangenschaft gekommenen Aristobulus. Der jüdische Historiograph Flavius Josephus kommentiert die Eroberung Jerusalems vom Spätherbst 63 mit besonderer innerer Anteilnahme und mit einer Anspielung auf die Einsetzung des Herodes als König durch den römischen Senat (im Jahre 40): „(Daran) trug nur der Streit zwischen Hyrkanus und Aristobulus die Schuld. Dadurch wurde uns die Freiheit entrissen: wir kamen unter die Botmäßigkeit der Römer … Die Römer ließen die Königswürde, die früher dem hohepriesterlichen Geschlecht allein zukam, an Männer aus dem niederen Volke gelangen" (AJ 14,4,5/77).

Wie im Rahmen der skizzierten Ereignisse der Aufstieg der Herodes-Familie in den Jahren der Kindheit und Jugend des Herodes zu erklären ist, soll im Folgenden verständlich werden.

1. Hyrkanus und Antipater – eine Schicksalsgemeinschaft[2]

Den Königstitel hatte zusätzlich zur traditionellen Würde des Hohepriesters als erster Herrscher des judäischen Gemeinwesens der Hasmonäer Alexander Jannai (103–76) angenommen. Unter ihm erreichte der judäische Staat seine größte territoriale Ausdehnung, nachdem schon sein Vater Hyrkanus I. (134–104) neben Samaria und einigen ostjordanischen Gebieten vor allem Idumäa erobert und zum jüdischen Glauben gebracht hatte. Diese Landschaft südlich von Judäa erstreckte sich von der Küste bei Askalon und Gaza bis zum Toten Meer; südlich und südöstlich reichte sie bis an das Gebiet der halbnomadischen Nabatäer, in deren Hand die so genannte Weihrauchstraße war, die aus dem Jemen kommend über Petra und Beersheba nach Gaza führte. Aus dieser Region stammte der von Alexander Jannai dort eingesetzte Militärgouverneur (*strategos*) Antipas, Vater des Antipater und Großvater des Herodes. Er war seinem König äußerst nützlich aufgrund seiner guten persönlichen Kontakte zu der nabatäischen Führungselite sowie seines diplomatischen Geschicks, das er insbesondere bei den Friedensverhandlungen um 80 bewiesen hatte: Durch seine Vermittlung wurde nach mehreren transjordanischen Feldzügen Alexanders Herrschaftsgebiet um die Städte Pella, Dion, Gerasa, Gaulana und Gamala erweitert.

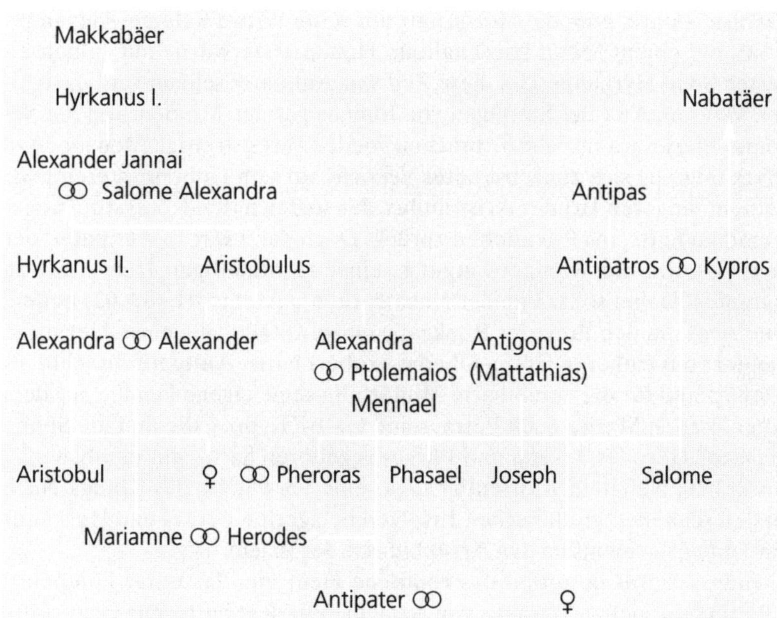

Abb. 4: Modell der Palastfestung Antonia in Jerusalem.

Als der König 76 – während eines neuerlichen Feldzuges im Gebiet von Gerasa – starb, ging die Herrschaft auf seine Witwe Salome-Alexandra über, die einem Mann vorbehaltene Hohepriesterwürde auf seinen ältesten Sohn Hyrkanus. Um diese Zeit war Antipater seinem verdienstvollen Vater im Amt des Strategen von Idumäa gefolgt. Mit dem Tod der Salome-Alexandra im Jahr 67 brachen wieder Thronstreitigkeiten aus, und Hyrkanus zog sich zunächst unter Verzicht auf sein Hohepriesteramt vor seinem jüngeren Bruder Aristobulus, der sogleich den Königstitel angenommen hatte, ins Privatleben zurück. Doch dann war es Antipater, der ihm riet, um die Wiedererlangung seiner rechtmäßigen Herrschaft zu kämpfen. Dabei sollte ihm der Nabatäerkönig Aretas III. (87–62) helfen, und zwar um den Preis der Rückgabe einiger Städte, die einst Alexander Jannai vom früheren König Obedas erobert hatte. Antipater brachte als Unterpfand für die vereinbarte Militärhilfe seine eigene Familie aus dem idumäischen Marisa nach Petra; seine Gattin Kypros, die ihm die Söhne Phasaël, Herodes, Joseph und Pheroras geboren hatte, war nämlich eine vornehme Nabatäerin, offenbar sogar eine Verwandte des Königs. Nach ersten schnellen militärischen Erfolgen belagerten Aretas und Hyrkanus im Jahre 65 gemeinsam den Aristobulus in Jerusalem.

Indessen traf in Syrien das römische Heer ein, das unter Pompeius' Oberbefehl soeben Tigranes von Armenien besiegt hatte; nunmehr sollte das Land auch von arabischen und jüdischen Raubzügen 'befreit' werden. Kaum war Damaskus, das seit einiger Zeit unter der Kontrolle des Aretas stand, eingenommen, plädierte der Quästor Aemilius Scaurus für ein weiteres Vorrücken nach Judäa, wo ja der Araberfürst Aretas Jerusalem belagerte. In dieser Situation – und in deren richtiger Einschätzung, dass keiner von ihnen ohne römische Zustimmung herrschen könnte – wurden sowohl Aristobulus als auch Hyrkanus bei Scaurus vorstellig, um eine Entscheidung zu erbitten beziehungsweise mehr oder weniger ungeniert zu erkaufen.[3] Zunächst obsiegte Aristobulus, da er dem Scaurus als ein geeigneter Partner im aktuellen Feldzug gegen den Nabatäerkönig erschien, doch blieb die letzte Entscheidung über die Thronfolge in Judäa Pompeius selbst vorbehalten. Als bei der entscheidenden Besprechung in Damaskus im Frühjahr 63 auch Antipater erschien und möglicherweise mit den guten Beziehungen zu Aretas für Hyrkanus als König warb, neigte der 'Generalissimus' zwar – wie zuvor sein Quästor – dazu, den Aristobulus in seiner Position anzuerkennen. Aber als dann beim weiteren Zug des römischen Heeres durch das Jordantal gegen die Nabatäer Aristobulus eine ärgerliche Unbotmäßigkeit zeigte und ihn schließlich Pompeius in der Nähe Jerusalems gefangen nahm, wendete sich das Blatt zugunsten von Hyrkanus und Antipater. Es folgten die Belagerung der Stadt, die von Anhängern des früheren Hohepriesters den Römern geöffnet wurde, und die Niederwerfung der Anhänger des Aristobulus auf dem Tempelberg. Schließlich machte Pompeius Jerusalem und Judäa tributpflichtig und setzte den Hyrkanus wieder ein: als Hohepriester ohne Königstitel. Dass dieser fortan zu seinen wichtigsten Vertrauten den Antipater zählte, kann nicht zweifelhaft sein, verdankte er ihm doch die Rückkehr in die vom Vater ererbte Machtposition. Das Territorium freilich, über das er jetzt gebot, war kleiner als Alexander Jannais Judäa: Pompeius hatte es dadurch verkleinert, dass er die zahlreichen griechischen Städte der Küstenzone und in Transjordanien, die seit einigen Jahrzehnten Zug um Zug einverleibt worden waren, jetzt der Jurisdiktion des Statthalters der neuen Provinz Syrien unterstellte.

Während anschließend Pompeius nach Kilikien zog, setzte sein Quästor Scaurus seinen nabatäischen Feldzug unverdrossen fort. Er belagerte im Frühjahr 62 die Felsenstadt und Königsresidenz Petra, die er freilich, wie er schließlich einsehen musste, nicht erobern konnte. Dabei hat er sich und seine Truppen durch die Verheerung des umliegenden Ackerlandes zudem in größte Versorgungsnot gebracht, so dass als Lösung nur ein Verhandlungsfrieden mit Aretas blieb. Diesen erreichte er durch Vermittlung Antipaters, der im Namen von Hyrkanus bereits der römischen Armee Lebensmittel geliefert hatte. Als Gastfreund des Nabatäerkönigs war er ein geeigneter Unterhändler und leistete sogar noch Bürgschaft über 300 Ta-

Abb. 5: Das edomitische Bergland bei Petra.

lente für die ganze oder teilweise Geldzahlung, welche die Römer für ihren – als Verzicht auf weitere Plünderungen deklarierten – Abzug erhielten. Dieses Geld war von Antipater zweifellos gut investiert, denn fortan wusste ein Mann wie Aemilius Scaurus die Befriedungskompetenzen und die Diskretion des Hyrkanus und seiner Freunde zu schätzen.

Dass die Beinahe-Blamage des römischen Befehlshabers vor Petra in Rom als beachtlicher Erfolg ausgegeben wurde, dokumentieren die Denar-Emissionen des Jahres 58, in dem der gleichnamige Sohn des Quästors, Aemilius Scaurus, einer der beiden Münzmeister war und sich, wie es seit rund einer Generation üblich geworden war, seinen Mitbürgern mit einer optischen Erinnerung an eine historische Leistung seiner Familie empfahl. Auf der Vorderseite kniet ein Araber, durch die Legende unter der Standlinie als *REX ARETAS* – König Aretas – zu identifizieren, neben einem Kamel und mit einem Palmzweig in seiner bittflehend erhobenen Hand; auf der Rückseite symbolisiert eine galoppierende Quadriga den römischen Sieg.

Einer der beiden Konsuln eben dieses Jahres, nämlich Aulus Gabinius, erhielt im folgenden Jahr als Statthalter die Provinz Syrien, wo er schon zu Beginn seiner schließlich vierjährigen Amtszeit massiv im benachbarten Vasallenstaat Judäa eingreifen musste. Dort schwelte ein Bürgerkrieg, der nicht nur den Hohepriester Hyrkanus, sondern damit zugleich das Ansehen Roms, der Garantiemacht der neuen Ordnung, bedrohte. Anführer einer zunehmend auch militärisch erstarkenden Bewegung war Alexander, der aus der römischen Haft entflohene und in die Heimat zurückgekehrte Sohn des kriegsgefangenen Aristobulus. Er beanspruchte anstelle seines Vaters die hasmonäische Königswürde, zog mit seinen Anhängern raubend durchs Land und hatte sich bereits in den Festungen Alexandreion, Hyrkania und Machärus festgesetzt. Gegen diesen Prätendenten richtete sich nun also der Feldzug des syrischen Statthalters; zur Unterstützung seiner Truppen, in deren Vorhut sich der junge Marcus Antonius hervortat, trug auch wieder Antipater mit Hilfstruppen bei.

Nach Alexanders Kapitulation bestätigte Gabinius wiederum Hyrkanus als Hohepriester in Jerusalem, zudem ließ er die geräumten Festungen umgehend schleifen und die zum Teil seit mehreren Jahren zerstörten griechischen Städte schnellstmöglich wiederaufbauen. Schließlich verfügte er Maßnahmen, die über die Friedensordnung des Pompeius noch hinausgingen: „(Er) bestellte fünf Gerichtshöfe für ebenso viele Bezirke, und zwar zu Jerusalem, Gadara, Amathus, Jericho und zu Sepphoris in Galiläa. So waren also die Juden ihres Königtums verlustig und hatten nun eine aristokratische Regierungsform“ (AJ 14,5,4/91).

Diese Verwaltungsreform des Gabinius ist in der modernen Forschung mit Blick auf die Absichten Roms und die Folgen für Judäa oft diskutiert worden[4]: Sollte das Land „nach altem römischen Rezept dadurch noch unschädlicher gemacht (werden), dass man es in fünf ... Republiken zerschlug“, die als „wenig lebensfähige Gebilde“ vor allem die Tributgelder für Rom einzuziehen hatten? Wurde dem Hyrkanus unter Belassung nur noch der „geistlichen Würde“ tatsächlich seine „Fürstenstellung“ entzogen, und bedeutete dies als Trennung von der politischen Verwaltung den Beginn eines folgenschweren Entmachtungsprozesses des Hohepriestertums? Wollte Gabinius Judäa also schwächen oder vielmehr stabilisieren, nämlich indem er künftigen Versuchen, die hasmonäische Monarchie zu restaurieren, einen Riegel vorschob? Diese zweite Interpretation ist den Intentionen und Strategien römischer Politik sehr viel angemessener, insofern die Maßnahmen darauf abzielten, mit den evidenten machtpolitischen Interessen der Römer diejenigen jüdischen zu koordinieren, die schon dem Pompeius von Seiten der Priesteraristokratie vorgetragen worden waren.

Es war nämlich, als im Frühjahr 63 Aristobulus und Hyrkanus mit ihren ‘Lobbies’ um die Gunst des Feldherrn und um sein Machtwort zur Inthronisierung eines von ihnen warben, in Damaskus noch eine dritte Gesandtschaft vorstellig geworden: „Das Volk, das überhaupt von der Königsherrschaft nichts wissen wollte, ließ vorbringen, bei ihnen sei es alte Sitte, dass sie nur den Priestern des von ihnen verehrten Gottes zu gehorchen brauchten; diese beiden Nachkommen von Priestern aber (Hyrkanus und Aristobulus) suchten dem Volke eine andere Regierungsform aufzudrängen, um es in Sklaverei zu bringen" (AJ 14,3,2/41). Damit wurde von einer politisch und religiös sehr konservativen Gruppe an das römische Traditions- und Rechtsverständnis appelliert; die Freiheit des Volkes erschien also in unauflöslicher Verbindung mit der Respektierung der „väterlichen Gesetze", nach denen die politische Exekutive bei Hohepriestern, nicht bei Königen lag. Die Befürworter einer theokratischen Verfassung, die sich zugleich als antihasmonäische Opposition präsentierten, waren die Pharisäer.

Tatsächlich hatte Pompeius damals den Hyrkanus nur als Hohepriester eingesetzt und die Kompetenzen des Sanhedrin gestärkt, der verfassungsmäßigen Ratsversammlung des judäischen Gemeinwesens, des *ethnos* der Juden, dessen „Anführer" mit dem Titel *Ethnarch*es der Hohepriester herkömmlicherweise gewesen war. Unzweifelhaft war auch Hyrkanus als Hohepriester zugleich Ethnarch – sowohl 63 als auch 57.

Auf diesem Hintergrund überrascht es weder, dass der Rebell Alexander, der Sohn des Pharisäer-Feindes Aristobulus, das hasmonäische Königtum wiederherstellen wollte, noch dass Gabinius als Gefolgsmann des Pompeius gerade diejenigen Maßnahmen aus dem Jahr 63 verschärfte, die solches verhindern sollten: Die Leitungsfunktionen des Ethnarchen wurden durch die Einrichtung fünf regionaler Ratsversammlungen (Synhedrien) unterhalb des Sanhedrin dezentralisiert, die nichtjüdischen Städte durch Wiederbesiedlung und Wiederaufbau gefördert.

Zunächst bewährten sich die Maßnahmen des Gabinius. Wenn es auch in den nächsten Jahren noch zwei hasmonäische Rebellionen gegen das von Rom gestützte Regime des Hyrkanus gab, so scheiterten sie doch rasch: Sowohl der aus Rom geflohene Aristobulus mit seinem jüngeren Sohn Antigonus (56) als auch erneut Alexander (55) blieben ohne größeren Zulauf der Bevölkerung und auf wenige Festungen beschränkt. Gabinius, der wieder militärisch eingriff, wurde wie schon bisher aufs Zuverlässigste unterstützt von Antipater. Daher wird verständlich, dass der römische Statthalter abschließend die Situation in Judäa nach dessen Empfehlungen regelte, war doch der Idumäer der faktische Machthaber an der Seite des Hohepriesters und Ethnarchen. Während indessen der aufständische Aristobulus erneut als Kriegsgefangener nach Rom gebracht wurde, konnten seine Söhne im Lande bleiben. Es kam sogar ein Ausgleich mit Hyrkanus zustande, der keinen Sohn hatte und nun seine einzige Tochter Alexandra mit ihrem Cousin Alexander verheiratete.

Bevor Aulus Gabinius im Jahr 54 die Provinz Syrien seinem Nachfolger übergab und nach Rom zurückkehrte, hatte er mit zwei weiteren militärischen Unternehmungen zu tun gehabt, die einige Jahre später besondere

Auswirkungen auf das Geschick Judäas zeitigten. Die eine Aktion führte Gabinius erfolgreich durch, nämlich die Wiedereinsetzung des Jahre zuvor gestürzten Königs Ptolemaios XII., des Vaters der 'großen' Kleopatra VII., auf seinen Thron in Alexandria. Auch hierbei hatte wieder Antipater wertvolle Hilfestellung geleistet, sowohl logistischer Art mit Waffen, Geld und Lebensmitteln als auch diplomatischer Art bei den ägyptischen Juden im Grenzgebiet von Pelusium. Die andere Unternehmung, einen großen Feldzug gegen die Parther, hatte Gabinius bereits im Beginn abgebrochen. Gegen einen entsprechenden Kriegsplan, wie er dem Pompeius und seinen Gefolgsleuten vorschwebte, gab es in Rom Bedenken und Einwände, nicht zuletzt weil man dort niemandem den einzigartigen Ruhm eines Sieges über Asien gönnen mochte. Den ehrgeizigen Feldzug gegen den jungen Partherkönig Orodes realisierte freilich 54/53 der Nachfolger des Gabinius in Syrien, Licinius Crassus, der dritte Mann im geheimen Bund zwischen Pompeius und Julius Caesar. Zum Entsetzen der Juden – und sicher auch des in einer solchen Situation hilflosen Hyrkanus – plünderte er zunächst den Jerusalemer Tempel, um den Partherkrieg finanziell abzusichern, und führte dann seine sieben Legionen nebst 4000 Reitern und zahlreichen Hilfstruppen in die Katastrophe bei Carrhae, wo er selbst in einem Hinterhalt das Leben verlor.

Als infolgedessen die Parther ihrerseits nach Syrien vorzudringen suchten, war es der tüchtige Quästor Cassius Longinus, der aus dem Desaster hatte fliehen können und die römische Provinz verteidigte. Er musste zudem gegen neu sich regenden Widerstand in Judäa einschreiten, wo die Widersacher des Hyrkanus die Römer als von Gott bestrafte Tempelfrevler betrachteten und das Marionettenregime abschütteln wollten. Bei Cassius stand der zuverlässige Antipater in hohem Ansehen, auf dessen Anraten ein gewisser Peitholaus hingerichtet wurde. Dieser, früher ein verbündeter jüdischer Söldnerführer und dann militärischer Befehlshaber in Jerusalem, war im Jahr 56 zu Aristobulus übergelaufen und hatte mit jenem offenbar auch weiterhin konspirativen Kontakt unterhalten.

Die römischen Autoritäten, die für die innere und äußere Sicherheit der Provinz Syrien einschließlich Judäas zu sorgen hatten, verließen sich auf die pragmatische Kooperation mit dem Idumäer Antipater, dem starken Mann des Hyrkanus-Regimes; beide Seiten waren in gewisser Weise aufeinander angewiesen. Nicht zufällig zählten Männer wie Scaurus, Gabinius und Cassius, der spätere Caesarmörder, zu den Gefolgsleuten des Pompeius, dem der hellenistische Osten seine Neuordnung und speziell Syrien die direkte römische Herrschaft zu danken hatte.

Falls es innerhalb der römischen Führungselite zu einem erneuten Machtkampf – etwa nach dem Beispiel des Bürgerkriegs unter Sulla – kommen sollte, dann verfügte Pompeius dank seines Netzwerkes im östlichen Mittelmeerraum über reichliche Ressourcen. Wer nämlich in sein politisches Monopol bei den dortigen Vasallenfürsten eindringen wollte, musste zunächst ein eigenes Loyalitätsgeflecht aufbauen, also gegen die etablierten Freunde des Pompeius in den Klientelstaaten jeweils personelle Alternativen unterstützen.

In der Tat brach ein solcher Bürgerkrieg zwischen Pompeius und Caesar im Frühjahr 50 aus und bot sogleich dem Hasmonäer Aristobulus mit seinen Söhnen eine Chance, die von Pompeius errichtete Friedensordnung in Judäa zu stürzen und die eigene Monarchie zu restaurieren. Mit Caesars Hilfe und mit zwei Legionen sollte er jetzt in die Heimat zurückkehren – doch Pompeius, selbst bereits nach Griechenland geflohen, sorgte durch Mittelsmänner für seine Ermordung. Indem Caesar die Einbalsamierung des Toten veranlasste, signalisierte er immerhin den Gegnern des Hyrkanus seine Sympathie, denn selbst der Leichnam des Ex-Königs stellte ein symbolträchtiges Argument für die künftige Legitimation eines von ihm lancierten Prätendenten dar. Dass dabei Caesar an Alexander, den Schwiegersohn des Hyrkanus, denken würde, lag auf der Hand, doch auch hier kam ihm Pompeius zuvor: Er wies den damaligen Statthalter Syriens Metellus Scipio – seinen Schwiegervater – an, den hasmonäischen Prinzen vor ein römisches Gericht zu stellen. Da es offenbar hinreichendes belastendes Material gab, wurde Alexander – zweifellos wegen Hochverrats – zum Tode verurteilt und umgehend in Antiocheia hingerichtet.

Indessen verlagerte sich der Bürgerkrieg auf Schauplätze im östlichen Mittelmeerraum. So hoffte Pompeius nach seiner Niederlage bei Pharsalos in Griechenland auf Unterstützung durch Ptolemaios XIII., dessen Vater Ptolemaios XII. erst wenige Jahre zuvor durch seine Gunst den Thron wiedererlangt hatte. Dann kam er nach Ägypten, wo er bei seiner Ankunft hinterhältig ermordet wurde. Auch sein Verfolger Caesar traf kurze Zeit später in Alexandria ein.

Hier tobte auch ein Bürgerkrieg, und zwar zwischen Ptolemaios XIII. und seiner Schwester Kleopatra VII. Aus dem Versuch Caesars, die Geschwister mit diplomatischem Zwang zu versöhnen, entstand in kürzester Zeit der *Alexandrinische Krieg.* Dabei geriet er in eine militärische Notlage, aus der ihn nur sein Verbündeter Mithridates von Pergamon erlöste, dessen Truppen freilich aus Kleinasien nur deshalb mit der erforderlichen Geschwindigkeit an der levantinischen Küste nach Süden vorrücken konnten, weil Antipater sie tatkräftig unterstützte. So war es einmal mehr der Idumäer, der aufgrund seines Verdienstes um einen römischen Feldherrn erwarten durfte, in seiner Machtstellung bestätigt zu werden.

Die moderne Geschichtsschreibung betont gern, dass sich Antipater ungeachtet der Dankbarkeit, die er dem Pompeius schuldete, der Gegenseite angedient habe.[5] Eine derartige holzschnittartige Betrachtung verkennt, dass der Idumäer seine Entscheidungen in erster Linie an regionalen Risiken orientierte. Bedrohlicher und geographisch näher als der römische Bürgerkrieg waren in jenen Jahren die ptolemäischen Thronwirren. Unmittelbare Auswirkungen auf die machtstrategischen Konstellationen in Judäa waren insofern zu gewärtigen, als seit rund 100 Jahren die judäisch-hasmonäische Politik gelernt hatte, die innerptolemäischen und -seleukidischen sowie auch die ptolemäisch-seleukidischen Spannungen für die Erweiterung der eigenen Spielräume zu nutzen.

Eine kleine Vorstellung von den Schwierigkeiten, mit denen Antipater im Zusammenhang mit der Militärhilfe für Mithridates von Pergamon und damit für Caesar in Alexandria konfrontiert war, gibt der Bericht des Flavius Josephus: „Als aber nun (nachdem das belagerte Pelusium gefallen war) Antipater und Mithridates sich zu Caesar begeben wollten, hinderten die ägyptischen Juden, welche in dem nach Onias benannten Landstrich wohnten, sie daran. Antipater indessen beredete sie, ihre Landsleute nachzuahmen, indem er ihnen einen Brief des Hohepriesters Hyrkanus vorzeigte, worin dieser sie ermahnte, gegen Caesar sich freundlich zu benehmen und das Heer mit allem Notwendigen zu versehen. (Sie) gehorchten und veranlassten dadurch auch die Bewohner von Memphis, den Mithridates einzuladen, der dann auch alsbald dorthin zog und deren Unterwerfung annahm“ (AJ 14,8,1/131 f.).

Es spielen also bei den hasmonäisch-ptolemäischen Beziehungen auch religiöse Gruppierungen eine Rolle, die ihre spezielle Protektion durch eine der rivalisierenden Parteien am Hof zu Alexandria respektive in Jerusalem erwarteten. Als schon bald nach dem Tode Ptolemaios' XII. der ägyptische Bürgerkrieg begann, in den Caesar nicht zuletzt durch die Ermordung des Pompeius involviert wurde, favorisierten die ägyptischen Juden offenbar eine Alleinherrschaft von Ptolemaios XIII., wie sie zuletzt noch Pompeius akzeptiert hatte. Sie lehnten also die von Caesar gewünschte Wiederaufnahme der Kleopatra VII. in eine gemeinschaftliche Regierung der beiden Geschwister ab. Daher musste eine solche Herrschaft von vornherein auf römische Unterstützung angewiesen sein und Kleopatra selbst als Marionette der Römer gelten. Da die Juden in der Region von Heliopolis zu den romfeindlichen Kreisen im Ptolemäerreich zählten, sympathisierten sie mit denjenigen Kräften, die in Judäa auf den Sturz des Vasallenregimes und die Restauration des hasmonäischen Königtums hofften. Eine römische Niederlage konnte daher Antipater nicht wünschen; vielmehr musste er sein Arrangement mit demjenigen Feldherrn suchen, der die Oberhand im hellenistischen Osten und daher absolutes Interesse an dortiger Stabilität und Kontinuität hatte: also mit Julius Caesar.

„Als Caesar einige Zeit darauf den Krieg beendigte und nach Syrien hinüberschiffte, bewies er seinen Dank dadurch, dass er den Hyrkanus in der Hohepriesterwürde bestätigte, dem Antipater aber das römische Bürgerrecht verlieh und ihn von allen Abgaben befreite ... Um dieselbe Zeit kam des Aristobulus Sohn Antigonus zu Caesar, beklagte das Schicksal seines Vaters, der um Caesars willen durch Gift habe umkommen müssen, und seines Bruders Alexander ... und bat ihn, er möge sich doch seiner, da er aus dem Reich seines Vaters verbannt sei, erbarmen. Hyrkanus und Antipater, klagte er, führten eine gewalttätige Regierung und hätten ihm selbst Unrecht getan. Antipater aber, der gerade anwesend war, verteidigte sich gegen die Anklage. (Da) bestätigte Caesar den Hyrkanus als Hohepriester, gab dem Antipater jede gewünschte Machtbefugnis und ernannte ihn zum Landpfleger (Epitropos) von ganz Judäa" (AJ 14,8,3–5/137–143).

Die Verteidigung Antipaters in Antiocheia gegen die Beschwerden des Antigonus schildert Flavius Josephus in seiner *Geschichte des Jüdischen Krieges* ganz dramatisch: „Da riss Antipater sein Gewand auf, zeigte seine zahlreichen Narben und erklärte, es bedürfe doch wohl keiner Worte, um seine gute Gesinnung gegen Caesar darzutun; denn wenn er auch schweige, so lege doch sein Leib lautes Zeugnis ab. Wundern aber müsse er sich über die Anmaßung des Antigonus, der als Sohn eines den Römern entlaufenen und denselben feindlich gesinnten Mannes an Neuerungssucht und Empörungsgeist nur das echte Ebenbild seines Vaters sei, und der sich jetzt unterfange, bei dem römischen Machthaber andere zu verklagen, während er doch froh sein könne, dass er überhaupt noch lebe. Denn nicht etwa aus Dürftigkeit wolle er jetzt teil an den Staatsgeschäften haben, sondern nur, um die Juden zum Aufruhr zu verleiten und seine Macht zum Schaden derer, die sie ihm verliehen, zu missbrauchen" (BJ 1,10,2/197f.).

In dieser – vom Autor sehr frei gestalteten – Szene vor Caesar ist die gewählte Verteidigungsstrategie Antipaters in zweifacher Hinsicht aufschlussreich: Zum einen wird Antipater in eine illustre Reihe königlicher Freunde Roms gestellt, die schon im 2. Jahrhundert durch das Vorweisen der für Rom erduldeten Leiden die eigene Treue hervorgehoben hatten. Zum anderen wird ein bemerkenswertes Bild von Antigonus entworfen: Hatte der hasmonäische Prinz vorgebracht, dass Antipater und Hyrkanus ihn höchst widerrechtlich aus der Heimat vertrieben und „in frechem Übermut ihr Volk drangsaliert" hätten (BJ 1/196), so charakterisierte Antipater ihn als den Sohn eines Umstürzlers und Romfeindes, der selbst nur darauf wartete, die Juden erneut zum Aufruhr zu treiben.

Damit ist das für die Entscheidung Caesars Wesentliche gesagt: Ein Vasallenfürst mag mit seinem Volk und seinen persönlichen Feinden umgehen, wie er will, so lange er die römische Friedensordnung nicht verletzt und der Tatsache eingedenk bleibt, dass er seine Macht von den Römern erhalten hat. Wer dagegen auf ein ererbtes Recht pocht und dabei erwarten lässt, dass er namens der Freiheit seines Volkes auch gegen die Vormacht agiert, der erfährt keinerlei Unterstützung durch Rom, auch nicht von einem Julius Caesar. Denn Rom akzeptierte keine Rechtsansprüche eines Prätendenten, die den eigenen Interessen entgegenliefen.

2. Herodes und Hyrkanus – ein latenter Machtkampf

Seit Caesars Dankesbezeugung war Antipater – genauer: Caius Julius Antipater – *Epitropos* von Judäa, was seine eminente Stellung neben Hyrkanus unterstrich. Das Wohlwollen des römischen Machthabers gegenüber dem Vasallenregime in Jerusalem zeigte sich zudem in der Erlaubnis, die Stadtmauer, die Pompeius einst hatte schleifen lassen, wieder zu errichten. Man kann annehmen, dass diese Baumaßnahme nicht zuletzt einer verbesserten Verteidigung Jerusalems bei zu erwartenden neuen Aufständen dienen sollte.

Die Entscheidung Caesars, dass jetzt neben dem herkömmlichen Hohepriester und Ethnarchen in Judäa ein von Rom eingesetzter 'Aufseher' oder 'Vormund' *(epitropos)* fungierte, stand in unmittelbarem Zusammenhang mit der gleichzeitigen Revision der Verwaltungsreform, mit der Aulus Gabinius zehn Jahre zuvor eine Dezentralisierung verfügt hatte. Seit 47 unterstanden der Jerusalemer Oberbehörde, dem Sanhedrin, so die aramäisierte Form des griechischen Begriffs *synhedrion*, wieder direkt die vier anderen Bezirke von Jericho, Amathus, Gadara und Sepphoris. Als Gegengewicht gegen die somit restaurierte Einheit von geistlicher Würde und politischer Verwaltung in der Hand des Hohepriesters und Repräsentanten des Sanhedrin hat Caesar in Judäa den 'Aufseher' als einen von Rom bestimmten und folglich auch abhängigen Funktionär etabliert. In dieser Position war Antipater demnach *de iure* nicht mehr an die Anweisungen des Hyrkanus gebunden, sondern hatte primär der römischen Vormacht gegenüber loyal zu sein. Daher müssen auch seine Entscheidungen – personalpolitische und sonstige – als indirekte römische Anordnungen verstanden werden.[6]

Diese Überlegungen klären den Rahmen, in dem nunmehr der Konflikt eskalierte zwischen Antipater und Hyrkanus einerseits und der Opposition, die eine Wiederherstellung des hasmonäischen Königtums als Ausdruck staatlicher Unabhängigkeit erhoffte, andererseits. Antipater machte sich kaum Illusionen darüber, dass seine Gegner, die im Sanhedrin vertretene judäische Land- und Priesteraristokratie, weiterhin seinen Sturz betrieben, doch meinte er nun, als *Epitropos* bessere Möglichkeiten zur Verteidigung seiner Machtstellung haben. So ernannte er seine beiden ältesten Söhne zu militärischen Befehlshabern: den Phasaël für Jerusalem und Umgebung, was Idumäa höchstwahrscheinlich einschloss, den Herodes für Galiläa, wo der etwa fünfundzwanzigjährige Herodes sogleich einen Tatendrang unter Beweis stellte: Er ging im galiläisch-syrischen Grenzgebiet energisch gegen eine „Räuberbande" vor, die dort zwar ihr Unwesen trieb, sehr vielen Juden freilich als patriotisch-religiöse Eiferer gegen die Fremdherrschaft galten. Zahlreiche Terroristen sowie ihren Anführer Ezechias ließ er nach der Gefangennahme ohne ein Gerichtsverfahren töten. Die Reaktionen darauf waren in Syrien und in Judäa ganz unterschiedlich: Während in der römischen Provinz Dörfer und Städte aufatmeten und Herodes priesen, beschwerten sich bei Hyrkanus vornehme Juden über den Strategen für Galiläa: Seine Eigenmächtigkeit war nach ihrer Ansicht symptomatisch für die usurpatorischen Ambitionen Antipaters und seiner Söhne. Waren Entscheidungen über Todesstrafe und Hinrichtung tatsächlich die vornehmsten Aufgaben des Sanhedrin, so mussten die Aristokraten die Tötung von Juden ohne Verfahren in Jerusalem als mutwillige Anmaßung bewerten. Der Hohepriester lud nun tatsächlich den Herodes vor seinen Gerichtshof; der Angeklagte folgte der Aufforderung, kam in Begleitung einer Leibwache nach Jerusalem – und verließ wenig später die Stadt als freier Mann.

Den Verlauf des Prozesses schildert Flavius Josephus in seinen *Jüdischen Altertümern* (14,9,4–5/169–179) in vielen Details ausführlicher und anders als in der *Geschichte des Jüdischen Krieges* (1,10,7/211 f.), doch geht die Forschung davon aus, dass Herodes nicht aufgrund eines Freispruches wieder abreiste, sondern eine – von Hyrkanus in dieser Absicht arrangierte – Verhandlungspause zur Flucht nutzte. Unstrittig ist, dass der Ausgang des Verfahrens mit einer Intervention des römischen Statthalters in Syrien zu tun hatte; das war damals ein Großcousin des Caius Julius Caesar namens Sextus Julius Caesar. Dieser soll in einem Schreiben an Hyrkanus für den Fall einer Verurteilung des Angeklagten wegen Mordes Konsequenzen von römischer Seite angedroht und dabei nach der einen Lesart einen Freispruch, nach der anderen die Aufhebung der Mordanklage gefordert haben. Unser Gewährsmann lässt freilich unerwähnt, dass Herodes damals – durch das Geschenk des Bürgerrechts an seinen Vater – römischer Bürger war und dass er daher als Caius Julius Herodes einen Prozess vor einer römischen Appellationsinstanz verlangen konnte.

In diesem Zusammenhang ist ein Detail von Herodes' Auftritt in Jerusalem aufschlussreich: Nach Flavius Josephus kam er auf Anraten seines Vaters Antipater „nicht nach der Art eines Privatmannes, sondern mit einer Leibwache", so dass ihm während des Prozesses einer der Ratsherren sein selbstbewusstes Auftreten vorhielt: „Herodes ... steht da in Purpur, mit geschniegeltem Haupthaar" (AJ 14,9,4/169. 172–174) – Herodes war offenbar in einer Art römischer Amtstracht erschienen!

Nach seiner Abreise oder Flucht aus Jerusalem wandte sich Herodes tatsächlich zunächst an Sextus Julius Caesar, den er in Damaskus traf. Dieser nahm ihn sofort als *Strategen* für Koilesyrien in römische Dienste, also für die südsyrische Küstenzone mit den nichtjüdischen Städten, die seit Pompeius' Neuordnung der direkten römischen Herrschaft unterstanden.

Damit hatte Herodes einen entscheidenden Schritt getan: Er hatte nicht nur dank der römischen Protektion den judäischen Autoritäten seine Unantastbarkeit vorgeführt, sondern war jetzt auch aus dem Schatten seines hochangesehenen Vaters, der ihn in Galiläa eingesetzt hatte, herausgetreten. Zugleich sahen die römischen Machthaber in ihm und in Antipater Garanten für die Aufrechterhaltung des Vasallenregimes in Judäa. Einerseits hatte Herodes mit seinem Vorgehen gegen die Terroristen im galiläisch-syrischen Gebiet seine entschiedene Haltung zur Abwehr patriotisch-religiöser Bewegungen frommer Juden bewiesen und sich deren Anhänger zu erbitterten Feinden gemacht. Andererseits konnte die militärische Kompetenz des neuen Bezirksstrategen für Koilesyrien der römischen Provinz gerade dort nützlich werden, wo von Seiten eines revisionistischen Hasmonäer-Regimes in Judäa Rückeroberungen zu befürchten sein müssten.

Flavius Josephus merkt an, Herodes habe sich das Strategenamt von Sextus Julius Caesar erkauft. Allerdings ist hier nicht allein an platte Bestechung zu denken. Vielmehr dürfte Herodes sich dem Statthalter als seinem Retter aus dem Jerusalemer Prozess erkenntlich gezeigt und zugleich auf seine künftige Loyalität und die besondere Gefährung Südsyriens durch die hasmonäischen Gegner hingewiesen haben.

Bald nach der neuen Bestallung soll Herodes mit einem Heer gegen Jerusalem vorgerückt sein, um sich an Hyrkanus für die Vorladung vor den Sanhedrin zu rächen, ja um den Hohepriester abzusetzen, doch habe ihn sein Vater Antipater zu beschwichtigen und zur Umkehr zu bewegen vermocht; „(Herodes) hielt seine Zukunftspläne schon hinreichend dadurch gefördert, dass er dem Volke wenigstens seine Macht gezeigt habe" (AJ 14,9,5/184).

Für eine Beurteilung des jungen, ambitionierten und tatendurstigen Herodes sind die skizzierten Ereignisse des Jahres 47/46 interessant. Wie, so müsste man fragen, hat sich Antipaters Sohn eigentlich die eigene unmittelbare politische Zukunft vorgestellt, wie zumal die Reaktion der Römer auf eine derartige grundlegende Änderung der kurz zuvor von Caesar bekräftigten Ordnung in Judäa?

Es liegt nahe, den unerhörten Angriffsplan des Herodes für eine Erfindung der antiken Geschichtsschreibung zu halten: Die fingierte Episode hat primär den Zweck, den Hyrkanus als einen der Familie Antipaters wohlwollenden und allenfalls von anderen Beratern schlecht unterrichteten Mann darzustellen, den Herodes dagegen als ebenso hitzköpfig wie rach- und ruhmsüchtig zu charakterisieren. Mit seinem 'Marsch auf Jerusalem' ist er geradezu ein judäischer Sulla oder Caesar, der um seines Ehrgeizes willen einen Bürgerkrieg nicht scheut.

In den folgenden Jahren kam es in Syrien und Judäa tatsächlich zu neuen bürgerkriegsartigen Wirren, deren Ursachen zum einen in der inneren Situation der Region selbst, zum anderen in den Ereignissen in Rom lagen.

Caesar war zwar nach seiner Abreise aus Syrien im Jahre 47 triumphierend nach Rom zurückgekehrt, der Machtkampf mit den Pompeianern ging aber noch bis zum Sieg bei Munda in Südspanien (45) weiter; als der Krieg in Nordafrika geführt wurde, entflammten auch wieder Rivalitäten in Syrien. Dort bewirkte der Pompeianer Caecilius Bassus Unruhe unter den römischen Truppen, in deren Verlauf der Statthalter Sextus Julius Caesar ermordet wurde, und verschanzte sich dann mit den Rebellen in Apameia. Da diese Stadt im nördlichen Phönizien am Oberlauf des Orontes strategisch günstig gelegen war, konnte er relativ ungefährdet sogar vom Partherkönig Hilfe erhalten. Zur Unterstützung der Truppen, die Caesar treu ergeben waren und welche die Stadt belagerten, schickte Antipater ein Aufgebot unter dem Kommando seines Sohnes Herodes. An der insgesamt über längere Zeit ganz unklaren Situation änderte auch Anfang 44 der neue Statthalter Statius Murcus nichts. Dann jedoch wurde in Rom Caesar ermordet, und nun kam Cassius Longinus, einer der Verschwörer, unverzüglich nach Syrien. Er hatte rund zehn Jahre zuvor nach der katastrophalen Niederlage des Licinius Crassus die Provinz vor dem Einfall der Parther bewahrt, jetzt vereinigte er unter seinem Kommando die zerstrittenen römischen Truppen, die Belagerung Apameias wurde aufgehoben.

Cassius zögerte nicht, den Herodes als Bezirksstrategen Koilesyriens zu bestätigen, er ließ auch keinen Zweifel an der fortgesetzten Funktion Antipaters als *Epitropos* in Judäa. Für seine Rüstungen gegen die Caesarianer Marcus Antonius und Octavian benötigte er nämlich sehr rasch sehr viel Geld, das ihm die genannten und bisher sehr zuverlässigen Mitarbeiter besser als sonst jemand besorgen konnten – allein aus Judäa forderte der Römer knapp 20 Tonnen (700 Talente) Silber!

Antipater, zuständig für die Einziehung dieses Tributs, delegierte die unangenehme Aufgabe an seinen Sohn Herodes und einen gewissen Malchus, einen Söldnerführer möglicherweise arabisch-nabatäischer Herkunft. Dieser Mann, der einst (56) im Auftrag des Hyrkanus gemeinsam mit Antipater die Truppen des Aulus Gabinius gegen den Prätendenten Alexander unterstützt hatte, war inzwischen ein einflussreicher Vertrauter des Hyrkanus geworden, stellte sich allerdings bei seinem neuen Auftrag gegen die römischen Anweisungen. Mit zahlreichen Offizieren trat er an die Seite der protestierenden Bevölkerung, die nach einer Beseitigung der romhörigen Machthaber verlangte, und entging dann Cassius' Zorn nur dank der Fürsprache Antipaters. Als dieser schließlich erkannte, dass Malchus' Ambitionen darauf gerichtet waren, im Zuge der allgemeinen Unzufriedenheit ihn selbst bei Hyrkanus zu verleumden, warb er für einen bevorstehenden Machtkampf nabatäische Truppen an. Doch söhnte er sich mit dem bittflehenden Intriganten überraschend aus und nahm ihn sogar ein zweites Mal bei Cassius vor dem offenbar doch sehr berechtigten Vorwurf der romfeindlichen Konspiration in Schutz.

Wie verhielt sich indessen Hyrkanus, der Hohepriester und Ethnarch? Er war in der damaligen äußerst angespannten Situation allem Anschein nach bereit, dem allgemeinen Missbehagen an der willfährigen Haltung seines Regimes gegenüber Cassius und Rom allgemein ein Bauernopfer in Gestalt ausgerechnet des Antipater zu bringen. Dabei glaubte er wohl, den Mann, der durch seine Fähigkeiten einerseits, seine unbedingte Loyalität andererseits ihm die Herrschaft seit rund zwanzig Jahren gesichert hatte, durch einen anderen, zumal einen weniger romtreuen, ersetzen zu können. Kurze Zeit nach jener Aussöhnung, als Cassius zu einem Feldzug gegen einen caesarianischen Konkurrenten, den von Antonius zum Statthalter Syriens ernannten Cornelius Dolabella, aufgebrochen war, wurde Antipater heimtückisch ermordet. Malchus war der Drahtzieher, doch ist umstritten, ob Hyrkanus in das Komplott eingeweiht war.

Für die exponierten Söhne des getöteten *Epitropos* und Romfreundes empfahl es sich in der aktuellen Situation, mit einer Racheaktion bis zur Rückkehr des Cassius zu warten; jedenfalls soll der besonnenere Phasaël seinen Bruder in diesem Sinne beschwichtigt haben. Es war dann für Herodes ein Leichtes, dem Cassius die Schuld des Malchus darzulegen und einen Anschlag auf den Mordanstifter zu planen; Malchus wurde bei Tyros von römischen Soldaten getötet.

In Jerusalem brachen daraufhin Krawalle aus, deren Phasaël und Herodes nur mühsam Herr wurden. Ein Bruder des Malchus besetzte hasmonäische Bergfestungen, darunter auch Masada am Westufer des Toten Meeres – auch hierfür dürfte er das zumindest stillschweigende Einverständnis des Hyrkanus gehabt haben. Indessen musste Cassius eine militärische Konfrontation mit den Caesarianern gewärtigen und erneut Syrien verlassen – er sollte dann im Oktober des Jahres 42 in der Entscheidungsschlacht bei Philippi sein Leben verlieren.

Im Sommer 42 hatte die vielschichtige Situation in Judäa ein höchstes Maß an Verwirrung, Machtvakuum und Isolierung der einzelnen Protagonisten erreicht: Hyrkanus setzte nicht mehr auf die Antipater-Söhne; Herodes und Phasaël waren ohne Cassius angreifbarer als je zuvor; die Bewegung, an deren Spitze Malchus gestanden hatte, war allerdings führerlos geworden und ganz vom Wohlwollen des Hohepriesters abhängig. Für einen Beobachter, der darauf wartete, dass Judäa reif für das Auftreten eines 'Retters' würde, war dies der rechte Moment.

Einen solchen Beobachter gab es – und er handelte auch entsprechend zielgerichtet: Antigonus, der jüngere Sohn des ehemaligen Königs Aristobulus. Er lebte bei dem Kleinfürsten Ptolemaios Mennaei von Chalkis am Libanon-Gebirge, der mit seiner Schwester Alexandra verheiratet war, und hatte zuletzt im Jahr 47 in Antiocheia versucht, Julius Caesar von seinen Thronrechten und von der Unzuverlässigkeit des Antipater zu überzeugen. Jetzt also erschien Antigonus in Galiläa, wo die Hasmonäer traditionell mit sehr großer Akzeptanz rechnen konnten, und besetzte einige Städte. Zudem verbündete er sich mit zwei Männern, die eigentlich dem Cassius verpflichtet waren, nämlich mit Marion, dem in Tyros eingesetzten Dynasten, und Fabius, dem römischen Kommandeur von Damaskus. Dass er damals bereits Kontakte zu Labienus hatte, der wie zahlreiche andere Anhänger des Cassius dann nach dem Sieg des Marcus Antonius nach Ktesiphon an den Hof des Partherkönigs floh, ist sehr wohl denkbar. Zu vermuten ist auch, dass die Pompeianer um Caecilius Bassus, die bereits während des Kampfes um Apameia Beziehungen zu den Parthern geknüpft hatten, damals auch schon in Verbindung mit dem Fürsten von Chalkis und dem bei jenem im Exil lebenden hasmonäischen Prinzen gestanden hatten.

Antigonus, der in kurzer Zeit Teile Galiläas erobert hatte, konnte sich innerhalb Judäas auf alle diejenigen Kräfte stützen, die das Hyrkanus-Regime stürzen wollten und damit zugleich das Ende der römischen Vormacht herbeiwünschten. Der Hohepriester in Jerusalem, der einige Monate zuvor selbst gehofft haben mochte, sich der Präponderanz des Antipater durch seinen Vertrauten Malchus entziehen zu können, erkannte seine Abhängigkeit von der Tatkraft und dem Tatwillen des Herodes, der ja seit rund fünf Jahren der militärische Verwalter Galiläas war. Herodes zog indessen mit seinem Söldnerheer gegen Antigonus und seine Freunde, nachdem er zuvor im Süden Judäas vom Bruder des Malchus die strategisch wichtigen Festungen zurückgewonnen hatte, darunter auch die Berganlage von Masada. In Galiläa gewann er nicht nur die vor allem vom tyrischen Machthaber eingenommenen Festungen zurück, sondern besiegte in mehreren militärischen Begegnungen Antigonus, der nun wieder über die Grenze abzog; begeistert wurde er in Jerusalem von den Freunden des Hyrkanus und jenem selbst empfangen.

Der Hohepriester und Ethnarch war damit zwar durch seinen idumäischen 'Haudegen' erfreulich rasch von einer unerwarteten Gefahr befreit worden, doch dürfte er sich keine Illusionen darüber gemacht haben, dass die Bevölkerung Galiläas seine Herrschaft gerade wegen der faktischen Dominanz zuerst des Antipater, jetzt seiner Söhne wenig liebten. Und er wusste auch, dass die meisten Juden ebenso dachten und für sie jener Antigonus eine personelle Alternative zu Hyrkanus war. Hingegen gab es evidenterweise für den – genau genommen seit drei Generationen – effizienten Idumäer-Clan keinen Ersatz. Hyrkanus mochte fürchten, dass sich eines Tages Antigonus mit Phasaël und Herodes arrangieren könnte – notfalls unter römischem Druck und jedenfalls auf seine Kosten. Daher entschloss er sich, Herodes als den Stützpfeiler seiner Herrschaft näher als bisher an sich zu binden, nämlich in seine Familie aufzunehmen: Er trug ihm die Hand seiner Enkelin an, der damals etwa elfjährigen Mariamne. Sie lebte mit ihrer Mutter, Hyrkanus' Tochter Alexandra, am hasmonäischen Hof in Jerusalem, seit ihr Vater Alexander, Hyrkanus' Neffe, im Jahr 49 unter dem syrischen Statthalter Cornelius Metellus hingerichtet worden war. Herodes willigte ein, obgleich er eine Gattin namens Doris hatte und auch bereits einen Sohn von ihr, der nach seinem Großvater Antipater hieß.

In der Forschung sind angesichts dieser dynastischen Verbindung verschiedene Fragen gestellt worden, die auf den ersten Blick nicht zusammenhängen[7]: Was bedeutete die Verlobung für Herodes' politische Zukunft? „Was mag wohl den Herodes dazu bewogen haben, in die Hasmonäerfamilie einzutreten?" Warum machte Hyrkanus sein Angebot nicht dem Phasaël, dem älteren Antipater-Sohn? Aus den jeweiligen Antworten lassen sich gewisse Vorurteile gegenüber den Hauptakteuren ablesen. Auffällig ist dabei, dass Herodes als ehrgeizig und skrupellos angesehen wird, Hyrkanus als hilflos-passiv, nahezu ohne eigenen Willen. So soll die Verlobung mit der Hasmonäerin Mariamne ein „kluger Schachzug" des Herodes gewesen sein; Hyrkanus hätte zugestimmt, um die Herrschaft seiner Familie zu sichern. Strebte nun Herodes selbst nach der 'Königskrone' oder nicht? Welchen Stellenwert hatte eine künftige hasmonäische Gattin für Herodes? Wäre er ungebunden ohne Verlobung eine veritable Gefahr für Hyrkanus gewesen?

Offenbar war die Verlobung der Mariamne mit Herodes eine politische Initiative des Hyrkanus und resultierte aus der jüngsten Bedrohung durch den Neffen Antigonus. Wollte der Hohepriester sich gegen eine erneute Aktion des Thronrivalen wappnen, musste er Herodes als den militärischen Machthaber in Galiläa an sich binden; an der Zuverlässigkeit Phasaëls, des Strategen von Jerusalem und Umgebung, gab es offenbar keine Zweifel. Aus den Berichten bei Flavius Josephus geht nicht mit hinreichender Deutlichkeit hervor, inwieweit die beiden Brüder in politischen Fragen differierten oder sich nur in ihrer Impulsivität voneinander unterschieden. Dass Phasaël den Herodes des Öfteren besänftigt und von unüberlegten Handlungen abgehalten hatte, verweist möglicherweise auf abweichende Zielvorstellungen des jüngeren Antipater-Sohnes. Dass in diesem Sinne Herodes allerdings bereits mit dem Gedanken gespielt haben sollte, sich selbst an die Stelle des Ethnarchen zu setzen und zu diesem Zweck den Hasmonäer Antigonus als neuen Hohepriester zu favorisieren, ist höchst unwahrscheinlich, wusste er doch nur zu gut, dass Antigonus, der Sohn des ehemaligen Königs Aristobulus, nichts Geringeres als die Restauration der hasmonäischen Königsherrschaft anstrebte. Welche Perspektiven eröffnete ihm also dann die Verlobung mit Mariamne? Eine Antwort liegt in der Absicht des Herodes, wie einst sein Vater Antipater der entscheidende Mann neben oder gar über dem Hohepriester zu sein, selbstverständlich mit der nötigen Akzeptanz durch Rom. Dazu musste er die Widerstände gegen sich und seinen idumäischen Clan systematisch verringern, musste rivalisierende respektive potentielle Machtzentren ausschalten, nämlich die hasmonäische Dynastie als Regenten einerseits, den Einfluss der frommen Juden und der Priesteraristokratie im Sanhedrin andererseits. Da Hyrkanus keinen Sohn hatte, sondern nur einen Enkel, Mariamnes (jüngeren?) Bruder Aristobul, lag es nahe, dass sein Neffe Antigonus sein Nachfolger würde. Ebenso stand zu erwarten, dass jener in eine dynastische Verbindung mit der Familie seines Onkels eintreten würde – ähnlich wie sein Bruder Alexander, der im Jahre 57 seine Cousine Alexandra geheiratet hatte. Indem Herodes mit Mariamne das einzige Mädchen, das für eine solche Aussöhnung der seit rund 25 Jahren zerstrittenen Herrscherfamilie zur Verfügung stand, zur Ehe erhielt, verhinderte er eine vergleichbare hasmonäische Konsolidierung.

Die Frage, ob Hyrkanus durch die Verlobung der Mariamne mit Herodes die Zukunft seines Enkels sicherte oder ob er nicht doch eher dessen nichthasmonäischem Schwager den Weg zum Thron ebnete, stellte sich damals, im Herbst 42, so gerade nicht. Für Hyrkanus wäre die Alternative eine Heirat der Mariamne mit Antigonus gewesen, doch dies hätte wenn nicht schon für ihn selbst dann für Aristobul den Ausschluss von Hohepriester- und Herrscherwürde bedeutet.

Wenn Herodes damals schon die Absicht gehabt haben sollte, künftig einem Hasmonäer nur noch das Hohepriesteramt zu überlassen, so dürfte Hyrkanus um diese Ambition nicht gewusst haben; aber selbst wenn er dieses Risiko gesehen hätte, wäre es im Vergleich zu einer künftigen Königsherrschaft des Antigonus das kleinere Übel gewesen. Kurz: Hyrkanus sicherte mit der Verlobung seine eigene Herrschaft und die künftige seines Enkels; Herodes signalisierte als künftiger Gatte der Mariamne nicht die eigene Ambition auf den Königstitel, sondern allenfalls die Absicht, profane und religiöse Herrschaft in Judäa dauerhaft zu trennen und selbst „Ethnarch“ zu werden.

Somit war ein drohender innerjudäischer Bürgerkrieg beigelegt; im Herbst desselben Jahres endete der Kampf der Caesarianer gegen die Caesarmörder auf dem Schlachtfeld bei Philippi mit der Niederlage von Brutus und Cassius. Während der eine Sieger, der junge Caesar, bekannt unter dem inoffiziellen Namen Octavian, nach Italien zurückkehrte, wandte sich der andere, Marcus Antonius, nach Kleinasien und Syrien, um hier das Erbe seines Gegners Cassius anzutreten. Schon in Bithynien traf er auf eine jüdische Gesandtschaft, die sich bitter über die beiden Antipater-Söhne beschwerte; Herodes persönlich kam zu seiner Verteidigung hinzu, die ihm dadurch erleichtert wurde, dass Antonius für den Sohn seines alten Gastfreundes aus den gemeinsamen Kämpfen unter Aulus Gabinius gegen den Hasmonäerprinzen Alexander viel Sympathie hegte. Über Ephesos, die Hauptstadt der römischen Provinz Asia, wo ihm unter anderen eine Gesandtschaft des Hyrkanus und des judäischen Volkes mit einem wertvollen Goldkranz huldigten, und über Tarsos in Kilikien, wo er seine berühmt-berüchtigte Liaison mit Kleopatra VII. begann, kam der neue Machthaber im Herbst 41 in die ehemalige Seleukidenresidenz Antiocheia. Dort bemühten sich wiederum vornehme Juden, diesmal in einer sehr großen Gesandtschaft von 100 Personen, ihren Beschwerden über Herodes und Phasaël Gehör zu verschaffen – möglicherweise in der Hoffnung auf Unterstützung durch die ptolemäische Königin. Diesmal war Hyrkanus persönlich anwesend und musste zu den Vorwürfen Stellung nehmen. „Nachdem Antonius in Daphne beide Parteien angehört hatte, fragte er Hyrkanus, welche von beiden das Volk besser zu regieren verstehe. Und als dieser entgegnete, Herodes und seine Verwandten, ernannte Marcus Antonius ... die beiden Brüder zu Tetrarchen (und) übertrug ihnen in verbriefter Form die Verwaltung von Judäa" (AJ 14,13,1/325f.). Im gleichen Zusammenhang erfahren wir bei Flavius Josephus, dass Antonius fünfzehn persönliche Gegner des von ihm soeben bestätigten, ja aufgewerteten Hyrkanus-Regimes auf der Stelle verhaften ließ; dass sie nicht sogleich hingerichtet wurden, verdankten sie dann nur der Fürsprache des Herodes.

Was genau die Machtbefugnisse der neuen Tetrarchen Herodes und Phasaël waren und in welchem Verhältnis diese zur Herrschaft des Ethnarchen standen, ist ungeklärt. Es kann aber kein Zweifel daran bestehen, dass *de facto* die Positionen der beiden Antipater-Söhne gestärkt, die Kompetenzen des Hyrkanus dagegen auf Repräsentanz und die religiösen Aufgaben konzentriert wurden.

Nachdem die judäische Aristokratie wiederholt versucht hatte, der römischen Vormacht die für sie unerträgliche Machtfülle gerade jener beiden Männer klarzumachen, stand nicht zu erwarten, dass es angesichts der demonstrativen Unterstützung der Römer für Herodes und Phasaël im

Lande ruhig bleiben würde. Vielmehr wurde die römische Herrschaft durch diese neue unbedingte Förderung des Antipater-Clans zusätzlich diskreditiert.

Das letzte Öl goss der Römer ins Feuer, als er einen Massenprotest von 1000 Juden, die ihn in Tyros erwarteten, von seinen Soldaten blutig auflösen ließ. Zwar sollen Herodes und Hyrkanus kurz zuvor die aufgebrachte Menge gewarnt und zur Beendigung ihrer Aktion aufgefordert haben, doch wurden sie nicht ernst genommen. Als es infolge dieses Massakers in Judäa zu weiteren Protesten gegen Herodes kam, ließ Marcus Antonius die Gefangenen hinrichten, die er seit der Erhebung der Antipater-Söhne zu Tetrarchen als deren Gegner in seinem Gewahrsam hielt. Dann reiste er mit Kleopatra nach Alexandria, wo er den Winter 41 auf 40 verbrachte.

In Judäa stand als Konsequenz der Eskalation ein neuer Bürgerkrieg bevor; es konnte auch nicht zweifelhaft sein, wer das Volk in seinem Begehren nach Abschüttelung der Gewalt- und Fremdherrschaft unterstützen würde: der Hasmonäer Antigonus und die Parther.

3. Hyrkanus und Antigonus – der Sturz der Romfreunde

Im Jahre 53 hatte der römische Kriegszug gegen die Parther unter Licinius Crassus, dem ehrgeizigen dritten Mann neben Pompeius und Caesar, zur schweren militärischen Niederlage und zum blamablen Verlust der Feldzeichen bei Carrhae geführt. Seither plante jeder Feldherr, der die Ressourcen Asiens in seine Verfügungsgewalt bringen wollte oder zum Teil schon gebracht hatte, einen Revanchekrieg – so auch Marcus Antonius.[8] Für seine Rüstungen trieb er von der provinzialen Bevölkerung sowie von den römischen Vasallenfürsten hohe Geldsummen ein – ähnlich wie es erst wenige Jahre zuvor (43/42) sein Gegner Cassius für den Kampf gegen die Caesarmörder gemacht und dadurch den Hass gegen sich und die Römer generell noch gesteigert hatte. Der einstige Verteidiger Syriens gegen die Parther hatte im Bürgerkrieg schließlich sogar auf militärische Hilfe des Partherkönigs Orodes gehofft und für entsprechende Verhandlungen seinen Legaten Labienus nach Ktesiphon geschickt. Wenn auch nach der Niederlage der Caesarmörder bei Philippi und dem Tod des Brutus und Cassius der Bürgerkrieg zugunsten von Marcus Antonius und Octavian entschieden war, so gaben doch gerade die „republikanischen Fanatiker“ nicht auf. Viele von ihnen hatten Zuflucht bei Orodes gefunden und unterstützen am Partherhof vehement die Idee eines Angriffs auf das römische Syrien. Im Herbst 41 war es so weit – die Invasion begann.

Die Unbeliebtheit der römischen Herrschaft in der Levante, also in Kleinasien, Syrien und insbesondere Judäa, und der ewig süße Klang, welchen die Freiheitsparolen in den Städten des hellenistischen Ostens hatten, bewirkten die nahezu widerstandslosen Erfolge der parthischen Truppen, die unter der Führung des Prinzen Pakoros und des Labienus Syrien eroberten. Während sich der letztgenannte sogleich nach Kleinasien wandte, rückte Pakoros an der Küste entlang nach Süden vor, wo nur Tyros, die eigensinnige Stadt, die einst Alexander dem Großen sieben Monate lang getrotzt hatte, dem Antonius und damit den Römern treu blieb.

Das Ziel dieser Truppen war der Sturz des romfreundlichen Hyrkanus-Regimes in Judäa. Bei Pakoros hatte sich nämlich der Hasmonäerprinz Antigonus eingefunden, der jetzt zusätzlich zu seinem griechischen Namen auch seinen jüdischen trug: Er nannte sich Mattathias, wie der Ahnherr der Makkabäerdynastie, auf welchen sich die Hasmonäer zurückführten.

Nach Flavius Josephus soll Antigonus den Parthern große Versprechungen dafür gemacht haben, dass sie ihn an Stelle seines Onkels Hyrkanus auf den Thron in Jerusalem brächten und seinen Erzgegner Herodes samt seiner Sippe töteten: 1000 Talente (26 Tonnen Silber) und 500 Frauen (natürlich solchen aus den Familien seiner Gegner). Zweifellos hatten Orodes und sein Sohn Pakoros mit Antigonus als ihrer Marionette längst gerechnet, um in ihrem künftigen Reichsteil westlich des Euphrat das eminente proprömische Bollwerk auszuschalten. Über die Notwendigkeit eines lokalen Herrschers in einem zumindest oberflächlich autonomen Judäa wussten die Parther sehr genau Bescheid, denn in ihrem Reich, insbesondere in Babylon, lebten seit nahezu einem halben Jahrtausend Juden und waren ihrerseits durch den Kultus mit dem Tempel zu Jerusalem und dem dortigen Hohepriester verbunden. Der Einfluss dieser babylonischen Juden auf die parthische Westpolitik lässt sich freilich nicht näher bestimmen.

Von Akko/Ptolemaïs aus schickte Pakoros eine Vorhut gegen Jerusalem, während vom Binnenlande her – also durch das Gebiet der mit Antigonus verschwägerten Herrscher von Chalkis, durch die Gegend um Damaskus und durch Galiläa – ein Heereszug unter dem Kommando eines gewissen Barzapharnes vorrückte, des Gouverneurs der parthischen Provinz westlich des Euphrat.

In Jerusalem hatte es in den vergangenen Monaten immer wieder Proteste gegen Herodes gegeben, die Bevölkerung stand auf Seiten der Parther und des Thronprätendenten, und wegen eines religiösen Festes strömten außerdem tausende Gläubige herbei, die dieselbe politische Ansicht hatten. Hyrkanus, Phasaël und Herodes waren auf den Königspalast beschränkt, wo sie zwar über starke Truppenverbände verfügten, einer Belagerung durch Pakoros und Barzapharnes aber unmöglich standhalten konnten. Von den Römern ist in dieser Situation nichts zu hören – wenn sich Herodes tatsächlich mit einem Hilferuf an Marcus Antonius gewandt haben sollte, erhielt er jedenfalls keine Antwort. Der Herr über den Osten hielt sich damals im Winter und Frühjahr 41 auf 40 in Alexandria auf und „interessierte sich mehr für Kleopatra als für den Kampf mit den Parthern".[9]

Flavius Josephus berichtet über den folgenden Akt des Dramas vom Ende des Hyrkanus-Regimes detailliert, wie die Parther und Antigonus einen schlauen Plan entwickelten, um unter dem Vorwand von Verhandlungen ihrer Gegner persönlich habhaft zu werden, sie also aus dem befestigten Palast herauszulocken. Dazu sollten sich Hyrkanus, Phasaël und Herodes zu Barzapharnes nach Galiläa begeben – Herodes jedoch blieb misstrauisch und warnte seinen Bruder, jener Einladung zu folgen. Offenbar sah Phasaël aber keinen anderen Ausweg, als einen diplomatischen Versuch zu wagen – vielleicht ahnte er auch das Komplott und wollte durch den eigenen Opfergang dem dynamischeren Bruder eine Chance zur Flucht ermöglichen. Unser Autor weiß darüber freilich nichts, sondern stellt ihn als bis zum bitteren Ende loyal gegenüber dem alten Hohepriester dar. Während in Galiläa die beiden Männer zunächst höflich behandelt, dann aber doch verhaftet wurden, war Herodes in Jerusalem geblieben, ungeduldig Nachrichten von Phasaël erwartend. Als dessen Boten mit Warnungen über das Komplott abgefangen wurden, erkannte der Tetrarch, dass ihn nur die Flucht retten konnte, und wurde in dieser Einschätzung bestärkt durch die Tochter des Hyrkanus, seine künftige Schwiegermutter Alexandra.

Noch in derselben Nacht verließ er heimlich mit einem großen Tross – kaum weniger als 1000, möglicherweise sogar mehrere Tausend Personen – die Stadt, nämlich mit seinen Soldaten, Freunden und einer großen Anzahl zumal weiblicher Familienangehöriger und deren Dienerschaft.

Man kann nun zwar glauben, dass es die Unachtsamkeit seiner Gegner war, die das unbehelligte Entkommen ermöglichte, doch wird man bei nüchterner Überlegung annehmen dürfen, dass Herodes seine Flucht von längerer Hand vorbereitet hatte.

Damit fällt ein etwas anderes Licht auf die Gesandtschaftsreise von Hyrkanus und Phasaël ausgerechnet nach Galiläa. Möglicherweise hat Herodes hier ein diplomatisches Doppelspiel betrieben, sein eigenes Kommen zugesagt und dann den Bruder geschickt. Dass er selbst indessen die Verantwortung nicht nur für seine eigene Mutter, Schwester, Schwägerin, Neffen, sondern auch für die Hasmonäerfrauen Alexandra, Mariamne sowie deren Bruder Aristobul, den letzten männlichen Nachkommen dieser Familienlinie trug, lässt darauf schließen, dass Hyrkanus in den Fluchtplan als Notmaßnahme eingeweiht war.

Das Schicksal der beiden Männer, die nun von den Parthern dem Antigonus in Jerusalem vorgeführt wurden, schildert Flavius Josephus mit ausgesuchter Dramatik: Phasaël soll sich durch selbst zugefügte schwerste Kopfverletzungen getötet haben – unter Mithilfe des Arztes, der ihm noch geschickt wurde. Hyrkanus dagegen wurde an den Ohren verstümmelt, damit er nie wieder die Funktion des Hohepriesters ausüben konnte, für die körperliche Unversehrtheit kultische Vorschrift war.

Zu diesem Zeitpunkt war Antigonus bereits von seinen parthischen Freunden als Hohepriester und König inthronisiert worden und hatte sein Ziel erreicht. Den Hyrkanus schickte er dann an König Orodes nach Ktesiphon – aus den Augen, aus dem Sinn. Die Parther erhielten die Erlaubnis, Jerusalem und die Teile des Palastes, die von der Antipater-Familie bewohnt worden waren, zu plündern; allerdings fand sich dort nicht mehr der Familienschatz, denn auch in dieser Hinsicht hatten die Flüchtlinge bestens vorgesorgt!

Indessen war Herodes mit seinen Leuten unterwegs nach Idumäa, wo er in Thresa mit seinem jüngeren Bruder Joseph und weiteren Angehörigen zusammentraf. Jetzt wurde der größte Teil der Söldner – nach Flavius Josephus mehr als 9000 – entlassen, nur die tüchtigsten blieben im Dienst. Gemeinsam zog der Flüchtlingstross, noch immer rund 800 Personen, zur wehrhaften Bergfestung Masada, die für einen längeren Aufenthalt vorbereitet worden war. Herodes ließ seine Leute unter dem Schutz Josephs zurück und zog weiter, um militärische Hilfe gegen Antigonus zu organisieren.

Zwei Episoden der ersten Flucht-Etappe, von denen Flavius Josephus berichtet, sollen im Detail betrachtet werden, da sie Auskunft geben können über den Charakter des Herodes.

„Herodes ... entfloh in der Nacht, ohne dass dies die Feinde gewahr wurden, mit seinen nächsten Angehörigen auf Idumaea zu. Kaum hatten die Parther dies erfahren, setzten sie ihm nach. Herodes ließ nun seine Mutter ... (und die anderen Angehörigen) voraus ziehen, während er selbst mit seinen Kriegern zum Schutze seiner Verwandten die Barbaren aufhielt und bei jedem Angriff eine Menge von ihnen niedermachte. So erreichte er endlich wohlbehalten die Festung Masada. Mehr noch als die Parther machten ihm übrigens auf seiner Flucht die Juden zu schaffen, die ihn beständig bedrängten und ihm, als er 60 Stadien (10 Kilometer) von der Stadt entfernt war, sogar ein regelrechtes Treffen von ziemlich langer Dauer lieferten. Herodes aber schlug sie und richtete ein großes Gemetzel unter ihnen an. Später gründete er an dieser Stelle zum Andenken an den Sieg eine Ortschaft, die er mit den prächtigsten Palästen schmückte, durch eine sehr starke Burg befestigte und nach seinem Namen Herodium nannte“ (BJ 1,13,7–8/263–265).

Die Überreste der herodianischen Festung Herodeion, rund 10 Kilometer südlich von Jerusalem an der zu allen Zeiten strategisch wichtigen

Straße nach Jericho, waren bis ins 19. und 20. Jahrhundert sichtbar. Archäologische Ausgrabungen seit 1962 haben auf dem Djebel Fureidis eine grandiose Palastfestung auf dem Berg sowie einen Palastkomplex an dessen Fuß ans Licht gebracht (siehe unten S. 192f.). Da sich in Herodeion auch die Grabstätte des Herodes befand, gibt es keinen Zweifel an der außerordentlichen Bedeutung dieses Platzes. Dass sich für Herodes der Ort stets mit Erinnerungen an den Sieg über seine jüdischen Feinde verband, können wir gern glauben.

Schwieriger ist dagegen eine Geschichte einzuordnen, die von Flavius Josephus im selben Kontext der Ereignisse zu Beginn der Flucht erzählt wird und die vom Unfall der Mutter des Herodes handelt: Deren Wagen war umgestürzt, sie selbst schien schwer verletzt oder gar tot zu sein; durch den erzwungenen Aufenthalt verringerte sich der Vorsprung, den man vor den Verfolgern hatte – und in dieser Situation soll Herodes der totalen Verzweiflung nahe gewesen sein. Aber Kypros erholte sich dann doch recht schnell, so dass die Flucht fortgesetzt werden konnte. Bald darauf ereignete sich der Kampf mit den jüdischen Feinden.

Mit der kritischen Situation nach dem Unfall der Kypros soll nach Flavius Josephus noch etwas anderes verbunden gewesen sein, nämlich ein Selbstmordversuch des Herodes. War es ein „Anflug von Panik" oder kann man den „plötzlichen Selbstmordversuch" als „typisch für sein ganzes Wesen" verstehen? Überlegungen, die hier über Herodes' Depressivität und Aggressionspotential angestellt wurden,[10] führen schon deswegen überhaupt nicht weiter, weil Erkenntnisse über das Psychogramm einer historischen Figur unmöglich sind. Interessanter ist die Frage, was der Autor mit der Szene zum Ausdruck bringen will.

Das damals bekannteste Beispiel für die nicht allzu seltene historische Situation, in der ein Machthaber in kritischer Lage mit Durchhalteparolen motiviert wurde, erzählt der Historiograph Diodor vom syrakusanischen Tyrannen Dionysios. Als dessen Herrschaft im Jahre 404 von einem Volksaufstand bedroht war, hinderte ihn ein Freund an einer schnellen Flucht, indem er ihn gemahnte, bis zum notfalls bitteren Ende Widerstand zu leisten.[11] Der Bericht Diodors, eines Universalhistorikers der Zeit Caesars, ging auf Philistos zurück, der einst Hofgeschichtsschreiber des Dionysios gewesen war, so ähnlich wie bei König Herodes dann später Nikolaos von Damaskus. In seinem Werk hat offenbar Flavius Josephus die Szene nach dem älteren Beispiel gestaltet, dabei aber in freier Variation dem Unfall der Mutter des Helden eine besondere Rolle in der Inszenierung zugewiesen. Offenbar kam jenem Scharmützel später ein hoher Symbolwert zu – zu fragen bleibt, ob dies so ist, weil oder obgleich hier der Sieg nachdrücklich als einer über die jüdischen Gegner bezeichnet wird. Zunächst war ja die Flucht vor dem parthischen Feind eine gemeinsame Aktion mit der Hasmonäerfamilie, insbesondere soll die Initiative von Alexandra ausgegangen sein. Damit hätte der Ruhm, sich nicht passiv dem Schicksal ergeben, sondern durch beherzte Handlung letztlich doch die Herrschaft errungen zu haben, der Hasmonäerin gebührt, also Herodes' Schwiegermutter. Wollte aber Herodes als derjenige in die Geschichte eingehen, der die Macht allein wieder gewonnen hatte, musste er in einer bedeutenderen, dramatischeren Situation das Entscheidende geleistet haben. Dazu bot es sich an, den militärischen Sieg ins Philosophische zu überhöhen und zugleich zu betonen, dass nicht die Parther, vor denen man hatte fliehen müssen, die größte Gefahr darstellten, sondern die Juden, die ihre mit Rom verbündeten Unterdrücker vertrieben.

Kurz: Die Episode, wie Herodes von seinen Freunden nur mühsam daran gehindert wurde, sich verzweifelt ins Schwert zu stürzen, ist nicht authentisch. Ein Unfall seiner Mutter mag sich zugetragen haben, ist aber kaum in einen direkten Zusammenhang zu bringen mit der demonstrativen Gründung von Herodeion am Ort der siegreichen Schlacht über die jüdischen Verfolger der Flüchtlinge.

Nachdem Herodes seine Familie und die seiner Braut Mariamne unter den Schutz einer Söldnertruppe und der Verantwortung seines Bruders Joseph auf der Bergfestung Masada in Sicherheit gebracht hatte, wandte er sich selbst zunächst an den nabatäischen König Malichus. Der schickte ihm recht bald eine Gesandtschaft mit der Botschaft, er möge auf der Stelle umkehren, denn die Parther hätten es den Nabatäern verboten, ihn bei sich aufzunehmen. „Herodes antwortete darauf, er sei nicht gekommen, um ihnen in irgendeiner Hinsicht lästig zu fallen, sondern nur, um sich mit dem König über einige dringende Angelegenheiten zu besprechen. Trotzdem schien es ihm geraten, umzukehren" (AJ 14,14,1/373f.). Flavius Josephus lässt keinen Zweifel daran, dass Herodes von Malichus Geld erhofft hatte, und zwar an die 300 Talente Silber, und dass er diese Summe in den Freikauf seines Bruders Phasaël aus der Gewalt der Parther investieren wollte, da er von dessen Tod noch keine Nachricht gehabt habe. Malichus und einige arabische Scheichs in seinem Beraterstab hätten aber gerade wegen der erwarteten Geldforderung von einem Besuch des Flüchtlings nichts wissen wollen und die Parther nur als Vorwand gebraucht. Herodes habe nämlich berechtigte Ansprüche auf die Rückzahlung eines früheren, möglicherweise noch auf seinen Vater zurückgehenden Kredits gehabt, doch hätten die Araber „das ihnen anvertraute Gut unterschlagen" (ebd.) wollen.

In der neueren Literatur wird die große Enttäuschung des Herodes über diese Abweisung herausgestellt,[12] aber nicht hinterfragt, ob es dem Antipater-Sohn wirklich nur um ein Lösegeld für seinen Bruder gegangen ist, von dessen Tod er überhaupt erst ein oder zwei Tage nach der Absage des Malichus erfahren haben soll. Sehr viel plausibler ist es dagegen, dass Herodes von vornherein bei den Nabatäern, seinen bisher politisch stets kooperationsbereiten Nachbarn, militärische Unterstützung gegen den parthische Marionettenkönig auf dem Jerusalemer Thron suchte. Demnach gedachte er, bei ihnen größere Söldnerkontingente anzuwerben, nötigenfalls auch auf Kredit. Malichus und seine Scheichs wollten aber in der damaligen Situation allem Anschein nach das Risiko eines politischen Selbstmordkommandos gerade nicht eingehen: Zu überwältigend war die Dominanz der Parther bei gleichzeitiger auffällig reduzierter Präsenz der Römer im gesamten Gebiet westlich des Euphrats.

Die Nabatäer schoben also nicht etwa die Parther vor, um ungestört vom Guthaben der Antipater-Familie zu profitieren, sondern es war Herodes, der die Situation zu seinen Gunsten verschleierte, nämlich indem er den ungetreuen Nabatäern unlautere materielle Interessen, geradezu Unterschlagung, unterstellte, um damit seine späteren Rachegelüste zu kaschieren.

Nach der Abweisung durch die Nabatäer reiste Herodes nach Ägypten, wo er offenbar hoffte, Marcus Antonius anzutreffen. Als er an die Küste gelangte, wurde er im ägyptischen Grenzort Pelusium aufgehalten, wo sich wider Erwarten die im Hafen liegenden Schiffe weigerten, ihn nach Alexandria zu bringen. Herodes wandte sich daher an die Vorsteher der Stadt, „die aus Achtung vor dem berühmten und hochstehenden Mann ihn nach Alexandria geleiten ließen“ (AJ 14,14,2/375). Die konkrete Situation bleibt aus dem knappen Bericht bei Flavius Josephus unklar, doch ging es allem Anschein nach um den offiziellen Status des Reisenden, des einst von Antonius bevollmächtigten Tetrarchen in Judäa, den die Parther vertrieben hatten. Als indirekter römischer Funktionsträger verlangte Caius Julius Herodes in Pelusium, im Herrschaftsbereich der mit Rom verbündeten Königin Kleopatra VII., eine entsprechende Anerkennung seiner Würden: In Ägypten war er nicht nur vor Verfolgung durch Parther und Judäer sicher, hier durfte er vielmehr uneingeschränkte Unterstützung zur Befreiung seines Landes von den ‘Barbaren’ erwarten. Man darf annehmen, dass Herodes sich nach wie vor als Tetrarch Judäas verstand, nicht als bittstellender Flüchtling.

Von Königin Kleopatra VII. wurde Herodes jedenfalls „glänzend empfangen“, doch ließ er sich von ihr nicht „bereden, länger zu bleiben, weil er nach Rom eilen wollte“ (AJ 14,14,2/376); ohne Rücksicht auf den anbrechenden Winter mit seinen die Seefahrt beeinträchtigenden Stürmen reiste er sehr bald weiter. Flavius Josephus belässt es bei dem ungenauen Hinweis, Kleopatra habe Herodes „glänzend empfangen, weil sie an ihm einen Feldherrn für den Krieg, zu dem sie gerade rüstete, zu gewinnen hoffte. Herodes indes wies die Anträge der Königin zurück und schiffte sich … nach Rom ein“ (BJ 1,14,2/279).

Da die Herrschaft im Ptolemäerreich damals nicht in der Hand irgendeines Königs lag, sondern in derjenigen Kleopatras VII. und ihres Sohnes und Mitregenten Ptolemaios' XV. Kaisar, ist die Phantasie der Historiker angesichts der Begegnung des Herodes mit der oft verleumdeten Herrscherin ins Kraut geschossen.[13] Für eine nüchterne Bewertung der politischen Situation als dem Rahmen für das Zusammentreffen des Herodes mit Kleopatra im Spätherbst des Jahres 40, ist auf drei essentielle Punkte zu verweisen: Marcus Antonius plante bereits einen Partherfeldzug; die ptolemäische Königin gedachte diesen Krieg nach Kräften zu unterstützen und hoffte dabei, ihr Reich durch territoriale Zugeständnisse der Römer vergrößern zu können; Herodes suchte den direkten Kontakt mit Marcus Antonius, um mit römischer Hilfe die Parther – sowie zugleich deren Marionette Antigonus – aus Judäa zu vertreiben und dort selbst wieder als römischer Vasall die Macht zu übernehmen.

Was mag hinter dem von Flavius Josephus bezeugten Anerbieten Kleopatras VII. gestanden haben, den judäischen Exil-Tetrarchen mit einem militärischen Kommando – höchstwahrscheinlich gegen die Äthiopier – in ptolemäische Dienste zu nehmen? Wohl kaum mehr als die Absicht, von der Präsenz des Herodes, eines fähigen Feldherrn, für eigene militärische Ambitionen im Süden Ägyptens zu profitieren. Das Angebot eines längeren Aufenthaltes in Alexandria entsprach hellenistischer Gastfreundschaft – man stelle sich dagegen etwa vor, Kleopatra hätte ihren Staatsgast trotz des Winterbeginns schnellstens nach Rom weitergeschickt! Die kluge Herrscherin wird keinen Zweifel und auch keinen Widerspruch gehegt haben, dass Marcus Antonius den Idumäer für die Rückgewinnung Judäas von den Parthern benötigen würde, zumal es ihr nicht unbekannt geblieben sein konnte, dass die restliche hasmonäische Familie sich im Gewahrsam zu Masada, also in der Hand des Herodes und seines Bruders Joseph befand. Es konnte hinsichtlich der näheren politischen Zukunft Syriens und insbesondere Judäas zu jenem Zeitpunkt keine Interessenkollision zwischen dem Exil-Tetrarchen und Kleopatra geben.

Für Herodes kam indes ein militärischer Auftrag in Ägypten nicht in Frage: nicht nur wegen seines Wunsches, nach Rom weiterzureisen, sondern wegen seines hierarchischen Selbstverständnisses als römischer Funktionsträger in Judäa.

Die Interpretation des ersten Zusammentreffens von Herodes und Kleopatra VII. steht freilich *ex eventu* im Schatten des späteren Konfliktes beider Herrscherpersönlichkeiten, der unter ganz anderen politischen Rahmenbedingungen entstand, als sie im Jahre 40 existierten. Dennoch wird gelegentlich die spätere Feindseligkeit zwischen Ägypten und Judäa, die ihrerseits alte historische Wurzeln hatte, mit dem damaligen Aufenthalt des Herodes in Alexandria in Verbindung gebracht: Er habe es nämlich verstanden, „seine Absicht, sich um den Thron von Judäa in Rom zu bemühen, vor der Königin hinterlistig zu verbergen"; daher habe Kleopatra ihn mit „solch einer ausgesuchten Höflichkeit behandelt", anstatt ihn – wenn sie seine Ambition gekannt hätte – „zweifellos ohne Zögern aus der Welt zu schaffen".[14]

Davon abgesehen, dass Kleopatra sich ohnehin ihre eigenen Gedanken über Zweck und Ergebnis der bevorstehenden Begegnung des romtreuen judäischen Vasallen mit Antonius gemacht haben dürfte, ist doch die Prämisse der zitierten Vorstellung spekulativ, nämlich dass der Flüchtling mit der dezidierten Absicht nach Rom gereist wäre, sich zum König von Judäa bestallen zu lassen.

III. Herodes wird König (40–37 v. Chr.)

1. Die Ernennung in Rom

Tatsächlich hatte Herodes auf seiner weiteren Reise unter schweren witterungsbedingten Widrigkeiten zu leiden; da eine direkte Überfahrt nach Italien unmöglich war, nahm er einen Umweg über die südöstliche Ägäis und kam seebrüchig nach Rhodos. Doch schließlich erreichte er Brundisium, das heutige Brindisi, und traf dann endlich in der Machtzentrale Rom ein. Marcus Antonius gewährte ihm nicht nur freundlichste Audienz, sondern versprach jede mögliche Unterstützung zu seiner Rückführung nach Judäa.

Die Motive waren dabei nach Flavius Josephus neben dem allgemeinen Mitleid und Bedenken schicksalhafter Wechselfälle zum einen die Rücksicht auf die alten gastfreundschaftlichen Beziehungen, die Marcus Antonius rund 15 Jahre zuvor mit Herodes' Vater Antipater geknüpft hatte, zum anderen der Hass gegen Antigonus, den antirömischen Rebellen und Partherfreund. Ein weiteres Argument soll ein hohes Schmiergeld gewesen sein, das Herodes für die Promotion zum König angeboten hätte, so wie er einst demselben Marcus Antonius seine Erhebung zum Tetrarchen gut bezahlt hätte. Es fällt hier auf, dass die bisherigen eigenen Leistungen des Herodes unerwähnt bleiben: seine langjährige Zuverlässigkeit in Judäa als Gouverneur unter seinem Vater, dann als Tetrarch mit seinem Bruder. Offenbar geht dieses Defizit aber eher auf die Darstellungsweise als auf die tatsächlichen Bewertungen auf römischer Seite zurück, denn Marcus Antonius beließ es nicht bei Versprechungen. Er holte umgehend das Einverständnis seines politischen Partners Octavian ein sowie vor allem die Zustimmung des römischen Senats. Der Beschlussfassung ging eine Senatsdebatte voraus, bei der Marcus Antonius als glänzender Redner nachwies, „dass es für den Parthischen Krieg nur von Vorteil sein könne, wenn Herodes König werde" (AJ 14,14,4/385).

In der Forschung dreht sich die Diskussion um die Frage, auf wen die Erteilung des Königstitels an Herodes zurückgeht[1]: War es eine Idee erst des Marcus Antonius oder eine präzise Bitte des Tetrarchen? Hatte Herodes diese Ambition erst kurzfristig seit der Partherinvasion entwickelt oder war sie langsam herangereift und ging sogar schon auf ein Versprechen des Cassius aus dem Jahr 43/42 zurück?

Die umstrittene Frage ist weder anhand von Quellentexten zu beantworten noch unter Hinweis auf die seit mehr als 100 Jahren in Rom gepflegte Tradition, hellenistische Könige nach eigener Gunst und aktueller

Bewertung der jeweiligen Lage im betreffenden Königreich zu erheben oder auch fallen zu lassen. Vielmehr ist mit Blick auf die Eigentümlichkeit der politischen Strukturen Judäas zu überlegen, was eigentlich im Winter 40 auf 39 in Rom für oder gegen einen König Herodes gesprochen haben dürfte.

Flavius Josephus unterstreicht, dass Marcus Antonius den Vorteil des Königstitels für den bisherigen Tetrarchen mit Blick auf den Partherkrieg befürwortet habe. War das seine – und damit eine genuin römische – Argumentation oder diejenige seines Protegés?

Es war 23 Jahre her, dass Pompeius bei seiner Neuordnung des hellenistischen Ostens und insbesondere Syriens die hasmonäische Monarchie in Judäa ihres Königstitels entkleidet hatte. Nunmehr war im Jahre 40 mit der Entmachtung des Ethnarchen und Hohepriesters Hyrkanus und mit der Inthronisierung seines Neffen Antigonus als König dank parthischer Hilfe ein Regime zum Ende gelangt, gegen das es seit 63 mehrere Rebellionen gegeben hatte. Diese Aufstände waren von dem gestürzten Aristobulus und seinen Söhnen Alexander und Antigonus ausgegangen und hatten die Wiederherstellung der Monarchie propagiert. Sie waren aber stets mit römischer Hilfe an der militärischen Schlagkraft Antipaters und seiner Söhne, der Stützen des Hyrkanus, gescheitert. Weder Gabinius noch Cassius, Caesar und Marcus Antonius werden geglaubt haben, dass es derartige Widerstände nicht gegeben hätte, wenn dem Hyrkanus der Königstitel geblieben wäre!

Das Neue an der Bestallung eines Königs Herodes als Gegner des Usurpators Antigonus war seine nichthasmonäische Abstammung. Da er mangels familialer Qualifikation nicht Hohepriester werden konnte, bedeutete dies eine prinzipielle Trennung der kultisch-sakralen und der politisch-säkularen Funktionen, die bisher in einer Hand verbunden waren, da sich die Monarchie der Hasmonäer aus hohepriesterlichen Herrschaftstraditionen über das Ethnos der Juden entwickelt hatte.[2] Mithilfe der definitiven Trennung von politischen und kultischen Führungsfunktionen sollte es künftig einem Feind Roms erschwert werden, die altjudäische Monarchie zu restaurieren, denn dazu mussten zwei Amtsinhaber gestürzt werden: der Hohepriester und der König.

Wir dürfen zum einen davon ausgehen, dass Marcus Antonius und der Senat um das Problem des jüdischen Hohepriesters gewusst haben; zum anderen ist anzunehmen, dass Herodes gegenüber seinen römischen Freunden durchaus die Machbarkeit der neuen Konzeption zusicherte.

Aus der hier skizzierten Perspektive wird deutlich, dass von den Römern eine Kooperation zwischen Hohepriester und König als künftig ebenso konfliktfrei angesehen wurde wie die bisherige Symbiose von Hyrkanus und Antipater. Somit dominierte der Gedanke maximaler Kontinuität – mit dem auch Herodes für sich werben konnte – und minimaler Veränderung: Das geradezu revolutionäre Element, die Isolierung und damit Degradierung des Hohepriesteramtes, wurde heruntergespielt. Hat Herodes über die hierin liegende Brisanz damals Marcus Antonius und Octavian reinen Wein eingeschenkt? Wohl kaum, denn eine Verunsicherung seiner optimistischen Freunde hätte weder ihm, um dessen künftige politische Existenz es ging, noch den Römern genützt. In der damaligen Situation waren einfache – oder einfach scheinende – Lösungen willkommen. Die neue Konzeption einer Klientel-Herrschaft in Judäa diente mithin primär den römischen Interessen, nämlich der schnellstmöglichen Wiedergewinnung ganz Syriens aus der Hand der Parther, zumal deren Expansion auch nach Kleinasien zu befürchten stand.

Was aber nützte dem Herodes die titulare Aufwertung? Um die Konfliktträchtigkeit eines Königtums, das nicht mit dem Hohepriesteramt die Repräsentanz des jüdischen Volkes in der eigenen Hand hatte, muss er gewusst haben, etwa aufgrund seiner Erfahrungen sechs Jahre zuvor mit dem Sanhedrin, doch mag er derartige skeptische Überlegungen in der akuten Situation des Winters 40 auf 39 zurückgestellt haben. Es ist ein anderer Aspekt, der eher dagegen spricht, dass Herodes selbst es war, der sein eigenes Königtum in Vorschlag gebracht hat: Ein nicht mehr mit dem Hohepriesteramt zwingend verbundener Inhaber der höchsten Gewalt in Judäa eröffnete der römischen Personalpolitik neue Spielräume; personelle Alternativen lagen somit näher als zur Zeit eines Antipater, der *de facto* stets eine Stütze im Hohepriester Hyrkanus gehabt hatte.

Der im Königtum mitschwingende dynastische Gedanke, also die Verbbarkeit der Würde an Nachkommen, wäre für einen Fürsten in stabiler Machtposition wertvoll gewesen, war es aber nur bedingt für Herodes, der sich sein Herrschaftsgebiet ja erst aus Feindeshand erobern musste. Im Falle seines baldigen Todes – etwa bei den anstehenden Kämpfen – mochte sich leichter ein Ersatz unter den romtreuen Judäern finden, wenn ihnen als Lohn sogar ein Königstitel winkte.

Die Ernennung des Herodes zum 'König von Judäa' durch den römischen Senat auf Antrag des Marcus Antonius schrieb die herausragende Bedeutung des Caius Julius Herodes für die römische Herrschaft in der Krisenregion Syrien fest; sie schrieb zugleich die Politik des Pompeius in Judäa fort, deren Intention es gewesen war, den monarchischen Hohepriester dadurch den römischen Ordnungsvorstellungen für jene Region besser anzupassen, dass er ihm einen weltlichen starken Arm zur Seite stellte und dass dieser mehr oder weniger direkt von Rom bestimmt werden konnte. Entsprechend argumentierte Antonius vor dem Senat. Die faktischen Gegebenheiten seit der Promotion Antipaters durch Caesar (47) und der Erhebung seiner Söhne Phasaël und Herodes zu Tetrarchen durch Marcus Antonius (42) hatten mit dem Königstitel für den verbliebenen Kampfgenossen aus der bewährten idumäischen Familie eine neue Qualität erreicht.

Dafür, dass Herodes selbst diesen staatsrechtlichen Schritt aus eigenem Antrieb erbeten, gar eingefordert hätte, fehlen nach dem Gesagten hinreichende Anhaltspunkte. Vielmehr stellte der Sohn des Antipater in unerschütterlicher Loyalität zu Rom sich sowie seine Familie in den Schutz und damit zugleich in die Verfügung derer, die in Rom das Sagen hatten: Das waren damals Marcus Antonius und der junge Octavian.

„Nach Schluss der Senatssitzung nahmen sodann Marcus Antonius und Caesar (Octavian) den Herodes in die Mitte und begaben sich unter Begleitung der Konsuln und der übrigen Würdenträger hinaus, um zu opfern und den Beschluss auf dem Kapitolium niederzulegen. Antonius aber bewirtete den Herodes am ersten Tag seiner Königswürde mit festlichem Mahle“ (BJ 14,4/285). Beide von Flavius Josephus geschilderten Tätigkeiten sind von besonderer symbolischer Brisanz: Zum einen opferte der frischgebackene judäische König in Rom dem dortigen höchsten Gott, dem Jupiter Capitolinus, und verstieß gegen das erste mosaische Gesetz, das solche Ehrung allein für Jahwe erlaubte. Zum anderen ließ sich Herodes von dem Römer Marcus Antonius festlich, also aufwendig bewirten und verstieß, da wohl kaum koscher getafelt wurde, gegen die jüdischen Speisevorschriften. Flavius Josephus will mit diesen beiden Details seinen Lesern zeigen, was die Römer, insbesondere der später als skrupeloser Schwelger verrufene Marcus Antonius, dem Volk der Juden zugemutet haben: Solch ein unfrommer, um nicht zu sagen frevelhafter Mann war nun König der Juden.

Schalit, der davon überzeugt ist, dass Herodes selbst darum gebeten hatte „die hasmonäische Dynastie abzusetzen und statt ihrer ihm das Königtum zu verleihen“, kommentiert die festliche Zeremonie und das Gelage allzu programmatisch[3]: „Dieses äußerliche Gepränge ... hat für das Wesen seines Königtums symbolische Bedeutung. Dieses Königtum hatte einen Januskopf: Das eine Gesicht blickte auf Rom und die hellenistische Welt hin, das andere auf das jüdische Volk und seine einzigartige Kultur. Die Absicht war ..., die Scheidung zwischen den beiden Welten zu überbrücken und dem jüdischen Volke im Raume des römischen Imperiums Platz und Aufgabe anzuweisen.“ Man mag darüber streiten, ob Herodes die unterstellte Absicht gehabt hatte. Die besprochene Szene läßt doch gerade Herodes' alleinigen Blick auf Rom und hellenistische Traditionen, mithin seinen Verzicht auf eine Betonung seines Judentums erkennen – alles andere hätten seine römischen Freunde auch kaum verstanden!

Die Frage nach großen politischen Visionen des Idumäers, dem die römischen Machthaber in der damaligen, für beide Seiten schwierigen Situation als Einzigem eine effiziente Unterstützung ihrer eigenen Politik, der Rückgewinnung Syriens und der Niederwerfung der Parther, zutrauten, ist an dieser Stelle freilich nicht zu diskutieren. Sie ist allerdings unabhängig von der Vorstellung, Herodes habe in Rom seinen Freunden ein fertiges Konzept präsentiert, dessen Angelpunkt sein eigenes Königtum gewesen wäre.

Auch Flavius Josephus äußert sich dazu, was Herodes als Bittsteller in Rom über das judäische Königtum in jener Situation gedacht haben soll: „Die Königswürde ... hatte Herodes zunächst nicht für sich erbitten wollen, weil er darauf bei den Römern, welche dieselbe nur an Personen von königlicher Abstammung zu vergeben pflegten, nicht rechnen zu dürfen glaubte, sondern er hatte sie seinem Schwager, der vom Vater her des Aristobulus, von der Mutter her des Hyrkanus Enkel war, zugedacht" (AJ 14,14,5/386f.). Diese Bemerkung hält H. Willrich für eine Erfindung[4]: „Herodes hat später den Juden gegenüber behauptet, er habe in Rom für die Ansprüche des Aristobulus eintreten wollen ... Das hat ihm selbstverständlich niemand geglaubt, einer solchen Uneigennützigkeit war er ganz gewiß nicht fähig." Man wird aber doch annehmen müssen, dass Herodes bei seinen politischen Beratungen mit Marcus Antonius auf den jungen Aristobul ebenso zu sprechen gekommen ist, wie auf dessen Schwester Mariamne, die er selbst ja heiraten sollte und wollte. Dass die Römer die Königswürde „nur an Personen von königlicher Abstammung zu vergeben pflegten", ist gewiss nicht richtig, doch lastet Flavius Josephus mit dieser Bemerkung einmal mehr den Römern die Schuld an der Ernennung eines Unwürdigen zum König Judäas an: Insbesondere der skrupellose Marcus Antonius setzte sich – so muss es dem Leser ja scheinen – mit seiner Protektion des Herodes sogar über herkömmliche Richtlinien römischer Politik hinweg!

In der Zwischenzeit, also parallel zu Herodes' Romreise im Winter 40 auf 39, harrten dessen Angehörige und Freunde, die mit ihren Frauen und Kindern gemeinsam aus Jerusalem geflohen waren, auf der Festung Masada aus, belagert von Antigonus. Der judäische König von parthischen Gnaden wusste sehr wohl, dass seine Herrschaft nicht gefestigt war, solange er die Rivalität seiner hasmonäischen Cousine Alexandra mit ihrem Sohn Aristobul und ihrer heiratsfähigen Tochter fürchten musste. Diese Personen hatte er nicht nur nicht in seiner Gewalt, sie befanden sich zudem im Schutz derjenigen idumäischen Sippe, auf die der entmachtete Hyrkanus sein Regime jahrzehntelang gestützt hatte. Flavius Josephus berichtet vom dramatischen Wassermangel der Belagerten, die durch göttliche Hilfe in Form eines gewaltigen Regengusses gerettet wurden, just als sie kapitulieren wollten: Joseph, der Bruder des Herodes, hatte schon seine Flucht zu den Nabatäern vorbereitet, auf der ihn nur „zweihundert seiner Leute" begleiten sollten. 'Was wäre gewesen wenn ...' – wie hätte Herodes bei seiner Rückkehr nach Judäa seine Gegner überwältigen können, wenn er seine eigene Familie im Exil beim wankelmütigen Malichus und die Familie seiner Verlobten Mariamne in der Hand des Antigonus vorgefunden hätte?

Dass Herodes sich nicht allein auf die Unterstützung der Römer verlassen konnte, zeigt der Bericht, der im Anschluss an das Regenwunder von Masada auf die Aktionen des Ventidius Bassus, eines Legaten des Marcus Antonius, zu sprechen kommt. Die Römer hatten indessen ohne größere Schwierigkeiten von den Parthern, die Syrien verließen, ihre Provinz zurückgewonnen, nun mussten ihre militärischen Bemühungen der Restauration eines romfreundlichen Regimes in Judäa gelten.

Dieses Ziel bedeutete nicht automatisch Sturz des Antigonus und Inthronisierung des Herodes, vielmehr suchte Ventidius einen passablen *modus vivendi* mit dem judäischen König, der – wie viele seiner Vorgänger – die Scheckbuch-Diplomatie bevorzugte. Jedenfalls gibt Flavius Josephus an, Ventidius habe von Antigonus eine größere Geldsumme erhalten, „worauf er mit dem größeren Teil seiner Truppen abzog ... (Er) ließ den Silo mit einer Abteilung Soldaten zurück ... Zu diesem unterhielt Antigonus gute Beziehungen, damit er ihm keinen Schaden zufüge, wenn, wie er hoffte, die Parther ihm wiederum zu Hilfe kommen würden" (AJ 14,15,6/392f.). Zu jenem Zeitpunkt wussten weder Antigonus noch Ventidius von Herodes' Ernennung zum König durch den römischen Senatsbeschluss; doch hätte eine reuevolle Hinwendung des Hasmonäers zu den Römern, eventuell eine dynastische Aussöhnung mit der Hyrkanus-Sippe den im Jupitertempel auf dem Kapitol deponierten Senatsbeschluss zu Makulatur werden lassen können. In Judäa zählte die faktische Macht. Auf diesem Hintergrund war es die bedeutsamste Voraussetzung für Herodes' Rückkehr, dass seine Angehörigen und die hasmonäischen Flüchtlinge sich in Masada verteidigen konnten.

2. Der Krieg um die Herrschaft

Herodes' Aufenthalt in Rom war nicht nur ungewöhnlich erfolgreich, sondern auch extrem kurz, doch sollte der Weg zur faktischen Königsherrschaft in Judäa noch lang werden: Von Italien, das der römische Thronprätendent im Frühjahr 39 verließ, bis zur Eroberung Jerusalems und dem Sturz des Antigonus im August 37 vergingen rund zweieinhalb Jahre. Die Ereignisse dieses Zeitraums, vornehmlich militärische Aktionen, beschreibt Flavius Josephus detailliert, wobei er von Herodes gelegentlich als dem „König" spricht, dem Antigonus diesen Titel aber konsequent verweigert.

Wenn auch aus der Perspektive des Herodes diese Kämpfe seiner faktischen Machtergreifung in Judäa dienten, waren sie doch aus der Perspektive Roms und speziell des Marcus Antonius ein Teil des Krieges gegen die Parther. Zweifellos wäre eine Eroberung Jerusalems ohne den massiven Einsatz der Truppen des römischen Statthalters von Syrien, Sosius, nicht geglückt. Herodes befand sich also in einer ambivalenten Situation: Zum einen diente er den Römern, die der Mehrheit der judäischen Bevölkerung als Erzfeinde galten, zum anderen suchte er eine eigene Akzeptanz bei eben dieser Bevölkerung.

In der Berichterstattung unseres Quellenautors über Herodes' Kampf um den Thron spielen römische Truppen und judäische Anhänger bestimmte Rollen, anhand deren sich zeigen lässt, wie der König selbst diese Etappe seiner Karriere aufgefasst sehen wollte. Bis auf die Schlussphase der mehrmonatigen Belagerung Jerusalems seit dem Frühjahr 37 haben allem Anschein nach die römischen Truppenführer, namentlich Silo und Machairas, die doch im Auftrag des Marcus Antonius den König unterstützen sollten, diesen mehr behindert als gefördert.

Während Ventidius Bassus ein Unternehmen gegen die Parther unter Labienus in Kleinasien durchzuführen und einen Teil seiner Truppen unter dem (bestochenen?) Offizier Silo in der Nähe von Jerusalem zurückgelassen hatte, traf Herodes aus Italien kommend in Ptolemaïs/Akko ein. Dort hatte er sogleich „ein nicht unbeträchtliches Heer von Fremden und Einheimischen gesammelt" und bedurfte daher gar nicht fremder Verstärkung, „denn im Vorrücken vergrößerte sich seine Streitmacht tagtäglich, und bald war ganz Galiläa mit wenigen Ausnahmen auf seiner Seite" (BJ 1,15,3/290f.). Erstes Ziel war dann Masada, das immer noch von Antigonus belagert wurde, doch auf dem Weg dorthin musste erst Joppe, das heutige Jaffa, erobert werden, „damit nicht bei seinem Marsch auf Jerusalem in seinem Rücken ein feindliches Bollwerk übrig bliebe" (ebd. 292). Jetzt schloss sich dem Herodes sogar von Jerusalem her Silo an, den er allerdings vor jüdischen Verfolgern retten musste. Nach der Eroberung Joppes eilte Herodes, offenbar ohne die Römer, weiter Richtung Masada; wiederum erhielt er – im heimatlichen Idumäa – großen Zulauf von Anhängern schon seines Vaters Antipater ebenso wie von Opportunisten. „So hatte er denn bald eine gewaltige Streitmacht um sich versammelt" und konnte endlich seine Angehörigen aus Masada in seine Obhut übernehmen. Schließlich zog er nach Jerusalem, wo sich auch Silo mit den römischen Truppen wieder einfand, außerdem viele Leute aus der Stadt, „die von seiner Stärke überwältigt waren" (ebd. 293f.).

Ein Blick auf die Landkarte zeigt freilich, dass Herodes auf dem Weg von Akko nach Masada nicht durch Galiläa nach Joppe gelangt, sondern dorthin direkt an der Küste entlang gezogen sein wird. Zweifel an der

Richtigkeit der pauschalen Behauptung von großen Erfolgen gerade in Galiläa, das dem Herodes ansonsten so feindselig war, sind also berechtigt. Die Erfindung einer von vielen Bewohnern Judäas begrüßten Rückkehr des Herodes und einer sofortigen Unterstützung seines militärischen Unternehmens erfüllt hier den Zweck, Herodes als weitgehend unabhängig vom römischen Mandat erscheinen zu lassen: Er hilft den Römern, nicht sie ihm!

Kehren wir aber unter die Mauern Jerusalems zurück, wo Herodes offenbar hoffte, „den Krieg mit einem Schlag zu beenden".[5] Flavius Josephus gibt einen Einblick in die beiderseitige Propaganda, deren Zweck es war, eine Entscheidung auf dem Verhandlungswege herbeizuführen. Herolde des Herodes verkündeten nämlich, der Belagerer sei zum Heil des Volkes und zur Rettung der Stadt gekommen, seine erklärten Gegner und sogar seine erbittertsten Feinde könnten auf seine Verzeihung rechnen. Er wurde freilich nicht erhört, sondern musste dem Beschuss der Verteidiger weichen. Nun lässt im Zusammenhang mit der späteren erneuten Belagerung Jerusalems unser Autor den Herodes auf den Senatsbeschluss rekurrieren, durch den er zum König ernannt worden war. Man darf annehmen, dass auch schon im Sommer des Jahres 39 Herodes nicht darauf verzichtet haben wird, die Neuigkeit vom Beschluss des römischen Senats über die Kriegserklärung an Antigonus, den Staatsfeind Roms, und die eigene Erhebung zum Thronfolger ausrufen zu lassen. Während im *Jüdischen Krieg* berichtet wird, dass Antigonus und seine Anhänger bei der ersten Belagerung mit Gegenkundgebungen die Lockrufe der Herolde übertönten und zugleich potentielle Überläufer einschüchterten, finden sich in den *Jüdischen Altertümern* detaillierte Angaben darüber, wie der Hasmonäer damals reagierte und sich direkt an Silo und die Römer wandte: „Sie würden ungerecht handeln, wenn sie die Herrschaft an Herodes gelangen ließen, der ein Privatmann und als Idumäer nur ein halber Jude sei, während die Königswürde nach den Bräuchen des Landes nur Männern aus königlichem Geschlecht zufallen dürfe. Wenn sie auch ihm selbst jetzt zürnten und ihn des Thrones entsetzen wollten, weil er diesen den Parthern verdanke, so gebe es doch noch viele Männer seines Geschlechtes, die ein Anrecht auf die Königswürde hätten, weil sie sich niemals etwas gegen die Römer hätten zuschulden kommen lassen und auch dem Priesterstande angehörten, und die deshalb nicht übergangen werden dürften" (AJ 14,15,2/403ff.).

Höchstwahrscheinlich gehört diese Argumentation erst in die Zeit der zweiten, letztlich für Antigonus fatalen Belagerung der Stadt; ein politisches Klima, in dem Antigonus hoffen konnte, seinen Thron nur an einen anderen Hasmonäer zu verlieren, setzt den römischen Sieg über die Parther im Jahre 38 voraus.

Das Scheitern des ersten Angriffs auf Jerusalem war ein schwerer Fehlschlag für Herodes, denn mit dem nahenden Ende der Feldzugs-Saison stellte sich ihm die Aufgabe, Winterquartiere sowohl für seine eigenen Soldaten wie für die Truppen des Silo zu besorgen. In dieser nicht unberechtigten Erwartung der römischen Verbündeten und ihrer damit offenbar verbundenen Weigerung, Jerusalem auch während der Wintermonate, die im judäischen Gebirge sehr kalt sind, zu belagern, sieht Flavius Josephus den Beweis für die Bestechlichkeit des Silo. Während nun von Freunden des Herodes in Samaria die benötigten Lebensmittel geliefert und dann Winterquartiere in Idumäa, Galiläa, Samaria und auch im gerade erst eroberten Jericho organisiert wurden, war Herodes für weitere militärische Unternehmungen gegen Antigonus auf sich und seine eigenen Leute gestellt: Seinem Bruder Joseph überließ er die Verteidigung der bisher gewonnenen Positionen in Idumäa, seine aus Masada befreiten Anverwandten – unter denen seine Mutter hervorgehoben wird – wurden zu ihrer Sicherheit nach Samaria gebracht.

Mit seinen Söldnern wandte sich Herodes nun nach Galiläa, wo er die Stadt Sepphoris einnehmen und die dortigen umfangreichen Vorräte beschlagnahmen konnte. Wenig später kam es zu einer blutigen Schlacht bei dem Dorf Arbela, 5 Kilometer nordwestlich von Tiberias, also oberhalb des Sees Genezareth; die Gegner flohen ins transjordanische Gebiet; „so war denn Galiläa von seinem Hauptschrecken befreit, und es blieb nur noch das Gesindel in den Höhlen übrig“ (BJ 1,16,3/307). Damit hatte Herodes dank seines überraschenden Angriffs im Winter Galiläa für sich gewonnen; jetzt konnte er seinen Soldaten eine Ruhepause gönnen, die er ihnen mit üppigen Gratifikationen, nämlich 150 Silberdrachmen pro Mann, versüßte.

Dem Antigonus in Jerusalem werden die Erfolge des Thronrivalen zu Ohren gekommen sein; er soll mit einer indirekten Sabotage-Aktion gegen die römischen Truppen darauf reagiert haben, doch ist der entsprechende Bericht bei Flavius Josephus fragwürdig. Danach hatte Antigonus zu Winterbeginn in der Stadt Lydda, 20 Kilometer südöstlich von Joppe, auch seinerseits einem Teil der römischen Truppen Winterquartiere zur Verfügung gestellt, um, wie unser Autor meint, sich dadurch den Marcus Antonius zu verpflichten. Vermutlich war es allenfalls so, dass Silo von Antigonus das Zugeständnis erreicht hatte, für die Kosten des dortigen Winterquartiers aufzukommen. Diese soll der regierende König dann eingestellt haben – eben wegen der Vorgänge in Galiläa –, so dass nun überraschend Silo mit seinen Unterfeldherren bei Herodes eintraf: Einmal mehr konnte dieser nun die Römer retten, indem er seinen jüngsten Bruder Pheroras damit beauftragte, die nötigen Lebensmittel zu organisieren. Im selben Kontext ist davon die Rede, dass der junge Mann auch die Bergfestung Alexandreion sichern und stärken sollte. Deren geographische und strategische Lage an der Straße von Judäa nach Galiläa lässt allerdings vermuten, dass es nicht primär um die Versorgung der römischen Truppen – schon gar nicht solcher in Lydda – ging. Wahrscheinlich ist also die Episode der zusätzlichen 'Winterhilfe' für Silo unhistorisch; sie illustriert vielmehr, wie Herodes seinen Kampf um den judäischen Thron immer wieder behindert sah durch die infolge ihrer eigenen Korruption und Untüchtigkeit in Schwierigkeiten geratenen römischen Waffenbrüder.

Im Frühjahr 38 wurde Herodes von der Kooperation mit Silo befreit, denn der Offizier wurde ebenso wie Ventidius Bassus von Marcus Antonius gegen die Parther aufgeboten, die erneut aus dem Zweistromland nach Nordsyrien eingedrungen waren und gegen die der römische Feldherr von Athen aus aufbrach. Der römische Feldzug verlief erfolgreich, denn in der Schlacht bei Gindaros fiel der parthische Prinz und Heerführer Pakoros, angeblich am 9. Juli 38 und damit genau am Jahrestag der römischen Katastrophe bei Carrhae im Jahre 53. Während Ventidius nun gegen den Verbündeten und Schwiegervater des Partherkönigs, den Herrscher von Kommagene, weiter Richtung Euphrat vorrückte, sollen zwei Legionen nebst 1000 Reitern auf Marcus Antonius' Befehl erneut nach Judäa abkommandiert worden sein. Sie standen unter dem Kommando eines gewissen Machairas.

Ob sich der von Rom nominierte Thronrivale von seinem neuen militärischen Partner mehr versprach als von dessen Vorgänger Silo, muss offen bleiben. Bei Flavius Josephus ist allerdings sogleich wieder von mehr oder weniger erfolgreichen Bestechungsversuchen des Antigonus die Rede, die Herodes Nachteile brachten. Machairas soll nämlich gegen den Rat des Herodes mit den Truppen nach Jerusalem gezogen sein, um die Lage des Antigonus auszukundschaften. Da der Hasmonäer sich nicht hinters Licht führen ließ, wurde er aber mit Waffengewalt abgewehrt und kehrte ebenso beschämt wie wütend um. Auf dem Weg nach Emmaus, wo sich offenbar auch Herodes mit seinen Truppen aufhielt, soll Machairas alle Juden, die ihm begegneten, umgebracht haben, also unterschiedslos die Anhänger des Antigonus und diejenigen des Herodes. „In heller Entrüstung darüber zog nun der König nach Samaria. Er hatte beschlossen, sich an Marcus Antonius zu wenden und ihm vorzustellen, dass er solcher Bundesgenossen nicht bedürfe, die ihm selbst mehr Unheil als den Feinden anrichteten. Übrigens sei er zur Bekämpfung des Antigonus allein stark genug" (AJ 14,15,7/437). Tatsächlich reiste nun Herodes, der zuvor dem römischen Kommandeur seinen Bruder Joseph mit eigenen Truppen zur Seite gestellt hatte, zu Marcus Antonius, der den König Antiochos von Kommagene in dessen Residenz Samosata am Euphrat belagerte. Natürlich konnte das nicht wirklich gut gehen – nicht nur wegen der Unbrauchbarkeit der römischen Soldaten, sondern auch wegen des Ungehorsams, mit dem Joseph die Ermahnungen des älteren Bruders in den Wind schlug: Im Gebiet von Jericho geriet er nämlich beim Fouragieren in einen feindlichen Hinterhalt und verlor sein Leben und fast das ganze Heer, weil die fünf Kohorten, die ihm von den Römern zur Verfügung gestellt worden waren, aus ungeübten, erst kürzlich in Syrien ausgehobenen Rekruten bestanden. Antigonus als stolzer Sieger ließ sich den Kopf des Joseph bringen, obgleich dessen jüngster Bruder Pheroras die sehr hohe Ablösesumme von 50 Talenten Silber angeboten hatte. Damit hatte sich nicht nur ein für Herodes trauriger militärischer Misserfolg nicht verhindern lassen, vielmehr folgte ein schwerer politischer Rückschlag seiner Position in Judäa und Galiläa, für den unser Quellenbericht eindeutig die römischen Truppen unter Machairas verantwortlich macht.

Um die außerordentliche Bedeutung von Josephs Niederlage für Herodes und seine bisherigen Erfolge in Judäa zu verstehen, müssen wir uns noch einmal der Situation in Galiläa zuwenden. Dort hatte Herodes im Winter 39 auf 38 mit der Gewinnung von Sepphoris und dem Sieg bei Arbela Fuß gefasst; als die Kampfsaison im Frühjahr wieder eröffnet wurde, konnte er daran gehen, auch die letzten Widerstandsnester im wahrsten Sinne des Wortes auszuheben und auszuräuchern. Bei den „Räubern", die vornehmlich im heutigen Wadi Hammam in Felsenhöhlen versteckt lebten, handelte es sich offenbar um „Guerillas", um hasmonäisch-patriotisch gesinnte „Terroristen", die nur in einem zeitaufwendigen Kleinkrieg zu bekämpfen waren. Gegen sie also rückten Herodes' Soldaten mit spezieller technischer Ausrüstung vor und ließen sich an Seilen zu den Höhleneingängen in den Felsschluchten hinunter; fast alle Bewohner wurden getötet oder begingen Selbstmord.

Als sich nun in Galiläa eine dauerhafte Friedhofsruhe einzustellen schien, zog Herodes mit seiner Truppe nach Samaria. Doch schon kurze Zeit darauf kam es völlig unerwartet zu einer Revolte in Galiläa, deren treibende Kraft Gefolgsleute des hasmonäischen Königs Antigonus waren, nach Flavius Josephus „Scharen, welche auch früher Galiläa beunruhigt hatten" (AJ 14,15,6/432). Herodes kehrte um und unterwarf erneut Galiläa, tötete die militärisch aktiven Aufständischen und erlegte den Städten eine Geldbuße in Höhe von 100 Talenten auf.

Für eine zeitliche Einordnung dieser Ereignisse in den Verlauf des Jahres 38 gibt der Bericht wenig Anhaltspunkte: Wir erfahren, dass zu Beginn der galiläischen Guerillabekämpfung die römischen Feldherrn Ventidius und Silo zum Feldzug gegen die Parther nach Kleinasien aufgebrochen und parallel zur Niederschlagung des galiläischen Aufstandes die Parther besiegt worden waren, was in den Monat Juli führt. Von Herodes hören wir erst wieder im Zusammenhang mit dem neuen römischen Kommandeur Machairas in Judäa, dessen eigenwillige Aktion, ein Vorstoß gegen Jerusalem, von einem Lager in Emmaus ausgegangen war. Dort befand sich eben auch Herodes, der offenbar Schwierigkeiten hatte, mit Machairas sinnvoll zu kooperieren. Während der Idumäer – empört über Racheaktionen des Machairas auch gegen Juden seiner Anhängerschaft – nach Samaria und dann weiter an den Euphrat nach Samosata aufbrach, unterstützte der römische Kommandeur mit seinen zwei Legionen den Joseph bei Unternehmungen gegen Antigonus. Nach der verlorenen Schlacht und dem Tod des Joseph im Gebiet von Jericho kam es in Galiläa zu einer erneuten Revolte gegen Herodes' Herrschaft: Die Vornehmen unter seinen Anhängern wurden von den Parteigängern des Antigonus im See Genezareth ertränkt und sogar in Idumäa war die wachsende Sympathie für den Hasmonäer auf dem Jerusalemer Thron spürbar, denn dort musste Machairas tätig werden, um die Festung Gittha zu verteidigen und zu verstärken.

Dies alles muss sich im Herbst zugetragen haben; Herodes jedenfalls befand sich auf dem Rückweg von Samosata und erfuhr in Daphne bei Antiocheia von dem dramatischen Umschwung. Er war in Begleitung zweier Legionen des neuen Statthalters von Syrien, Sosius, der sein baldiges Kommen mit dem Hauptheer versprochen hatte. Mit weiteren 800 Mann, die er im Gebiet des Libanongebirges angeworben hatte, eilte Herodes nun zuerst nach Galiläa, wo seine Gegner einer Konfrontation auswichen, dann weiter nach Süden in Richtung auf Jericho; es kam auch hier nur zu kleinen Scharmützeln. Damals hielt sich Machairas, der ja nach wie vor römische Truppen kommandierte, in Samaria auf, wie aus der Nachricht hervorgeht, dass Antigonus gegen ihn seinen Feldherrn Pappos schickte, offenbar in der Hoffnung, dadurch den Herodes nach Norden ablenken zu können. Der aber wütete im nördlichen Judäa und äscherte fünf kleinere Städte ein, deren rund 2000 Einwohner er zuvor getötet hatte. Indessen kehrte Pappos – allem Anschein nach unverrichteter Dinge – aus Samaria zurück in jene Grenzregion um Gophna, wo nun die feindlichen Heere bei den Dörfern Isana und Kana lagerten. Die Soldaten des Pappos waren kampfbereit, aber es soll Herodes gewesen sein, der zur Schlacht drängte. Dabei besteht wohl ein Zusammenhang mit dem starken Zulauf, den er „aus Jericho und aus dem übrigen Land" erhalten hatte von Juden, über die Flavius Josephus (BJ 1,17,7/335) despektierlich schreibt, dass die meisten „eine unüberlegte Lust am Umsturz" trieb. Herodes dürfte die Gunst der Stunde erkannt und zugleich bei fortgesetzter Passivität einen Stimmungsumschwung zu seinen Ungunsten befürchtet haben.

Nach einer erbitterten Feldschlacht verfolgte der Sieger Herodes die Feinde bis ins Dorf, das ihnen als Standlager gedient hatte; weitere Kämpfe um jede einzelne Straße, jedes einzelne Haus führten die Truppen des

Antigonus in ein unerhört blutiges Fiasko. Unter den Toten war auch Pappos, dessen Kopf Herodes nun zum Zeichen, dass Joseph gerächt war, dem jüngsten Bruder Pheroras schicken ließ. „Herodes wäre im Bewusstsein seines Sieges sogleich auf Jerusalem vorgestoßen, wenn er nicht durch ein äußerst schweres Unwetter daran gehindert worden wäre“ (BJ 1,17,6/339). Er brach dann aber bald nach dem Ende jener schweren winterlichen Regenfälle zur letzten Etappe seines Kampfes um den judäischen Thron auf und traf somit vor Jerusalem etwa im Februar 37 ein.

Welche Bedeutung kommt der – authentischen? – Bemerkung des Flavius Josephus zu, Herodes habe dem Marcus Antonius sagen wollen, dass er auch ohne römische Hilfe mit Antigonus fertig werde? Sie illustriert zunächst den Zorn, den der Idumäer über Machairas empfand, bevor er zu Marcus Antonius reiste, doch geht aus dem weiteren Bericht über Herodes' Beteiligung an der Belagerung von Samosata keineswegs deren eigentlicher Zweck hervor.

Die Reise zum römischen Oberbefehlshaber bedarf demnach einer Interpretation: Herodes, der seit dem Frühjahr ohne die römische Unterstützung durch Silo auskommen musste und sich wohl daher ganz dem Partisanenkampf in Judäa gewidmet hatte, konnte sich offenbar deshalb – wenn auch nur mit einer kleinen Truppe – zu Marcus Antonius begeben, weil die Situation im Sommer 38 unspektakulär geblieben war. Es hatte sich nach unseren Informationen nur der eigenwillige und wenig sinnvolle Angriff des Machairas auf Jerusalem ereignet. So darf man annehmen, dass Marcus Antonius im Wissen um die undramatische Lage in Judäa den idumäischen Waffenbruder als Führer eines Hilfskontingentes nach Samosata einbestellt hatte. Was aber soll dann die Geschichte von der geplanten Beschwerde über den unbrauchbaren Machairas? Zum einen kaschiert sie das Vasallenverhältnis des Herodes zum Römer. Zum anderen kaschiert sie vermutlich die inständige Bitte des Königs um neue und massivere Hilfe gegen Antigonus, wie Herodes sie dann ja in Gestalt der sofort mitgeschickten Legionen auch tatsächlich erhielt.

Ein kritischer Blick auf die Chronologie des Sommers 38 zeigt die Plausibilität dieser Interpretation: Die Aktion, die zur fatalen Niederlage des Joseph bei Jericho führte und an der fünf Kohorten des Machairas beteiligt waren, verfolgte nach Flavius Josephus die Absicht, „in der Haupterntezeit das Getreide an sich zu bringen“ (BJ 1,17,1/234). Damit kann kein Unternehmen erst im September gemeint sein, denn die Getreideernte in jener Region findet im Juni/Juli statt, also zu einem Zeitpunkt, als die Römer in Nordsyrien ihre Schlacht gegen Pakoros erst vorbereiteten oder gerade eben geschlagen hatten. Folglich hatte Joseph entweder gar keine Kohorten eines Machairas zur Verfügung und musste sich die Niederlage selbst zurechnen oder Machairas war nicht erst nach dem Sieg von Gindaros entsandt worden, sondern befand sich schon vorher, sicher auf Befehl des Marcus Antonius, in Judäa. Trifft die zweite Vermutung zu, so handelte es sich nicht um reguläre römische Kampftruppen, sondern um Hilfstruppen im römischen Auftrag. Dafür sprechen zwei Indizien: erstens die Nachricht, dass jene fünf Kohorten aus Rekruten bestanden haben sollen, die erst kürzlich in Syrien ausgehoben worden waren, zweitens der vollkommen griechische Name des Machairas.[6] Daraus ergibt sich der Schluss, dass Marcus Antonius nicht einfach seine Truppen aus Judäa abgezogen und den Herodes sich selbst überlassen hatte. Vielmehr sollte das Hilfskontingent im Umfang von zwei Legionen, also rund 10000 Mann, unter dem Kommando des Machairas den Herodes dabei unterstützen, die Bewegungsfreiheit des Antigonus fortgesetzt einzuschränken.

Der Anordnung, sich beim belagerten Samosata einzufinden, die gegen Ende Juli eingetroffen sein dürfte, leistete Herodes also Folge, weil er dadurch die Chance erhielt, erneut in eigener Person deutlich machen zu können, dass es Fortschritte gegen Antigonus nur geben konnte, wenn Rom ihn mit effizienten, zumal für eine Belagerung Jerusalems geeigneten Truppen unterstützte.

Herodes mochte sich ausgerechnet haben, dass ein bevorstehender kompletter Sieg der Römer über die Parther, die aus Jerusalem ohnehin keine Unterstützung erhalten hatten, die Chancen auf einen Sturz des Antigonus nicht gerade verbesserte. Erschien der Hasmonäer nicht mehr so gefährlich wie im Jahre 40, dann konnte sich auch der römische Druck auf dessen Regime verringern, wodurch die Inthronisierung des Herodes ihre Vorrangigkeit für die Römer verlor.

Bei Marcus Antonius wurde Herodes sehr zuvorkommend und freundschaftlich begrüßt, und da sich der Idumäer erwartungsgemäß durch Tapferkeit auszeichnete, wurden „die Ehren, die Herodes schon hatte, sowie seine Hoffnungen auf den Königsthron noch beträchtlich vermehrt“ (BJ 1,16,7/322).

Auf dem skizzierten Hintergrund ergibt sich ein neuer Blick auf die Darstellung der Ereignisse in den beiden einschlägigen Werken des Flavius Josephus: Sie beruht auf einer zeitnahen Berichterstattung, welche ihrerseits ganz an den selbststilisierenden Intentionen des Königs Herodes orientiert gewesen ist. Das beweisen nicht zuletzt die mehrfach in die Darstellung eingestreuten mirakulösen Anekdoten mit ihrem geradezu hagiographischen Charakter, die alle Überlegenheit des Herodes in Gefahren dank göttlichen Schutzes demonstrieren. Am deutlichsten zeigt dies die Episode in einem Haus in Jericho, wo Herodes mit seinen Offizieren gespeist hatte: „Aus dem, was jetzt folgte, kann man das Wohlwollen Gottes gegenüber dem König erkennen. In dem Speisezimmer nämlich stürzte die Decke ein; doch wurde, weil dasselbe bereits leer war, niemand getötet.

Hierin erblickte man allgemein einen Beweis dafür, dass Herodes ein Liebling Gottes sei, da er einer so großen und unversehenen Gefahr entgangen war" (AJ 14,15,11/454f.).

Religiöse Aspekte treten auch in den Vordergrund, wenn wir Herodes' Gegner Antigonus betrachten, der infolge der Niederlage seines Heeres bei Gophna bereits seine Flucht aus Jerusalem vorbereitet haben soll. Für den Hasmonäer war die eigentliche Wende seiner politischen Situation mit den römischen Siegen über die Parther gekommen, auf deren machtvolle Rückkehr er offenbar alle seine Hoffnungen gesetzt hatte. Er wusste um die militärische Unterlegenheit seiner Truppen, doch konnte er sich in Jerusalem selbst so lange sicher fühlen, wie auch der Gegner nicht über ein starkes Heer verfügte. Zudem stützte er sich auf die Loyalität der jüdischen Bevölkerung – insbesondere in Galiläa –, die in ihm, dem König und zugleich Hohepriester, die Garantie für die Freiheit Judäas sahen. Man mag darüber diskutieren, ob Antigonus tatsächlich versucht hat, sich wenigstens kurzfristig mit Rom zu arrangieren und zu diesem Zweck die römischen Feldherrn Silo und Machairas zu 'kaufen'. Als Argument für hohe Ausgaben für Bestechungsgelder wird gelegentlich auf die Münzprägung des bedrängten Königs hingewiesen, wobei sowohl mit dem verschlechterten Metall seiner Emissionen als auch mit der Münzlegende argumentiert wird. So wird es als „Rücksichtnahme auf die Empfindungen des Volkes" interpretiert, dass dort neben der Angabe „Mattathias der Hohepriester" auch die „Gemeinde der Juden" genannt ist.[7] Beide Argumente sind unzutreffend: Die Legende „Mattathias der Hohepriester und der Rat der Juden" greift auf dieselbe Formel zurück, die einst Johannes Hyrkanus I. eingeführt und sowohl Judas Aristobulus II. als auch dessen Bruder Johannes Hyrkanus II. fortgesetzt hatte. Auch hinsichtlich der Verwendung von Bronze für die Münzen unterschied sich Mattathias Antigonus nicht von den Vorgängern, denn die Hasmonäer hatten stets auf eine eigene Silberprägung verzichtet und vermehrt mit ihren massenhaften Kleinmünzen den 'großen' Geldverkehr ergänzt, der sich in fremder Silberwährung abspielte. Neu war an der Geldpolitik des letzten Hasmonäers, dass er neben dem Standard-Nominal, der bronzenen Prutah (Plural: Prutot), von etwa 2,3 Gramm, auch so genannte Groß- und Mittelbronzen prägte, die mit 14 bis 15 Gramm und 7 bis 8 Gramm Gewicht das Sechs- beziehungsweise Dreifache der kleinen Bronzemünze wogen. Wenn es auffällt, dass manche Prutot deutlich unter 2 Gramm Gewicht liegen, so gibt es auch dafür Parallelen bei den früheren Hasmonäern, auch schon bei Alexander Jannai, der noch keine römischen Offiziere zu bestechen hatte.[8]

Eine Bronzemünzserie des Mattathias Antigonus ist nun allerdings von bedeutendem Quellenwert für die historische Situation in seinem letzten Regierungsjahr oder -halbjahr, und zwar wegen ihres Münzbildes. Üblicherweise sind auf der Vorderseite der Prutot die Legende in althebräischer Schrift in einem Kranz und auf der Rückseite in einem Perlkreis gekreuzte Füllhörner mit einem Granatapfel in der Mitte zu sehen. Hier aber werden überraschenderweise heilige Gerätschaften des Tempels zu Jerusalem abgebildet: auf der Vorderseite ein Schaubrot-Tisch, auf der Rückseite die Menorah, der siebenarmige Leuchter. Die Interpretation der außergewöhnlichen Münze ergibt sich zweifellos aus der historischen Situation des Jahres 37, nämlich aus der Belagerung Jerusalems durch Herodes und die Römer: In provokativer Weise propagiert Antigonus mit dieser Ikonographie, dass er im Besitz der heiligen Gerätschaften, des Tempels und somit als Hohepriester auch der einzigen legitimen Herrschaft ist.

Diese Interpretation ergänzt zudem den Bericht des Flavius Josephus, dass in der belagerten Stadt eine religiöse Begeisterung herrschte: „Die Juden, die sich aus dem ganzen Land zusammengefunden hatten und innerhalb der Mauern eingeschlossen waren, leisteten dem Herodes tapferen und hartnäckigen Widerstand und prahlten mit dem Tempel und priesen ihr Volk glücklich, gleich als wenn Gott dasselbe sicher aus der Gefahr befreien würde“ (AJ 14,16,2/470).

Zugleich korrespondiert die Aussage der Münzpropaganda des Antigonus mit seiner Entgegnung auf die Werbung des Herodes bei der ersten Belagerung Jerusalems im Herbst des Jahres 39. Der Hasmonäer soll gegenüber dem römischen Befehlshaber Silo argumentiert haben, dass, wenn er selbst denn schon wegen seiner Partherfreundschaft nicht mehr Herrscher Judäas sein solle, es innerhalb seiner eigenen Familie Alternativen zu dem idumäischen Halbjuden Herodes gäbe; entscheidender Punkt ist hier also die ‘Priesterfähigkeit’ eines Königs.

3. Die Eroberung Jerusalems

Im Frühjahr 37 war der von Marcus Antonius zum neuen Statthalter Syriens ernannte Sosius mit seinen rund 30000 Mann starken Truppen von Phönizien her nach Jerusalem gekommen. Er belagerte die Nordseite der Stadt, nachdem schon das Heer des Herodes und die zwei römischen Legionen, die ihm Marcus Antonius im Herbst mitgegeben hatte, seit einigen Wochen intensiv damit beschäftigt waren, das Terrain für die Erstürmung Jerusalems vorzubereiten.

Vor dem Eintreffen des römischen Hauptheeres hatte Herodes sein Lager vor der Stadt für einige Zeit verlassen, um – wie nicht wenige Male in den vergangenen Monaten – nach Samaria zu reisen. Diesmal erfahren wir nicht nur explizit, dass er dort seine Angehörigen besuchte, die er zu ihrer Sicherheit bei Freunden untergebracht hatte; diesmal wurde die Hochzeit mit Mariamne, der Enkelin des Hyrkanus gefeiert. Mit dem inzwischen etwa sechzehnjährigen Mädchen, einer Nichte und zugleich Großcousine des Antigonus, war er schließlich seit dem Sommer des Jahres 42 verlobt. Während Flavius Josephus (BJ 1,17,7/344) die Vermählung kommentiert: „So erlaubte er sich die Hochzeit neben der Belagerung; denn er fühlte sich seinen Feinden schon überlegen", betonen moderne Autoren zum einen, dass sich Herodes damals „seiner Sache schon so sicher fühlte",[9] zum anderen, dass er damit eine „große Geste zur rechten Zeit" machte, „mit der (er) die Bewohner Judäas für sich zu gewinnen hoffte".[10]

Zweifellos rechnete Herodes seit der siegreichen Schlacht bei Isana damit, dass die letzte Etappe auf dem Weg zur realen Königsherrschaft in Judäa bald mit der Eroberung Jerusalems enden würde. Wenn er nicht jetzt in die bisherige Herrschersippe einheiratete – wann sonst? Wahrscheinlich hat gerade auch seine Schwiegermutter Alexandra, die Tochter des von Antigonus gestürzten Hyrkanus, angesichts des bevorstehenden Endes des Thronräubers größten Wert auf die Realisierung der seit fünf Jahren vereinbarten Ehe ihrer Tochter gelegt: Nur so konnte sie selbst wieder in den Jerusalemer Palast zurückkehren und zumindest indirekten Anteil an der Herrschaft erhalten.

Eine „große Geste" an das Volk der Juden ist in der Hochzeit also kaum zu sehen. Vielmehr manifestierte dieser Festakt in Samaria den Willen des Königs Herodes zur Etablierung einer eigenen dynastischen Herrschaft. Damit signalisierte er zumal den Römern, dass der Neuanfang in Judäa, auf den er im Interesse ihrer Herrschaft und mit ihrer Waffenhilfe hinarbeitete, die nötige Stabilität und regionale Akzeptanz haben werde. Hätte Herodes die hasmonäische Braut nicht geheiratet, wäre die Fortsetzung bürgerkriegsartigen Konflikts mit den Nachfahren früherer judäischer Könige vorprogrammiert gewesen.

Flavius Josephus bemerkt zu Beginn der Belagerung Jerusalems – noch bevor er von der Hochzeit in Samaria spricht –, dass Herodes sein Lager an demjenigen Teil der Stadtmauer aufschlug, „wo der Zugang der Stadt am ehesten möglich war und er lagerte sich vor dem Tempel, wie dies früher Pompeius getan hatte" (AJ 14,15,14/466).

Am Ende seines Berichts betont unser Autor noch zwingender den Vergleich der Situation von 63 und 37 v. Chr.: „Dieses Unglück traf die Stadt ... im 3. Monat (des genannten Jahres) und wieder an einem Fasttage, als ob das Unheil sich wiederholen sollte, welches die Juden einst von Pompeius erlitten hatten. Denn an demselben Tage war Jerusalem 27 Jahre früher eingenommen worden" (AJ 14,16,4/487 f.). Ein solcher Vergleich drängte sich nicht erst den späteren Geschichtsschreibern, sondern bereits

Abb. 6: Modell vom Tempelberg in Jerusalem (Ausschnitt).

den Zeitgenossen jener zweiten Eroberung auf, da auch Antigonus zur Hebung der Verteidigungsmoral vor allem mit der religiösen Frevelhaftigkeit der mächtigen Feinde argumentierte. Daher musste Herodes viel daran gelegen sein, in die kollektive Erinnerung als ein Sieger einzugehen, der stets den Gott der Juden geehrt und die frommen Gesetze des Volkes respektiert hatte. So lesen wir bei unserem Gewährsmann, dass, als die Juden schließlich in die Oberstadt und ins Tempelareal geflohen waren, er ihnen die benötigten Tiere für die täglichen Opfer zukommen ließ – offenbar gerade weil sie ihrer Befürchtung Ausdruck gegeben hatten, dass die Römer sie an diesen Opfern nach Kräften hindern würden. Er verband allerdings mit seiner großzügigen Geste die Hoffnung ihrer umso schnelleren Kapitulation. „Als er aber erkannte, wie hartnäckig sie den Thron des Antigonus verteidigten, ließ er die Stadt erstürmen" (AJ 14,16,2/478).

Nach dem Fall Jerusalems, der mit der Kapitulation des Antigonus seinen Abschluss fand, „war es des Herodes erste Sorge, dem Ungestüm der Hilfstruppen zu wehren. Die fremden Soldaten drängten sich nämlich heran, um den Tempel und seine Heiligtümer zu sehen. Der König aber hielt sie teils durch Bitten, teils durch Drohungen, teils sogar mit Waffengewalt zurück, da er seinen Sieg für schimpflicher als eine Niederlage erachtet haben würde, wenn die Fremden etwas angeschaut hätten, das selbst den Juden zu sehen untersagt war. Ebenso verhinderte er auch die Plünderung Jerusalems" (AJ 14,16,3/482–484). Herodes soll zur Kompensation der verhinderten Plünderungen dem Sosius viel Geld aus seinem Privatvermögen gezahlt haben.

Die von Flavius Josephus ausgemalte Szene zeigt den römischen Statthalter Syriens, von Marcus Antonius mit der Inthronisierung des Herodes beauftragt, wie er sich nun in Jerusalem fragen lassen muss, „ob die Römer die Stadt von Menschen und Kostbarkeiten völlig leeren und ihn (Herodes) als König einer Wüste zurücklassen wollten“, und wie er eher kleinlaut entgegnet, „den Soldaten käme doch für die bei der Belagerung ausgestandenen Strapazen eine Belohnung zu“ (ebd. 484f.).

An den blutigen Straßenkämpfen in der eroberten Stadt und den gnadenlosen Gewaltexzessen der Sieger, von denen Flavius Josephus berichtet, ist ebenso wenig zu zweifeln wie an dem Bemühen des Herodes, sich der Nachwelt als derjenige zu präsentieren, der alles in seiner Macht Stehende getan habe, um dem wilden Morden und Plündern Einhalt zu gebieten. Dabei erscheint als das wesentliche Element der grauenvollen Ereignisse bei der Erstürmung Jerusalems die Habgier der römischen Verbündeten im schamlosen Konsens mit ihrem Kommandanten Sosius. Aus dem Quellentext geht zwar – wenige Absätze vor der Beschwerde des Herodes über das Verhalten seiner Verbündeten – deutlich hervor, dass neben den zornesblind wütenden römischen Soldaten die jüdischen Eroberer geradezu Jagd auf ihre politischen Gegner machten. Dennoch sagt der König zu Sosius, dass er „die Herrschaft über den ganzen Erdkreis mit der Hinschlachtung so vieler Bürger nicht erkaufen möchte“ (ebd. 484), womit er gegenüber dem Römer als vorbildlicher, guter Herrscher stilisiert ist: Nur Tyrannen vergießen Bürgerblut – ein zynischer Hinweis auf Marcus Antonius?

Die schöne Geschichte, dass Herodes dem Sosius die Schonung seiner neuen Residenz und deren Bürger aus Mitleid und Edelmut quasi abgekauft hatte, müssen wir also ins Reich der Propaganda verweisen. Die aufwendigen Geschenke für die römischen Truppen sind freilich mit großer Wahrscheinlichkeit authentisch – mehr im Sinn von Erfolgsprämien als von Lösegeldern.

Ganz ähnlich erweist sich ein weiteres Bestechungsgeld des Herodes, von dem Flavius Josephus zu berichten weiß, als Erfindung der Gegner des neuen Königs, der „den Marcus Antonius durch Übersendung einer großen Geldsumme (bewog), den Antigonus zu töten“ (AJ 14,16,4/490). Er habe dies aus der Sorge heraus getan, Marcus Antonius könnte den gestürzten Partherfreund zur Verantwortung vor den Senat bringen, „wobei es dann an den Tag kommen würde, dass Antigonus aus königlichem Geschlecht, Herodes dagegen aus niederem Stande sei, und es mochte … die Herrschaft nach dem Rechte der Geburt an dessen Kinder fallen“ (ebd. 489).

Hier begegnet das Motiv, das wir schon in der Propaganda der prohasmonäischen Partei kennen gelernt haben, nämlich dass Herodes als Nicht-Hasmonäer der Herrschaft in Judäa absolut unwürdig gewesen wäre. Diese Parole konnte bei den Römern, die ihre Freunde unter den Königen nicht nach deren Stammbäumen, sondern – zumindest in erster Linie – nach erwiesener Loyalität und Effizienz im Waffenbündnis beurteilten, gerade keine Durchschlagskraft entfalten. Daher war es nicht zweifelhaft, dass Antigonus, der dem Römerfreund Hyrkanus die Herrschaft geraubt hatte, von Marcus Antonius nichts anderes als die Hinrichtung zu erwarten hatte: „So mußte der verwilderte Sproß des alten Herrschergeschlechts durch das römische Beil enden wie einst sein Bruder Alexander, und die Anekdotenkrämer unter den Geschichtsschreibern bemerkten später, daß er der erste König gewesen sei, den diese entehrende Strafe traf."[11]

Spiegelt sich also in der Behauptung des Flavius Josephus, Herodes habe den Tod seines Gegners erkauft, die zeitgenössische Propaganda der Hasmonäerfreunde, atmet eine andere Passage den Geist der Stimmungsmache der Herodes-Anhänger: Als sich bei seiner Kapitulation Antigonus dem Sosius zu Füßen geworfen hatte, soll der Römer, ohne Mitleid für den Wechsel des Glücks, ihn mit der Anrede 'Antigone' als Frau, also als feiges Weib, verspottet haben. Nach der einen Version, im *Jüdischen Krieg* des Flavius Josephus, habe Sosius unbändig gelacht, nach der anderen in den *Jüdischen Altertümern* unbeherrscht 'gebelfert'. Diese kleine sprachliche Variante ist freilich aufschlussreich für den historiographischen Hintergrund der Verhaftung des Antigonus. Die Sympathie des Schreibers liegt eindeutig bei dem gestürzten König, denn der römische Feldherr wird als gefühlskalt und hochfahrend geschildert. Die 'belfernde' Variante ist noch etwas gehässiger als die 'verlachende'. Zugrunde liegt offenbar eine Beschreibung der Begegnung zwischen Sosius und Antigonus, die den besiegten Kriegsgegner als feige, weinerliche Memme porträtierte und ihn einmal mehr zu seinen Ungunsten mit dem tüchtigen, mannhaften Herodes verglich. Der Hofgeschichtsschreiber Nikolaos von Damaskus, auf den die hier von Flavius Josephus überformte Szene zurückgehen dürfte, kannte als gebildeter Literat zweifellos Polybios' Schilderung von der römischen Gefangennahme des letzten Makedonenkönigs Perseus im Jahre 168[12]: Die damalige Situation war insofern derjenigen von 37 in Jerusalem ähnlich, als auch dort die Herrschaft einer Dynastie und eine von ihr geprägte Epoche zu Ende gegangen war. Auch Perseus soll sich seinem Bezwinger, Aemilius Paullus, zu Füßen geworfen und im weiteren Verlauf der Begegnung lange schweigend geweint haben. So wenig wie einst jener konnte jetzt Antigonus Mitleid erwarten; indem er es sich gefallen lassen musste, mit der weiblichen Form seines Namens angeredet und damit gedemütigt zu werden, wurde ihm sogar Respekt versagt. Während es in der Überlieferung über die Kapitulation Makedoniens Perseus ist, der „unwürdige Laute hervorstieß“ (Plutarch, *Aemilius* 26,9), „lacht und belfert“, hier der römische Feldherr, und zwar „wie einer, der sich nicht mäßigen kann“ (AJ 14,6,2/481). Man darf vermuten, dass diese negative Charakterisierung in der ursprünglichen Fassung des Nikolaos zu Antigonus gehört, der jüdische Geschichtsschreiber aber der literarischen Vorlage gerade diese Kleinigkeit im Satzbau verändert hat: Jetzt ist es der mitleidlose Sosius, der unbeherrscht reagiert. Damit gibt Flavius Josephus – aus der historischen Distanz mehrerer Generationen heraus – sein Mitleid mit dem letzten hasmonäischen König Judäas zu erkennen.

In dieselbe Perspektive passt dann auch die Behauptung, Antigonus sei deswegen hingerichtet worden, weil Herodes aus Angst um seine eigene Position dem Marcus Antonius dafür viel Geld gezahlt habe.

„So kaufte er den verschont gebliebenen Teil der Vaterstadt los ... Üppig beschenkte er ... jeden Soldaten, entsprechend die Anführer, und wahrhaft königlich den Sosius selbst, so dass niemand mittellos abzog. Sosius aber weihte dem Gott einen goldenen Kranz und schied von Jerusalem“ (BJ 1,18,3/356f.). Die Weihung eines goldenen Kranzes durch den römischen Kommandeur rundet den Bericht von der Belagerung und Eroberung Jerusalems ab und unterstreicht noch einmal den bedeutsamen Unterschied zwischen den Ereignissen von 63 und 37: Ganz anders als einst Pompeius, der den Tempel durch seinen Besuch geschändet hatte, erwies hier der Freund des neuen Königs Herodes dem fremden Gott seinen Respekt.

An diese Weihung schließt Flavius Josephus in seinem *Jüdischen Krieg* einen nur kurzen Hinweis auf die Hinrichtung des Antigonus an und wendet sich im folgenden Kapitel bereits den weiteren Ereignissen zu, mit denen Herodes sogleich zu tun bekam. Dagegen ist in seinen *Jüdischen Altertümern* die wertvolle Weihgabe des Sosius an den Gott der Juden nur ganz beiläufig erwähnt, denn dem Autor ist zur Bewertung der geschilderten Ereignisse etwas anderes wichtig: Er markiert den besonderen historischen Stellenwert der zweiten Eroberung Jerusalems durch die deutliche Zäsur zur weiteren Darstellung der Ereignisse, betont die Hinrichtung des Antigonus als Schuld des Herodes und schließt ein kurzes, aber pathetisches Resümee zum Ende der Hasmonäerdynastie an.

4. Der Beginn der Herrschaft

Nach dem Abzug der römischen Eroberungstruppen aus Jerusalem stellten sich dem König Herodes drei Aufgaben: erstens gezielte ‘Säuberungen’ unter seinen politischen Gegnern durchzuführen, vor allem in Kreisen der Aristokratie; damit verbunden zweitens die faktische Entmachtung des Sanhedrins, des gesetzgebenden und richtenden Staatsrates, der seit alters neben dem Hohepriester die wichtigste Instanz des jüdischen Gemeindestaats war; und drittens schließlich die Besetzung des Hohepriesteramtes mit einer den mosaischen Vorschriften entsprechenden und zudem aus der Sicht des neuen Machthabers geeigneten Person. Diese dritte Aufgabe deutete sich mit der Gefangennahme des bisherigen königlichen Hohepriesters Antigonus erst an, denn der Inhaber bekleidete dieses höchste Amt im theokratischen Gemeinwesen Judäa auf Lebenszeit. Doch da Herodes sicher sein konnte, dass Marcus Antonius den Romfeind hinrichten würde, dürfte er sich über die Nachfolgefrage durchaus bereits zu Lebzeiten des gestürzten Gegners Gedanken gemacht haben.

Mit den Säuberungen hat Herodes kaum bis zum Abzug der Römer gewartet, zu groß war die Gefahr, dass Anhänger des Antigonus und dezidierte Gegner des von Rom abhängigen Regimes des neuen Königs flohen und materielle Ressourcen mitnahmen, mit denen sie den Widerstand gegen Herodes fortgesetzt finanzieren konnten. Hierbei ist zu bedenken, dass Antigonus ja noch lebte, wenngleich als Kriegsgefangener der Römer, und manche seiner Anhänger auf seine Flucht oder Begnadigung hoffen mochten.

Im Zusammenhang der Mitteilung, dass Herodes fünfundvierzig Parteigänger des gestürzten Hasmonäers hinrichten ließ, berichtet Flavius Josephus, dass Wachposten an den Toren selbst Tote, die zur Bestattung aus der Stadt hinausgebracht wurden, nach versteckten Wertgegenständen untersucht haben sollen, die dann gegebenenfalls konfisziert wurden. Damit wird Herodes zwar auch der frevelhaften Leichenschändung und Störung der Totenruhe bezichtigt, ausgeschlossen war es aber offenbar nicht, dass Fluchtwillige nicht davor zurückschreckten, ihren mobilen Besitz auf einem entsprechend ungewöhnlichen Weg aus der Stadt zu schmuggeln.

Der Geldbedarf des Herodes war nach diesen Berichten immens: Die teils von den Gegnern konfiszierten, teils aus dem Königsschatz entnommenen Edelmetallmengen flossen dem Marcus Antonius und seinem Verwaltungs- und Kriegsstab zu, denn schließlich stand der seit Jahren geplante große Partherfeldzug nun unmittelbar bevor. Es sind vermutlich diese außerordentlichen Geldwerte, die bei den Gegnern des Herodes das Gerücht beflügelten, er habe sich damit die Hinrichtung des Antigonus erkauft. Jedenfalls kommt Flavius Josephus auf den Tod des gestürzten Königs nochmals im Anschluss an jene materiell einträglichen 'Säuberungen' in Jerusalem zu sprechen.

Hand in Hand mit den Tötungen und sonstigen Einschüchterungen der Gegner aus der Jerusalemer Aristokratie ging freilich die auffällige Bevorzugung von Anhängern des Herodes. Genauer gesagt: Wer damals durch den König nicht nur nicht verfolgt oder schikaniert, sondern freundlich behandelt wurde, galt bereits als sein Anhänger. Dazu zählten vor allem vor allem die Pharisäer, namentlich Sameas und Pollion. Schon im Zusammenhang mit den Ereignissen des Jahres 46, der unseligen Anklage des Herodes vor dem Sanhedrin wegen der von ihm gegen galiläische Räuber verhängten Kapitalstrafe (siehe oben S. 50), soll Sameas prophezeit haben, eines Tages werde jener sich als König bitter für das Verfahren rächen. Als dann Herodes mit den Römern Jerusalem belagerte, soll derselbe Mann zur Kapitulation aufgerufen haben, „da man um der begangenen Sünden willen ihm doch nicht entgehen könne“ (AJ 15,1,1/4); dies sei der Grund für die Schonung durch den Sieger im Jahr 37 gewesen, denn ihn als Einzigen habe jener nicht umbringen lassen, ansonsten aber alle Mitglieder des Sanhedrin. Natürlich ist diese Angabe eine grob übertreibende Pauschalisierung. Doch glaubt man dem Autor bereitwillig die Zahl fünfundvierzig für die Opfer unter den Anhängern des Antigonus und stützt auf sie die Berechnung, dass von den vorschriftsmäßig 70 oder 71 Mitgliedern jenes Gremiums dann nur noch etwa fünfundzwanzig übrig geblieben seien.[13] Was aber geschah mit der unverzichtbaren Institution des judäischen Staates nach jenem zweifellos hohen Blutzoll unter seinen Mitgliedern? Wir dürfen annehmen, dass der Hoherat als solcher bestehen blieb, wenngleich in ihm nun die Pharisäer tonangebend waren. Allem Anschein nach vollzog sich die skizzierte Transformation des Sanhedrin im Jerusalem des Herodes, noch bevor in Antiocheia auf Befehl des Marcus Antonius der trotz seiner Gefangenschaft *de jure* amtierende jüdische Hohepriester Antigonus hingerichtet wurde. Mit seinem Tod, den wir nicht präzise datieren können, wurde nun tatsächlich die Bestellung eines neuen formalen Oberhauptes auch des Staatsrats notwendig.

Herodes berief einen unbekannten Mann aus einer tatsächlich oder vorgeblich obskuren Priesterfamilie, noch dazu aus der babylonischen Diaspora, zum Hohepriester: einen gewissen Ananel. Die Diskussion um die „geradezu geniale Lösung“ bei der so brisanten Personalie dreht sich um die Frage, warum Herodes nicht Hyrkanus' einzigen Enkel, seinen minderjährigen Schwager Aristobul, zum Hohepriester machte. Handelte er bei der Berufung Ananels aus klarem politischen Kalkül oder aus tief verwurzeltem Hass gegen die Hasmonäerfamilie? Damit im Zusammenhang steht die Rolle, die in der Forschung den Intrigenspielen von Schwiegermutter und Gattin des Herodes, Alexandra und Mariamne, zugeschrieben wird.[14] Weniger hat man sich dagegen bisher damit beschäftigt, zu welchem Zeitpunkt der neue Hohepriester eingesetzt wurde: Erst als der verstümmelte Hyrkanus schon wieder nach Jerusalem zurückgekehrt war oder zu einem früheren Zeitpunkt? Daran schließt sich auch die Frage an, mit welcher Absicht Herodes sich so für die Heimkehr des alten Hyrkanus aus dem Exil eingesetzt hat. Jener lebte am Hofe des Partherkönigs Phraates und erfreute sich höchster Wertschätzung – nämlich als König und Hohepriester – seitens der Judengemeinde in Babylon, doch hatte er keinen sehnlicheren Wunsch, als nach Jerusalem zurückzukehren, wovor ihn seine dortigen Glaubensgenossen allerdings eindringlich warnten. Indessen, so berichtet es Flavius Josephus, schickte Herodes eine Gesandtschaft zu Phraates „und ließ diesen freundlich ersuchen, ihm doch nicht im Wege zu sein, da er einem so verdienten Manne seine Dankesschuld abtragen wolle“; auch soll er einen Brief an Hyrkanus selbst geschrieben haben mit der Aufforderung, „er solle den Phraates und die dort wohnenden Juden bitten, ihm nicht zu missgönnen, dass er des Herodes Herrschaft teile. Jetzt sei die beste Zeit, ihm den Dank für die Lebensrettung abzutragen, wie auch für Hyrkanus die beste Gelegenheit, denselben in Empfang zu nehmen“ (AJ 15,2,3/18f.). Dieser Intention entsprechend ehrte Herodes dann in Jerusalem den heimgekehrten alten Herrn, indem er ihn „höchst ehrenvoll (empfing), ... ihm in den Versammlungen und bei Gastmahlen den ersten Platz ein(räumte), ... ihn seinen Vater (nannte)“ (AJ 15,2,4/21). Doch unser Autor weiß mehr, nämlich dass Herodes sich nur verstellte, da es ihm tatsächlich um ganz anderes ging als um den Erweis von Dankbarkeit: „Vielmehr fürchtete er, da er ohne sein eigenes Verdienst auf den Thron gelangt war, es möchten Unruhen entstehen, und suchte deshalb den Hyrkanus in seine Gewalt zu bekommen oder ihn auch gänzlich aus dem Wege zu räumen“ (AJ 15,2,3/20).

Diese Unterstellung, die auf eine dynastische Minderwertigkeit des Herodes abhebt und damit ihre Herkunft aus der prohasmonäischen Propaganda zu erkennen gibt, wirft Fragen nach Historizität und Glaubwürdigkeit auf. Während nicht zu bezweifeln ist, dass Herodes mit der demonstrativen Ehrung des Hyrkanus der judäischen Öffentlichkeit das Bild fortgesetzter Teilhabe der Hasmonäerfamilie an seiner – von vielen abgelehnten – Herrschaft vermitteln wollte, ist Gegenstand der Spekulation, inwieweit Hyrkanus in Babylon ein Risikofaktor für die Herrschaft des neuen Königs in Jerusalem gewesen wäre. Hätte sich um Hyrkanus als Mittelpunkt eine Verschwörung bilden können?

Herodes, der nach der Eroberung Jerusalems alles getan hatte, um die Anhänger des Antigonus auszuschalten, wird sich kaum Illusionen darüber gemacht haben, dass das Volk in seiner Begeisterung für das gestürzte Herrscherhaus bei passender Gelegenheit wieder einen hasmonäischen Rivalen favorisieren würde. Wenn die Juden östlich des Euphrat den Hyrkanus trotz seiner verstümmelten Ohren für den rechtmäßigen Hohepriester und sogar König hielten, dann konnte sich diese Ansicht auch westlich des Grenzflusses ausbreiten oder die Forderung nach einem Hohepriester aus der Nachkommenschaft des Hyrkanus, nämlich des Knaben Aristobul, zu Unruhen führen. Schließlich war auch denkbar, dass die

Hasmonäerfamilie wieder Unterstützung beim Partherkönig suchte – hier ist nicht zu vergessen, dass der lange geplante Partherfeldzug des Marcus Antonius erst im Jahr nach der Inthronisierung des Herodes in Jerusalem begann. Die bereits aufgeworfene Frage, zu welchem Zeitpunkt Hyrkanus aus Babylon zurückkehrte, ist in jedem Fall so zu beantworten, dass dies vor dem Beginn des römischen Feldzuges im Frühjahr 36 geschah.

Freilich dürfte mit großer Wahrscheinlichkeit Hyrkanus bei seiner Ankunft in Jerusalem dort bereits den neuen Hohepriester Ananel vorgefunden und ihn sogar als Amtsinhaber akzeptiert haben. Von dem alten Herrn ging – so wenig wie in den Jahrzehnten zuvor für Antipater und seine Söhne – keine direkte Gefahr für das Regime des Herodes aus. Indirekt allerdings konnte, wer sein Vertrauen besaß, ihn gegebenenfalls auch gegen den König instrumentalisieren. Diese Gefahr drohte offenbar von Alexandra, Hyrkanus' Tochter und Herodes' Schwiegermutter, die auf ihre Ambitionen, selbst Königin in Jerusalem zu sein, in Anwesenheit ihres Vaters verzichten musste.

Die Rückkehr des Hyrkanus nach Jerusalem ist in der uns erhaltenen Überlieferung aus einer Herodes feindseligen Perspektive dargestellt, durch welche dem König die Schuld für die Todesfälle und Hinrichtungen in der Hasmonäerfamilie zugeteilt wird: Aus Angst, die ohne eigenes Verdienst erlangte Herrschaft in Judäa zu verlieren, soll der Idumäer jeden, der echte Ansprüche auf den Thron hatte, aus dem Wege zu räumen gesucht haben. Begonnen hat er nach Flavius Josephus dies mit Antigonus, den Marcus Antonius gegen hohe Bestechungsgelder des Herodes hinrichten ließ, dann ist Hyrkanus in die Gewalt des hinterlistigen Tyrannen gekommen; weitere Opfer folgten in den nächsten Jahren.

Betrachten wir aus einem anderen Blickwinkel die ersten Monate des Königs Herodes in Jerusalem, so zeigt sich, dass er „die elementarsten Regeln der politischen Klugheit" befolgte,[15] indem er nicht seinen jungen Schwager Aristobul, sondern den aus der Ferne herbeigerufenen Ananel zum Hohepriester machte. Die Gründe, bald darauf den Hyrkanus aus dem Exil in Babylon zurückzuholen, liegen vermutlich in den Reaktionen auf jene eigenwillige Ernennung, in den Reaktionen der Alexandra einerseits, der keineswegs homogenen Priesterschaft in Jerusalem andererseits. Gerade die Betonung der Bemühungen des Herodes um Hyrkanus in unserer Überlieferung fördert den Verdacht, dass es nicht die originäre Idee des Königs war, die Rückkehr des alten Hasmonäers zu erbitten, sondern dass er dessen Indienstnahme durch potentielle Rivalen vereiteln wollte. Wahrscheinlich bemühten sich diejenigen, die Hyrkanus für ihre Zwecke hatten einspannen wollen, den alten Herrn doch zum Verbleiben bei den Parthern zu bereden, als ihre Absicht durch die offiziellen diplomatischen Kontakte des Herodes konterkariert wurde. Jedenfalls argumentierten die babylonischen Juden in diesem Sinne mit den bekannten Vorbehalten gegen die Aufrichtigkeit des Herodes. Man geht nicht fehl in der Annahme, dass es Alexandra und Anhänger der Hasmonäer waren, die für ihre Ambitionen Unterstützung bei den Juden im Partherreich gesucht hatten, weil ja dort Hyrkanus weiterhin als Hohepriester galt. Dagegen lehnten die Priester in Jerusalem, repräsentiert durch den – von Herodes umgestalteten – Sanhedrin, den Verstümmelten als Hohepriester ab.

Der Mann, den Herodes in Jerusalem als neuen Hohepriester präsentierte, soll nun ausgerechnet aus Babylon gekommen sein und aus einer uralten Priesterfamilie, verwandt mit dem Propheten Jeremias, stammen. Diese war einst im von dem Assyrerkönig Nebukadnezar erzwungenen Exil in Babylon geblieben, als der Perserkönig Kyros nach der Eroberung Babylons um 539 den Juden die Rückkehr nach Judäa gestattet hatte und viele Familien, darunter die Vorfahren der Makkabäer, in die alte Heimat zurückgewandert sind. Ananels Berechtigung zu dem in den letzten rund fünf Generationen von der hasmonäisch-makkabäischen Sippe monopolisierten Amt in Jerusalem war also älter. In Reaktion darauf konnten die Hasmonäer ein doch besseres Anrecht auf die umstrittene Priesterwürde nur dann behaupten, wenn sich zeigen ließ, dass sogar die babylonische Diaspora selbst noch den verstümmelten Hyrkanus als wahren Hohepriester des gesamten Judentums ehrte, also den Ananel nicht anerkannte. Indem aber der alte Hasmonäer – mit parthischer Zustimmung – auf die politische Offerte des Herodes einging und zugleich den Verlust des Hohepriesteramtes akzeptierte, stabilisierte er die Herrschaft des neuen Königs auch hinsichtlich dessen Kooperation mit Ananel und untergrub zugleich die mit religiöser Tradition operierende Strategie Alexandras.

Die beliebte Frage, 'was wäre gewesen, wenn ...', lässt sich mit Bezug auf die Stabilisierungsphase des Herodes im von ihm mit römischer Hilfe eroberten Jerusalem variieren: Wenn er den Aristobul zum Nachfolger des nach Babylon verschleppten Hyrkanus oder des von den Römern inhaftierten Antigonus ernannt hätte, dann hätte Herodes seine Königswürde auf ein von Alexandra notfalls mit parthischer Hilfe manipulierbares Spiel gesetzt. Und es hätten sich die bürgerkriegsartigen Zustände in Judäa für weitere Jahre fortgesetzt, wahrscheinlich verschärft durch den eskalierenden Konflikt zwischen den beiden römischen Machthabern Marcus Antonius und Octavian. Schließlich hätte ein fortgesetzt mit der Verteidigung seiner lokalen Herrschaft beschäftigter König Judäas den prestigeträchtigen Partherkrieg des Marcus Antonius beeinträchtigt und höchstwahrscheinlich die so existenzielle römische Rückendeckung eingebüßt.

Die Maßnahmen des Königs Herodes in den ersten Monaten nach der Eroberung Jerusalems waren an maximaler Stabilität orientiert und lösten manche Irritationen aus. Aber sie waren ein viel versprechender Anfang.

IV. Herodes bleibt König

Knapp sieben Jahre nachdem Herodes mit der massiven Militärhilfe des Marcus Antonius bei der Eroberung Jerusalems seine Königsherrschaft in Judäa etabliert hatte, stand er demütig und ohne die Insignien seiner Herrschaft vor Caesar Octavian, dem Sieger über Marcus Antonius in der Seeschlacht bei Actium und seither mächtigstem Mann der damaligen Welt. Ihn soll er folgendermaßen angesprochen haben: „Wenn du nun … mir meine Anhänglichkeit an (Antonius) als Verbrechen anrechnen willst, so muss ich mich allerdings schuldig bekennen, und ich scheue mich nicht, offen zu erklären, dass ich ihm sehr ergeben war" (AJ 15,6,6/191). Nach Flavius Josephus, der uns diese Büßerszene schildert, soll Herodes sich allerdings einen „sehr guten Rat" an Marcus Antonius zugute gehalten haben, „indem er ihm als die einzige Möglichkeit seiner Rettung die Tötung der Kleopatra bezeichnet habe … Antonius aber habe seinen Vorschlag nicht in Erwägung gezogen" (ebd. 193).

An der nordwestgriechischen Adriaküste bei Actium hatte am 2. September des Jahres 31 ein Krieg seine entscheidende Wendung genommen, den nominell Rom gegen Ägypten führte, tatsächlich aber Octavian gegen Marcus Antonius, seinen Rivalen um die Macht. So musste Herodes, auch wenn er an jenen militärischen Unternehmungen nicht teilgenommen hatte, als treuer Vasall des Besiegten sein politisches Ende gewärtigen, doch konnte er, als er von sich aus im Frühjahr 30 in Rhodos vor den neuen Machthaber trat, mit einem wirksamen Argument aufwarten: Gerade als treuer Freund des Marcus Antonius habe er den Tod der Kleopatra gewünscht und zum befreienden Mord geraten, habe also im Grunde – anders als jener – die Loyalität zu Rom nie verraten.

In der Berichterstattung über Herodes' erste Regierungsjahre spielt Kleopatra tatsächlich eine gewisse Rolle: als expansive Nachbarin einerseits, als Stütze seiner innenpolitischen Gegner andererseits. So soll dem König bereits die Idee gekommen sein, die präpotente Ptolemäerin zu töten, nämlich im Zusammenhang mit ihren riskanten Verführungsattacken anlässlich ihres Aufenthalts in Judäa, doch hatten ihn seine Freunde von der Ausführung des Mordplans abgehalten.

In der literarischen Überlieferung, die in der leidenschaftlichen Liebe Marcus Antonius' und seiner Verbündeten, in der Eifersucht und den sonstigen Affekten die wahren Ursachen des Geschehens jener Jahre sieht, spiegelt sich zweifellos diejenige Propaganda, mit der Octavian seinen Krieg um die Alleinherrschaft gerechtfertigt hat. Dies tritt bei Flavius Josephus nicht zuletzt deswegen so deutlich hervor, weil er das apologetische Werk des Nikolaos von Damaskus, Geschichtsschreiber am Hof des Herodes und später Freund des Augustus, als Vorlage verwendet hat. Als charakteristisch fällt dabei die latente sexuelle Aggressivität auf, die zur Herabsetzung von Marcus Antonius und Kleopatra dient. Eine solche Darstellung verzichtet gern auf chronologische Angaben, nicht aber auf dramatische Stilmittel und macht es daher dem Historiker schwer, nüchtern Ereigniszusammenhänge zu erkennen.

Über wesentliche chronologische Einordnungen – etwa des genannten Aufenthalts der Kleopatra in Judäa – herrscht in der Forschung keine Einigkeit, obgleich aus den Quellen zur römischen Geschichte drei Fixpunkte sicher sind: Marcus Antonius' Feldzüge gegen Parthien im Jahr 36 und Armenien im Jahr 34 sowie die Schlacht bei Actium Anfang September 31. Verbunden mit den chronologischen Diskussionen ist eine Kontroverse über die Glaubwürdigkeit des einen oder anderen Berichts, also die Frage nach der Historizität einzelner Ereignisse.

1. Aristobul

Mit Kleopatra bringt die Überlieferung bereits das Schicksal des jungen Hasmonäers Aristobul in Verbindung: Er wurde von Herodes schließlich doch zum Hohepriester ernannt, kam aber im ersten Amtsjahr unter dubiosen Umständen ums Leben. Als sich der König vor Marcus Antonius dafür habe rechtfertigen müssen, soll seine Reise einen blutigen Skandal im Herrscherhaus verursacht haben. Freilich erscheint Kleopatra stets nur mittelbar, im Vordergrund agiert die ambitionierte Alexandra, Herodes' Schwiegermutter.

Sie nahm, von der schnöden Zurücksetzung ihres Sohnes hinter den unbedeutenden Hohepriester Ananel tief in ihrem hasmonäischen Stolz getroffen, das Schicksal des Aristobul in ihre resoluten Hände: „Sie schrieb ... an Kleopatra einen Brief und bat sie, sich bei Antonius dafür einzusetzen, dass ihrem Sohne die Hohepriesterwürde zuerkannt werde" (AJ 15,2,5/24). Zunächst blieb eine entsprechende Wirkung aus, doch dann traf eines Tages ein Schreiben des Marcus Antonius in Jerusalem ein, das um einen Besuch des Aristobul bei dem Machthaber bat, „wenn es nicht allzu viele Mühe verursache". Herodes – nach dem Bericht des Flavius Josephus geradezu schockiert von dieser Aufforderung – antwortete seinem großen Freund, „wenn der Jüngling auch nur einen Fuß aus dem Land setze, werde Krieg und Aufruhr entfesselt werden, da die Juden stets auf eine Gelegenheit zu Unruhen und Umwälzungen lauerten" (AJ 15,2,6/30). Der König fürchtete demnach um die Sicherheit seiner Herrschaft, wenn er seinen jungen Schwager zu Marcus Antonius schickte. Worin lag die Gefahr? Der Quellentext gibt mit der Motivation für den Entschluss, die Hohepriesterwürde nun doch dem Enkel des Hyrkanus zukommen zu lassen, eine Antwort: Für Herodes soll nunmehr ausschlaggebend gewesen sein, dass ein Hohepriester gemäß den religiösen Gesetzen das Land Judäa nicht verlassen durfte. Demnach war die Anwesenheit des jungen Mannes eine wichtige Stabilitätsgarantie für den König.

Es darf vermutet werden, dass eine Reise des Aristobul zu Marcus Antonius und höchstwahrscheinlich nach Antiocheia, zumal auf dessen Aufforderung hin, von der Bevölkerung mit hysterischer Besorgnis gesehen worden wäre, denn die in Antiocheia erst kürzlich erfolgte Hinrichtung des Antigonus, des gestürzten hasmonäischen Königs, war noch in lebhafter Erinnerung. Ein bloßes Gerücht, unter dem Vorwand einer Einladung solle auch der letzte hasmonäische Spross eliminiert werden, hätte in der Tat zu neuen Unruhen in Jerusalem und ganz Judäa führen können.

Nach der Darstellung des Flavius Josephus allerdings galt Herodes' Besorgnis der Möglichkeit, dass Aristobul als Thronrivale gegen ihn selbst eingesetzt werden könnte, wenn nicht kurz-, so doch mittelfristig. Dass ein baldiger Herrschaftsantritt ihres inzwischen mündigen Sohnes das ganze Bestreben Alexandras war, dürfte nicht nur dem König bekannt gewesen sein. Anders als das Volk eine Reise des jungen Mannes interpretiert hätte, erkannte Herodes hierin eine neue Taktik zugunsten des Hasmonäers, nämlich über den Umweg höchster römischer Protektion.

Entsprechend äußerte sich Herodes vor dem Kronrat, bestehend aus seinen Vertrauten – und bemerkenswerterweise auch Frauen seiner Familie –, als er die Ernennung des Jonathan-Aristobul zum Hohepriester mitteilte. Die Reden dieser Szene stehen in der Tradition antiker Rhetorik und dokumentieren die Grundzüge der geäußerten Positionen, wobei hier durchgehend die Perspektive des Herodes eingenommen ist. So bezichtigte er zunächst die anwesende Alexandra, „sie trachte nach der Herrschaft und suche es durch Kleopatra dazu zu bringen, dass er selbst vom Throne gestoßen und der Jüngling von Antonius zum König ernannt werde“ (AJ 15,2,7/32), um dann mit großzügiger Geste die neue Würde für den jungen Mann zu verkünden. Dass hier zwei unterschiedliche Gedanken vorliegen, zeigt die Reaktion der Alexandra, die ihre „Furcht, Verdacht zu erregen“, hinter einem tränenreichen Gefühlsausbruch verbarg: „Sie habe sich allerdings die größte Mühe gegeben, dem Aristobulus zur Hohepriesterwürde zu verhelfen ..., aber an die Königswürde habe sie nicht im entferntesten gedacht. Sie würde dieselbe nicht einmal annehmen, wenn man sie ihr anbiete ... Jetzt aber habe (Herodes) sie durch die ihrem Sohne erwiesene Ehre zum Dank verpflichtet, und sie werde ihm künftig in allem gehorsam sein“ (ebd. 36). Indem sie zu verstehen gab, dass ihr das Ziel, den Sohn zum König zu machen, noch ferner lag, als sich selbst auf den Thron zu setzen, anerkannte sie, wenn auch resignierend, die gegebenen Machtverhältnisse. Zugleich ist damit impliziert, dass sie statt auf eine neue Vergabe der Königswürde durch Marcus Antonius zu rechnen, ihre Hoffnungen eher auf Kleopatra setzte. Von der Königin des benachbarten Ägypten erwartete sie wohl eher die Wertschätzung einer traditionsreichen Dynastie. So also scheint Herodes die damalige Situation eingeschätzt zu haben.

Wie realistisch war die Gefahr, dass Marcus Antonius, seinerseits lediglich der Kleopatra zuliebe, den Aristobul zum König Judäas machen würde? Dass er gemäß deren politischen Wünschen auch auf andere Weise, etwa durch territoriale Zuweisungen an die Ptolemäerin, Judäa beeinträchtigen würde? Hierzu geben die Quellenberichte verschiedener Autoren wenig Auskunft, denn zumeist dominiert das Bild des Marcus Antonius als das des willfährigen Liebhabers der Ägypterin.

Ausgerechnet Flavius Josephus weist freilich gelegentlich darauf hin, dass der Römer die territorialen Ansprüche Kleopatras zur Erweiterung ihres Ptolemäerreiches nicht uneingeschränkt zu erfüllen gedachte. Herodes dürfte Marcus Antonius gut genug gekannt und die politische Großwetterlage angemessen eingeschätzt haben, um zu wissen, dass er selbst als König Judäas dem unbestrittenen Machthaber des gesamten hellenistischen Ostens unentbehrlich war, zumindest in der nächsten Zeit und bei den anstehenden Partherkriegen. Für einen verantwortungsbewussten Staatsmann kam die Herrschaft eines jungen, unerfahrenen Mannes, zumal wenn er wieder Hohepriester- und Königswürde in Judäa vereinigte, im römischen Interesse an einer Stabilität Syriens nicht in Frage.

Dass Herodes das Verhalten des Marcus Antonius ihm gegenüber recht zuverlässig einschätzen konnte, wird im Quellenbericht über die Bemühungen Alexandras zugunsten ihres Sohnes noch auf ganz andere Weise thematisiert. In einem nur wenig verhüllten sexistischen Diskurs werden Herodes' Beziehungen zu seinem römischen Gönner verächtlich gemacht und in ihrer politischen Dimension ignoriert.

Flavius Josephus erzählt als Vorgeschichte jenes Briefes, in dem Marcus Antonius einen Besuch Aristobuls bei ihm anregt, von einem Ratschlag an Alexandra, der im Unterschied zur erbetenen Vermittlung Kleopatras dann tatsächlich wirksam war: Sie solle sich direkt an Marcus Antonius wenden und ihm Porträts ihrer beiden so ungewöhnlich schönen Kinder Aristobul und Mariamne schicken, denn jener werde ihr „gewiss nichts mehr versagen ..., wenn er dieselben zu Gesicht bekäme". Der 'heiße Tip' kam von einem Vertrauten des Marcus Antonius, der sich „wegen irgendeines Geschäfts" in Judäa aufhielt, offenbar Zugang zum Palast hatte, so dass er auf die Schönheit der beiden jungen Leute aufmerksam geworden war, und der dann selbst dem illustrierten Brief der Hasmonäerin ein paar überschwengliche Zeilen hinzufügte, um „des Antonius sinnliche Lust zu reizen" (AJ 15,2,6/25–27). Dieser Berater war Quintus Dellius, der einige Jahre zuvor (41) der Kleopatra empfohlen haben soll, den Marcus Antonius zu betören, von dem sie zur Rechtfertigung für ihre Unterstützung des Caesarmörders Cassius nach Tarsos vorgeladen worden war.[1]

Die Rechnung mit der leicht entflammbaren Begierde des Marcus Antonius schien – wieder einmal – aufzugehen, denn wenn sich der durch die liebreizenden Gemälde Stimulierte auch scheute, „die Mariamne zu sich kommen zu lassen, weil sie mit Herodes vermählt war und er die Eifersucht der Kleopatra nicht wecken wollte" (ebd. 28f.), so schickte er doch die Einladung für Aristobul nach Jerusalem.

Die Besorgnis des Herodes angesichts dieses Briefes erscheint nun in einem anderen Licht, denn „er erachtete ... es für gefährlich ..., einen so schönen und im blühenden Alter von 16 Jahren stehenden Jüngling ... zu Antonius zu schicken, einem Manne, ... von dem man sich versehen konnte, dass er auch imstande sei, den Jüngling seiner Wollust zu opfern" (ebd. 29).

Für die Frage der Glaubwürdigkeit des Berichts über die Ernennung des Aristobul zum Hohepriester und insbesondere der Geschichte von den eigens zu dem genannten Zweck angefertigten Porträts von Aristobul und Mariamne, ist nicht nur erstaunlich, dass es in Jerusalem möglich war, das mosaische Bilderverbot so locker zu handhaben. Vor allem geht es um das Problem historiographischer Manipulation: In wessen Interesse, zu wessen Diskreditierung wurden solche anzüglichen Geschichten verbreitet? Im skizzierten Fall wurden offenbar die verbreiteten Vorurteile gegen Marcus Antonius und Kleopatra sowie der Topos vom verführbaren und maßlosen Despoten dazu genutzt, um Herodes' Gegner auf ebenjenes Niveau hinabzusetzen. Noch im modernen Geschichtsbild figuriert Alexandra als 'jüdische Kleopatra'.[2] Flavius Josephus hat sich gern jener abträglichen Behauptungen in seinen Vorlagen bedient, sei es, dass diese der Niedertracht bestimmter Personen im Umkreis des Königs – etwa seiner Schwester Salome – zuzuschreiben sind oder der literarischen Phantasie eines Nikolaos von Damaskus. Durch kleine Überarbeitungen, insbesondere durch Hinzufügen von Hass- und Furchtmotiven, stellt er Herodes in ein negatives Licht. Für die Historizität der einzelnen Episoden bedeutet das, dass sie weder durch Divergenzen noch Konvergenzen in den einschlägigen Werken des Flavius Josephus bezeugt wird.

Man kann also davon ausgehen, dass die Ernennung des Jonathan-Aristobul zum Hohepriester aus solchen Erwägungen des Herodes resultierte, die ein Maximum an innenpolitischer Beruhigung versprachen. Dabei galt es wohl in erster Linie, die prohasmonäische Stimmung in Jerusalem, die gegebenenfalls von Alexandra mobilisiert werden konnte, zu beschwichtigen. Dagegen ist nicht zu erkennen, dass der König seine Entscheidung unter einer sonst drohenden römischen oder auch ptolemäischen Protektion eines Thronrivalen getroffen hat.

Mit der Beilegung des Streites um die Hohepriesterwürde war keineswegs Frieden in den Palast zu Jerusalem eingekehrt; das gegenseitige Misstrauen blieb ungebrochen. Trotz Alexandras Beteuerung, sie sei Herodes nunmehr zum Dank verpflichtet und wolle sich künftig seinen Anordnungen fügen, ließ er sie unter Einschränkung ihrer Bewegungsfreiheit bewachen. „Das alles rief allmählich bei Alexandra eine Erbitterung hervor, die bald zu förmlichem Hasse auswuchs ... Sie schickte daher zu Kleopatra, klagte derselben ihre unglückliche Lage und bat sie, ihr nach Kräften zu helfen“ (AJ 15,3,2/44f.). Diesmal erfahren wir, was die Ptolemäerin geantwortet hat: Sie bot ihr und dem Sohn Exil in Ägypten an und riet zum baldigen Kommen. Nun plante Alexandra, sich und Aristobul in Särgen zu einem bereitstehenden Schiff an der Küste bringen zu lassen; als sie die heimliche Abreise in die Tat umsetzen wollte, wurde ihre Flucht aufgedeckt. Herodes hatte nämlich schon von der Sache erfahren, aber mit dem Zugriff gewartet, um beide in einer möglichst entwürdigenden Situation zur Anerkennung seiner Macht zu bringen. Zumindest die unrechtmäßige Entfernung des Hohepriesters aus seinem Land war ein Straftatbestand, der Konsequenzen hätte haben müssen, doch sah der König von jeglicher Maßnahme gegen Aristobul und seine Mutter ab, „denn er fürchtete, Kleopatra ... würde ihn auf eine Anklage von seiten Alexandras hin noch mehr hassen“ (ebd. 48). Für Flavius Josephus steht diese Szene in direktem Zusammenhang mit Aristobuls baldiger Ermordung, da Herodes diese Tat jetzt geplant haben soll, für die er sich dann vor Marcus Antonius verantworten musste. Da auch dabei Alexandra initiativ geworden sein soll, wird das dominante Motiv des Autors deutlich, nämlich Herodes' Furcht vor Kleopatras Hass.

Als sich Alexandra ein drittes Mal um Hilfe gegen Herodes an Kleopatra wandte, war Aristobul bereits gestorben. Die ungeklärten Umstände seines plötzlichen Todes boten den Gegnern des Herodes Gelegenheit, ihm einen perfiden Mord zu unterstellen, während seine Anhänger an einen tragischen Unfall glaubten. Wenden wir uns also den genaueren Umständen des ungeklärten Geschehens zu.

Herodes war in seiner Absicht, bei passender Gelegenheit den Aristobul aus dem Weg zu räumen, beim Laubhüttenfest bestärkt worden – so weiß es jedenfalls Flavius Josephus aus offenbar hasmonäerfreundlichen Berichten. Der Neid des Königs auf den Schwager war nämlich noch durch die außerordentliche Begeisterung gesteigert worden, die das jüdische Volk für den Hohepriester aus so ehrwürdigem Hause artikulierte: „Denn als der Jüngling ..., damals 17 Jahre alt, zum Altare getreten war, um nach der Vorschrift des Gesetzes zu opfern, und in seinem hohepriesterlichen

Gewande die religiösen Zeremonien getreu dem Ritus vollzog … hatte die ganze Volksmenge ihr Wohlgefallen an ihm und rief sich die herrlichen Taten seines Großvaters Aristobulus ins Gedächtnis … und überwältigt von ihrem Gefühlen, jauchzte sie ihm freudig zu" (AJ 15,3,3/51 f.). Nach den Festtagen fand ein Gastmahl auf Einladung Alexandras statt, und zwar im 20 Kilometer von Jerusalem entfernten Jericho. Dort suchte Herodes „durch Schmeicheleien den Jüngling an einen stillen Ort hinzulocken und stellte sich dann, als wollte sich mit ihm in jugendlichem Spiel ergötzen. Da es aber an dem Orte sehr heiß war, gingen sie, ermattet vom Spiel, beiseite und traten an die Fischteiche, die in beträchtlicher Größe die Anlagen umschlossen und bei der Hitze angenehme Kühlung gewährten. Zunächst nun sahen sie einigen ihrer Freunde zu, wie diese in dem Wasser schwammen, und als sich dann der Jüngling auf Zureden des Herodes gleichfalls unter sie mischte, tauchten ihn die Freunde des Herodes, welche dieser entsprechend beauftragt hatte – es dämmerte bereits – unter dem Schein des scherzhaften Spiels unter und ließen ihn nicht eher los, als bis sie ihn ertränkt hatten" (ebd. 53–55).

War es Mord oder Unfall?[3]

Ein Blick auf die Spatenforschung mag helfen, die Stätte, an der Aristobul ums Leben kam, in ihrer Eigentümlichkeit und Funktion für die Rahmenhandlung jenes Ereignisses zu erhellen. Die Ausgrabungen in den Ruinen des so genannten hasmonäischen Winterpalastes in Jericho haben seit 1973 einigen Aufschluss erbracht über Schwimmbecken *(kolymbethrai),* die es dort, wo Herodes mit seinem Schwager herumspazierte, mehrfach gegeben haben soll. Nach den archäologischen Zeugnissen handelt es sich um spezielle Wasserbecken, teils mehr als 200 Quadratmeter groß und etwa 3,5 Meter tief.[4] Sie hatten ihren Platz schon in der ersten Bauanlage zu Jericho aus der Zeit des Johannes Hyrkanus (Ende 2. Jahrhundert) und sind bei jeder neuen Gestaltung einbezogen worden. Der Beckenkomplex, der seine Wasserzufuhr aus unterirdischen Leitungen direkt aus dem nahen Wadi Qelt erhielt, war durch mehrere kleinere Ziergärten und einen erhöht gebauten Pavillon an der Südseite dezidiert zu einem Ort der Unterhaltung von Gästen gestaltet worden. Dieser Teil der Palastanlage hatte bereits unter Alexander Jannai, also im frühen 1. Jahrhundert, im Wesentlichen seine spätere Form erhalten, während die Wohnbereiche der Herrscherfamilie noch mehrfache Umbauten erfuhren, wobei auch weitere Bäder und Becken angelegt wurden.

Obgleich man trotz all dieser Erkenntnisse nicht genau weiß, wozu die „Schwimmbecken" dienten, deren Einbeziehung in das aufwendige Wasserversorgungssystem des zugehörigen so genannten königlichen Landgutes aber unzweifelhaft ist, darf angenommen werden, dass die Wasserspiele zu Jericho eine traditionelle Attraktion dieser Residenz ausmach-

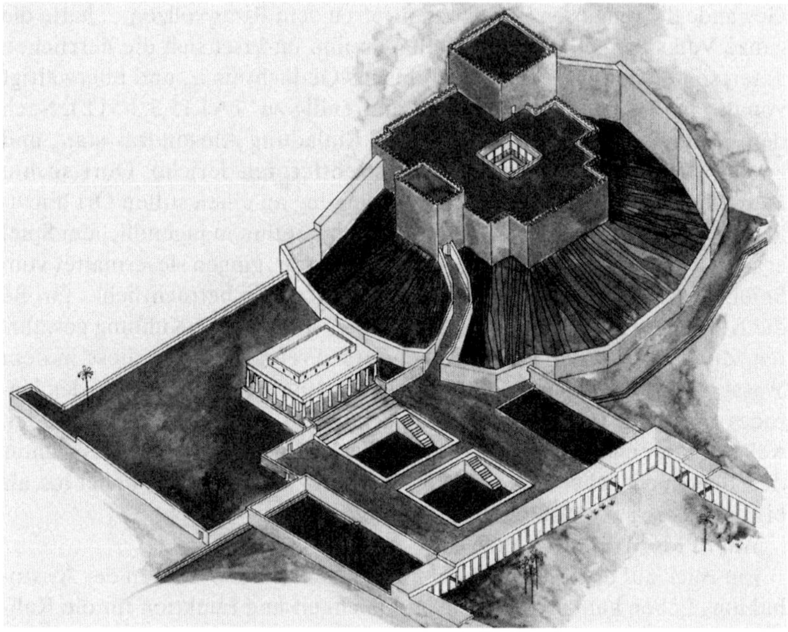

Abb. 7: Rekonstruktionsskizze des Beckenkomplexes im Winterpalast Jericho.

ten. Folglich dürften alle Teilnehmer des Gastmahls, zu dem Alexandra als Hausherrin des hasmonäischen Landsitzes eingeladen hatte, mit den Schwimmbecken und ihren speziellen Vergnügungen wohl vertraut gewesen sein. Die einschlägige Passage in den *Jüdischen Altertümern* lässt erkennen, dass stundenlanges Herumtollen im Wasser nicht unüblich war, dass es sich aber nur unter einander bekannten Personen abspielte, die als Freunde und Vertraute der Festgäste bezeichnet sind.

Für einen von längerer oder kürzerer Hand geplanten Anschlag auf das Leben des Aristobul waren die Schwimmbecken gerade wegen der vertrauten Atmosphäre – aller zur Gewohnheit gewordenen Kriminalphantasie zum Trotz – denkbar ungeeignet.

Die geheimen Mordabsichten, die unsere Überlieferung Herodes unterstellt, prägten offenbar mehr das Denken und Fürchten Alexandras als dasjenige des Königs. Ein Hinweis auf die Richtigkeit dieser Vermutung ist darin zu sehen, dass der Quellenbericht nur sehr unpräzise einen unmittelbaren zeitlichen Zusammenhang zwischen dem achttägigen Laubhüttenfest in Jerusalem und dem Gastmahl der Alexandra in Jericho herstellt. Sollen wir uns den Besuch einer größeren oder kleineren Gruppe von Gästen als Tagesausflug zum ansonsten nur winters bewohnten Hasmonäer-Palast denken? Oder kam der junge Mann während eines längeren Aufenthalts der Familie in Jericho ums Leben, und wurde dann sein Tod in direkte zeitliche Nähe des triumphalen Zeremonialauftritts des Opfers gerückt, um damit erneut den Neid des Königs auf den bei den Juden so beliebten Hohepriester zu insinuieren?

Erklärungen, warum der Mordverdacht von Flavius Josephus als Gewissheit präsentiert wird, gibt es sicher mehrere; doch sollte darüber nicht vergessen werden, dass es auch gute Gründe gibt, von einem tragischen Unfall im Palast zu Jericho auszugehen.

2. Kleopatra

Endlich müssen sich auch Überlegungen zur Einordnung aller bisher berichteten Ereignisse in die Chronologie jener Jahre anschließen: Wann wurde Aristobul Hohepriester, wann starb er? Vor allem aber: Welche Rolle spielte Kleopatra in diesem Zusammenhang?

Der Tod des letzten hasmonäischen Hohepriesters wird in den Herbst des Jahres 36 oder den des Jahres 35 datiert.[5] Für die erste Meinung spricht die Angabe des Flavius Josephus, Aristobul sei noch keine 18 Jahre alt gewesen und sei in seinem ersten Amtsjahr gestorben. Dabei ist vorauszusetzen, dass er gleich zu Beginn des Jahres 36, etwa ein halbes Jahr nach Herodes' Herrschaftsbeginn und nur kurzer Amtszeit seines Vorgängers Ananel, die hohe Würde erhalten hatte. Die alternative Datierung in das Jahr 35 impliziert ein längeres Hickhack um das Hohepriesteramt; zu ihren Gunsten könnte damit argumentiert werden, dass Aristobul zum Zeitpunkt, als sein Porträt den Marcus Antonius entzückt haben soll, noch 16 Jahre alt war. Das hier entscheidende Kriterium ist aber der eng gedachte zeitliche Zusammenhang mit der Rechtfertigung des vorgeblichen Mörders vor Marcus Antonius in Laodikeia, die in das Frühjahr 34 gehören soll. Offenbar hat während dieses Aufenthalts des Herodes der römische Machthaber der gleichfalls anwesenden Königin Ägyptens gewisse Territorien geschenkt. Nach Flavius Josephus trat damals Marcus Antonius dem Zorn der Kleopatra über Herodes nicht nur mit seiner Ansicht entgegen, dass ein König sich nicht für die Ausübung seiner Herrschaftsrechte verantworten müsse. Er besänftigte auch ihren Groll durch die Überlassung Koilesyriens, womit er freilich ihre Ansprüche auf Judäa für abgegolten hielt. Dies teilte Herodes jedenfalls seiner Familie als Ergebnis seiner Vorladung in einem Brief mit, bevor er selbst nach Jerusalem zurückkehrte und Marcus Antonius zum Partherfeldzug aufbrach. An einer anderen Stelle kommt der Historiograph erneut auf die Habgier der Kleopatra zu sprechen, die „von Antonius (forderte), er solle die Länder Arabien und Judäa ihren Königen nehmen und ihr dieselben geben. Antonius war nun zwar so in den Netzen dieser Frau verstrickt, dass er … ihr in allen Stücken zu Willen schien. Dennoch hielt ihn die Scheu vor offenbaren Ungerechtigkeiten davon zurück, ihr in allem und jedem nachzugeben … Um ihr daher einerseits ihre Bitte nicht geradezu abzuschlagen, andererseits aber durch Eingehen auf alle ihre Forderungen nicht offenbar als ungerecht zu erscheinen, nahm er jedem der beiden Könige einen Teil seines Landes ab und schenkte ihn der Kleopatra. Auch gab er ihr die Städte, welche zwischen dem Flusse Eleutherus (Nahr al-Kebir) und Ägypten lagen, jedoch mit Ausnahme von Tyrus und Sidon … Als Kleopatra das erlangt und den Antonius auf seinem Zuge nach Armenien bis zum Euphrat begleitet hatte, kehrte sie um, reiste nach Apamea und Damaskus und begab sich von da nach Judäa. Hier traf Herodes mit ihr zusammen und pachtete von ihr den ihr geschenkten Teil von Arabien sowie die Einkünfte des Gebietes von Jericho ab" (AJ 15,4,2/92–96). Marcus Antonius' territoriale Umverteilungen großen Stils zugunsten Kleopatras gehören nach der Aussage zuverlässiger Quellen allerdings bereits in den Winter 37 auf 36 und in das diplomatisch-politische Vorfeld des schon lange vorbereiteten Partherfeldzugs. Durch die umfangreichen Landschenkungen wurde die Herrschaft der Königin Ägyptens auch wieder auf Gebiete ausgedehnt, die zum Teil schon seit dem frühen 2. Jahrhundert dem Ptolemäerreich verloren gegangen waren. Diesen sensationellen Erfolg ihrer Politik zur Wiederherstellung der früheren Größe und Bedeutung der Ptolemäerherrschaft markierte Kleopatra VII. dadurch, dass sie mit dem Jahr 37/36 eine neue Zählung ihrer Regierungsjahre begann, wie Papyrusdokumente beweisen.[6] Erst im Herbst des Jahres 34 wurde dann der wiedergewonnene Großmachtstatus in einer prächtigen und imperialen Zeremonie zum feierlichen Abschluss des Partherfeldzugs der Weltöffentlichkeit bekannt gemacht: Der Kleopatra wurde gehuldigt als Königin von Ägypten, Zypern, Libyen und Koilesyrien, ihr und des Marcus Antonius Sohn Alexander Helios wurde als König über Medien und Parthien akklamiert, dessen kaum erst zweijähriger Bruder als König von Phönizien, Syrien und Kilikien.

Dass Kleopatra sich vor Beginn des Armenienfeldzugs im Frühjahr 34 mit Marcus Antonius in Laodikeia aufgehalten hat und dann von dort über Judäa nach Ägypten reiste, ist entgegen der Schilderung des Flavius Josephus und deren geläufiger chronologischer Interpretation ganz unwahrscheinlich. Dagegen hat die Königin sicherlich den Winter 37 auf 36 in Antiocheia mit Marcus Antonius verbracht, mit dem sie damals sogar ein formales Ehebündnis geschlossen hat. Als die Truppen aufbrachen, um von Norden her das Partherreich anzugreifen, begleitete sie ihren Gemahl mit Gefolge bis nach Zeugma am Euphrat. Von dort aus trat sie die Rückreise nach Ägypten an, allem Anschein nach auf dem Landweg über Apameia, Damaskus und – nach der Durchquerung ganz Judäas – Pelusium. Dabei liegt es durchaus nahe zu vermuten, dass sie damit eine Inspektion der neuen Gebiete unternahm, die jetzt ihrer Herrschaft unterstellt waren. Unbekannt bleibt die Dauer ihrer Durchreise oder ihres „längeren Aufenthalts" in Jericho, bei dem sie versucht haben soll, den König des Landes, das sie zu besitzen begehrte, zu verführen. Von spezieller Bedeutung ist die Information, Herodes habe für einen jährlichen Pachtzins von 200 Talenten „die von seinem Königreich abgetrennten Gebiete" (BJ 1,18,5/362) wieder in seine eigene Verwaltung übernommen, und zwar, wie es in den *Jüdischen Altertümern* (15,4,2/96) präziser heißt, „den ihr geschenkten Teil von Arabien sowie die Einkünfte des Gebietes von Jericho", nämlich wegen der dortigen Balsam-Produktion und der zahlreichen, schönen Palmbäume.

Wir haben es hier nicht nur mit einem ökonomischen Aspekt zu tun: Aus der Sicht Kleopatras, die zur Nutzung ihres neuen Besitzes einen Finanzverwalter für die Region hätte bestellen müssen, hatte es Vorteile, wenn Herodes die vertraglich vereinbarte Summe als Pacht nicht nur für die Landschaft bei Jericho, sondern auch für das nabatäische Gebiet zahlte, das übrigens am Roten Meer gelegen war. Der politische Aspekt bestand darin, dass Herodes „soweit wie möglich verhüten (wollte), daß die ägyptische Herrschaft sich in der Umgebung von Judäa festsetzte".[7] Die Ausgrabungen im Bereich des Hasmonäer-Palastes bei Jericho zeigen nun, dass es sich bei dem 'Filetstück', das Kleopatra sich von Marcus Antonius hatte schenken lassen, nur um das königliche Landgut handeln kann.[8] Da dessen Bewässerungsanlagen vom Palast aus betreut wurden, hätte hier also ein ptolemäischer Verwalter residieren müssen! Zugleich wird deutlich, dass es nicht um territoriale Expansion Kleopatras auf Kosten Judäas ging, sondern um wirtschaftlichen Gewinn: zum einen mit der Luxusware Balsam, die vorwiegend zur Parfümherstellung genutzt wurde, zum anderen mit Dattelwein, der nach Ausweis der archäologischen Funde dort in erheblichem Umfang produziert worden sein muss.

Die Information über das Pachtgeschäft ist wertvoll auch für die chronologische Debatte, denn allzu viel Zeit dürfte zwischen der Schenkung und dem Vertrag mit Herodes nicht vergangen sein. Daher gehören die Zugeständnisse des Marcus Antonius zu Lasten des Herodes und die Reise der Kleopatra zusammen.

Die entscheidende Frage lautet, ob alle Schenkungen im Winter 37 auf 36 erfolgten oder ob einzelne Immobilien wie gerade die Plantage bei Jericho erst später dazugekommen sein könnten. Geht man davon aus, dass Kleopatra den Marcus Antonius nur zu Beginn des Partherfeldzuges, nach dem gemeinsamen Winter in Antiocheia, bis an den Euphrat begleitet hat, nicht aber auch vor dem Armenienfeldzug, der nach einem gemeinsamen Winter in Alexandria startete, dann gibt es keinen Grund, ihre Reise durch Syrien und Judäa in das Jahr 34 zu setzen.

Welche Konsequenzen hat diese These für die Ereignisse in Jerusalem seit der dortigen Machtübernahme des Herodes?

Zunächst ist einsichtig, dass Marcus Antonius in seinen Vorbereitungen zum Partherfeldzug oder seinen 'Flitterwochen' mit Kleopatra absolut kein Interesse an neuen dynastischen Verwicklungen in Judäa, etwa durch die Absetzung des Herodes, gehabt haben kann – und dass auch für Kleopatra eine Protektion des Knaben Aristobul alles andere als wichtig gewesen wäre. Sie wusste um ihre Unentbehrlichkeit für die römischen Rüstungen gegen den Partherkönig und durfte eine Kompensation für ihre außergewöhnlichen Aufwendungen erwarten, durch welche die ptolemäische Finanzkraft neu gestärkt wurde. Da waren die Städte an der phönizischen Küste – wenn auch ohne Tyros und Sidon, dafür aber mit Gaza, dem Endpunkt der aus Arabien kommenden Weihrauchstraße – ebenso willkommen wie etwa Damaskus, die Oasenstadt mit diversen Knotenpunktfunktionen, und die nabatäische Küste des Roten Meeres: Hier waren in erster Linie hohe und steigerungsfähige Zolleinnahmen zu erwarten. Desgleichen war das Landwirtschaftszentrum von Jericho extrem profitabel. Allerdings dürfte seine Überlassung kaum ohne das Einverständnis des Herodes erfolgt sein. Dass diese mit der Drohung einer vollständigen Annexion Judäas erzwungen worden wäre, überzeugt nicht[9]: Weder Kleopatra noch Marcus Antonius werden geglaubt haben, dass jenes Land unter ptolemäischer Regie noch profitabler wäre als unter dem harten Zugriff des Herodes.

Kurz: Eine Einmischung in die innenpolitischen Angelegenheiten – im Sinne einer Förderung der Hasmonäerfamilie einschließlich des Risikos eines neuen Bürgerkrieges – lag im Winter 37 auf 36 und in der folgenden Zeit selbst der ambitionierten Restauratorin ehemaliger ptolemäischer Größe fern. Nur ein ungefährdetes und stabiles Judäa oder ein Alexandria gegenüber willfähriges Vasallenregime hätte ptolemäische Aufmerksamkeit auf sich ziehen können – freilich auch längst das nicht mehr gegen die Interessen Roms.

Mit diesen Überlegungen nähern wir uns bereits der Frage, ob Kleopatra sich tatsächlich für ihre 'Freundin' Alexandra bei Marcus Antonius eingesetzt hat, um den Tod Aristobuls zu rächen. Die Vorladung des wegen Mordes angeklagten Herodes nach Laodikeia wird mit dem unmittelbar bevorstehenden Beginn des römischen Feldzuges nach Armenien im Frühjahr 34 deswegen in Verbindung gesetzt, weil der Quellentext den Anschein erweckt, als habe sich Herodes dank der Gunst Marcus Antonius' gegen Zorn und Habgier der gleichfalls anwesenden Kleopatra durchgesetzt. Entscheidend für diese Episode bei Flavius Josephus war das römische Wohlwollen, denn seine Gegner in Jerusalem wollten schon von seiner Verurteilung und Hinrichtung durch den Römer gehört haben.

Kerngedanke des novellenartigen Berichts ist die Gefährdung von Herodes' Herrschaft durch die intriganten Frauen seines eigenen Hauses, insbesondere der Alexandra, und durch Kleopatras feindselige Herrschaftsgelüste, zu deren Instrument Marcus Antonius teilweise geworden war. Hier spiegelt sich – wie in seinem Auftritt vor Octavian in Rhodos, wo es um die Wiedergewinnung der Herrschaft ging – Herodes' Selbststilisierung nach dem Sturz des Marcus Antonius: Allen Anfeindungen und perfiden Intrigen der großen Feindin Roms zum Trotz hatte der König Judäas seine Herrschaft durch den festen Glauben an die Zuverlässigkeit des Marcus Antonius als Repräsentanten Roms bewahrt.

Die erlösende Antwort, die Herodes bei seinem Kotau vor Octavian erhielt, könnte als Motto auch über der Laodikeia-Episode stehen: „Bleibe König, jetzt in gesicherterer Lage als bisher! Denn du bist es wert, über viele zu herrschen, der du in so hohem Maße die Freundschaft bewährt hast" (BJ 1,20,2/391).

Schließlich stellt sich auf dem Hintergrund unserer Rekonstruktion auch die Geschichte von einer geplanten Ermordung Kleopatras durch Herodes in einem neuen Licht dar. Die Gelegenheit zu einem Attentat bot sich bei jenem etwas längeren Aufenthalt der Ptolemäerin in Jericho – höchstwahrscheinlich im hasmonäischen Winterpalast – im Frühsommer 36. Dort soll Kleopatra versucht haben, den König von Judäa zu verführen, offenbar in der hinterlistigen Berechnung, auf diese Weise ein neues Druckmittel gegen ihn in die Hand zu bekommen. Nach dem Quellenbericht entwickelte Herodes den Mordgedanken infolge ihrer notorischen Zudringlichkeit, denn von der Ausführung der Idee versprach er sich, er werde „alle, denen sie bisher lästig gefallen sei und künftig lästig fallen könnte, von mancher Unannehmlichkeit befreien, und auch dem Antonius werde das von Nutzen sein" (AJ 15,4,2/99). Seine Freunde, mit denen er sich beriet, hielten ihn mit dem Argument zurück, er würde so großen Schaden auf sich, auf sein Reich und sein Haus ziehen, dass kein irgendwie gearteter Vorteil dies ausgleichen könne, denn Marcus Antonius würde ihn ohnehin schwer strafen.

Zwei Bemerkungen in dem Meinungsaustausch machen klar, dass die ganze Episode erst später, nach dem Sieg Octavians über Marcus Antonius und Kleopatra, erdichtet worden sein muss: Herodes begründet den Nutzen, der sich für Marcus Antonius aus dem Tod der Kleopatra ergeben musste, damit, dass jene sich auch ihm gegenüber „nicht als treu bewähren würde, wenn er einmal in die Lage kommen sollte, sich auf sie verlassen zu müssen" (ebd.). Hiermit ist nämlich auf das viel diskutierte Durchbruchsmanöver der Schiffe Kleopatras während der entscheidenden Seeschlacht vor der Küste bei Actium angespielt. In der Flucht, die allerdings einem gemeinsamen Plan von Kleopatra und Marcus Antonius entsprach, sahen die Propagandisten Octavians einen perfiden Verrat.

Die zweite für einen Kontext im Jahr 36 anachronistische Bemerkung ist die Begründung der Freunde, die ihren König von der Attentatsidee abbringen: „Da er wichtigere Dinge zu tun habe, … zieme (es sich nicht), sich einer so offenbaren Gefahr auszusetzen" (ebd. 100). Dieser Gedanke weist einmal mehr auf die Situation nach dem Sieg Octavians hin, der dem Herodes eine noch glänzendere Herrschaft eröffnete.

Dass die Geschichte vom Mordplan keine historische Authentizität beanspruchen kann, ist in der Forschung schon längst gesehen worden. Mit ihr wollte Herodes „unter Beweis stellen, wie sehr er allezeit auf das Wohl des römischen Volkes bedacht gewesen sei, selbst damals, als er von Marcus Antonius' Gnaden restlos abhing".[10] Unverständlich bleibt dann aber doch, dass kaum eine moderne Darstellung darauf verzichtet, wenigstens im Verführungsversuch der Kleopatra einen wahren Kern der Episode zu sehen.[11]

3. Alexandra

Bevor Kleopatra den neuen, mit römischer Waffenhilfe in Judäa eingesetzten König in seinem Land besuchte, hatte sie sich nach der Darstellung des Flavius Josephus zweimal indirekt in die inneren Angelegenheiten Judäas eingemischt. Sie soll zum einen der Alexandra und ihrem Sohn Asyl in Alexandria angeboten, zum anderen eine Anklage des Herodes wegen des Mordes am jüdischen Hohepriesters Aristobul bei Marcus Antonius betrieben haben. In beiden Fällen hatte sie zuvor entsprechende Klage- und Bittbriefe der Alexandra erhalten, so dass Kleopatras Missgunst gegen den Nachbarn in erster Linie durch jene vermittelt oder gar verursacht scheint. Davon abgesehen, dass die ptolemäisch-judäischen Beziehungen der vergangenen knapp 200 Jahre genügend Anlass zu gegenseitigem Misstrauen geboten haben dürften, sind die beiden genannten Situationen von fragwürdiger historischer Authentizität. Offenbar kommt hierbei der Hasmonäerin als Widerpart des Herodes eine spezielle Rolle zu, und zwar aus der Sicht sowohl seiner Gegner wie auch seiner Freunde. In der erzählfreudigen Überlieferung, wie sie in den *Jüdischen Altertümern* vorliegt, sind die gegensätzlichen Perspektiven zusammengeflossen und haben bis heute das Bild des Herodes, insbesondere seiner ersten Regierungsjahre, geprägt. Dabei erscheint der König als misstrauischer und gewalttätiger Despot, der sich seines Thronraubes bewusst ist und daher die Hasmonäer verfolgt, aber auch als um Eintracht bemühter Herrscher, der allenthalben vor den intriganten Machenschaften seiner Schwiegerfamilie auf der Hut ist.

Wenden wir uns zunächst noch einmal der vereitelten Flucht der Alexandra zu Kleopatra zu. In der Erzählung über die Aufdeckung des Fluchtplans begegnet als entscheidende Figur ein Diener Alexandras namens Sabbion. Er wurde irrtümlich von einem anderen Diener ins Vertrauen gezogen und verriet dann das Geheimnis an Herodes. Dadurch hoffte er, beim König wieder in Gunst zu kommen, dem er wegen des Verdachts, einst an der Ermordung des Antipater beteiligt gewesen zu sein, besonders verhasst war. Diese Information ist kaum geeignet, die Glaubwürdigkeit der Fluchtgeschichte zu erhöhen, denn ein illoyaler Diener bestätigt eher einen früheren Verdacht auf kriminelle Machenschaft, als dass er durch einen neuen Verrat Vertrauen erwirbt. Vielmehr erfüllt die Figur des gefälligen Dieners die Funktion, den Argwohn des Herodes gegenüber Alexandra zu rechtfertigen: Sie akzeptierte Leute in ihrer engeren Umgebung, die im Jahr 43 an der Ermordung des Vaters des jetzigen Königs beteiligt gewesen waren – nunmehr musste wohl auch Herodes ein ähnliches Schicksal gewärtigen.

Die somit wohl als fiktiv erwiesene Geschichte von einem Fluchtversuch der Alexandra mit ihrem Sohn zu Kleopatra bezweckte offenbar nicht nur, das Misstrauen des Herodes zu rechtfertigen, sondern auch den pathologischen Hass zu illustrieren, den die Hasmonäerin auf ihren Schwiegersohn hatte und auf den jener immer wieder großmütig reagierte.

Als sich Alexandra erneut an Kleopatra in der Hoffnung auf Hilfe gegen Herodes wandte, war Aristobul bereits tot, nach der Ansicht Alexandras von jenem ermordet: „Allmählich steigerte sich (Alexandras) Erbitterung derart, dass sie der Kleopatra von der Hinterlist des Herodes und der Ermordung ihres Sohnes brieflich Mitteilung machte. Da diese aber schon längst den Wunsch hegte, den Bitten Alexandras zu willfahren und deren Schicksal aufrichtig bedauerte, machte sie die Angelegenheit zu der ihrigen und ließ nicht ab, den Antonius zu bestürmen, dass er den Mord des Jünglings rächen möge. Es gezieme sich nicht, … dass Herodes, der doch nur durch ihn in den Besitz seines Reiches, welches ihm eigentlich gar nicht zukomme, gelangt sei, solche Verbrechen gegen die wahren Könige begehe. Dadurch ließ sich Antonius denn auch bewegen, und als er nach Laodikeia kam, lud er den Herodes zur Verantwortung vor, da er der hinterlistigen Ermordung des Aristobulus angeklagt sei“ (AJ 15,3,5/62–64). Ganz bewusst hat demnach Alexandra darauf gesetzt, durch Kleopatra die Protektion der höchsten Autorität, nämlich des Marcus Antonius, zu erlangen. An einem Aufenthalt des Herodes in Laodikeia im Frühjahr 34 ist nicht zu zweifeln, wohl aber daran, dass damals Kleopatra gleichfalls anwesend war und bald danach durch Judäa nach Ägypten zurückreiste.

Der Quellentext dokumentiert die prohasmonäische Perspektive erstens in der Argumentation, Herodes sei im Besitz eines Reiches, das ihm gar nicht zukomme, nur dank des Marcus Antonius, doch dürfe der nicht „Verbrechen gegen die wahren Könige" durchgehen lassen, zweitens in der Reaktion des Marcus Antonius: „Sobald Herodes zu Antonius gekommen war, hatte er ihn durch Geschenke, die er von Jerusalem mitgenommen, gnädig gestimmt und im Verlauf der Unterredung seinen Zorn derart besänftigt, dass die Worte der Kleopatra ... ihre Kraft verloren. Antonius sagte nämlich, es zieme sich nicht, dass ein König dafür zur Verantwortung gezogen werde, was er während seiner Regierung tue; er selbst möchte unter solchen Umständen nicht König sein ... Der Kleopatra aber gab er zu verstehen, es passe sich nicht, dass sie sich um die Angelegenheiten der Fürsten kümmere" (AJ 15,3,8/75f.). Damit ist auch Marcus Antonius als korrupter Willkürherrscher charakterisiert.

Abgesehen von Herodes' Aufwartung in Laodikeia ist die geschilderte Episode fiktiv. Sie ist in erster Linie eine Misstrauens- und Eifersuchtsgeschichte, die sich nur unter der Voraussetzung von Herodes' Abwesenheit und dessen Ungewissheit über Verurteilung oder Freispruch abspielen konnte. Obgleich der wegen Mordes Beschuldigte letztlich völlig ungeschoren davonkam, setzte das Gerücht von seinem Tod die eigentliche Dramatik der Erzählung in Gang[12]: Der König, in höchster Angst um Herrschaft und Leben, soll nämlich bei seiner Abreise seinem Onkel und – durch die Ehe mit seiner Schwester Salome – Schwager Joseph nicht nur die Regierungsgeschäfte anvertraut, sondern ihm auch den Befehl gegeben haben, im Falle seines Todes Mariamne zu töten. Die Begründung lautete: Kein anderer Mann solle die schöne Frau je besitzen. Als das Gerücht von der – aus der Sicht seiner Gegner ja nur gerechten – Hinrichtung des Herodes aufkam und Joseph hätte handeln müssen, geschah nichts weiter in Jerusalem, als dass Alexandra und ihre Tochter Mariamne, denen ihr Beschützer längst den geheimen Mordbefehl ausgeplaudert hatte, auf Flucht aus der Stadt sannen und bereits ein Entweichen in ein nahe gelegenes römisches Legionslager vorbereiteten. Da traf ein Brief des Herodes ein, aus dem der wahre und so ungemein positive Verlauf der Begegnung mit Marcus Antonius hervorging. Als dann der König selbst heimkehrte, wurde ihm von seiner Schwester der Fluchtplan der beiden Hasmonäerinnen verraten. Darüber hinaus bezichtigt er selbst seine Gattin des Ehebruchs mit Joseph, da er sich nur dadurch erklären konnte, dass sie um den Mordbefehl wusste. Joseph wurde umgehend hingerichtet, der Mariamne aber ihre Unschuldsbeteuerungen geglaubt.

Die romanhaften Züge der Geschichte haben schon immer zu Zweifeln an ihrer Echtheit geführt;[13] in den Herodes-Biographien hat sich indessen die Ansicht durchgesetzt, die ins Jahr 34 gehörige Affäre sei wahr. Tatsächlich handelt es sich bei den so ähnlichen Berichten über Herodes' Abwesenheit in den Jahren 34 und 30 um literarisch variierte Dubletten.

Für das Jahr 34 ist demnach festzuhalten, dass Herodes tatsächlich zu Marcus Antonius nach Laodikeia reiste, freilich nicht, um sich dort einer Mordanklage zu stellen. Während seiner Abwesenheit entwickelte sich eine Situation, für welche Joseph bei der Rückkehr des Königs hingerichtet wurde, nach Flavius Josephus ohne Verfahren. Es geht hier weniger um eine erotisch-romantische Affäre als um eine politische – und wieder ist Alexandra, auch wenn sie nicht zur Verantwortung gezogen wird, die Hauptschuldige.

Es war in Jerusalem angeblich oder tatsächlich infolge eines Gerüchts vom Tod des Herodes zu Unruhen gekommen, in deren Verlauf Alexandra mit ihrer Tochter und sogar gemeinsam mit Joseph am liebsten Schutz bei der römischen Kohorte suchen wollte, die nahe Jerusalem stationiert war. Indem der Stellvertreter des Königs keine Anstalten machte, dies zu verhindern, wurde er dann von Herodes für sein indirektes Einverständnis zur Rechenschaft gezogen. Im Sinne des – freilich fiktiven – Kontextes, dass Joseph den Befehl gehabt hatte, Mariamne zu töten, dies aber auch dann nicht getan hatte, als es schon zu Unruhen in der Stadt gekommen war, hatte er sich der Befehlsverweigerung schuldig gemacht.

Was hat es mit der geplanten Flucht zu den römischen Militärs auf sich? Die Begründung, die Flavius Josephus der Alexandra in den Mund legt, wiederholt zum einen ihren bekannten hasmonäischen Herrschaftsanspruch und spielt zum anderen auf ihre Spekulation mit der Wirkung der schönen Tochter auf Marcus Antonius an: „Zugleich hegte sie auch die Hoffnung, dass, wenn Antonius die Mariamne gesehen habe, sie durch ihn nicht nur die Herrschaft, sondern auch alles andere erlangen würden, was der Sprösslinge königlicher Ahnen würdig sei" (AJ 15,3,7/73). Als Joseph auch jetzt noch Mariamne am Leben ließ, machte er sich dezidiert einer Befehlsverweigerung schuldig, denn auf Marcus Antonius hatte schon Herodes bei seiner Begründung des blutigen Befehls verwiesen: „Auch deutete er im allgemeinen darauf hin, dass Antonius, der von Mariamnes Schönheit gehört, eine heftige Neigung zu ihr gefasst habe" (AJ 15,3,5/67).

Der Stellvertreter des Königs stand also nach der Logik der Erzählung im Begriff, genau das zu unterstützen, was Herodes um jeden Preis verhindert wissen wollte: dass Mariamne zu Marcus Antonius gelangte. Zugleich setzt der Gedankengang der Alexandra mit dem erneuten Fluchtplan die Idee der früheren Initiativen fort, nämlich in Kontakt mit Marcus Antonius zu treten, um vom römischen Machthaber die angemessene Respektierung ihrer Familienansprüche zu erlangen. Der Tod des großen Rivalen

Herodes, den sich Alexandra vom Mordprozess in Laodikeia erwartete und den jetzt jenes Gerücht zu vermelden schien, war für die Zuflucht bei den Römern die zwingende Voraussetzung.

Die Fiktivität der in sich schlüssigen Situation liegt indessen auf der Hand: Alexandra hätte mit den Porträts ihrer Kinder bereits die Leidenschaft des Marcus Antonius geweckt, um den Preis des Todes ihres Sohnes wäre sie durch die erfolgreiche Mordanklage gegen Herodes auch diesen endlich losgeworden – jetzt bliebe nur noch der Schritt, von dem Römer als legitime Nachfolgerin anerkannt und inthronisiert zu werden. Doch genau in diesem Moment traf der frohe Brief des Herodes ein!

Was mag der historische Kern der Episode gewesen sein? Wenn man die Erzählung vom Blutbefehl, von der potentiellen Willfährigkeit des Marcus Antonius gegenüber der Schönheit Mariamnes und vielleicht auch von der Gehässigkeit der Salome, die ihrem Bruder die ganze Sache verriet, weglässt, bleibt ein erneuter Versuch Alexandras, mit ihrer Tochter – und, notabene, ihren ersten Enkelkindern – aus Jerusalem zu entfliehen. Welche Absicht mag sie damit verfolgt haben? Die Unruhen in der Stadt und im ganzen Land wären dadurch eher gefördert als eingedämmt worden. Hätte ein Volksaufstand den Herodes stürzen sollen?

Einfacher zu beantworten ist die Frage, in wessen Interesse diese Episode erzählt wurde und warum sie Eingang in die Geschichte des Königs Herodes gefunden hat. Hier ist der entscheidende Punkt Alexandras vorgebliches Ziel, durch Betörung des Marcus Antonius die Macht in Jerusalem zu erhalten. Die ehrgeizige Frau scheiterte – wiederum – an der unerschütterlichen Freundschaft zwischen dem Römer und Herodes, der selbst die Verführungskunst der Kleopatra nichts anhaben konnte. In gewisser Weise korrespondiert die egozentrische Ambition Alexandras mit Herodes' Idee, durch die Ermordung Kleopatras der Welt einen Dienst zu erweisen: Doch hat er auf die Umsetzung im Interesse seiner Regierung und seines Hauses verzichtet. Dagegen verfolgte die skrupellose Alexandra nicht nur ihren Plan trotz mehrfachen Scheiterns hartnäckig weiter, sondern war auch bereit, ihre Familie zu opfern.

Diese Szenen, in denen Alexandra die Hauptfigur war, dienten demnach der Legitimierung von Herodes' Herrschaft, die als eine gerechte und uneigennützige eben dadurch einer potentiellen hasmonäischen Alternative auch moralisch überlegen war.

Die vorgestellte Interpretation findet ihre Bestätigung in einer weiteren Affäre, von der Flavius Josephus direkt nebeneinander zwei Versionen bietet, deren eine er nach den Annalen des Herodes zitiert und deren andere er einer Darstellung ungenannter Provenienz entnimmt, wobei an der hasmonäerfreundlichen Tendenz kein Zweifel bestehen kann. Bei dieser Episode handelt es sich um die Intrige, die den alten Hyrkanus das

Leben kostete und die sich im Winter 31 auf 30 ereignet hatte, noch bevor Herodes sich nach Rhodos zu Octavian auf die Reise machte. Erneut spielt ein Fluchtplan Alexandras eine Rolle, die in der dezidiert herodianischen Version als „herrschsüchtig und von unbändigem Verlangen nach Umwälzung durchdrungen" (AJ 15,6,2/166) charakterisiert ist.

Diesmal sollte die Flucht zum Nabatäerkönig Malichus gehen, bei dem Hyrkanus um Exil und sicheres Geleit gebeten hatte, und zwar nach unentwegter Aufstachelung durch Alexandra mit der Vorstellung, „wenn nach ihrer Entfernung Herodes als Feind Caesars seinem verdienten Schicksal anheim falle, werde die Herrschaft auf sie übergehen, teils ihrer Abkunft wegen, teils weil das Volk sehr an ihnen hänge" (ebd. 167).

Die herodianische Erinnerung sah also Alexandras Trachten und Wirken am Ziel orientiert, die hasmonäische Familie wieder an die Herrschaft zu bringen, und war davon überzeugt, dass in ihrem Kalkül auch das Volk einen festen Platz hatte.

Die herodesfeindliche Interpretation der Ereignisse betont dagegen – hier wie sonst auch – Herodes' Plan, alle hasmonäischen Thronrivalen zu töten: „Bei dieser Sachlage (die Wende durch Marcus Antonius' Niederlage bei Actium) hielt Herodes es für geraten, den Hyrkanus, der allein vom Königsgeschlechte noch am Leben war, aus dem Wege zu räumen. Denn er glaubte, dass es für ihn vorteilhaft sein müsse, wenn für den Fall, dass er der drohenden Gefahr (durch Octavian) entginge, niemand mehr vorhanden wäre, der, des Thrones würdiger als er selbst, den Versuch machen könnte, sich der Herrschaft zu bemächtigen. Würde der Caesar ihn aber mit dem Tode bestrafen, so wollte er wenigstens dem Hyrkanus nicht die Freude gönnen, dass er ihm in der Regierung folge" (AJ 15,6,1/164). Die Gedankenführung der beiden so gegensätzlichen Aussagen spiegelt die Vorstellung, Herodes' Herrschaft wäre nur sicher, wenn es keine Hasmonäer mehr gäbe. So erklären sich die mehrfachen Fluchtversuche, mit denen vor allem Alexandra tatsächlich oder vorgeblich bezweckte, die Austilgung der allein königsfähigen Familie durch Herodes zu verhindern. Zwar variiert die Konsistenz des historischen Kerns in den verschiedenen dramatisierten Episoden, doch ist in jedem einzelnen Fall einsichtig, dass eine gelungene oder geplante Flucht aus herodianischer Sicht einen potentiellen Umsturz der von Rom und von Marcus Antonius etablierten Verhältnisse bedeutete. Andererseits begründete Alexandra ihre Fluchtpläne mit der von Herodes drohenden Lebensgefahr.

Die Affäre im Winter 31 auf 30, die Hyrkanus wegen seiner heimlichen Kontakte mit dem Nabatäerkönig des Hochverrats verdächtig machte, stellte sich aus der Perspektive der Herodesgegner als perfides Komplott dar: „Herodes habe bei einem Gastmahl, ohne seinen Argwohn auch nur anzudeuten, den Hyrkanus gefragt, ob ihm ein Brief des Malichus zugegangen sei, worauf dieser entgegnet habe, er habe allerdings einen Brief von ihm empfangen, doch sei der Zweck desselben nur der gewesen, ihm einen Gruß zu entbieten. Hierauf habe sich Herodes wieder an ihn mit der Frage gewandt, ob er von Malichus Geschenke erhalten habe, und als ihm hierauf die Antwort erteilt worden sei, er habe nur vier Pferde zum Reiten geschenkt bekommen, habe der König das als Bestechung und Verrat ausgelegt und ihn zum Tode verurteilt" (AJ 15,6,3/175f.). Zum Beweis für die Unschuld des Hyrkanus führten die Freunde der Hasmonäer, die Flavius Josephus ausgiebig zu Wort kommen lässt, an, dass er „von sanfter Gemütsart" und auch schon über 80 Jahre alt gewesen sei und daher nicht den Sturz des Herodes beabsichtigt haben könne.

In der herodianischen Version wurde der Kontakt zwischen Hyrkanus und Malchus durch den geheimen Kurier verraten, so dass der König den Wortlaut der Briefe kannte, auch die Antwort des Nabatäerkönigs, „er werde den Hyrkanus, dessen Begleiter und alle Juden, die zu ihm hielten, gern aufnehmen; auch werde er ihn sicher geleiten und keine seiner Wünsche unberücksichtigt lassen". Der Beschuldigte leugnete zwar, eine Vereinbarung mit Malchus getroffen zu haben, doch „zeigte (Herodes) ihm vor versammelten Hofe den Brief und ließ ihn sogleich hinrichten" (AJ 15,6,2/172f.).

War das Ganze nun eine Hochverratsaffäre oder „ein Schauprozeß mit gefälschten Briefen und falschen Zeugen"?[14] Für eine kritische Analyse des Berichts, den Flavius Josephus nach seiner herodianischen Vorlage gibt, bietet die Person des fatalen Kuriers einen Ansatzpunkt: Der Mann, der das volle Vertrauen von Hyrkanus und Alexandra genoss, dann aber doch der Gunst des Herodes höheres Gewicht beimaß, war ein gewisser Dositheus. Er hatte „alle Ursache ..., dem Herodes feindselig zu sein"; die erwartete Treue zum Hasmonäerhaus beruhte auf seiner Verwandtschaft mit dem einige Jahre zuvor hingerichteten Onkel und Schwager des Königs, Josephus, aber auch darauf, dass er „der Bruder derer (war), die auf Befehl des Antonius früher zu Tyros umgebracht worden waren" (AJ 15,6,2/169). Ist diese Angabe richtig, so muss Dositheus aus einer der vornehmsten jüdischen Familien stammen, denn aus deren Kreis waren 42/41 die Gesandten zu Marcus Antonius gereist, die sich über Herodes beschwerten (siehe oben S. 57f.). Von denen waren dann aber fünfzehn gefangen genommen und schließlich hingerichtet worden. Die Verwandtschaft mit dem Idumäer Joseph, dem wohl jüngsten Bruder Antipaters, dürfte eine Verschwägerung gewesen sein, vermutlich über eine Schwester des Dositheus als erste Gattin Josephs. Während ein Sohn aus dieser Ehe, ein gewisser Achiab, bereits im Gefolge des Herodes die ersten Karriereschritte machte, ist eine Tochter allem Anschein nach um 34 seine dritte Gattin, nach Doris und Mariamne, geworden. Wenn also zumindest Anverwandte des Dositheus zum engeren Umfeld des Königs gehörten, so bleibt unklar, warum Hyrkanus und Alexandra auf die Zuverlässigkeit dieses Mannes vertraut haben und mit welchen Versprechungen sie die Gefahren aufgewogen haben könnten, in die der Kurier auch seine Angehörigen ziehen musste. Mit einiger Phantasie ließe sich in Dositheus ein Doppelagent erkennen, der einen fingierten Brief des Nabatäerkönigs beizubringen wusste, um die Hasmonäerfamilie zu diskreditieren.

Die Forschung hat sich weitgehend der Sichtweise der herodesfeindlichen Tradition angeschlossen, wobei als Argument darauf verwiesen wird, dass Alexandra von Strafmaßnahmen des Königs gänzlich verschont geblieben sei, obgleich sie doch als eigentliche Urheberin hätte belangt werden müssen.[15] Dies fällt insofern auf, als Herodes in der Fluchtversuchsaffäre des Jahres 34 seinen Onkel und Schwager Joseph hatte töten „und Alexandra als die Urheberin alles Unheils ins Gefängnis werfen" lassen (AJ 15,3,9/87). Bei genauerer Betrachtung wird man aber doch die Verfügung des Königs, Alexandra und Mariamne zur Bergfestung Alexandreion bringen und dort bewachen zu lassen, als eine Bestrafung ansehen müssen. Im Quellenbericht steht diese Maßnahme zwar im Zusammenhang mit der Abreise des Königs nach Rhodos, sie schließt aber sinngemäß unmittelbar an die Hinrichtung des Hyrkanus an, auch wenn Flavius Josephus zwischen die beiden Ereignisse die herodesfeindliche Version vom Tod des Hyrkanus und einen Nachruf auf ihn stellt. Das entscheidende Moment für die faktische Internierung der hasmonäischen Frauen während Herodes' Abwesenheit war das fortgesetzte Misstrauen gegen Gattin und vor allem Schwiegermutter.

Warum Herodes die Hyrkanus-Affäre nicht auch gleich nutzte, um sich die lästige Alexandra vom Hals zu schaffen, ist eine müßige Frage. Vielmehr gibt die Schonung der von Herodes zweifellos für gefährlich ambitioniert erachteten Frau dahingehend zu denken, dass die Vorwürfe gegen Hyrkanus doch wohl zu wenig Substanz hatten.

4. Salome

„Nach dem Tode des Hyrkanus trat Herodes seine Reise zum Caesar an, von dem er aber wegen seiner Freundschaft mit Antonius nichts Gutes erwartete. Andererseits hatte er Alexandra im Verdacht, sie möchte die Gelegenheit nutzen, um das Volk zur Empörung aufzustacheln und im Reiche eine Umwälzung ins Werk zu setzen" (AJ 15,6,5/183). Zuvor aber traf er Vorkehrungen für die Sicherheit seiner Familie, aus denen dann bei seiner Rückkehr die nächste private Katastrophe erwuchs: Er brachte seine Mutter Kypros, seine Schwester Salome „und alle seine Kinder" in der

Bergfestung Masada in Sicherheit, während er seine Gattin Mariamne und deren Mutter Alexandra nach Alexandreion bringen ließ (AJ 14,15,4/419). Diese Festungsanlage hatte sich schon im Krieg gegen Antigonus bewährt, damals unter dem Kommando des jüngsten Antipater-Sohnes Pheroras, der jetzt zum Stellvertreter seines Bruders in der Königsherrschaft in Jerusalem ernannt wurde.

Im Jahr 30 übernahmen in Alexandreion ein gewisser Joseph als Schatzmeister und der Ituräer Soëmus die Aufgabe, Gattin und Schwiegermutter des Königs zu bewachen und „hatten sogleich den strengen Befehl erhalten, sobald sie etwas Ungünstiges über des Herodes Schicksal erführen, unverzüglich beide Frauen zu töten und alles aufzubieten, um die Herrschaft seinen Kindern und seinem Bruder zu sichern“ (AJ 15,6,5/186). Ähnlich wie Herodes' Onkel Joseph vier Jahre zuvor verriet auch Soëmus als Wächter der Frauen den Auftrag des Königs, was insbesondere Mariamnes Hass auf den Gatten steigerte: „Sie wünschte in ihrer Erbitterung ... nichts sehnlicher, als dass er umkommen möchte, da sie mit ihm nicht mehr zusammenleben zu können glaubte, woraus sie ihm auch später ... kein Hehl machte“ (AJ 15,7,1/208). Der triumphal zurückkehrende, von Octavian erneut zum König Judäas eingesetzte Herodes war über die unverhohlene Abscheu, mit der ihm Mariamne begegnete, irritiert und „schwankte zwischen Hass und Liebe“. In der negativen Bewertung unterstützten ihn seine Mutter und seine Schwester, „so dass er endlich beschloss, sie zu töten“ (AJ 15,7,3/214).

Die psychodramatische Darstellung des Flavius Josephus hält dann aber noch einmal inne: Herodes eilte zu Octavian, der inzwischen Alexandria erobert hatte und nach dem Freitod von Marcus Antonius und Kleopatra großzügige Schenkungen aus der ptolemäischen Erbmasse an Freunde wie Herodes verteilte.

„So sehr sich aber seine äußeren Verhältnisse besserten, so viel Leid erwartete ihn bei seiner Rückkehr zu Hause“ (AJ 15,7,4/218). Die Spannungen zwischen Herodes und Mariamne eskalierten in den folgenden Monaten durch seinen Argwohn einerseits, durch ihre offenen Schmähungen ihrer Schwiegermutter und Schwägerin andererseits. Zum Eklat kam es dann durch die Initiative Salomes, die den Mundschenk des Königs entsprechend instruiert haben soll: Der bezichtigte Mariamne eines geplanten Attentats auf Herodes, getarnt als 'Liebestrank', woraufhin sogleich deren Kammerdiener gefoltert wurde. Nun fiel der Name des Soëmus, allerdings – so unser Autor – nur in der vagen Aussage, „dass der Hass der Mariamne sich auf das gründe, was Soëmus ihr verraten habe“ (ebd. 227). Weil er vom Ehebruch seiner Gattin überzeugt war, ließ Herodes den Soëmus umgehend töten und erhob anschließend offiziell Anklage gegen Mariamne wegen des Mordplanes. Das Gericht, das nun den Schuldspruch fällte und die Hasmonäerin zum Tode verurteilte, war zweifellos derselbe Kreis, der rund ein Jahr zuvor den Hyrkanus verurteilt hatte, also der Hof- beziehungsweise Kronrat. Eine Hinrichtung hätte sich allerdings vermeiden lassen, denn der König und einige Männer seines Vertrauens wollten Mariamne lieber nur an einem abgelegenen Ort in Haft halten. Doch war es wiederum Salome, die den sofortigen Vollzug der Todesstrafe erwirkte mit dem Argument, „es könnten Unruhen unter dem Volke ausbrechen, wenn man Mariamne lebendig gefangen halte“ (ebd. 231).

Ähnlich wie bei seiner Schilderung der Hyrkanus-Affäre sind auch in dieser Darstellung gegensätzliche Quellen zusammengefasst, wobei Flavius Josephus prohasmonäische Vorlagen benutzt, die dem Herodes einmal mehr einen längst gefassten Mordplan gegen die frühere Herrscherfamilie unterstellen und dabei als Motor gerade Salomes Verleumdungen hervorheben. Die herodianische Version scheint höchstwahrscheinlich in denjenigen Passagen durch, die den politischen Erfolg des Königs mit dem privaten Schicksalsschlag kontrastieren und seinen Langmut mit der zur Gegnerin gewordenen Gattin betonen.

Bei aller weitschweifenden Schilderung der seelischen Dramatik des Königspaares ist doch die politische Seite der Affäre, die durch die Liebesgeschichte – wohl absichtsvoll – kaschiert wird, nicht zu übersehen. Welchen historischen Kern mag also die Affäre um Soëmus gehabt haben? Eine Antwort ergibt sich im Zusammenhang mit den weiteren Komplotten gegen Herodes, die einige Zeit nach dem Tod der Mariamne aufgekommen sind und bei denen erneut auch die Schwester des Königs eine bedeutende Rolle gespielt hat. Wenden wir uns also zunächst Soëmus, dann dem Tod Alexandras und schließlich der Kostobaros-Affäre zu.

Der Ituräer Soëmus hatte sich des Verrats an Herodes schuldig gemacht, weil er den geheimen Mordbefehl gegenüber den potentiellen Opfern preisgab – aus politischem Eigeninteresse. In der Annahme, Herodes käme, wenn überhaupt, aus Rhodos nicht mehr als König zurück, blieb er seinen Auftrag, unbedingt Pheroras zu unterstützen, nicht treu: Er suchte „die Gunst der Frauen zu erringen, da es ihm wahrscheinlich vorkam, dass sie ihr früheres Ansehen wiedererlangen würden ... Mariamne, so hoffte er, würde entweder selbst Königin werden oder doch dem zukünftigen König sehr nahe stehen“ (AJ 15,7,1/206). Selbst für den Fall, dass alles beim Alten bliebe, vertraute er auf Mariamnes Einfluss bei Herodes. Dass Soëmus tatsächlich seither mehr auf die Königin setzte als auf Herodes, geht aus der kurzen Notiz hervor, dass er vornehmlich ihrer Fürsprache seine Beförderung verdankte: Als ‘Meridarch’ wurde er ziviler und militärischer Befehlshaber einer Verwaltungseinheit (*meris*), vermutlich im nördlichen Teil des Herodesreiches. Aus dieser Protektion eines zuverlässigen Mannes durch Mariamne darf man schließen, dass selbst nach Herodes' erneuter Inthronisierung durch die Römer in Judäa noch Hoffnungen auf einen Sturz des ungeliebten Idumäers gepflegt wurden – im Umkreis der Hasmonäerinnen.

Hatte Mariamnes Kammerdiener unter der Folter keinen Zweifel an besonderen Kontakten zwischen ihr und Soëmus gelassen, so ist doch den Quellen nicht explizit zu entnehmen, dass der Ituräer wegen Ehebruchs hingerichtet wurde, vielmehr dürfte hier der Vorwurf des Hochverrats und Komplotts gegen Herodes ausschlaggebend gewesen sein. Anderenfalls ist nicht einsichtig, warum Mariamne der Prozess nicht wegen Ehebruchs gemacht wurde, sondern eben wegen jenes vorgeblichen Attentatsversuchs mit einem Liebestrank. Der Grund hierfür ist kaum, dass das Gericht auf Ehebruch nicht die Todesstrafe verhängt hätte. Unsere Überlieferung verunklart die Situation offenbar, um die tatsächliche politische Dimension der Affäre zu verschleiern, es ist aber auch nicht ausgeschlossen, dass Herodes selbst damals an einer weitgehenden Schadensbegrenzung interessiert war. Möglicherweise wagte er es zu jenem Zeitpunkt nicht, nach weiteren Mitverschwörern des Komplotts zu suchen, um nicht eine kontraproduktive Intensivierung gegnerischer Umtriebe zu fördern. Unter diesem Gesichtspunkt erklärt sich dann zum einen, dass Alexandra nicht in den Sturz ihrer Tochter hineingezogen wurde. Zum anderen wird die im Quellenbericht der Gehässigkeit Salomes zugeschriebene Entscheidung, Mariamne unverzüglich hinzurichten, verständlicher: Stand hinter der Soëmus-Affäre eine umfänglichere Verschwörung und eben nicht nur ein Beziehungsproblem innerhalb der Familie, so war ein offener – etwa von Alexandra dirigierter – Aufruhr durchaus zu befürchten.

Salome, stetige Intrigantin gegen Mariamne, soll bereits in der Affäre um ihren Onkel und ersten Gatten Joseph zu der Aufdeckung eines Komplotts beigetragen haben. Eine entscheidende Rolle spielte schon hier die tiefe Erbitterung darüber, dass sie und auch ihre Mutter Kypros von den stolzen Hasmonäerdamen ständig Schmähungen wegen ihrer niedrigen idumäischen Abstammung ausgesetzt waren. Damit begegnet wieder das Leitmotiv der alleinigen Herrschaftsrechte der einstigen Königsnachfahren und der fehlenden Legitimation der Herodes-Sippe.

Allem Anschein nach beschränkte sich der offene Machtkampf innerhalb der beiden Familien aber keineswegs auf Versuche der Hasmonäer, wieder an die Macht zu gelangen. Vielmehr brachte er auch Ambitionen, selbst die Position des Herodes einzunehmen, innerhalb der idumäischen Sippe hervor, welche die hasmonäische Gruppe für ihre eigenen Interessen auszunutzen suchte.

Da die genannten Ereignisse üblicherweise unter dem Aspekt 'häusliche Querelen' und in Konzentration vornehmlich auf Mariamne behandelt werden, ist die politische Dimension der Affären bisher wenig untersucht worden. Ebenso unzulänglich ist die Erklärung für die Rolle Salomes bei der Hinrichtung ihrer beiden Ehemänner Joseph und Kostobaros, die doch immer Aufmerksamkeit erregt hat. Allzu einfach wird ihre Beteiligung an der Aufdeckung der Komplotte gegen ihren Bruder primär auf ihren intriganten Charakter zurückgeführt.[16]

Gemeinhin wird in der Forschung nur am Rande wahrgenommen, dass Herodes seit 35/34 neben Mariamne eine weitere Gattin hatte, eine Cousine aus einer früheren Ehe seines Onkels Joseph,[17] deren Bruder Dositheus im Zusammenhang mit der Hinrichtung des Hyrkanus begegnete und dann in Kostobaros' Ende hineingezogen wurde.

Zu dieser Familie, wohl als weiterer Bruder des Dositheus, gehörte auch noch Achiab, der im Kontext der Hinrichtung Alexandras als einer der loyalen Truppenkommandanten in Jerusalem begegnet. Mit seinen Kollegen hatte er die Forderung der Hasmonäerin, ihr die beiden Stadtfestungen zu übergeben, abgelehnt und das Ansinnen dem Herodes gemeldet. Der König ließ sie daraufhin wegen ihres Versuchs, jene strategischen Schlüsselpositionen in die Hand zu bekommen, umbringen. Zwar behauptet Flavius Josephus nicht, dass Achiab in der Episode der entscheidende Akteur gewesen sei, doch dürfte es kein Zufall sein, dass der Neffe von Herodes und Salome als einziger unter den Offizieren durch namentliche Nennung herausgehoben ist.

Wesentlich am historischen Kontext der Hinrichtung Alexandras ist in deren Vorfeld Herodes' offenbar längere Abwesenheit aus Jerusalem infolge – so Flavius Josephus – einer schweren psychischen Krise und dann auch lebensgefährlichen physischen Erkrankung.[18] Zudem soll damals in Judäa eine schwere Seuche gewütet haben, von vielen als Strafe für Mariamnes Hinrichtung angesehen, „die nicht nur viele Leute aus den niederen Ständen, sondern auch den größten Teil der Freunde des Königs und dazu noch solche, denen er besonders zugetan war, dahinraffte" (AJ 15,7,7/243). Kaum war nämlich die geliebte Gattin tot, soll er in tiefe Depression gefallen sein, sich von den Regierungsgeschäften zurückgezogen und in der Wüste sein Heil gesucht haben, bis ihn eine Krankheit befiel, „die in einer schmerzhaften Entzündung des Hinterkopfes bestand und mit Geistesstörung verbunden war" (AJ 15,7,7/245). Er soll daher, inzwischen in Samaria bettlägerig, von seinen Ärzten schon aufgegeben worden sein. In dieser Situation verlangte Alexandra die Übergabe der Jerusalemer Stadtkastelle mit dem Argument, „dass dieselben ihr und den Söhnen des Herodes übergeben werden müssten, damit nicht, wenn Herodes stürbe, sonst jemand sich vor ihnen in den Besitz der Festungswerke setze" (AJ 15,7,8/249).

Informiert über dieses Ansinnen, gab „Herodes ... darauf sofort Befehl, Alexandra zu töten. Als er nun von seiner Krankheit ... wieder genesen war, war er infolge seiner seelischen und körperlichen Leiden so erbittert, dass er aus geringfügigen Ursachen die, welche ihm zufällig in die Quere kamen, umbringen ließ. Ja, er ließ sogar seine besten Freunde Kostobar, Lysimachus, ... Antipater und Dositheus hinrichten" (ebd. 251f.).

Bevor wir uns den „geringfügigen Ursachen" und der Rolle Salomes in der damit verbundenen Affäre zuwenden, ist nach der historischen Glaubwürdigkeit des Berichts über die Erkrankung des Königs und über die Seuche in Judäa nach der Hinrichtung Mariamnes zu fragen. Zunächst darf man annehmen, dass die mit ihrem Namen verbundene Hochverratsaffäre weitergehende Konsequenzen als nur ihren und des Soëmus Tod gehabt hat. Freilich wurde damals Alexandra nicht einbezogen, wohl weil sie sich von den Machenschaften ihrer Tochter distanziert hatte. Dass sie dann bei Herodes' fortgeschrittener Krankheit die Übergabe der Jerusalemer Festungen forderte, zeigt, dass sie inzwischen wieder eine Vertrauensposition innehatte, denn sie argumentierte mit ihren Enkeln, die sich offenbar in ihrer Obhut befanden.

Die Genesung des Königs erfolgte also nach der Beseitigung endlich auch der Alexandra, worauf sich die Liquidierung weiterer hochrangiger Königsfreunde – darunter auch seines Schwagers – anschloss. Dies ist offenbar kein Zufall, vielmehr hingen die Ereignisse direkter zusammen, als es unser Quellenautor zu erkennen gibt, und lassen auf eine durchaus kritische Phase für Herodes bei der Festigung seiner Herrschaft innerhalb Judäas schließen.

Aus einer solchen Perspektive betrachtet ist auch die Seuche, die nach der Hinrichtung Mariamnes ausgebrochen war und die zahlreiche Königsfreunde betroffen haben soll, weniger historisches Faktum als vielmehr Allegorie. Die ansteckende Krankheit ist hier wohl als Metapher aufzufassen für das – vielleicht tatsächlich extreme – Misstrauen des Herodes gegenüber seinem Beraterstab und für entsprechende Säuberungen. Dass der König unter dem Vorwand der Jagd Jerusalem verließ, mag man als Chiffre dafür lesen, dass er sich aus einer bedrohlichen Umgebung entfernte. Zuflucht fand er bezeichnenderweise in Samaria, wohin es ihn bereits früher immer wieder gezogen hatte und wo er zweifellos über einen zuverlässigen Anhang verfügte.

Über die zeitliche Einordnung aller dieser Ereignisse – Tod Mariamnes 29, Tod Alexandras 28, Tod des Kostobaros 28/27 – herrscht in der Forschung weitgehend Übereinstimmung. Die Suche nach dem inneren Zusammenhang der Affären muss sich an dem Personenkreis orientieren, der teils in die Beseitigung der Hasmonäer involviert, teils mit der Familie des Herodes verschwägert war.

Von Dositheus, dem Hyrkanus vertraut hatte, der aber zugleich dem Herodes treu ergeben war, war bereits die Rede, auch von der Ungewissheit, ob er aus einer idumäischen oder einer vornehmen jüdischen Familie entstammte. Eine ähnliche Diskussion gibt es über Doris, die erste Gattin des Herodes, die Mutter seines ältesten Sohnes Antipater[19]: War sie Idumäerin oder Jüdin? Ist in beiden Fällen die zweite Alternative die wahrscheinlichere, so zeigt dies, wie die idumäische Familie Antipaters in die jüdische Aristokratie einheiratete und dort Loyalitäten bündelte.

Ähnliche Beziehungen zwischen alter und neuer Führungselite in Jerusalem kommen in der Kostobaros-Affäre zum Vorschein[20]: Der zweite Gatte Salomes war ein sehr angesehener und reicher Idumäer, dem Herodes – möglicherweise schon vor seiner Verschwägerung – die Verwaltung der Heimatregion anvertraut hatte. Bei der Eroberung Jerusalems im Sommer 37 war Kostobaros vom neuen König mit der Bewachung der Stadttore beauftragt worden. Obgleich es dabei seine Pflicht war, die Flucht von Gegnern des Herodes zu verhindern, half er damals einigen gesuchten Männern die Stadt zu verlassen. Diese, nur als 'Söhne des Babas' bekannt und offenbar mit den Hasmonäern verschwägert, hatten sich bei der Verteidigung der Herrschaft des Antigonus hervorgetan. Sie wurden sogar von ihrem Retter in den folgenden zehn Jahren versteckt und lebten – vermutlich in Idumäa – unter dem Schutz des Kostobaros, der inzwischen Schwager des Königs geworden war.

Ihr Ende kam, als Salome ihren zweiten Gatten verließ und dem Bruder anzeigte, „dass Kostobar, Antipater und Dositheus eine Umwälzung planten" (AJ 15,7,10/260). Als Beweis für die Richtigkeit ihrer Informationen verriet sie den Aufenthaltsort jener 'Söhne des Babas'. Von den genannten Mitverschwörern hieß Antipater mit jüdischem Namen Gadia und ist somit der jüdischen Aristokratie zuzurechnen. Auch der im gleichen Zusammenhang genannte Lysimachus trug einen in denselben Kreisen verbreiteten Namen.

Die Verschwörer waren also nicht alle Idumäer wie Kostobaros und eventuell auch Dositheus, sondern stammten aus solchen jerusalemitischen Familien, die schon länger mit idumäischen Baronen verschwägert oder auf anderer Weise eng verbunden waren und offenbar auf eine Gelegenheit warteten, sich direkt an die Macht zu bringen. Über die 'Söhne des Babas' bot sich dabei eine Chance zum legitimierenden Anschluss an das vorherodianische Regime. Diese Personengruppe mit ihrem alteingesessenen Hintergrund wäre demnach ein dritter Faktor im Ringen um die Macht in Judäa neben dem Antipater-Clan und den Hasmonäern gewesen. Sie dürfte zunächst eher Herodes unterstützt, und erst später, nach der Eliminierung des Hyrkanus II. und seiner Nachfahren, ihre Ambitionen deutlicher artikuliert haben.

Trifft diese Vermutung das Richtige, wird die besondere Stellung Salomes deutlich: Als Gattin zuerst ihres mit der judäischen Aristokratie bereits verschwägerten Onkels Joseph, und dann des Kostobaros hat sie vehement die Ausschaltung der Hasmonäer betrieben, um die Herrschaft des Herodes zu festigen. Ihm zeigte sie unverzüglich an, dass Alexandra und Mariamne offenbar jene dritte Gruppe, in der offenbar Joseph das Sagen hatte, auf ihre Seite ziehen wollten. Indem damals, im Jahr 34, die verwitwete Salome mit Kostobaros verheiratet wurde und Herodes eine Verwandte des Dositheus ehelichte, war eine gewisse Befriedigung der Interessen jener Gruppe erreicht. In Reaktion darauf suchten sodann die hasmonäischen Frauen neue Beziehungen zu den Nabatäern und einer bisher marginalen Personengruppe um den Ituräer Soëmus.

Dass dem Herodes die Ambivalenz und Kurzsichtigkeit jener dritten Gruppe, in der nun Kostobaros eine bedeutende Rolle spielte, alles andere als unbekannt war, mag eine weitere Episode zeigen, die vermutlich auch zum Hintergrund der Verheiratung Salomes gehört. Unsere Quelle berichtet nämlich von Kostobaros' Kontakten mit Kleopatra VII. zum Zweck einer Eigenstaatlichkeit Idumäas: „Er vermaß sich …, dem Herodes den Gehorsam zu verweigern und zu verlangen, dass die Idumäer frei von der Oberhoheit der Juden und der Beobachtung der jüdischen Gebräuche sein sollten. Er schickte deshalb zu Kleopatra und ließ ihr melden, Idumäa sei stets ihren Vorfahren untertan gewesen, und es sei daher angemessen, dass sie dieses Land von Antonius zurückbegehre. Was ihn betreffe, so sei er gern bereit, seine Ergebenheit auf sie zu übertragen … Kleopatra begehrte nun zwar das Land von Antonius, erhielt es aber nicht. Als Herodes von der Sache hörte, wollte er Kostobar dem Henker überliefern; doch ließ er sich durch die Bitten seiner Schwester und seiner Mutter erweichen, gab ihn frei und verzieh ihm" (AJ 15,7,9/255f., 258). Wann soll sich dieser Hochverratsversuch des Kostobaros, damals „Statthalter über Idumäa und Gaza", ereignet haben? Zum Zeitpunkt seiner Heirat mit Salome im Jahre 34 war Gaza ebenso wie andere südphönizische Küstenstädte bereits von Marcus Antonius der Ptolemäerin geschenkt worden. Möglicherweise liegt ein historischer Kern insofern in den Kontakten zwischen Kostobaros und Kleopatra, als auch hier die Machtgelüste jener dritten Gruppe in einem Zusammenhang mit der Joseph-Affäre standen; dann wäre Herodes' Verschwägerung mit jenem potentiellen Rivalen, der damals ja schon die 'Söhne des Babas' versteckt hielt, ein Akt politischer Begütigung, den wohl auch Kypros und Salome befürwortetet hatten.

Nach dem Tode Alexandras und den zu vermutenden Säuberungen in der Führungselite im Jahr 28 muss Salome in Gefahr geraten sein, selbst von jener dritten Gruppe ausgeschaltet zu werden, die nunmehr direkt mit den Herodianern rivalisierte. Daher offenbarte sie dem Bruder, was sie über die Ambitionen des Kostobaros und seiner Freunde in Jerusalem wusste. Auf diesem Hintergrund überrascht es auch nicht, dass Salome von der Überlieferung als frevelhafte Ehefrau getadelt wird: „(Sie) schickte ihrem Gatten einen Scheidebrief, was aber den Gesetzen der Juden zuwider war ... (Sie) kümmerte sich jedoch nicht um dieses Gesetz der Hebräer, sondern handelte nach ihrem Gutdünken, kündigte ihre Ehe auf und erklärte dem Bruder Herodes, sie sei aus Liebe zu ihm von ihrem Gatten fortgegangen, da es ihr bekannt geworden sei, dass ... (jener und seine Freunde) eine Umwälzung planten" (AJ 15,7,10/259f.).

Salome trat in einer Situation, die ihr Leben zu bedrohen schien, die Flucht nach vorn an und rettete sich zu ihrem Bruder, in dessen Sturz sie unweigerlich hineingezogen worden wäre.

In der Darstellung des Flavius Josephus dominiert die plakative Rivalität Hasmonäer und Herodes; die 'Söhne des Babas' werden einfach der „Verwandtschaft des Hyrkanus" zugerechnet, obgleich sie als Gefolgsleute des Partherfreundes Mattathias Antigonus dessen erbitterte Gegner gewesen sein dürften. Selbst Alexandra, der immer wieder Heuchelei vorgeworfen wurde, ist wechselnde Koalitionen eingegangen; sie ist dabei allerdings im Jahr 28 ihrer Fehleinschätzung der Situation erlegen, als sie wohl meinte, hohe Funktionäre wie Achiab ließen sich gegen Herodes ausspielen.

Für die Rolle des Herodes selbst ergibt sich aus dem Skizzierten, dass die gängige Schwarz-Weiß-Malerei seiner blutigen Verfolgung der Hasmonäer unzutreffend ist. Die unkritische Akzeptanz der Perspektive des Flavius Josephus behindert eine detaillierte Analyse der damaligen politisch relevanten Konflikte: Im Lande selbst rivalisierten verschiedene Gruppen beziehungsweise Clans miteinander, die zudem noch miteinander verbunden und verschwägert waren. Sie taten dies ungeachtet der tatsächlichen politischen Abhängigkeit Judäas von der römischen Vorherrschaft, durch die Herodes' Position konkurrenzlos gefestigt war.

Damit ist zu konstatieren, dass sich diejenige Situation, die rund vierzig Jahre zuvor Pompeius im Hasmonäerreich vorgefunden hatte, nämlich der Bruderzwist zwischen Aristobulus und Hyrkanus mitsamt ihren jeweiligen Gefolgschaften, nicht grundlegend geändert hatte.

Flavius Josephus schildert die Wirrnisse in der Herrscherfamilie als narrative Einheit, die mit der Rückkehr des von Octavian wieder zum König ernannten Herodes beginnt und mit dem Tod der 'Söhne des Babas' endet: „So war denn also vom Geschlechte und der Verwandtschaft des Hyrkanus niemand mehr übrig, und Herodes hatte die Herrschaft so vollständig in den Händen, dass keiner, der noch irgendetwas zu bedeuten hatte, seinen Ungesetzlichkeiten entgegentrat" (ebd. 266).

Herodes hatte im Frühjahr 30 sein Diadem als Zeichen der Königswürde vom neuen römischen Machthaber und damit Oberherrn über den hellenistischen Osten zurückerhalten. Diesen legitimierenden Akt hat er in seinen damaligen Bronzemünzen auch unzweideutig thematisiert. Er benötigte dann allerdings noch rund drei Jahre, um seine Herrschaft gegen interne Rivalen zu verteidigen, unter denen die bereits weitgehend ausgeschalteten Hasmonäer nicht die gefährlichsten waren. Das größte Risiko lag bei den Verwandten aus der neuen idumäisch-judäischen Führungselite am Hof. Mit Hilfe seiner Schwester Salome gelang es ihm allerdings, einen effizienten Schulterschluss dieser Konkurrenten mit den verbliebenen Hasmonäern beziehungsweise Hasmonäerinnen und ihrer Gefolgschaft zu unterbinden und entsprechende Komplotte rechtzeitig zu entdecken.

Mit der Bewältigung der Kostobaros-Affäre hatte Herodes den Machtkampf für sich entschieden.

V. Herodes – Freund des Caesar Augustus

Herodes reiste im Frühsommer des Jahres 30 nach Rhodos zu Octavian, wo er sich bedingungslos zur Freundschaft mit Rom bekannte. Ihn betraute der Sieger der entscheidenden Schlacht im Krieg gegen Kleopatra VII. und ihr Ptolemäerreich, dem verkappten Bürgerkrieg, dann tatsächlich – ungeachtet seiner langjährigen Freundschaft mit dem nun unterlegenen Marcus Antonius – erneut mit der Königsherrschaft über Judäa. Damit wurde Herodes nicht nur wieder zum *socius et amicus populi Romani*, zum Bundesgenossen und Freund des römischen Volkes, sondern zugleich zum Freund des neuen Herrschers Octavian. Eine Probe seiner Zuverlässigkeit gab er, indem er den neuen Machthaber von Syrien nach Ägypten begleitete, ihm einen prächtigen Empfang in Ptolemaïs/Akko bereitete und das römische Heer aufs Beste versorgte – „daher kam es, dass er zu den vertrautesten Freunden des Caesars gehörte" (AJ 15,6,7/199).

Kaum war der Krieg mit der Eroberung Alexandrias und dem Freitod von Kleopatra und Marcus Antonius im August 30 beendet, fand sich Herodes dort ein, „redete ... mit dem Caesar vertraulich wie ein Freund und erlangte von ihm die größten Wohltaten. Denn der Caesar schenkte ihm die 400 Gallier, welche die Leibwache der Kleopatra gebildet hatten, gab ihm das Land zurück, das ihm der Kleopatra zuliebe abgenommen worden war, und fügte seinem Königreiche noch hinzu: Gadara, Hippos, Samaria sowie die Küstenstädte Gaza, Anthedon, Joppe und Stratonsturm. Durch diese Schenkungen wurde Herodes noch mächtiger, und er begleitete den Caesar nach Antiocheia" (AJ 15,7,3f./217f.).

Rund zehn Jahre später besuchte Caesar, inzwischen mit dem Namen Augustus geehrt, erneut Syrien und nahm die Gelegenheit wahr, seinem Freund Herodes weiteres Territorium zu schenken. Diesmal war es das ituräische Gebiet an den Jordanquellen und am Fuße des Hermon-Gebirges, dessen bisheriger Herrscher Zenodoros gerade gestorben war. Dass ihn ausgerechnet Herodes 'beerbte', war kein Zufall, denn schon zwei Jahre zuvor hatte er als Geschenk von Augustus die bis dahin ebenjenem gehörigen Landschaften Batanäa, Trachonitis und Auranitis erhalten.[1] Dabei war es zu Streitigkeiten des Herodes mit den Nabatäern gekommen, die jüngst die Auranitis (Haurân) dem Vorbesitzer abgekauft hatten.

Herodes erbat sich im Jahr 20 zudem von seinem Freund Augustus die Erlaubnis, seinem Bruder Pheroras aus dem Königreich Judäa eine so genannte Tetrarchie als eigenes Herrschaftsgebiet zu überlassen; dabei handelte es sich um die Peräa, das östlich des Jordan und nordöstlich des Toten Meeres gelegene und an das Nabatäerreich angrenzende Gebiet südlich der Auranitis. Bei all den Erfolgen, die Herodes aufgrund seiner Reputation bei Augustus beschieden waren, liegt das Urteil nahe, dass es sich „unter einem Oberherrn wie Augustus ... leben (ließ), denn der redete seinen Vasallen nicht unnötig in ihre Angelegenheiten hinein ... Er war zufrieden, wenn die Klientelfürsten ihre Völker in leidlicher Ordnung hielten und an ihrem Teil für den allgemeinen Frieden sorgten."[2]

1. Malichus[3]

Angesichts der territorialen Schenkungen und Konzessionen, durch die das judäische Herrschaftsgebiet vergrößert und arrondiert wurde, erhebt sich die Frage nach Herodes' Interesse an einer Expansion vornehmlich in die transjordanische Region. Für diese hatte stets das zeitweise freundschaftliche, zeitweise aber gespannte Verhältnis zu den Nabatäern eine wesentliche Rolle gespielt, das sich zudem wie ein roter Faden durch die Ereignisgeschichte der Zeit des Aufstiegs der Familie des Idumäers Antipater bis zum Tod des Herodes zog. Seit Pompeius' Feldzug in Judäa (64) standen die arabischen Fürsten und Könige mit den Römern in Kontakt respektive in offizieller freundschaftlicher Beziehung. Indem fortan alle Interaktionen der Nabatäer und Judäer den römischen Vorgaben angepasst werden mussten, konnten die Klientelkönige keinen Krieg ohne römische Genehmigung führen, schon gar nicht gegeneinander. Daher überrascht es, von militärischen Aktivitäten des Herodes in den Jahren 32 und 31 zu hören, die sich gegen die arabischen Nachbarn richteten und die genau in jenem transjordanischen Gebiet ausgetragen wurden, das bald darauf als Geschenk des Augustus zu Judäa geschlagen wurde.

Im Herbst des Jahres 40 war durch die Parther und ihren Protegé Mattathias Antigonus das Regime des Hyrkanus II. gestürzt und seine Familie wie seine politischen Freunde ins Exil gezwungen worden. Trotz der traditionell guten Beziehungen zwischen den Nabatäern und der führenden Familie Antipaters verweigerte damals König Malichus dem Herodes jede Unterstützung.

Von den Nabatäern wird dann erst wieder im Zusammenhang mit der Schenkung des Marcus Antonius berichtet, als Kleopatra „von dem Nabatäischen Arabien den ganzen Strich, der dem äußeren Meer zugewendet ist" (Plutarch, *Antonius* 36,3), erhielt. Herodes musste im gleichen Jahr 36 von seinem Gebiet vor allem die Palmenplantagen bei Jericho hergeben, doch pachtete er das Land für einen Jahreszins von 200 Talenten von der neuen Besitzerin. In diesen Vertrag bezog er auch Malichus ein und übernahm zugleich für dessen Schuld in Höhe von 200 Talenten die Bürgschaft. Als dann jedoch Malichus mit seinen Pachtzahlungen in Verzug kam, soll

Kleopatra im Jahr 32 eine Eintreibung der Gelder mit militärischen Mitteln für notwendig gehalten und sich bei Marcus Antonius dafür einsetzt haben, dass ein entsprechender Auftrag an Herodes erging. Indessen wollte dieser dem Marcus Antonius für den Kampf gegen Octavian eine eigene Streitmacht zur Verfügung stellen – durch die Intrige der missgünstigen Ptolemäerin, die doch nur den einen König gegen den anderen auszuspielen suchte, wurde er daran gehindert, im Heerlager seines großen Freundes und bei der Schlacht von Actium anwesend zu sein. Herodes „kehrte also, nachdem er den Auftrag des Antonius erhalten hatte, wieder um und rüstete sich, in Arabien einzufallen" (AJ 15,5,1/111). Dieser Feldzug gegen die Nabatäer führte nach anfänglichen Erfolgen in eine schwere Niederlage im Haurân und erst im Jahre 31 zu einem überwältigenden Erfolg im Gebiet von Rabat Ammon/Philadelphia.[4]

Wenn auch Herodes einen Befehl zum Angriff auf die Nabatäer erhalten hatte, kann doch kein Zweifel daran bestehen, dass auch Malichus im selben Jahr als treuer römischer Vasall dem Marcus Antonius Truppen zu Verfügung gestellt hatte. Hätte nicht vor einem Angriff auf den arabischen Klientelkönig dieser zum Staatsfeind erklärt werden müssen? Weiter überrascht, dass Herodes ohne jegliches diplomatisches Vorspiel – etwa eine Gesandtschaft an Malichus mit den offenen Forderungen – in das Gebiet der Araber einfiel, dass der Nabatäerkönig dann aber im gesamten weiteren Bericht nicht mehr genannt wird.

Herodes griff die Nabatäer im nördlichen Transjordanien an: Das erste militärische Ereignis des Feldzuges wird aus Diospolis/Dion berichtet, einer Stadt der Dekapolis. Dieser Zehn-Städte-Bund im so genannten Koilesyrien hatte seit Pompeius' Neuordnung des Ostens zur römischen Provinz Syrien gehört und war im Jahr 37/36 von Marcus Antonius der Kleopatra geschenkt worden. Dazu gehörte allem Anschein nach auch das Gebiet von Kanatha, wo sich dann die empfindliche Niederlage der judäischen Truppen zutrug. In der Nähe des Ortes am Haurângebirge ist ein Kultplatz der Nabatäer im Heiligtum des lokalen Baal Schamin bezeugt, wo es aus der späteren Zeit herodianischer Vorherrschaft sogar eine Statuenstiftung für König Herodes gab.

In der Stadt Kanatha sollen sich die kurz zuvor unterlegenen Araber gesammelt und dann die Soldaten des Herodes, die ihnen – gegen die Anweisungen des Königs – gefolgt waren, angegriffen haben. Zu den hohen Verlusten des judäischen Heeres kam es sowohl wegen des unwegsamen Geländes als auch wegen der Attacke eines gewissen Athenion. Bei diesem Mann, der „im Namen der Kleopatra den Oberbefehl über das derselben gehörende arabische Gebiet (führte)" (AJ 15,5,1/116), handelt es sich zweifellos um den Strategen von Koilesyrien. Wenn auch sein Gebiet an die nördlichen Ausläufer des Nabatäerreiches grenzte und von dort immer wieder nomadisierende Araberstämme herüberkamen, kann doch von einem „Ptolemäischen Arabien“ nicht die Rede sein, jedenfalls nicht im Sinne derjenigen Landschaft, die Malichus der Königin Ägyptens hatte abtreten müssen. Da Athenion als ptolemäischer Gouverneur in der Region präsent und militärisch einsatzfähig war, bleibt einmal mehr unklar, warum nicht ihm die Eintreibung nabatäischer Pachtgelder oblag und warum er gegen Herodes, der doch auf Initiative der Kleopatra agierte, dessen arabische Gegner unterstützte. Ebenso muss gefragt werden, warum es nach der Intervention bei Kanatha keine weitere Hilfe des ptolemäischen Strategen gab, als Herodes anschließend im Haurân für die Niederlage Rache nahm und im folgenden Sommer im Süden der Dekapolis die Nabatäer gnadenlos überwältigte.

Hier liegt der Schluss auf der Hand, dass die geschilderte Aktion des Herodes gegen arabische Stämme vom Sommer 32 bis zum Sommer 31 weder mit dem Nabatäerkönig Malichus noch mit dem ominösen, von Kleopatra initiierten Auftrag des Marcus Antonius zu tun hatte. Vielmehr liegt hier eine literarische Fiktion des Flavius Josephus oder bereits der von ihm benutzen Quellen vor, die Herodes' Fehlen bei der Entscheidungsschlacht gegen Octavian erklären sollte. Dabei bot sich als geeigneter Ausgangspunkt für die Situation des Herodes im Schicksalsjahr 31 der gemeinsame Pachtvertrag der beiden Klientelkönige gerade deswegen an, weil auch in den folgenden Jahren die Lage in der transjordanischen Grenzregion zum Siedlungs- und Interessengebiet der Nabatäer schwierig blieb. Mit dem fingierten Einsatz für die Interessen Kleopatras konnte einmal mehr die Ptolemäerin angeschwärzt, zugleich der einzigartige Nutzen des kriegstüchtigen Herodes gegen die arabischen Nomaden betont werden.

Worum also kann es nun aber tatsächlich dem Herodes – notabene mit Rückendeckung des Marcus Antonius – gegangen sein, als er mit seinen Truppen im Bereich der Dekapolis nabatäische Stämme attackierte? Hier ist an eine Destabilisierung Syriens und zugleich Judäas von der transjordanischen Seite her zu denken, die damals infolge einer Machtverlagerung in der Konföderation der verschiedenen nabatäischen Stämme drohte. Der Begriff 'Nabatäerreich' gibt einen unzulänglichen Eindruck von dem nur losen Zusammenhalt jenes politischen Gebildes, dessen Führung damals in den Händen des Malichus lag. Dessen Herrschaft war keine gesicherte Erbmonarchie, vielmehr musste sich der König ständig neu der Unterstützung der Scheichs vergewissern.[5] Dabei konnte der Widerspruch präpotenter Fürsten gegen die romfreundliche Politik des Malichus, aus der auch die ptolemäische Expansion im östlichen Koilesyrien resultierte, zur Polarisierung, ja zur Aufstellung eines Thronrivalen führen.

Demnach war Herodes' Feldzug in die zunehmend von arabischen

Stämmen vereinnahmte Grenzzone der nördlichen Dekapolis präventiv. Diese These wird von den auffälligen Rüstungsaktivitäten der Nabatäer – nunmehr in der südlichen Dekapolis – im nächsten Frühjahr gestützt, denn diese lassen darauf schließen, dass die Aufstellung neuer Truppen nicht nur lokalen Raubzügen dienen sollte, sondern einem weiterreichenden Ziel, nämlich einem direkten Angriff auf Judäa.

Während Herodes den Winter 32 auf 31 im Haurân mit Guerilla-Unternehmungen verbrachte, sammelte sich im Gebiet um Philadelphia/Rabat Ammon, heute Amman, erneut ein nabatäisches Heer. Für den weiteren Verlauf der kriegerischen Auseinandersetzung war ein schweres Erdbeben in Judäa bedeutsam, das im Frühjahr 31 viele Tausend Opfer gefordert hatte: „Weil jetzt ganz Judäa ein Trümmerhaufen war, glaubten (die Araber), sie könnten des entblößten Landes Herr werden und brachen so gegen es los“ (AJ 15,5,2/122f.). Als offenbar infolge der Katastrophe eine Fortsetzung des Feldzuges in Frage gestellt war – nicht zuletzt durch eine um sich greifende Mutlosigkeit der Soldaten – schickte Herodes, der inzwischen nach Judäa zurückgekehrt war, Gesandte zu den Nabatäern. Diese sollten über einen Frieden verhandeln, doch wurden sie nicht nur nicht angehört, sondern demonstrativ getötet. Daraufhin entschloss sich Herodes zum Angriff auf den frevelhaften Gegner und überschritt überraschend schnell den Jordan. In einem ersten Treffen sollen 5000 Araber gefallen sein, in einem zweiten sogar 7000, in der Zwischenzeit waren bei der Kapitulation der Besatzung einer nicht ausreichend mit Wasser versorgten Festung 4000 in Gefangenschaft geraten.

Die Niederlage der Nabatäer hatte zur Folge, „dass (Herodes) von jenem Volk sogar zum Schutzherrn gewählt wurde“ (BJ 1,19,6/385), was als eine Art Gefolgschaftseid jener Stämme zu interpretieren ist. Dies unterstreicht die Annahme, dass die besiegten Nabatäer keine Truppen des Malichus waren, sondern ein Aufgebot anderer, wohl vom König relativ unabhängiger Scheichs.

Auf dem Hintergrund eines solchen Szenarios, das gewisse Spannungen innerhalb der Konföderation arabischer Stämme erkennen lässt, erscheint auch die judäische Hochverratsaffäre um Hyrkanus II., die im Winter 31 auf 30 in Jerusalem folgte, in einem etwas schärferen Licht. Angesichts der schweren Niederlage des Marcus Antonius gegen Octavian, die sich Anfang September ereignet hatte und in Judäa ebenso wie bei den Nabatäern bald bekannt geworden war, hofften die Gegner des Herodes nun auf seinen Sturz und wollten sich der Protektion des greisen Hyrkanus versichern. Hierbei griffen sie gern auf die alten Beziehungen des früheren Herrschers zu Malichus zurück, bei dem sie Zuflucht zu finden gedachten. Dies verdeutlicht, dass der hier wie dort missliebige Herodes durch seine Erfolge über arabische Stämme in der Dekapolis tatsächlich ein Machtfaktor im transjordanischen Raum geworden war, denn der Nabatäerkönig hatte für eine Restaurierung seiner eigenen Autorität kaum eine andere Wahl, als enger mit den alten idumäischen und hasmonäischen Freunden zu kooperieren.

Mit dem Ende des Krieges gegen Kleopatra oblag dem Sieger Octavian die territoriale Neuordnung gerade in den Teilen der hellenistischen Levante, die der Ptolemäerin aus dem einst von Pompeius erworbenen Besitz geschenkt worden waren. Herodes, der schon im Frühjahr 30 seinen Herrschaftsbereich ungeschmälert gegenüber dem *status quo* vor der Schlacht bei Actium zuerkannt bekommen hatte, erhielt rund ein halbes Jahr später erstens alle diejenigen Landstriche zurück, die er Kleopatra hatte überlassen müssen, also vor allem Jericho; zweitens wurde sein Reich erweitert um Gebiete, die vor 37/36 zur Provinz Syrien gehört hatten: an der Küste Gaza, Anthedon (später Agrippias), Joppe und Stratonsturm (später Caesarea), im Binnenland Samaria (später Sebaste, nahe dem heutigen Nablus) sowie die Dekapolis-Städte Hippos (Susitha) und Gadara. Mit den letztgenannten Territorien gewann der König von Judäa eine Art Brückenkopf östlich und südöstlich des Sees Genezareth, wo das Tal des Hieromyces-Flusses (heute Yarmuk) von strategischer Bedeutung war. Möglicherweise erhielt Herodes damals auch bereits Hesbon südlich von Philadelphia, das ähnlich wie Gadara ein Tor ins weitere Ostjordanland bildete.

Hinsichtlich des vormals nabatäischen Gebiets, das Kleopatra als Geschenk von Marcus Antonius erhalten und an den Vorbesitzer verpachtet hatte, verlautet in den Quellen nichts, doch dürfte auch dieses von Octavian an den nabatäischen Klientelkönig zurückgegeben worden sein. Malichus ist allem Anschein nach bald nach diesen Ereignissen gestorben (wohl 30 oder 28), die Herrschaft ging auf seinen unmündigen Sohn Obodas unter der Vormundschaftsregierung des Syllaios über.

2. Zenodoros

Die Batanäa, Auranitis und Trachonitis, die einst Pompeius dem ituräischen Fürstentum von Chalkis, damals dem Ptolemaios Mennaei, überlassen hatte, blieben in der Hand des Zenodoros, der hier seit 36 herrschte und offenbar in der Stadt Paneas (später Caesarea Philippi) residierte. Ihm, der sich auf seinen Münzen „Tetrarch und Priester“ nannte und der höchstwahrscheinlich ein Angehöriger der ituräischen Fürstenfamilie war, hatte Kleopatra das Gebiet verpachtet. Auch von Octavian erhielt er im Jahr 30 das Land wiederum nur zur Pacht. Aus seiner Unzufriedenheit mit dieser Situation, die sich mit dem Missvergnügen der Gadarener als

Untertanen des Herodes verband, erwuchs eine regionale, für die unmittelbar Beteiligten kontraproduktive Krise, die einige Jahre später zur Überlassung der gesamten Region an den König von Judäa führte.[6]

Damaskus, die für den Orienthandel so wichtige Oasenstadt, gehörte seit der Neuordnung Caesars vom Jahr 30 wieder zur römischen Provinz Syrien. Als die Bewohner zunehmend von den Raubzügen der Nabatäer aus der Trachonitis geschädigt wurden, beschwerten sie sich beim Statthalter Varro und klagten dabei Zenodoros der Unterstützung jener Räuberbanden an. Varro zog nach Rücksprache mit Augustus gegen die Unruhestifter zu Felde und nahm Zenodoros die Trachonitis ab. Wieviel Zeit dann bis zu der Überlassung jenes Gebietes an den König von Judäa verging, wird in der teils unpräzisen, teils widersprüchlichen Darstellung des Flavius Josephus nicht klar. Jedenfalls soll Zenodoros, „der den Herodes wegen der (über sein bisheriges Gebiet) erlangten Herrschaft beneidete, noch eigens nach Rom gereist sein, um ihn anzuklagen, musste jedoch unverrichteter Sache wieder heimkehren“ (AJ 15,10,2/349).

Die Statthalterschaft des Terentius Varro ist für die beiden Jahre 24 und 23 bezeugt, sein Nachfolger im Amt wurde Vipsanius Agrippa, einer der engsten Vertrauten des Augustus, der für Syrien und die anderen östlichen Provinzen ein auf fünf Jahre befristetes außerordentliches Kommando erhielt. Ihm machte Herodes im folgenden Frühjahr 22 in Mytilene auf Lesbos seine Aufwartung; damals war die Entscheidung über die Schenkung aus dem bisher dem Zenodoros überlassenen Gebiet schon längst gefallen. Sie soll bereits bekannt geworden sein, als, höchstwahrscheinlich im Spätsommer oder Herbst 23, Herodes' Söhne Alexander und Aristobul in Rom zu einem längeren Ausbildungsaufenthalt eintrafen. Für einen rigorosen Feldzug des Herodes in die Trachonitis, wie ihn Flavius Josephus vage anführt, ist in dem hier entworfenen chronologischen Tableau erst im Herbst des Jahres 23 Platz.

In die Jahre 24 und 23 gehört ein weiteres Verdienst des Herodes um das seinem Reich benachbarte syrische Gebiet, nämlich sein Krisenmanagement bei der katastrophalen Dürre mit folgender Hungersnot. Nach dem geradezu panegyrischen Bericht bei Flavius Josephus konnte er durch Getreidekäufe in Ägypten, für die er sein privates Vermögen verausgabte, die Not der Bevölkerung lindern. Außerdem war Judäa dann in der Lage, sogar dem benachbarten Syrien behilflich zu sein, zunächst mit Saatgut, dann mit Erntearbeitern.

Datiert ist die Krise durch die Erwähnung des Petronius als Statthalter Ägyptens, zu dem Herodes seine Beziehungen spielen ließ, um das benötigte Getreide zu erhalten; dieser Mann ist als Amtsinhaber ab 24 und bis zum Jahr 22/21 bezeugt. Gewisse Irritationen ergeben sich allerdings durch die anschließende Behauptung des Quellentextes: „Um diese

Zeit (!) sandte er auch dem Caesar 500 auserlesene Krieger aus seiner Leibwache zu Hilfe, die Aelius Gallus ans Rote Meer führte und die dem Augustus von großem Nutzen waren“ (AJ 15,9,3/317). Der hier genannte Gallus war der Vorgänger des Petronius in der Präfektur Ägyptens in den Jahren 26 bis 24; ein auch von anderen Quellen gut bezeugter Kriegszug gegen das südliche Arabien fand – mit einem Aufgebot von 10000 römischen Fußsoldaten, mit den 500 Soldaten aus Judäa sowie vor allem mit einem 1000 Mann starken Kamelreiterkorps des nabatäischen Regenten Syllaios – im Jahre 25/24 statt.[7]

Die Reihenfolge der Ereignisse muss also mit dem Arabienzug des Aelius Gallus beginnen und mit der Zuweisung einiger Gebiete des Zenodoros 23/22 enden. Dazwischen liegen die Dürre in Judäa einerseits, die intensive Raubtätigkeit arabischer Stämme in der Trachonitis und Zenodoros' Verklagung bei Varro andererseits. Die Darstellung bei Flavius Josephus ist allerdings stets so interpretiert worden, dass der König von Judäa trotz aller Schwierigkeiten, die ihm die Dürre seines Landes auferlegte, in treuester Pflichterfüllung zum Arabienzug des Aelius Gallus beitrug und er damals mehr als jene 500 Elitesoldaten gar nicht hätte schicken können.[8] Aus der chronologischen Richtigstellung der beiden Ereignisse folgt nun, dass schon die reichlichen Getreidelieferungen des damaligen Statthalters von Ägypten eine Belohnung für die Loyalität des judäischen Königs bedeuteten. Dass dann auch die Überlassung der Trachonitis und benachbarter Landstriche dieselbe Hilfsleistung des Herodes für Aelius Gallus honorierte, ist weniger wahrscheinlich. Zu fragen bleibt vielmehr, wodurch sich der König Judäas als neuer Besitzer des ihm überlassenen Gebietes empfohlen hatte.

Angesichts der zahlreichen Überfälle in der Umgebung von Damaskus respektive auf die Handelskarawanen nach und von dieser Stadt durch Räuberbanden aus der Trachonitis dürfte die römische Unzufriedenheit mit der sicherheitspolitischen Kompetenz des Zenodoros den Ausschlag für die Absetzung dieses Pächters gegeben haben. An seiner als Kollaboration wahrgenommenen Protektion der arabischen Stämme ist nicht zu zweifeln, wohl aber an der einfachen Begründung, er habe aus Habgier gehandelt. Ebenso wenig liegt eine Erklärung für den Verkauf des Haurân an die Nabatäer allein in seiner Absicht, damit einen Aufruhr gegen Herodes unterstützen zu wollen, wie es ihm Flavius Josephus unterstellt. Wie wäre dieses ‘Geschäft’, das er tätigte, als ihm deutlich wurde, dass die Römer ihm nicht wieder das bisherige Gebiet überlassen würden, zu interpretieren? Dass die Nabatäer gegen die ihnen oktroyierte Herrschaft des Herodes protestierten und sogar Rechtsmittel einlegten, um die Anerkennung jener Region als ihr Eigentum zu erreichen, gibt zu denken. Möglicherweise waren die 50 Talente des Zenodoros kein Kaufpreis, sondern eine restliche Pachtsumme an die arabischen Stämme, die sich – ungeachtet sowohl des Feldzuges, den Herodes 32/31 gegen sie geführt hatte, als auch der Veränderungen von 31/30 – als Herren dieses Gebietes betrachteten. Der Ituräer in der Nachfolge der Fürsten von Chalkis hätte mit einer derartigen Zahlung die nabatäischen Ansprüche anerkannt, zugleich den Römern jedes Verfügungsrecht in jener Region abgesprochen; er hätte damit ein Bündnis mit den Nabatäern geschlossen, durch das er von ihren Überfällen verschont blieb. Die schwere Niederlage des Aelius Gallus im südlichen Arabien und die fatale Dürre in Judäa hatten den Nabatäern im nördlichen Koilesyrien offenbar Mut gemacht, ihre territorialen Ansprüche zur Geltung zu bringen. Ob hinter ihren intensivierten Aktivitäten, die ins Jahr 24 gehören dürften, sogar der ambitionierte Nabatäerfürst Syllaios stand, muss offen bleiben.

Auf dem Hintergrund der hier skizzierten These erscheint die schnelle Reaktion des syrischen Statthalters Terentius Varro in einem anderen Licht: Scin Vorstoß in die Trachonitis – vermutlich im Herbst 24 – nutzte zugleich dem Herodes, der wegen der Hungersnot nicht imstande war, selbst gegen die Nabatäer zu ziehen. Wenn dieses Unternehmen auch nur begrenzten Erfolg hatte, demonstrierte es doch militärische Stärke und vor allem die römische Rechtsauffassung: Varro nahm dem bisherigen Klienten Zenodoros die Krisenzone ab, ohne damit bereits einer Entscheidung darüber vorgreifen zu können, ob die unruhige Region fortan unter direkte römische Verwaltung gestellt oder einem neuen Herrn übergeben werden sollte. Daher hoffte Zenodoros noch auf eine für ihn positive Entscheidung und reiste vermutlich im Frühjahr oder Frühsommer 23 nach Rom. Man darf annehmen, dass auch der Statthalter Varro einen Bericht an den Tiber schickte und dass in dessen Darstellung die loyale Haltung des Herodes hervorgehoben wurde. Hier konnte jedenfalls auch die Nachbarschaftshilfe erwähnt werden, die der König Judäas mit dem Saatgut für syrische Städte geleistet hatte. Inzwischen reifte ja die im Herbst 24 ausgesäte Ernte heran und erwies jenen als umsichtigen Herrscher, dessen Römerfreundschaft kein Lippenbekenntnis war. Augustus wusste seit dem Jahr 30, dass sich Herodes wie kein anderer befreundeter König als effizientes Gegengewicht gegen die expansiven Araberstämme bewährt hatte. So wie er damals die militärischen Fähigkeiten des Judäers mit der Überlassung der Dekapolis-Städte Gadara und Hippos honoriert hatte, lag es nun nahe, auch die unruhige Region im Nordosten Koilesyriens in seine Verantwortung zu geben.

Für Augustus war das Jahr 23 ein innenpolitisch schwieriges gewesen. Bevor er im Frühjahr auf den Tod erkrankte, war eine Verschwörung seines Konsulatskollegen, Terentius Varro Murena, und von altrepublikanisch gesinnten Senatoren aufgedeckt worden. Zugleich führten Diskussionen über einen potentiellen Nachfolger auch innerhalb der Familie des Princeps zu Spannungen, in deren Folge Augustus seinen treuen Weggefährten Agrippa mit einem auf fünf Jahre befristeten außerordentlichen Kommando in den Osten schickte. Jener übernahm dort die Aufgaben der Statthalter von Achaia, Asia und Syria und trat zudem in Vorverhandlungen mit den Parthern über die Rückgabe der einst von Crassus bei Carrhae eingebüßten römischen Feldzeichen ein. Diese sollte Augustus dann höchstpersönlich im Jahr 20 entgegennehmen.[9]

Agrippa reiste noch im Herbst 23 aus Rom ab und nahm Quartier in Mytilene auf der Ägäisinsel Lesbos. Mit ihm war Herodes schon seit seinem Aufenthalt bei Augustus im Sommer 30 nicht nur bekannt, sondern befreundet. Daher konnte er, statt nur kurz einen Höflichkeitsbesuch zu machen, im Winter 22 auf 21 mehrere Monate in der Gesellschaft des 'Superstatthalters' in Mytilene verbringen.[10] Kaum war Herodes nach Judäa zurückgekehrt, sprach bei Agrippa eine Gesandtschaft aus Gadara vor, „um den Herodes zu verklagen. Agrippa aber ließ sie, ohne sie auch nur einer Antwort zu würdigen, dem König gefesselt zuführen"; der freilich ließ sie frei, „ohne dass man ihnen ein Haar gekrümmt hätte" (AJ 15,10,2f./351.356). Worüber sich die Gadarener im Frühjahr 21 beschwerten, ist nicht überliefert, es werden aber wohl die gleichen Anschuldigungen gewesen sein, die im folgenden Jahr vorgebracht wurden. Da hielt Augustus höchstpersönlich in Antiocheia Audienz, und auch der König Judäas hatte sich eingefunden. Erneut erschienen Gesandte aus Gadara, „um über Herodes Klage zu führen, dass er sich herrschsüchtig, hart und tyrannisch benehme ... Da (Herodes) nun von den Gadarenern der Gewalttätigkeit, des Raubes und der Zerstörung ihrer Tempel angeklagt wurde, bereitete er ruhig seine Verteidigung vor" (ebd. 354.357). Die Gesandten, die zugleich die Rückkehr ihrer Stadt unter die direkte römische Herrschaft erbaten, waren nicht zuletzt deswegen hoffnungsfroh, weil die unfreundliche Behandlung durch Agrippa im Vorjahr keine weiteren negativen Folgen gehabt hatte und weil sie einen eifrigen Fürsprecher zu haben glaubten: „Zenodoros ..., der sie stets aufwiegelte, sich über Herodes beklagte und ihnen eidlich zusagte, alles aufbieten zu wollen" (ebd. 355). Von irgendeiner Aktivität des Tetrarchen zugunsten seiner Freunde ist dann aber nicht die Rede; vielmehr berichtet der Quellentext über ihn nur noch, dass er kurze Zeit später, noch in Antiocheia, an inneren Blutungen starb. Das Verfahren, das als ein öffentliches mit der Anklage der Gadarener gegen Herodes am ersten Tag der kaiserlichen Anhörungen begonnen hatte, war damit de facto auch schon beendet, zu einem zweiten Termin kam es nicht mehr: „Denn da die Gadarener die Stimmung des Augustus und der Beisitzer des Gerichts erkannten und der Meinung waren, dass sie an den König ausgeliefert werden, töteten sie sich aus

Furcht vor Folterqualen in der folgenden Nacht ... Weil sie aber damit ihre Leichtfertigkeit und Schuld selbst anzuerkennen schienen, sprach Augustus den Herodes ohne Weiteres frei" (ebd. 358f.).

Was hatte die Gesandten zu ihrer pessimistischen Einschätzung ihrer Erfolgschancen veranlasst? Offenbar hatte Herodes sich überzeugend verteidigt – wenn er denn überhaupt dazu Gelegenheit bekam –, jedenfalls drückte der römische Machthaber seine Haltung in einer einfachen Geste aus: „Augustus aber gab ihm die Hand und änderte trotz des Tobens der Menge nicht im Mindesten seine freundliche Gesinnung gegen ihn" (ebd. 357).

Gewalttätige Übergriffe auf die Bürger von Gadara, harte Forderungen und Tempelzerstörungen – was mag hinter diesen Anschuldigungen gesteckt haben? In welchem Zusammenhang hatte Herodes so tyrannisch agiert? Da als Drahtzieher der im Jahr 20 geäußerten Vorwürfe Zenodoros genannt ist, hatten sich jene Machtüberschreitungen des seit 30 zum Herrn über Gadara bestellten Judäers wohl erst zu einer Zeit ereignet, als auf römische Anordnung hin Trachonitis, Batanäa und Auranitis an den König übertragen worden war, also nicht vor dem Herbst 23. Die erste Gesandtschaft der Stadt war bereits im Frühjahr 21 in Mytilene bei Agrippa vorstellig geworden, wo sich Herodes den ganzen Winter über aufgehalten hatte – folglich sind seine Übergriffe vom Herbst 23 bis Herbst 22 erfolgt. Für diesen Zeitraum ist dem einzigen Quellenbericht nur ein Feldzug gegen die räuberischen Nabatäer zu entnehmen, der allerdings offen lässt, in welcher Weise damals auch Untertanenstädte wie Gadara in Mitleidenschaft gezogen wurden. Wenn Flavius Josephus ausführt, wie die Araber der Auranitis vergeblich versuchten, den Herodes dazu zu bringen, seine Ruhe aufzugeben, durch eine unmäßige Reaktion von seiner Seite einen Aufruhr gegen seine Herrschaft auch bei seinen anderen Untertanen in Gang zu bringen, dann müssen diese Grabenkämpfe im gleichen Zeitraum stattgefunden haben wie die zur Anklage gebrachten Maßnahmen des Königs gegen Gadara. Da Zenodoros ebenso hinter jenen nabatäischen Protesten gegen die neue Herrschaft des Judäers stand wie hinter den Beschwerden der Gadarener, hatten diese sicher Substantielles vorzubringen. Daher kann vermutet werden, dass Herodes auf die Aktionen der arabischen Stämme in der Auranitis durchaus reagiert hatte, allerdings kaum mit offener Gewalt oder einem neuerlichen Feldzug im Sommer/Herbst 22, sondern mit Repressalien gegenüber solchen Untertanengemeinden, die mit den Rebellen gemeinsame Sache machten.

Über derartige Schwierigkeiten im koilesyrischen Nordosten seines Reiches – und damit zugleich in einer breiten Grenzzone zu den Parthern –, dürfte sich Herodes während seines langen Aufenthalts in Mytilene mit Agrippa unterhalten haben. Derartige, sicher sehr einseitige Hintergrundinformationen haben den Stellvertreter des Augustus dann bewogen, die Gesandtschaft aus Gadara, die ihn im Frühjahr 21 aufsuchte, gar nicht anzuhören, sondern wie Delinquenten an Herodes zu überstellen. Augustus selbst dürfte von Agrippa über die Situation in Judäa, insbesondere über die Spannungen zwischen Zenodoros und Herodes, informiert worden sein.

Herodes-Biographen sehen in der Zurückhaltung des Königs gegenüber den nabatäischen Provokationen zumeist ein Zeugnis seiner Romtreue und seiner politischen Klugheit: „Er wusste genau, dass ein 'Grenzkrieg' das einzige war, womit er sich Augustus' Freundschaft verscherzen konnte.“[11] Diese Interpretation, so richtig sie im Generellen ist, übersieht im speziellen Fall die Lage in der Auranitis. Hier ging es um effiziente Grenzsicherung, die Herodes mit anderen als militärischen Mitteln verfolgte – allerdings nicht, weil er sich nicht für berechtigt gehalten hätte, einen weiteren Feldzug zu unternehmen, sondern weil er seinen Gegner Zenodoros vollständig zu beerben hoffte. Gerade in der Zeit, als Augustus um eine formelle Befriedung des noch immer offenen Partherkonfliktes bemüht war, wollte Herodes keine Gelegenheit bieten, als Störenfried denunziert zu werden; vielmehr hatte er diese Rolle dem Zenodoros zugedacht. Seine Rechnung ging dann auch glänzend auf, als überraschend – wohl noch während der römischen Anhörungen in Antiocheia – der Tetrarch starb: „Sein Land aber, das nicht klein war und zwischen Trachon und Galilaea lag, schenkte Augustus einschließlich Ulathas, Paneas' und des daran grenzenden Gebietes dem Herodes“ (AJ 15,10,3/360).

3. Agrippa[12]

„Herodes stand in der Gunst des Augustus gleich nach Agrippa, während Agrippa ihn nächst dem Augustus verehrte. Von dieser Grundlage aus stieg er ... zu einem Höchstmaß an Glück auf“ (BJ 1,20,4/400). Mit dieser Bewertung schließt Flavius Josephus im *Jüdischen Krieg* seinen Kurzbericht über die Gebietserweiterungen Judäas in den Jahren 23 bis 20. Die Anerkennung des Augustus für Herodes kommt darin zum Ausdruck, dass er ihn „als Verweser (epitropos) über ganz Syrien eingesetzt (hatte), so dass es den Prokuratoren nicht gestattet war, ohne vorherige Beratung mit ihm Anordnungen zu treffen“ (ebd. 399). Dieser Passus verleitet zu falschen Assoziationen, wenn der griechische Begriff *epitropos* als Terminus technicus mit Prokurator oder gar Statthalter wiedergegeben wird.[13] Auch ist der Verweis auf die im Jahr 47 erfolgte Ernennung des Antipater zum „Epitropos von ganz Judäa“ durch Julius Caesar sowie auf die Erweiterung der Kompetenzen des Herodes im Jahr 42 durch Cassius, der den

Sohn Antipaters zum „Epimeletes von ganz Syrien" machte, wenig hilfreich, da sich die politischen wie die verwaltungstechnischen Bedingungen mit der Alleinherrschaft des Augustus geändert hatten. Römische Statthalter Syriens als ungefähr jährlich wechselnde Amtsträger gab es im Jahr 20 nicht, da seit 23 dem Vipsanius Agrippa die Provinzverwaltung im Rahmen seines fünfjährigen Sonderkommandos für den Osten oblag. Was also meinte Augustus, als er den Herodes zum „Epitropos ganz Syriens" ernannte und die anderen *epitropoi* anwies, nichts ohne oder gegen dessen Meinung zu tun? Offenbar rückte er den König Judäas, seinen geschätzten Freund, in einer informellen – und auf den syrischen Herrschaftsbereich Roms bezogenen – Rangordnung an die Position gleich hinter Agrippa respektive jeden zukünftigen Imperiumsträger dieser Provinz. Wer diejenigen *epitropoi* waren, die fortan stets Herodes zu konsultieren hatten, muss offen bleiben. Im Kontext der Ereignisse jener Jahre, nämlich des Streites um die unruhigen koilesyrischen Landschaften, könnten Kleinfürsten wie Zenodoros gemeint sein, die sich künftig bei Streitigkeiten nicht mehr direkt an den Augustus oder Agrippa wenden, sondern den 'Dienstweg' über den König von Judäa nehmen sollten.

Auf dem Hintergrund dieser Interpretation wird recht eigentlich verständlich, dass Flavius Josephus, der im Anschluss an den diskutierten Satz die Übertragung des Gebietes des jüngst verstorbenen Zenodoros an Herodes erwähnt, dann fortfährt: „Was aber dem Herodes mehr wert war als dies, bestand in etwas anderem: Er stand in der Gunst des Augustus gleich nach Agrippa" (siehe oben).

Agrippa war im Sommer 21 nach Rom einbestellt worden, wo er nicht nur – in Abwesenheit des im Osten weilenden *Princeps* – Unruhen bei den Consulwahlen zu meistern hatte, sondern auch als zweiter Gatte der Julia und somit Schwiegersohn des Augustus seinen Beitrag zur Stabilisierung der Dynastie zu leisten hatte. Das ihm 23 anvertraute außerordentliche Kommando, das ihn zum 'Vizekaiser' machte, führte ihn Ende 20 in die Provinz Gallien, von wo er noch nicht zurückgekehrt war, als bei Ablauf der ersten fünf Jahresfrist (im Jahre 18) die Sondervollmachten um den gleichen Zeitraum verlängert wurden.

So war er nicht in Rom, als Herodes dort zu einem Besuch eintraf; zu einem Wiedersehen der beiden Freunde kam es erst im Herbst des Jahres 16 in Kleinasien, als Agrippa von Augustus zu einer großen Rundreise durch die östlichen Provinzen des Reiches geschickt wurde. Über die mehrfachen Treffen zwischen beiden Männern informiert der Bericht bei Flavius Josephus, der über den Aufenthalt des Königs von Judäa in Rom im Jahr 18 denkbar knapp ausfällt. Entsprechend erwähnen auch moderne Darstellungen das Ereignis nur beiläufig, zumeist wegen des erneuten Ausbrechens familiärer Querelen und Intrigen.

Aus Rom brachte Herodes nämlich die Söhne Alexander und Aristobul mit heim, die sich seit 23 dort aufgehalten hatten; sein dritter Sohn von der Hasmonäerin Mariamne war, von dem man hier überhaupt erst erfährt, während jenes Aufenthalts am Tiber verstorben.

Als Motiv für die Reise nach Rom wird demnach entweder die Zurückholung der beiden Söhne nach dem Ende ihrer Studien angenommen oder aber ein Besuch mit anderen politischen Zielen. Dass die beiden Prinzen, für den Vater eher überraschend, in ihre Heimat zurückkehren konnten, wird als Gunsterweis des Augustus gewürdigt, der damit ein Zeichen eines gefestigten Vertrauens zwischen Rom und Judäa setzte.

Die römische Politik hatte eine in die Zeit der mittleren Republik reichende Tradition, die Söhne befreundeter Könige zu längeren Aufenthalten in die Tiberstadt zu holen, beginnend mit dem makedonischen Prinzen Demetrios im Jahr 196 und dem seleukidischen Prinzen Antiochos (IV.) im Jahr 188, die als Geisel für die Einhaltung der Friedensverträge ihrer Väter mit Rom fungierten, insbesondere für die pünktlichen Reparationszahlungen. Üblicherweise verblieb dem jeweiligen König ein Sohn an seinem Hof, meistens sogar der älteste.

Dass gleich drei Söhne, wie im Fall des Herodes geschehen, nach Rom geschickt wurden, wobei deren ältester höchstens 14 Jahre alt gewesen sein kann, erklärt sich keinesfalls aus einem besonderen Misstrauen Roms gegenüber dem König – hier ist vermutlich der eigene Wunsch des Herodes ausschlaggebend gewesen. Folglich lässt die Rückkehr der beiden Prinzen auch keinen Rückschluss auf ein gewachsenes Vertrauen in die Loyalität des Vaters zu.

Alexander und Aristobul waren wie in solchen Fällen üblich mit einem Gefolge von Höflingen und eigenen Erziehern nach Rom gekommen, in deren Begleitung sie auch ohne ihren Vater hätten wieder nach Judäa heimkehren können, nachdem sie, wie es gleichfalls für Klientelprinzen üblich war, in Rom zahlreiche Beziehungen zu wichtigen Leuten geknüpft hatten.

Herodes sah offenbar zum Zeitpunkt seiner Romreise den rechten Moment, die beiden jungen Männer zurückzuholen, um sie in seine Politik aktiv einbinden zu können. Dafür spricht ihre bald folgende Verheiratung. Aristobul ehelichte seine Cousine Berenike, eine Tochter der Salome aus der Ehe mit Kostobaros, was den dynastischen Gepflogenheiten innerhalb des Idumäerclans entsprach.

Dagegen überrascht die Ehe des älteren Sohnes, durch die sich zwei Klientelkönige verschwägerten: Alexander erhielt eine Königstochter aus Kappadokien namens Glaphyra zur Frau. Ihren Vater Archelaos Sisinnes, einen Mann aus der früheren pontischen Herrscherdynastie, hatte Marcus Antonius im Jahr 36 zum König von Kappadokien erhoben, und zwar gegen den legitimen Throninhaber, der sich in seiner romfeindlichen Politik auf die Parther gestützt hatte. Weil er im Jahr 31 trotz seiner Verpflichtung gegenüber Marcus Antonius rechtzeitig die Seite gewechselt hatte, beließ ihm der Sieger Octavian den kappadokischen Thron.[14] Zehn Jahre später erweiterte Augustus anlässlich seiner Reise in den Osten des *Imperium Romanum* das Gebiet des Archelaos um ganz Kleinarmenien und um einige Küstenstreifen in Kilikien, was die besondere Gunst der Vormacht Rom bezeugt, deren er sich ähnlich wie Herodes erfreute. Infolge der Verschwägerung beider befreundeter Könige wurde auch die Herrschaft des *Princeps* Augustus stabilisiert.

Daher ist zu vermuten, dass die Ehe des Judäers Alexander mit der Kappadokierin Glaphyra nebst den zugehörigen bilateralen Vereinbarungen spätestens im Jahr 18/17 in Rom – wenn nicht schon zwei Jahre zuvor beim Aufenthalt des Augustus im Osten – geplant und vorbereitet wurde. Zu diesem Zweck war Herodes damals an den Tiber gereist, zu diesem Zweck hatte er seine Söhne anschließend heim nach Jerusalem gebracht.

„Als Herodes ... die Nachricht erhielt, Marcus Agrippa sei zum zweitenmal aus Italien nach Asien gekommen, begab er sich schleunigst zu ihm und bat ihn, sein Königreich zu besuchen und bei ihm als Gast und Freund einzukehren. Auf diese inständigen Bitten sagte Agrippa zu und kam wirklich nach Judäa. Herodes ließ es an nichts fehlen, was ihm Vergnügen bereiten konnte, empfing ihn in den neu erbauten Städten und bewirtete ihn und seine Freunde, während er ihnen die Bauwerke zeigte, aufs Köstlichste und Prächtigste ... Auch in die Stadt Jerusalem nahm er ihn mit, wo ihm das Volk in festlichem Aufzuge entgegenkam und ihn mit Segenswünschen empfing. Agrippa opferte Gott dem Herrn hundert Ochsen, gab dem Volke ein Festmahl und ließ es an dem denkbar größten Aufwand nicht fehlen. So gern er sich nun noch viele Tage lang hier aufgehalten hätte, musste er sich doch der Jahreszeit wegen beeilen ... Nachdem er und seine hervorragendsten Begleiter von Herodes reich beschenkt worden waren, schiffte er sich ein“ (AJ 16,2,1f./12f.). Dieser kurze Bericht über den Besuch des Agrippa in Judäa wird zumeist unter drei Aspekten betrachtet: als Besichtigungsreise der bedeutendsten Bauprojekte des Herodes, als Demonstration römischen Wohlwollens für die Juden und ihren König, als großartige Ergebenheitsgeste des Herodes gegenüber Agrippa und seinem Gefolge. Gern wüssten wir genauer, wie lange sich der hohe Gast insgesamt in Judäa aufhielt und auf welcher Route er durch das Land geführt wurde.

Die Regie des Staatsbesuches lag nach dem Quellenbericht bei Herodes, der vor allem das Neue in seinem Lande präsentiert zu haben scheint, um dem römischen Freund seinen Reichtum, Geschmack und seine Aktivitäten effektvoll zu demonstrieren, vor allem seine Neugründungen Sebaste und Caesarea, die damals wohl noch Großbaustellen gewesen sein dürften, sowie die aufwendig ausgebauten Festungen Alexandreion, Herodion und Hyrkania. Diesem Bild folgen die modernen Geschichtsschreiber gern,[15] doch wird allzu leicht übersehen, dass Judäa kein wirklich souveräner Staat, sondern ein Klientelkönigtum war, das der *patronus* nach seinem Belieben aufsuchen konnte. Zu bedenken ist hier, dass Agrippas damaliger Aufenthalt in den Ostprovinzen nicht nur eine große Inspektionsreise war, sondern auch im Zusammenhang mit einer Reaktivierung der römischen Außenpolitik stand. Unter diesem Gesichtspunkt waren Alexandreion, Herodion und Hyrkania nicht wegen der dortigen neuen und modernen Paläste des Herodes von Interesse, sondern wegen ihres Verteidigungspotentials. So wäre durchaus denkbar, dass Agrippa und sein Stab maßgeblich an der Planung beteiligt waren.[16]

Der Besuch Agrippas in Jerusalem wird auch als eine Demonstration des guten Willens gegenüber dem jüdischen Volk aufgefasst.[17] Als erster römischer Machthaber war der Eroberer Pompeius in diese Stadt gekommen – er hatte den Tempel zwar frevelhaft betreten, aber nicht beraubt. Als letzten Machthaber vor Agrippa hatte die heilige Stadt den Cassius über sich ergehen lassen müssen, der die Tempelschätze gnadenlos geplündert hatte. Marcus Antonius und Octavian sind dagegen nie nach Jerusalem gekommen.

Dass im Jahr 15 mit Agrippa der 'Vizekaiser' die Stadt mitten im Frieden beehrte, muss die Bevölkerung tatsächlich positiv aufgenommen haben. Nach Flavius Josephus vollzog sich die enthusiastische Begrüßung mit einem festlichen Empfangszug unter lauten glückbringenden Ausrufen, doch dürfte dieser Volksauflauf kaum spontan gewesen sein. Man darf glauben, dass Herodes bei der prächtigen Begrüßung Agrippas nichts dem Zufall überlassen hat und die Bürgerschaft den Anweisungen von Festordnern zu folgen hatte, wie es damals in allen Städten der hellenistischen Zeit bei hohem Besuch üblich war.[18]

Für den rühmlichen Empfang einer Stadt pflegte sich der geehrte Gast durch großzügige Gaben zu revanchieren, nicht zuletzt mit der Finanzierung eines möglichst großartigen Opfers für die Stadtgottheit(en). Entsprechendes wurde in Jerusalem von Agrippa erwartet, der seine Gastgeber auch keineswegs enttäuschte: Er bezahlte eine ganze Hekatombe (100 Rinder) für ein Festopfer im Tempel und spendierte vermutlich in Zusammenhang damit, also am selben oder folgenden Tag, auch ein großes öffentliches Festmahl. Dass er mit dem dabei gebotenen Aufwand nicht hinter demjenigen zurückblieb, mit dem er selbst bisher bewirtet worden war, gehörte zu den Spielregeln: Mit demonstrativem Überfluss sollte nicht nur gegenwärtiges und künftiges Wohlwollen, sondern auch das Vorhandensein der dafür notwendigen materiellen Potenz vor Augen geführt werden. Auf diesem Hintergrund gängiger Rituale ist eine Bewertung von Agrippas Besuch in Jerusalem als voller Erfolg kaum gerechtfertigt, da der Quellentext über die Intentionen des Römers ebenso schweigt wie über das Maß, in dem seine Erwartungen erfüllt wurden. Für den Gastgeber Herodes dagegen war Agrippas Reise nach und durch Judäa sicherlich ein Erfolg, jedenfalls insofern er dem Freund ein genaues Bild von den Ressourcen dieses Landes und ihrer optimalen Ausnutzung geben konnte.

Die umfassende Selbstdarstellung des Herodes fand im folgenden Jahr eine gelungene Fortsetzung außerhalb Judäas, diesmal nicht nur unter den Augen Agrippas und seines Stabes, sondern in der kleinasiatischen Weltöffentlichkeit. Seine beispiellose Tournee als Euerget (Wohltäter) in bester hellenistischer Tradition begann im Frühjahr 14 mit dem Entschluss, sich an der römischen Flottenexpedition ins Schwarze Meer zu beteiligen. Da kaum glaubhaft ist, dass der König von jenem Unternehmen zufällig erfuhr und spontan mitmachen wollte, muss die Kooperation bereits beim Aufenthalt des Römers in Judäa besprochen worden sein, auch wenn Flavius Josephus es so darstellt, als hätte den Agrippa die – nach einer durch widriges Wetter verzögerte – Ankunft des Herodes in Sinope sehr überrascht: „(Er) kam, wiewohl unerwartet, mit seiner Flotte nicht ungelegen, sondern wurde sehr freundlich aufgenommen. Denn Agrippa hielt es für ein Zeichen großer Ergebenheit und Treue gegen seine Person, dass der König einen so weiten Seeweg zurückgelegt hatte und ihm zur passenden Zeit Hilfe leistete, wofür er doch sein Reich und dessen Verwaltung hatte im Stich lassen müssen“ (AJ 16,2,2/21). Zwischen diesen Zeilen schimmert der energische Ehrgeiz des Judäers ebenso durch wie die militärische Zwecklosigkeit seiner Präsenz. Worum es bei dem Feldzug eigentlich ging, erfährt der Leser indessen nicht, vielmehr ergeht sich der Bericht in Allgemeinplätzen zum Ruhm des Judäers: „Auf diesem Kriegszuge war nun Herodes stets an Agrippas Seite, im Kampfe als Bundesgenosse und Helfer, in Verlegenheiten als Ratgeber, bei der Erholung als guter und angenehmer Gesellschafter, und so teilte er alles mit ihm, die Beschwerden aus Zuneigung und die Annehmlichkeiten der Ehre wegen. Als sie nun den Krieg auf dem Pontus, zu dem Agrippa entsandt worden war, beendigt hatten, beschlossen sie, den Rückweg nicht zu Schiffe zu machen“ (ebd. 22f.).

Das Unternehmen Agrippas diente der Einbeziehung des Kimmerischen Bosporos, der heutigen Krim und des östlich anschließenden Gebietes, in das römische Klientelstaatensystem, indem diese Region dem südlich des Schwarzen Meeres gelegenen Königreich Pontos zugeschlagen wurde.[19] Dort herrschte seit 37 als römischer Klientelkönig Polemon, ursprünglich ein Grieche aus einer Stadt in Lykaonien, der wie Herodes in der Schlacht bei Actium an der Seite seines Förderers nicht persönlich, sondern nur durch ein delegiertes Truppenkontingent vertreten war. Ähnlich wie Herodes und Archelaos wurde er vom Sieger Octavian auf seinem Thron belassen, den er gegen lokale Widerstände immer wieder militärisch verteidigen musste. Zur Unterstützung wurde nun Agrippa entsandt, dessen Flottenaufzug bei Sinope, der alten mithridatischen Residenzstadt, allerdings so große Wirkung zeigte, dass die Bosporaner einlenkten. Die Witwe des Kriegsgegners, eine Enkelin des Mithridates, ließ sich mit Polemon verehelichen und legitimierte auf diese Weise den römischen Vasallen als bosporanischen Herrscher.

Agrippa wurde also in keine Kämpfe hineingezogen, folglich auch Herodes nicht. Dass nach dem Ende des Unternehmens der König weiterhin an der Seite seines Freundes blieb und mit ihm auf dem Landwege an die Mittelmeerküste zurückkehrte, macht einmal mehr deutlich, dass es sich bei seiner ganzen Hilfsaktion nicht um ein dem Klienten abgefordertes Engagement handelte, sondern um eine eigene 'Show' des Herodes im Windschatten von Agrippas Inspektionsreise in den östlichen Provinzen.

In diesem Sinne ist bereits seine Anreise mit der eigenen kleinen Flotte aufzufassen: Schon bei seiner ersten Etappe, die im Frühjahrssturm zu einer Zwangspause bei Chios geführt hatte, „nahm er eine Menge Bittgesuche huldreich entgegen und entließ die Bittsteller mit königlichen Geschenken" (AJ 16,2,2/18) und stiftete der Stadt eine größere Geldsumme zum Wiederaufbau ihrer einst prächtigen Säulenhalle, die seit dem Mithridatischen Krieg, also seit rund zwei Generationen, in Trümmern lag.

Über die von Agrippa gewählte Landroute für die Rückreise berichtet Flavius Josephus, dass es durch Paphlagonien nach Kappadokien, von dort durch Großphrygien nach Ionien ging, wo man von Ephesos aus nach Samos übersetzte. Dort spielte dann die Hauptszene der gesamten Schilderung, nämlich die Erwirkung weitreichender Privilegien für die Diaspora-Juden in griechischen Städten. Schließlich kehrte Herodes von dort mit seiner Flotte in sein Land zurück.

Über die Wohltätigkeit des Herodes während jener Reise ist zu erfahren, dass „in den einzelnen Städten ... Agrippa dem Herodes zu Gefallen den Hilfesuchenden je nach deren Bedürfnissen bedeutende Unterstützungen (gewährte), und auch Herodes selbst ... keine Gelegenheit vorbeigehen (ließ), wo er durch Geldgeschenke und freundliches Entgegenkommen seinen Vorteil wahren konnte" (AJ 16,2,2/24f.).

Die Frage, was Herodes damit bezweckte, dass er freigebig sein Geld verteilte, wird in der Forschung damit beantwortet, dass er die Gelegenheit ergriff, die sich ihm bot, „sich vor den Augen des Römers als wohltätiger Monarch zu erzeigen, der seine persönlichen Reichtümer zur Vermehrung seines Ruhmes und zum Wohl der Beschenkten einzusetzen vermochte".[20]

Gerade im Verhältnis zu Agrippa, an den sich die Bittsteller zu wenden hatten, zeigte sich freilich Herodes' Talent, zugleich seine eigenen Lorbeeren zu ernten: Es ging zwar nicht ohne die Römer, aber ohne Herodes wäre eine wohltätige Entscheidung entweder gar nicht erwogen oder nicht zum Vorteil der Bittsteller getroffen worden. Damit war für das damalige Publikum, auch und gerade dasjenige außerhalb Judäas, unzweifelhaft, wer der tatsächliche Euerget war. Mithilfe seines Freundes Agrippa profilierte sich der König von Judäa bei seinen Zeitgenossen im hellenistischen Osten des *Imperium Romanum*.

Die skizzierte Interpretation lässt sich auch auf das Engagement des Herodes für die Juden in der kleinasiatischen Diaspora übertragen. In Samos hielt Agrippa nämlich Gerichtstag ab und hatte auch über Beschwerden von Juden in griechischen Städten Kleinasiens zu befinden (siehe unten S. 207f.). Das rhetorisch glänzende Plädoyer des Nikolaos von Damaskus, der offenbar selbst kein Jude war,[21] hatte den gewünschten Erfolg: „Da nun Agrippa einsah, dass die Juden die Bedrückten seien, gab er den Bescheid, er sei wegen der ergebenen und freundschaftlichen Gesinnung des Herodes bereit, alle Forderungen der Juden zu erfüllen und als gerecht anzuerkennen. Auch wenn sie noch mehr Bitten vorzubringen hätten, werde die Gewährung keine Schwierigkeiten machen, wofern nur die römische Oberhoheit dadurch nicht benachteiligt werde" (AJ 16,2,5/60). Auf die anschließende Dankbarkeitsbezeugung des Herodes, offenbar eine tiefe Verneigung, reagierte Agrippa, „indem er ihn umarmte und küsste" (ebd. 61). Hier ist anzunehmen, dass Herodes vor dem Römer einen Fußfall machte und Agrippa ihn zu sich hochzog. Mit dieser Unterwerfungsgeste hatte sich der judäische Königs vollends zum Klienten, zum persönlichen Gefolgsmann des hochmögenden Freundes gemacht.

Herodes kehrte nach Jerusalem zurück, wo er vor dem Stadtvolk eine Art Regierungserklärung abgab: „(Er) stattete über seine ganze Reise Bericht ab und machte namentlich Mitteilung davon, dass er den Juden in ganz Asien die Gewährleistung ihrer Rechte erwirkt habe. Alsdann sprach er von seiner glücklichen Regierung, setzte seinen Eifer für das Wohl des Volkes in gehörige Beleuchtung und erließ ihm in seiner Freude den vierten Teil der Abgaben für das verflossene Jahr. Ob einer solchen Gnade und der ganzen Rede des Königs von Bewunderung ergriffen, ging das Volk unter Glückwünschen für seinen König in hellem Jubel auseinander" (ebd. 62–66). Zu gern wüsste man Genaueres über die Ansprache, die offenbar drei Schwerpunkte hatte: Den Erfolg der Reise in der Bestätigung der römischen Privilegien für die Juden in Kleinasien, den Vorteil der Herrschaft des Herodes für das jüdische Volk und schließlich das Steuergeschenk. Welchem Zweck diente der königliche Steuernachlass – tatsächlich der Anteilnahme der Juden Judäas an der Zufriedenheit ihrer Kultgenossen außerhalb des Landes oder ihrer Beschwichtigung angesichts der horrenden Ausgaben, die ihr wohltätiger König im Ausland getätigt hatte?

Oder spiegelte „auch die Art, wie Herodes sich der Juden der Diaspora annahm", die Zwecksetzung all seiner anderen euergetischen Aktivitäten, mit denen er durch den tiefen Eindruck, den er damit auf Agrippa machte, letztlich „seine Stellung bei Augustus noch fester" auszubauen trachtete?[22] Selbst wenn es so gewesen sein sollte, dürfte Herodes diese Überlegungen kaum in einer Rede vor dem Volk offen gelegt haben, denn ein großer Teil der jüdischen Bevölkerung fand sich nur notgedrungen mit der fortgesetzten Herrschaft des 'Romfreundes' ab und vermutete ohnehin, dass der König um jeden Preis allein an seinem Machterhalt interessiert war.

Wenn Herodes in einer Ansprache den Erfolg der Reise in Verbindung brachte mit den glücklichen Erfolgen seiner Herrschaft, dann müsste er am ehesten seinen Zuhörern erläutert haben, welchen Vorteil sie von der indirekten Herrschaft der Römer und von deren Festigung eben auch mithilfe seiner absoluten Loyalität hatten. Anders gesagt: Herodes müsste den konkreten Nutzen jener hohen Geldausgaben in Kleinasien benannt haben, nämlich dass die Diaspora-Juden jetzt wieder Rechtssicherheit genießen konnten und dass davon auch Judäa, der Tempel Gottes in Jerusalem und die Frömmigkeit aller Juden im Lande gefördert wurde. Im Plädoyer des Nikolaos von Damaskus vor Agrippa zugunsten der kleinasiatischen Juden findet sich die Formulierung: „Denn wenn Gott seine Freude an Ehrenbezeugungen hat, so hat er auch seine Freude an denen, welche die Erweisung derselben ermöglichen" (AJ 16,2,4/42). Diesen Gedanken wie auch die weitere Argumentation jener Rede könnte Herodes vor seinem eigenen Volk verwendet haben: Auf das Wohlwollen der Römer, durch welches die ungestörte Gottesverehrung ermöglicht und gefördert wird, hat das Volk der Juden einen Anspruch, nämlich wegen der Treue und Loyalität seines Königs – so wie zuvor des Antipater, dem zuliebe Caesar einst förderliche Privilegien konzediert hatte – gegenüber den gegenwärtigen Machthabern. Herodes könnte die Akzente sogar verlagert haben: Seine Loyalität gegenüber Augustus und dessen Stellvertreter Agrippa war die notwendige Voraussetzung für die ungestörte Lebensweise nach den mosaischen Gesetzen, sein Engagement im Ausland stärkt die Nachhaltigkeit des römischen Wohlwollens; entsprechend dienten seine Geschenke an die Heiden und notfalls deren Götter der allseitigen Akzeptanz seiner Vorreiterrolle zur Erhaltung der für alle so notwendigen Weltherrschaft Roms.

Im Herbst des Jahres 14, unmittelbar nach seiner Rückkehr von der Euergeten-Tournee an der Seite Agrippas, ließ Herodes sein Volk und die zahlreichen Frommen wissen, dass das Glück ihrer Gegenwart, nämlich die Ermöglichung eines gottgefälligen Lebens im Lande selbst wie auch in der Diaspora, aus dem Wohlwollen Roms resultierte und er als ihr König erfolgreich diese existenzielle Basis stabilisiert hatte. Man darf ferner annehmen, dass er auch auf den Besuch Agrippas im Vorjahr zu sprechen gekommen ist und seine Freundschaft mit dem zweitmächtigsten Manne Roms gebührend als Erfolgsgarantie herausgestellt hat.

Als im folgenden Jahr 13 der Aufenthalt des Agrippa im Osten des *Imperium Romanum* zu Ende ging, machte sich König Herodes noch einmal auf den Weg zu dem Freund, diesmal in Begleitung seines ältesten Sohnes Antipater. Diesen hatte ihm seine erste Gattin Doris schon vor seiner Erhebung zum römischen Klientelkönig geboren; der junge Mann war damals rund 30 Jahre alt und besaß seit seiner Geburt durch seinen Vater Herodes das römische Bürgerrecht. Nun sollte Agrippa ihn nach Rom mitnehmen und dort dem Augustus und weiteren einflussreichen Personen vorstellen.

„Im folgenden Frühjahr starb Agrippa, und mit ihm endete Herodes' Glück."[23] Damit ist treffend erfasst, dass nach der Überlieferung bei Flavius Josephus die weiteren Jahres des Herodes fast ausschließlich von den destruktiven Querelen in der Königsfamilie dominiert sind, hinter denen die glücklichen und erfolgreichen Jahre seines direkten freundschaftlichen Verkehrs mit Augustus und Agrippa zu verblassen scheinen.

4. Syllaios[24]

Die vertrauensvollen Beziehungen zwischen Herodes und Augustus wurden wenige Jahre später durch Ereignisse an der Nordostgrenze des seit 20 erweiterten Judäa schwer erschüttert. Es war in jenem neuen Gebiet Trachonitis zu einem Konflikt gekommen, den der König schließlich mit Waffengewalt löste. Allerdings wurde sogleich von dem Nabatäer Syllaios dieser Feldzug in Rom angezeigt: als eine von Herodes zu verantwortende massive Kompetenzüberschreitung. Diplomatische Ranküne auf allen beteiligten Seiten führten schließlich doch zur Entlastung des Herodes und zur Verurteilung seines Gegenspielers. Verflochten mit dieser Affäre ist in der Überlieferung das Nachfolger-Drama im judäischen Königshaus, bei dessen Darstellung Flavius Josephus aus seiner Sympathie für die Söhne des Herodes von der Hasmonäerin Mariamne keinen Hehl macht.

Da es zunächst um eine außenpolitische Affäre geht, nämlich um den Handlungsspielraum, den ein befreundeter König in der Situation tatsächlichen oder verleumderisch angezeigten Fehlverhaltens hat, soll von den gleichzeitigen familiären Querelen nur erwähnt werden, was in diesem Zusammenhang unerlässlich ist.

So bleibt ein Blick auf Syllaios unvollständig, wenn nicht auch die Gerüchte erwähnt werden, die über ihn und Salome im Umlauf waren. Während eines geschäftlichen Aufenthalts in Jerusalem, der in die Zeit um 14 gehört, soll der Nabatäer die Schwester des Königs kennen gelernt und sich mit ihr mehrfach getroffen haben. Daraus erwuchs am Hof sehr schnell Gerede über ein unziemliches Verhalten der zweifachen Witwe, die damals zwischen 40 und 50 Jahre alt war. Als wenige Monate später der arabische Fürst, der ein Bruder des Königs Obodas und zugleich dessen tüchtiger Reichsverweser *(epitropos)* war, erneut zu Herodes kam, soll er sich Salome als Gattin erbeten haben. Obgleich diese selbst sofort einwilligte, verhinderte der König eine Heirat dadurch, dass er den künftigen Schwager zum Übertritt zum Judentum aufforderte, was dieser weit von sich wies. In der Forschung ist an der Beinahe-Ehe nie gezweifelt worden, vielmehr erscheint Salome auch hier – ganz nach dem von Flavius Josephus gezeichneten Bild – als „ruchloses altes Weib."[25] Wenn es Syllaios um eine dynastische Verbindung mit der herodianischen Familie gegangen wäre, hätte er um eine Tochter oder Nichte des Königs werben können, doch wäre auch ein solches Heiratsprojekt an seiner mangelnden Bereitschaft zum Religionswechsel gescheitert. Da Herodes um die rigide Haltung des Nabatäers wusste, seinerseits aber zu keinen Zugeständnissen bereit war, liegt auf der Hand, dass er an engeren politischen Beziehungen zu Syllaios und dessen Sippe nicht interessiert war.

In der antiken und modernen Historiographie spielt nun Syllaios eine wichtige Rolle für den Fortgang der Ereignisse in der von arabischen Stämmen immer wieder beunruhigten Trachonitis: Als das ständige Motiv des Nabatäers, der zum intriganten Widersacher wurde, wird sein rachsüchtiger Hass auf Herodes apostrophiert.[26] An dieser Entwicklung gaben manche 'Insider' nicht zuletzt gerade Salome große Mitschuld: Sie habe den arabischen Fürsten mit ihrem losen Verhalten zu seinem fatalen Antrag verlockt und stünde auch weiterhin in – vorgeblich geheimem – Briefkontakt mit ihm, wobei sie, verleitet durch ihre ungebrochene Leidenschaft, ihn über die internen Ereignisse am Hof in Jerusalem und damit über die herodianische Politik auf dem Laufenden halte.

Hingegen dürften die Gründe für Syllaios' Feindschaft seit etwa 12 nicht im Privaten, sondern im Politischen zu suchen sein, nämlich in den traditionell ambivalenten Beziehungen zwischen Judäa und nabatäischen Stammesfürsten.

Der Konflikt, von dem wir bei seinem offenen Ausbruch im Sommer/Herbst des Jahres 12 erfahren, hatte bereits vorher in der Trachonitis geschwelt. Die Raubzüge der dortigen arabischen Stämme sollen ein unerträgliches Ausmaß angenommen haben, als sich das Gerücht vom Tode des Herodes bei seiner Romreise verbreitete. Die militärische Reaktion des zuständigen judäischen Befehlshabers war erfolgreich, doch flohen 40 Rädelsführer ins angrenzende Nabatäerreich, wo sich kein anderer als Syllaios ihrer annahm und ihnen als sicheren Unterschlupf die Festung Raëpta anwies. In der Folgezeit eskalierten die Gewalttätigkeiten, denn Herodes selbst ging mit brutalen Strafen gegen die in der Trachonitis verbliebenen Sippenangehörigen jener Räuberhäuptlinge vor und provozierte so deren Rache- und Terroraktionen.

Als schließlich – wohl im Jahre 9 – Herodes der Verwüstungen nicht mehr Herr werden konnte, wandte er sich an den Statthalter der römischen Provinz Syrien, in dessen Bereich die Überfälle gleichfalls große Schäden verursacht hatten. Sentius Saturninus verlangte nun die Auslieferung der Rebellen von Syllaios.

Zu den Beschwerden des Herodes gehörte des Weiteren die Anmahnung einer fälligen Schuld von 60 Talenten aus einem Darlehen an den nabatäischen König Obodas, für das Syllaios höchstwahrscheinlich gebürgt hatte. Für die Rückerstattung dieses Geldes ebenso wie für die Auslieferung der auf nabatäisches Gebiet geflohenen Unruhestifter setzte Saturninus dem Nabatäerfürsten, der demnach auch den römischen Autoritäten als passender Ansprechpartner galt, eine Frist von 30 Tagen. Als diese Zeit ohne irgendwelche Reaktionen verstrichen war, ergriff Herodes die militärische Initiative zur Selbstjustiz, rückte ins Nabatäergebiet ein und eroberte in blutigen Kämpfen Raëpta; dabei sollen 25 Gegner – nach nabatäischen Angaben sogar 2500 – gefallen sein. Damit war das Problem für den König erledigt; als Maßnahmen zur Verhinderung erneuter arabischer Raubzüge größeren Stils und zur Stabilisierung der erreichten Situation siedelte er 3000 Idumäer in der Trachonitis an. „Dann schrieb (Herodes) an die beiden in Phönizien stehenden (sc. römischen) Feldherrn und teilte ihnen mit, dass er nichts weiter getan habe, als was zur Bestrafung der widerspenstigen Araber notwendig gewesen sei. Das fanden die beiden Feldherren nach sorgfältiger Untersuchung auch bestätigt" (AJ 16,9,2/285).

Leider bleibt in diesem unserem einzigen Bericht unklar, über einen wie langen Zeitraum sich die geschilderten Ereignisse erstreckten, vor allem wie lange nach Ablauf der genannten dreißigtägigen Frist Herodes seinen Nabatäer-Feldzug begann und wie lange nach der Eroberung Raëptas der syrische Statthalter Sentius Saturninus die Rechtfertigung des Herodes in den Händen hielt. In ebendiese Zeit nämlich müssen diejenigen Ereignisse gehören, die in Rom dazu führten, dass der König Judäas so plötzlich in Ungnade fiel.

Gleich nach Ablauf jener Frist soll nämlich Syllaios höchstpersönlich an den Tiber gereist sein, um seine Sicht des zwischen seinem König Obodas und dem aggressiven Herodes schwelenden Konfliktes dem Augustus vorzutragen. Von der blutigen Eroberung der nabatäischen Festung erfuhr er durch Eilboten. Bei Flavius Josephus heißt es über die Situation nach dem Eintreffen der Eilboten, die „wie gewöhnlich alles übertrieben" berichtet hatten: „Syllaios, der schon beim Caesar eingeführt war und beim Empfange der Meldung sich gerade in der Nähe des Palastes befand, legte sogleich schwarze Kleider an, begab sich zu Augustus und klagte ihm, Arabien sei von Kriegswirren beunruhigt, und Herodes, der das Land verwüste, habe das ganze Araberheer aufgerieben ... Hierüber erzürnt, fragte Augustus die zufällig anwesenden Freunde des Herodes und seine eigenen aus Syrien gekommenen Beamten, ob Herodes ins Feld gezogen sei. Da nun die Gefragten das bejahen mussten, Augustus ihnen aber die Darlegung der näheren Umstände nicht gestattete, schrieb er in höchstem Groll einen in bitteren Worten abgefassten Brief, dessen Hauptinhalt der war, dass er ihn statt wie früher als Freund nunmehr als Untertan behandeln werde" (AJ 16,9,3/286f. 289f.).

An dieser Episode überrascht das Verhalten des Augustus: sein schnelles Agieren, sein geradezu blindes Vertrauen in die Angaben des Nabatäers, sein Desinteresse an römischen respektive judäischen Erläuterungen. Zu Recht hat diese Darstellung Verwunderung erregt.[27] Wer waren etwa die „zufällig anwesenden" Freunde des Herodes, die von dem Feldzug bereits wussten? Wer waren die „eigenen Leute", also Freunde des Augustus, die, gerade erst aus Syrien eingetroffen, vor ihrer Abreise vom Feldzug des Herodes hätten gehört haben müssen? Mit der gleichen Geschwindigkeit wie die Nabatäer, die vom Tod angeblich von 2500 Stammesgenossen berichten wollten, wird der Statthalter über das lokale Grenzscharmützel außerhalb seiner Provinz kaum eine Meldung nach Rom gemacht haben; dass er damals bereits den Bericht des Herodes erhalten hatte, darf bezweifelt werden. So konnten am Kaiserhof die Berichte aus dem Nabatäerland nicht umgehend durch offizielle römische Informationen überprüft werden.

Während der Princeps auf die nabatäischen Beschwerden zunächst mit der Anordnung einer Untersuchung hätte reagieren müssen, in deren Verlauf dann Herodes' Rechtfertigungsschrift und deren Überprüfung durch Saturninus ihren Platz hätten, will unser Quellenautor wissen, dass Augustus in schnellem Zorn jenen bösen Brief abschickte. Allem Anschein nach ist der Bericht des Flavius Josephus ergänzungsbedürftig: Man darf vermuten, dass die ominöse Androhung des Entzugs der Freundschaft in einem Schreiben stand, das Augustus an Herodes – und zwar auf dem Dienstweg über den Statthalter – schickte, um zunächst Stellungnahmen zu den nabatäischen Anschuldigungen anzufordern. Aus dieser Perspektive kann aber davon, dass ein so verdienter Freund und Bundesgenosse wie der König von Judäa so einfach durch Syllaios ausgestochen wurde, keine Rede mehr sein. Hinzu kommt, dass der Nabatäer in Rom kein Unbekannter, sondern von seiner Beteiligung am gescheiterten Arabien-Feldzug des Aelius Gallus her in – zumindest ambivalenter – Erinnerung war. Wir wissen nicht, ob Syllaios im Jahr 9 zum ersten Mal in Rom war; seine guten Kontakte zur Entourage des Augustus lassen zumindest vermuten, dass er sich schon früher einmal in eigener Person vorgestellt hatte.

Die harsche Reaktion des Kaisers auf die Meldung von einem blutigen Krieg des Herodes gegen das Nabatäerreich soll nicht zuletzt auf die damalige intensive Friedenspropaganda zurückzuführen sein, und zwar wegen der zeitlichen Nähe jenes Eklats zur Weihung der *Ara Pacis Augustae*.[28] Diese Vermutung fußt auf einer Bemerkung des hassvollen und Hass säenden Syllaios, die unser Quellenautor referiert; hier ist freilich Vorsicht angeraten: Flavius Josephus war daran interessiert, erstens die römische Ungnade gegen Herodes drastisch auszumalen, zweitens als deren Motor den Syllaios und indirekt die affärenreiche Salome zu benennen. Die Gründe dafür können sowohl in den Verflechtungen der dynastischen Intrigen mit den außenpolitischen Vorgängen als auch in der Inszenierung eines besonders schwarzen Hintergrundes liegen, auf dem dann die Leistung des Nikolaos von Damaskus, der Augustus wieder mit Herodes aussöhnen sollte, umso glänzender hervortritt.

Eine plausible Rekonstruktion der Vorgänge um jenen kaiserlichen Drohbrief an Herodes reduziert den dramatischen Eklat auf ein weniger spektakuläres Maß: Die Beschuldigungen durch Syllaios mögen Augustus' politische Freundschaft mit dem König Judäas kurzfristig getrübt haben, es kam aber nach detaillierten Untersuchungen, zu denen vor allem Herodes selbst mit seinem Bericht an den Statthalter beitragen konnte, zur Wiederherstellung des früheren besten Einvernehmens. Im Zusammenhang mit den Bemühungen des Königs, sich gegen die nabatäischen Anschuldigungen zu verteidigen, ist auf eine Gesandtschaft zu verweisen, die nach Rom geschickt, dort aber nicht empfangen wurde. Ebenso wenig zur Audienz vorgelassen wurde eine neue nabatäische Gesandtschaft, die etwa gleichzeitig anreiste, allerdings in einer anderen Angelegenheit: König Obodas war inzwischen verstorben, sein Nachfolger war ein gewisser Aretas, der seinen Regierungsantritt vermelden und um die Erneuerung der nabatäisch-römischen Freundschaft nachsuchen wollte. Die Nichtanhörung dieser Delegation wird von unserem Quellenautor ebenfalls dem Syllaios zugeschrieben, der sich durch sein Intrigenspiel die römische Gunst so weit zu erringen hoffte, dass er selbst zum neuen König Arabiens ernannt würde. Bedenkt man allerdings, dass Augustus zunächst den Bericht des zuständigen Statthalters abwarten musste, bevor er in dieser Affäre irgendeinen weiteren Schritt machen konnte, ist es durchaus einsichtig, dass er auf eine Bevorzugung der einen oder anderen Gesandtschaft verzichtete und beide – zumindest offiziell – auf Distanz hielt.

Über den Zeitpunkt und den Auftrag dieser erfolglosen Gesandtschaft erfahren wir, dass Herodes sie „zu seiner Rechtfertigung“ nach Rom geschickt hatte, nachdem er von Augustus jenen Drohbrief erhalten hatte, und dass der König über die Nichtanhörung der Delegation deswegen bestürzt und verärgert war, weil „Syllaios Glauben fand und persönlich in Rom anwesend sein konnte, wo er weitausschauende Pläne verfolgte. Denn Obodas war inzwischen gestorben“ (AJ 16,9,4/293f.). Offenbar gehört die vergebliche Gesandtschaft ins frühe Jahr 8, vielleicht stand sie sogar in direktem Zusammenhang mit dem Tod des Nabatäerkönigs Obodas und sollte nicht einmal in erster Linie das Verhalten des Herodes gegenüber den Nabatäern östlich und südlich der Trachonitis rechtfertigen, sondern vielmehr auf Weichenstellungen für die Zukunft Einfluss zu nehmen suchen: Dass sich Syllaios immer noch in Rom aufhielt, war Herodes bekannt und musste ihm beim Gedanken an die zu regelnde Thronfolge in Petra missfallen. So ist es sehr wohl möglich, dass bereits die nicht zu Augustus vorgelassene judäische Gesandtschaft das versuchen sollte, was dann diejenige unter Führung des Nikolaos mit Erfolg tun konnte, nämlich „Syllaios anzuklagen“ (AJ 16,10,8/336). Es liegt auf der Hand, dass Beschuldigungen des Syllaios als Unruhestifter ihn sowohl für die Königswürde im Nabatäerreich disqualifizieren als auch den Herodes hinsichtlich der Vorwürfe wegen seines Vorgehens gegen Raëpta entlasteten sollten.

Indessen spitzte sich im Frühjahr und Sommer des Jahres 8 die Lage in der trachonitischen Krisenregion wieder zu, weil durch die laufende Untersuchung einerseits und durch den Thronwechsel in Petra andererseits ein Kompetenzvakuum entstanden war: Allem Anschein nach ging es für die umstrittene Region, die seit 20 zu Judäa gehörte, darum, ob es bei dieser Zuordnung bleiben sollte oder das Gebiet, in dem diverse arabische Stämme lebten, dem Nabatäerreich zugesprochen würde. In diesem Sinne ist wohl die Ansicht der unruhigen Araber in der Trachonitis zu verstehen, die – informiert von Syllaios – ihre frühere Haltung im Rechtsstreit über das Herodes-Darlehen und die Auslieferung von Rädelsführern um neue territoriale Ansprüche erweiterten, „weil der König der Juden von dem erzürnten Augustus abgesetzt worden sei“ (AJ 16,9,4/298).

Es gelang schließlich der Gesandtschaft, die im späteren Verlauf des Jahres unter Leitung des Königsfreundes Nikolaos nach Rom reiste, die zur Vertrauenskrise gegenüber Herodes aufgebauschte Situation zu beschwichtigen. Bei Flavius Josephus wird sein Erfolg auf das diplomatische Geschick zurückgeführt, mit dem er Kontakt zu einigen der nabatäischen Gegner Kontakt aufnahm, die eine Gruppe gegen die andere ausspielte und so die Isolierung des Syllaios erreichte. Ob Syllaios zu Recht eines Mordkomplotts gegen Obodas verdächtigt und in einem eigenen Prozess dann auch dafür in Rom hingerichtet wurde, ist kaum zu entscheiden.

Zweifellos bot Herodes' Star-Diplomat Nikolaos den Anhängern des Aretas im Namen seines Königs die judäische Freundschaft an und überwand somit die nabatäisch-judäische Konfrontation, von der Syllaios profitiert hatte. Als Gegenleistung für die Unterstützung seines neuen Regimes musste Aretas den territorialen *status quo* im koilesyrischen Grenzgebiet, also die dortige Herrschaft des Herodes, anerkennen. Diesem Lösungsentwurf hat dann Augustus zugestimmt.

Das diplomatische Ringen hinter den Kulissen endete jedenfalls mit einer salvatorischen Schuldzuweisung an Syllaios als denjenigen, der sich zuvor die größten Hoffnungen auf eine Neuordnung im syrisch-arabischen Raum gemacht hatte. Ob Herodes ohne das Geschick des Nikolaos das Nachsehen hätte haben können – eventuell in Gestalt einer Abdankung zugunsten seiner Söhne oder eines von ihnen, der den Konfliktparteien am genehmsten gewesen wäre –, muss als spekulative Frage zwar offen bleiben, doch ist der Zusammenhang zwischen der Syllaios-Augustus-Krise und den in Jerusalem ausgebrochenen Thronfolgediskussionen bei Flavius Josephus angedeutet: Er berichtet von einer weiteren judäischen Gesandtschaft in Rom, die Augustus Beweismaterial über ein von den Prinzen Alexander und Aristobul gegen ihren Vater Herodes geplantes Attentat übergeben sollte. Als der Princeps von dem erneut eskalierten Familienstreit erfuhr, nahm er Abstand von seiner Absicht, seinem treuen Freund Herodes zusätzlich das verwaiste Nabatäerreich anzuvertrauen: er „hielt es ... nicht für geraten, einem alternden und mit seinen Söhnen in Zwietracht lebendem Manne noch ein zweites Reich anzuweisen" (AJ 16,10,9/355). Demnach verdankte der Araber seine Bestallung als Klientelkönig durch die römische Vormacht vor allem den dynastischen Querelen im herodianischen Haus.

Dagegen dürfte die römische Anerkennung der faktischen Thronfolge dieses nabatäischen Fürsten auf jenen Kompromiss zurückgehen, den in Rom die nabatäischen und judäischen Gesandten im Einvernehmen mit Augustus und seinen Beratern ausgehandelt hatten. Dieser Kompromiss orientierte sich an einem realpolitischen Interessenausgleich in jener konfliktträchtigen Region, nachdem sich dort aus lokalen Unruhen jene für den judäischen König so brisante Situation der vergangenen Jahre entwickelt hatte. Ausgangspunkt war der Versuch gewisser nabatäischer Kreise gewesen, die Machtverteilung, wie sie Augustus selbst im Jahr 20 zugunsten des Herodes bestätigt hatte, nunmehr den Ansprüchen der arabischen Stämme anzupassen. Als deren Vertreter war Syllaios aufgetreten, allem Anschein nach mit der Absicht, durch diese dezidiert Herodes gegenüber feindliche Politik seine innernabatäische Position zu stärken und eines nicht zu fernen Tages die Herrschaft von Obodas zu übernehmen. Derartige nabatäische Ambitionen hatten – wie schon zu Zeiten pro-

und contrahasmonäischer Gruppierungen – ihre mehr oder weniger direkten Auswirkungen auf die Stabilität der Herrschaft des von Rom in Judäa eingesetzten Königs, mithin auf die dynastischen Zwistigkeiten im Hause des Herodes. Insofern kann es nicht zweifelhaft sein, dass zu den Verwerfungen im judäisch-nabatäischen sowie dem judäisch-römischen Verhältnis gravierende Erschütterungen im Jerusalemer Palast respektive in der herodianischen Familie hinzutraten.

Deutlicher als je zuvor wurde aber an dem von Syllaios nach Rom getragenen und schließlich dort unter maßgeblichem Anteil des Königsgesandten Nikolaos geschlichteten Konflikt, dass die letzte Instanz selbst für innerfamiliäre Probleme der Princeps war. Kurz: Dynastische Fragen wurden in Rom entschieden, wobei diejenige Gruppierung am besten abschnitt, die Augustus am überzeugendsten die Vorteilhaftigkeit einer Lösung für ihn darzustellen wussten.

So zeigt schließlich die Vertrauenskrise zwischen Augustus und Herodes, dass der König von Judäa als Freund die besseren Karten in dem Intrigenspiel hatte, denn seine Kontakte zu einflussreichen Personen waren älter, zuverlässiger und daher erfolgreicher als die neuen Beziehungen, die ein Konkurrent wie Syllaios einzusetzen wusste. Wenn auch Nikolaos mit beträchtlicher Gewandtheit zugunsten des Herodes auftrat, so ist doch zu bedenken, dass er auf ein Netz von römischen – wie wohl auch nichtrömischen – Freunden und Informanten zurückgreifen konnte.

Dafür, dass Herodes in Überschätzung seiner Beliebtheit in Rom darauf hingearbeitet haben könnte, sein judäisches Reich immer weiter auf Kosten der Nabatäer auszudehnen, gibt es keine Anhaltspunkte. So ist die Vorstellung von der Hand zu weisen, der ansonsten politisch so kluge Herodes hätte mit dem Konflikt um die nach Raëpta geflohenen Räuber die Geduld der römischen Vormacht austesten wollen, um Schritt für Schritt seine faktische Unabhängigkeit in Gestalt beliebiger Handlungsspielräume zu erreichen.

Abschließend lässt sich daher behaupten, dass Herodes die unverbrüchliche Freundschaft des Augustus wiedergewinnen konnte, weil er in Rom als großzügiger, spendenfreudiger und zuverlässiger Mann bekannt war; anders gesagt: Weil selbst Augustus es sich im Interesse einer stabilen römischen Herrschaft in Syrien und den angrenzenden Regionen nicht leisten konnte, so kurzerhand einen verdienten Freund und Bundesgenossen durch irgendeinen anderen ‘Freund’ zu ersetzen. Diese Klugheit hatte bereits Octavian nach seinem Sieg über Marcus Antonius besessen, als er dem sich vor ihm demütigenden Herodes die Herrschaft über Judäa erneut anvertraut hatte. Warum sollte Augustus rund 20 Jahre später ohne Not diese erfolgreiche politische Partnerschaft beenden?

VI. Herodes' umkämpftes Erbe

Im März des Jahres 4 starb König Herodes. Seine letzten Lebensjahre waren von den innerfamiliären Zwistigkeiten und Intrigen überschattet worden, die man als Diadochenkämpfe zu Lebzeiten bezeichnen kann.[1]

Noch wenige Tage vor seinem Tod soll der seit einiger Zeit Schwerstkranke neuen Auftrieb erhalten haben durch die Nachricht, dass in Rom Augustus das Todesurteil über den Kronprinzen Antipater bestätigt hatte. Herodes ließ nun die Hinrichtung umso eiliger vollziehen, als ihm gemeldet wurde, der wegen Mordkomplottes Inhaftierte versuche durch Bestechung zu fliehen und erwarte sich vom unmittelbar bevorstehenden Tod des Vaters die Schicksalswende, nämlich endlich die eigene Thronfolge.

Diesem Ziel hatte Herodes' ältester Sohn zehn Jahre lang, seit dem Herbst des Jahres 14, entgegengeeifert. Damals war er an den Königshof zurückgeholt worden war, den er 38/37 im Alter von etwa neun Jahren mit seiner Mutter Doris hatte verlassen müssen, als Herodes sich im eroberten Jerusalem mit seiner zweiten Gattin, der Hasmonäerin Mariamne, etablierte. Für das Ziel, anstelle der verhassten Halbbrüder die Herrschaft des Vaters zu erben, soll er über Leichen gegangen und nicht einmal vor einem Komplott zur Ermordung des Königs zurückgeschreckt sein. So jedenfalls stellt es Flavius Josephus mit teilweise äußerst detaillierten Einblicken in die Intrigen und Affären am herodianischen Hof dar. Wenngleich es unmöglich ist, „aus der josephischen Darstellung, die an dieser Stelle nur noch sehr begrenzt etwas mit Geschichtsschreibung ... zu tun hat, das historisch Zuverlässige herauszudestillieren",[2] soll im Folgenden versucht werden, die skandalösen Vorgänge im familiären Umfeld des judäischen Herrschers zu skizzieren. Dabei ergeben sich Einsichten in die politischen Triebkräfte jener Jahre, in denen Herodes' Konflikt mit den Nabatäern und speziell Syllaios zu einer ernsten Krise eskalierte, in deren Verlauf dem bisher so romtreuen judäischen König sogar der Verlust der Gunst des Augustus gedroht haben soll.

Dass sich Herodes auch in seinen allerletzten Lebensjahren seiner Abhängigkeit vom Wohlwollen des römischen Machthabers stets bewusst war, zeigt sein Testament, das den Sohn Archelaos zum Nachfolger bestimmte: „Diesem hatte der König den Auftrag gegeben, seinen Siegelring und die versiegelten Akten des Staatshaushaltes dem Kaiser zu überbringen; ihm stehe die letzte Entscheidung über alles zu, was er, Herodes, verfügt habe, sei es doch der Kaiser, der das Testament bestätigen müsse" (BJ 1,33,8/669).

Wenn hinter den Kulissen des Jerusalemer Palastes rund zehn Jahre lang mehr oder weniger offen um die einstige Thronfolge gekämpft wurde, dürfte jedem Beteiligten die eigene Chancenlosigkeit ohne das absolute Vertrauen des Augustus bewusst gewesen sein. Den Rivalitäten in Judäa werden daher auch Rivalitäten unter den römischen Freunden entsprochen haben. Für die Frage, mit welchen Parteiungen am herodianischen Hof zu rechnen war, bietet die Darstellung unseres Quellenautors zumindest auf den ersten Blick lediglich die plakative Polarisierung Herodianer gegen Hasmonäer an, doch lohnt eine nähere Untersuchung.

1. Die Mariamne-Söhne

Flavius Josephus resümiert: „(Herodes') Regierungszeit betrug, seit er durch die Hinrichtung des Antigonus die Macht an sich gerissen hatte, 34 Jahre, 37 Jahre aber von der Einsetzung als König durch die Römer an gerechnet" (BJ 1,32,8/665). Damit gibt er seine Präferenz für die Sicht der hasmonäerfreundlichen 'Partei' zu erkennen, die aus ihrem Gedächtnis die Rolle Roms beim Sturz des Antigonus als eines romfeindlichen und von Rom nicht anerkannten Machthabers ausgeblendet hatte. Die Perspektive, dass Herrschaft in Judäa allein durch eine hasmonäische Abstammung legitimiert sein konnte, hatten die Söhne Mariamnes verinnerlicht. Insbesondere Alexander, benannt nach seinem Großvater, einem Bruder jenes Usurpators, hielt es „für nicht verwunderlich, wenn Herodes, der Mörder ihrer Mutter, den Brüdern auch den von ihr ererbten Anspruch auf den Thron entreiße". Er soll dem Vater unterstellt haben, er sei „nicht etwa damit zufrieden, auf einem fremden Thron zu sitzen und nach dem Morde an ihrer Mutter deren Herrschaft zu verschleudern, sondern er führe auch noch einen Bastard als Nachfolger ein" (BJ 1,26,2/518.521). Aus dem notorischen Wunsch, die ungerechten Hinrichtungen der Mariamne und des Hyrkanus müssten gerächt werden, soll ein Attentatsplan erwachsen sein, den Flavius Josephus allerdings als ungeheuerliches Lügengespinst der Partei um Herodes, insbesondere des intriganten Antipater und seiner dubiosen Freunde, bezeichnet. Zwar erhärteten im Laufe der Zeit diverse Aktivitäten Alexanders sowie durch Folter erpresste Aussagen seiner Vertrauten den Verdacht einer Konspiration gegen den König, doch ist Flavius Josephus' Bericht widersprüchlich: Unklar bleibt, ob die Geständnisse der Prinzen nur ihre Absichten, aus Judäa zu fliehen und in Rom bei Augustus Schutz zu suchen, oder einen veritablen Mordplan betrafen. Das ist insofern bedeutsam, als noch kurz vor dem Tod der Mariamne-Söhne infolge des Schuldspruches wegen Hochverrats 8/7 Augustus bei seiner Genehmigung des Tribunals in Berytos (heute Beirut) angemahnt haben soll, auf die Todesstrafe zu verzichten, wenn die Beklagten lediglich eines Fluchtplans überführt würden. Für Flavius Josephus waren Alexander und Aristobul ohne jeden Zweifel Opfer von Antipaters Intrigen zur Beseitigung der ihm überlegenen Thronrivalen.

Nach der Darstellung unseres Quellenautors war allerdings die Absicht der beiden Prinzen, ihren Vater in Rom wegen der Ermordung ihrer Mutter anzuklagen, bereits zu einem Zeitpunkt ruchbar geworden, als der schlimme Intrigant sich noch gar nicht am Hof seines Vaters befand. Schon während ihres eigenen Romaufenthaltes (23–18) sollen nämlich Alexander und Aristobul ihren Vaterhass entwickelt und seit ihrer Rückkehr nach Judäa offen zum Ausdruck gebracht haben. Der König, der die Söhne mit ihrer Verheiratung sogleich in seine dynastischen Strategien einbezogen hatte, erfuhr von ihrem Hass durch Verleumder, die insbesondere darauf verwiesen, dass Alexander sich der sicheren Unterstützung durch seinen kappadokischen Schwiegervater rühmte. Ob Archelaos von Kappadokien bereits im Herbst 14, als Herodes seinen ältesten Sohn an den Hof zurückholte, eine wenn auch hintergründige Rolle spielte, ist ebenso fraglich wie die Behauptung, Antipater habe dezidiert als Schutzwehr gegen die Söhne der Mariamne dienen sollen.

1.1 Die Reise zu Augustus[3]

Im Jahr 13 hatte Herodes seinen für thronfähig erklärten Sohn Antipater in Rom Augustus und weiteren einflussreichen Leuten vorstellen lassen, und zwar durch keinen Geringeren als den ihm freundschaftlich verbundenen 'Vizekaiser' Agrippa. Der Prinz, dank zahlreicher Empfehlungsschreiben allseits warm empfangen, soll flugs in verleumderischen Briefen an den Vater gegen die Halbbrüder gehetzt haben, so dass der König gemeinsam mit den sogar eines Mordkomplotts beschuldigten Mariamne-Söhnen bei Augustus vorstellig wurde. Nachdem in der kaiserlichen Audienz alle Vorwürfe zerstreut und eine allgemeine Versöhnung erzielt wurde, trat Herodes die Rückreise gemeinsam mit allen drei Söhnen an; im südkilikischen Elaioussa trafen sie mit Archelaos zusammen. Hier, auf einer in der Antike sehr küstennahen Insel, hatte der kappadokische König eine neue Residenz erbaut und sie im Jahr 12 zu Ehren seines großen Gönners Augustus *(sebastos)* Sebaste genannt. Flavius Josephus' Nachricht, bei jenem Besuch habe Archelaos seine Freude über die große Versöhnung zwischen Herodes und seinen Söhnen zum Ausdruck gebracht, erklärt sich wohl als assoziativer Vorgriff auf die spätere Anteilnahme des Kappadokiers an den Thronaussichten des Schwiegersohnes.

Herodes' und seiner Söhne Romreise samt der Rückkehr in Begleitung aller drei Prinzen hat im Sommer des Jahres 12 stattgefunden.[4] Wie aber erklärt sich die Audienz des Königs von Judäa mit allen seinen (erwachsenen) Söhnen beim Herrn der Welt? Konnte Antipater in der Kürze eines knapp einjährigen Aufenthalts in Rom wirklich den Vater so gegen die Brüder aufgewiegelt haben, dass diese Anhörung notwendig war? Eine neue Antwort ergibt sich aus den Zugeständnissen, mit denen Augustus die Besucher erfreute: Er überließ Herodes eine Hälfte der Einkünfte aus den Bergwerken Zyperns sowie die Verwaltung der anderen Hälfte im Auftrag Roms; die 300 Talente, die jener damals Augustus als Geschenk übergab, dürften Teil des zyprischen Geschäftes gewesen sein. Außerdem erteilte er dem König freie Hand bei der Gestaltung der Thronfolge. Bisher hatte man in Rom ja nur die Söhne Alexander und Aristobul gekannt, die dort von 23 bis 18/17 als Heranwachsende gelebt hatten. Nachdem nun der bereits über dreißigjährige Antipater vorgestellt – und natürlich in seiner Einstellung gegenüber Rom für zuverlässig befunden – worden war, stimmte Augustus dem Wunsch des bewährten Freundes zu, auch diesen ältesten Sohn eines Tages im Testament zu berücksichtigen.

Dass die Rückreise aus Rom dazu genutzt wurde, dem Archelaos als einem alten Freund die neue in Rom abgesegnete Konstellation nahe zu bringen, ist leicht einsichtig. Nicht zu übersehen ist zudem, dass von der Küste bei Elaioussa die Insel Zypern leicht erreichbar ist, deren Bergwerkseinkünfte ja Herodes gerade von Augustus erhalten hatte; eine weitere Station der Rückreise mag daher Zypern gewesen sein.

Von einer bereits erstmals kulminierenden Intrige Antipaters gegen seine in Rom bestens eingeführten Halbbrüder konnte 13/12 folglich keine Rede sein. Die Reise des Königs zu Augustus in Begleitung auch seiner jüngeren Söhne erklärt sich hinreichend aus der Zweckmäßigkeit einer gemeinsamen Präsentation aller potentiellen Nachfolger. Dadurch sollte gerade der Eindruck vermieden werden, Herodes habe dynastische Konflikte zu gewärtigen oder misstraue den bisherigen Thronkandidaten.

Hinzuzufügen ist, dass Herodes bei der Rückkehr aus Rom den Antipater – wie bei entsprechender Gelegenheit einige Jahre zuvor die jüngeren Söhne – durch eine Eheschließung dynastisch einband, nämlich mit einer Tochter des im Jahr 37 gestürzten Antigonus, also einer Hasmonäerin, die bisher im Palast noch keine heiratspolitische Verwendung gefunden hatte. Vermutlich erst mit diesem Schritt erwachte in den Mariamne-Söhnen die Sorge um ihre eigenen Thronchancen beziehungsweise die ihrer Kinder. So erweist sich auch auf diesem Hintergrund Flavius Josephus' Darstellung Antipaters als eines unermüdlichen Intriganten gegen seine Brüder als eine literarische Fiktion.

1.2 Die so genannte Eunuchen-Affäre[5]

In der Chronique scandaleuse des Flavius Josephus fällt auf, dass von dem zweiten Mariamne-Sohn Aristobul recht selten explizit die Rede ist. Anders als Alexander verfügte er offenbar außerhalb Judäas über keine Fürsprecher; er war mit seiner Cousine Berenike, einer Tochter Salomes, verheiratet. Mit Blick auf die fünf Kinder, die in den rund zehn Jahren dieser Ehe geboren wurden, sind Zweifel an der Behauptung unseres Quellenautors erlaubt, mit Schmähungen seiner Gattin wegen ihrer unköniglichen, ja niederen Abstammung habe er die Schwiegermutter gegen sich aufgebracht. Daher wäre es im Rahmen der ersten großen Affäre Salome darum gegangen, ihren Neffen und Schwiegersohn 'ans Messer zu liefern'. Man darf fragen, inwieweit Aristobul tatsächlich an dem Attentatsplan beteiligt war und warum sein Tod im Interesse von Herodes' Schwester gelegen haben sollte. In der Sicht unseres Quellenautors belastete Salome, die von ihrer Tochter stets erfuhr, was bei den Mariamne-Söhnen besprochen wurde, mit ihrem Zeugnis den Aristobul schwer, so dass auch er verhaftet wurde.

Die angesprochene erste Affäre hatte begonnen, als Alexander drei Eunuchen aus der Entourage seines Vaters in seine eigene Hand gebracht hatte: den Mundschenk, den Tischdiener und den Kammerherrn des Königs; damit demonstrierte der Prinz seinen Anspruch auf die superiore Befehlsgewalt. Die auf der Folter erpressten Aussagen der Betroffenen ließen keinen Zweifel daran, dass Alexander im Begriff stand, den Vater zu entmachten. Erstaunlicherweise dauerte es trotz dieser Beweislage noch eine ganze Weile, bis Herodes seinen Sohn verhaften ließ. Ängstlichkeit und Verbitterung des Königs sollen ebenso wie sein extremes Misstrauen gegenüber fast allen Höflingen und Freunden dazu geführt haben, dass er zwar deren viele foltern oder ermorden ließ, aber doch nicht den Mut hatte, weitere Konsequenzen zu ziehen. Schließlich schienen Geständnisse von Vertrauten Alexanders zu belegen, dass er mit seinem Bruder gemeinsam geplant habe, den Vater „bei der Jagd zu töten und nach Rom zu entkommen“ (BJ 1,24,8/496).

In seinem umfassenden Geständnis in vier Buchrollen, das der Beschuldigte im Kerker verfasste, gab er zwar einen Anschlagsplan auf Herodes zu, zugleich aber bezichtigte er die meisten seiner Gegner, allesamt einflussreiche Leute – allen voran Pheroras und Salome –, der Mitwisserschaft und Unterstützung. Als die brisante Schrift in die Hände des Königs kam, entfaltete sie keinerlei direkte Wirkung, denn gerade jetzt reiste Archelaos aus Kappadokien an, um seinem Schwiegersohn und natürlich auch seiner Tochter zu helfen. Mit wunderbarem Erfolg spielte er den Entrüsteten, der den Kopf des gottlob verhinderten Vatermörders forderte, und stimmte Herodes gerade dadurch milder, dass er ihn mahnte, bloß nicht allzu weichherzig zu sein. Gemeinsam gingen die beiden Männer das Dossier Alexanders durch: „Hier fand Archelaos einen Anhaltspunkt für seine Kriegslist und Schritt für Schritt schob er die Schuld auf die in der Schrift Genannten, vor allem auf Pheroras" (BJ 1,25,2/502). Nun ließ sich der Bruder des Königs – in seinerseits vertrauensvoller Rücksprache mit dem Kappadokier – dazu bestimmen, in einer mitleiderregenden Selbstanklage den Herodes um Verzeihung zu bitten, die ihm dank des guten Zuredens wiederum des Archelaos auch gewährt wurde. Als schließlich Alexanders Schwiegervater mit gespieltem fortgesetztem Zorn gegen den Prinzen vorgab, seine Tochter von Alexander trennen zu wollen, erbat Herodes die Glaphyra erneut als Gattin für den Sohn, und es erfolgte eine großartige Versöhnung zwischen den Hauptpersonen der Affäre.

Man erfährt hingegen nichts über den ja ebenfalls inhaftierten Aristobul, nichts über irgendwelche weiteren Reaktionen des Königs auf die schweren Anklagen gegen hohe Würdenträger, auch von Antipater ist nicht mehr die Rede.

In dieser ganzen Geschichte gibt Herodes als feiger, aus Angst vor einem baldigen Attentat geradezu gelähmter, zugleich brutaler Mann eine eigenartige Figur ab: Er lässt sich von einem guten Freund überlisten, indem er dessen Interpretation der Apologie des Komplotteurs annimmt. So siegt, wenn auch unter Mühen, das Gute über den Despoten.

Schließlich soll Archelaos nach vollbrachter Versöhnung zu Herodes gesagt haben, „es sei freilich nötig, (den Alexander) auf jeden Fall nach Rom zu schicken, um dem Kaiser Rede und Antwort zu stehen; denn er (Archelaos) selbst habe diesem über alle Ereignisse Bericht erstattet" (BJ 1,25,4/510). Wann mag der Kappadokier Gelegenheit gefunden haben, aus dem herodianischen Palast – doch wohl kaum mit Wissen des Herodes – einen Vertrauten nach Rom zu schicken? Und hätten dem Gastgeber nicht spätestens bei diesem Gespräch Zweifel kommen müssen an den altruistischen Motiven seines Freundes?

Gegen die rhetorisch herausgeputze Darstellung des Flavius Josephus dürfte der historische Kern der gesamten Passage auf einen Staatsbesuch des Archelaos in Jerusalem zu reduzieren sein. Spannungen zwischen Herodes und vornehmlich Alexander, dem Schwiegersohn des Gastes, mag es gegeben haben; ebenso ist ein vermittelndes Bemühen des Kappadokiers nicht zuletzt auch gegenüber Pheroras plausibel. Dass im Bericht über diesen Besuch jede Agitation Antipaters völlig fehlt, lässt den Schluss zu, dass bei der rhetorisch-literarischen Ausgestaltung für den intriganten Rivalen kein Platz auf einer Bühne war, auf der es vor allem einen unverbesserlichen Despoten darzustellen galt.

Zusammenfassend ergibt sich daher eine neue Bewertung der so genannten Eunuchen-Affäre: Gewisse Vorfälle am herodianischen Hof, mit denen Alexander seine präpotenten Ambitionen durchaus gezeigt haben könnte, haben offenbar bei weitem nicht den Wirbel ausgelöst, den die spätere Legende um die hasmonäischen Prinzen behauptete. Den Staatsbesuch des kappadokischen Schwiegervaters mag Alexander als Wasser auf seine Mühlen genossen, Antipater dagegen beargwöhnt haben. Für weitergehende Schlussfolgerungen gibt dieses literarische Quellenmaterial nichts her.

1.3 Die so genannte Brief-Affäre[6]

Parallel zu den Vorgängen in der Trachonitis soll ein zweites Mordkomplott gegen Herodes entdeckt worden sein, für das der intrigante Antipater seine Halbbrüder verantwortlich machte. Die Affäre, die nach einem entscheidenden belastenden Dokument als 'Brief-Affäre' bezeichnet wird, führte im Jahr 8/7 zu dem von Augustus genehmigten Tribunal in Berytos unter dem Vorsitz des syrischen Statthalters Sentius Saturninus und zur Hinrichtung von Alexander und Aristobul in Samaria/Sebaste.

Für die chronologische Zuordnung ist entscheidend, dass der königliche Gesandte Olympos und der ihn begleitende Römer Volumnius, die das gesammelte Belastungsmaterial nach Rom brachten, gerade zu dem Zeitpunkt am Tiber eintrafen, als Augustus dem Herodes wieder seine Gunst zuwandte: Hatte doch Nikolaos von Damaskus, Herodes' Stardiplomat, die von Syllaios erhobenen Vorwürfe unbotmäßiger Eigeninitiative Judäas gegenüber den Arabern erfolgreich entkräftet (siehe oben S. 148f.). Zum selben Zeitpunkt war im Nabatäerreich nach Obodas' Tod im Jahr bereits Aretas IV. König geworden, freilich ohne eine Anerkennung aus Rom.

Bei Flavius Josephus findet sich auch ein direkter Hinweis nicht nur auf die zeitliche Parallelität, sondern auf einen kausalen Zusammenhang zwischen der Nabatäerkrise und der Brief-Affäre: „Mit der Regierung in Judäa und Arabien ward es inzwischen von Tag zu Tag schlimmer …, weil niemand da war, der die Kraft besessen hätte, dem Übel Einhalt zu tun. Von den beiden Königen nämlich war der eine noch gar nicht anerkannt, während Herodes, weil er bei Augustus in Ungnade gefallen war, alle Beleidigungen ruhig hinnehmen musste" (AJ 16,9,4/297f.).

Für die Frage, wann diese zweite Affäre einsetzte, hat das Jahr 9 die größte Plausibilität für sich, jedenfalls wenn man annimmt, dass die damaligen außenpolitischen Schwierigkeiten zur rasanten Eskalation einer bereits schwelenden innerdynastischen Krise beitrugen.

Nach Flavius Josephus waren es die Umtriebe des Eurykles aus Sparta,[7] die den Mariamne-Söhnen zum Verhängnis wurden. Dieser Gastfreund des Herodes, zugleich ein Freund des kappadokischen Königs Archelaos, schmeichelte sich bei Alexander ein, der ja wie die anderen erwachsenen Söhne auch eine separate Hofhaltung hatte. Dann hinterbrachte er seinem alten Freund Antipater die notorischen Schmähungen auf ihn selbst als hinterlistigen Rivalen und auf den Vater, ließ sich dazu bereden, alles vor dem König zu wiederholen, und stachelte diesen somit zu unversöhnlichem Hass auf. Nachdem er mit einem großen Geldgeschenk des Königs abgereist war, erhielt er bald darauf ein ähnliches von Archelaos, dem gegenüber er vortäuschte, am judäischen Hof Eintracht gestiftet zu haben. In der folgenden Zeit ließ Herodes die Mariamne-Söhne gezielt observieren, glaubte jeder Verleumdung und ordnete zahlreiche Folterungen potentieller Mitwisser eines Komplotts an. So kam ein Attentatsplan zu Tage, der ganz ähnlich wie schon in der 'Eunuchen-Affäre' einen Jagdunfall des Königs vortäuschen und dann den Verschwörern die Festung Alexandreion samt der dortigen Waffen- und Finanzreserven in die Hand spielen sollte. Zwar war der Burgkommandant zu keinem Geständnis zu bewegen, doch brachte dessen Sohn einen unzweideutigen Brief Alexanders bei. Wenngleich der vorgebliche Autor das Dokument als eine Fälschung aus der Feder des königlichen Schreibers Diophantos und den Antipater als Anstifter bezeichnete, wurde er doch verhaftet. Aristobul wurde indessen aufgrund einer Anzeige Salomes, die ihren Schwiegersohn eines Erpressungsversuches beschuldigte, ebenfalls eingekerkert. Das Geständnis, zu dem die Prinzen nun aufgefordert wurden, lautete, „sie hätten weder jemals ihrem Vater nach dem Leben getrachtet noch auch in dieser Hinsicht irgendetwas ins Werk gesetzt. Doch gaben sie zu, dass sie ihre Flucht vorbereitet hätten, und zwar aus dem zwingenden Grund, weil sie das Leben unter steter Verdächtigung und Plackerei nicht mehr auszuhalten vermöchten" (AJ 16,10,5/324). Das Gleiche wiederholt Flavius Josephus in seiner Schilderung der Affäre noch einige Male im Kontext zweier diplomatischer Gelegenheiten: zunächst bei Alexanders Eingeständnis eines Fluchtplans anlässlich einer Befragung durch den Kappadokier Melas. Dieser war als Gesandter seines Schwiegervaters zu Herodes gekommen und wurde zu ihm vorgelassen. Ihm sagte der Inhaftierte, dass hinter den falschen Verdächtigungen als Anstifter Antipater stecke. Bemerkenswert ist auch die anschließende Befragung Glaphyras als potentieller Mitwisserin, der ihr Gatte die Aussagen vorgab: „Allein dies ist dir bekannt, dass wir zu Archelaos und von dort nach Rom fliehen wollten" (AJ 16,10,7/331).

Eine erneute Bekräftigung dieser Verteidigungslinie erfolgte durch den potentiellen Asylgeber selbst: Als bei ihm Herodes' Gesandte Olympos und Volumnius auf ihrer Reise zu Augustus Station machten, übergaben sie eine Demarche des Herodes, der sich bei dem bisherigen guten Freund über dessen „Teilnahme an den Anschlägen der Prinzen" beschwerte;

jener verteidigte sich damit, „dass er die … jungen Leute habe aufnehmen wollen, weil das eben sowohl in ihrem Interesse wie in dem ihres Vaters gelegen habe, damit dieser in seinem Zorn nicht zu hart bei ihrer Bestrafung verführe. Indessen habe er sie nicht zum Caesar bringen wollen und ihnen auch keinerlei Versprechungen gemacht, die als Beweis einer böswilligen Gesinnung gegen Herodes gedeutet werden könnten“ (ebd. 334).

Zwei Schlussfolgerungen liegen auf der Hand: Zum einen sind die Anklage- und Verteidigungspunkte in beiden Affären aufs engste untereinander verbunden, ja austauschbar. So sah das geplante Szenario offenbar den Tod des Königs als vorgetäuschten Jagdunfall vor sowie die umgehende Besetzung strategisch wichtiger Positionen wie beispielsweise die Festung Alexandreion. Für den Fall des Misserfolges sollte als Zufluchtsort außerhalb Judäas der Hof des Archelaos mit seinen guten Beziehungen nach Rom fungieren, auf dessen Vermittlung jeder neue Herrscher in der Nachfolge des Herodes ohnehin angewiesen war, selbst bei problemlosem Ablauf des Attentats.

Zum anderen ist deutlich, dass bereits eine eigenmächtige Reise nach Rom als ein Schritt zur Entmachtung des Königs aufgefasst wurde und dass dies nicht nur die Binnenperspektive des herodianischen Hofes war, auf deren Hintergrund Antipater seine Unterstellungen plazieren konnte. Zweifel sind an der Verteidigung des Archelaos erlaubt, er habe Alexander nicht nach Rom bringen wollen; seine Äußerung, ein kappadokisches Asyl für die Prinzen hätte doch nur eine allzu strenge Bestrafung der Mariamne-Söhne verhindern sollen, gemahnt an das Dramolett zum Ausgang der Eunuchen-Affäre. Selbst Glaphyra gab zu, dass die Prinzen durchaus eine Weiterreise nach Rom vorgesehen hatten, weil ihnen die Lebensumstände in Judäa, nämlich wohl die ständige Überwachung und das allseitige Misstrauen, so unerträglich erschienen. Wie sollte dann Herodes dies alles nicht als ihre Absicht interpretieren, durch direkte Protektion des Augustus die lang erhoffte Partizipation an der Herrschaft zu erreichen?

Zusammenfassend lässt sich somit die Eunuchen-Affäre und die Brief-Affäre zu einer einzigen Prinzen-Affäre zusammenfassen, die in den chronologischen Kontext der eskalierenden Nabatäerkrise des Jahres 11/10 bis 8 gehört. Die zeitliche Parallele macht zudem verständlich, warum damals eine von Herodes nicht autorisierte Romreise geradezu als Hochverrat gewertet werden konnte: In der Tiberstadt antichambrierten bereits zahlreiche Beschwerdeführer gegen den König Judäas, die jede konkrete personelle Alternative begrüßt und in ihre Argumentation vor Augustus integriert hätten. Daher erklärt sich auch, dass Olympos' Auftrag ganz auf den Erfolg oder Misserfolg der heiklen Mission des Nikolaos von Damaskus abgestellt war: „Fänden sie dort, dass … Augustus ihm (Herodes) nicht mehr zürne, so sollten sie demselben den ... Brief und die Beweisstücke einhändigen, die er gegen die jungen Leute mitschicke" (ebd. 333).

Hier kann nur gemeint sein, dass bei fortgesetztem Misstrauen des Augustus, selbst wenn er jetzt geruhte, die Gesandtschaft zu empfangen, die Anzeige des aufgedeckten Prinzenkomplotts besser unterblieb. Denn anderenfalls würden bei einer Anhörung die Mariamne-Söhne ein willkommenes Publikum für ihre Anschuldigungen gegen den Vater finden und dabei auf mehr Zustimmung, als es Herodes lieb sein konnte, treffen können. Dass nicht Wahrheit und Beweislage, sondern die richtigen Freunde zählten, hatte unlängst der Erfolg des Syllaios gezeigt.

Die Frage, welche Rolle Antipater in der Prinzenaffäre nun tatsächlich gespielt hat, ist mit der einseitigen Darstellung unseres einzigen Quellenautors nicht zu beantworten. Eine wachsende Polarisierung zwischen ihm und den Halbbrüdern hasmonäischer Abstammung ist alles andere als unwahrscheinlich, ebenso die Vermutung, dass Herodes sich umso mehr auf den ältesten Sohn stützen musste, wollte er sich nicht das Heft aus der Hand nehmen lassen. Es gab nicht erst seit 14 in Jerusalem Kreise, die auf Herodes' Sturz warteten, weil sie nur in einem hasmonäischen Prinzen einen legitimen König der Juden sahen.

2. Die herodianische Sippe

2.1 Pheroras[8]

Von den Geschwistern des Herodes lebten in seinen letzten Jahren noch Salome und Pheroras, mit dessen Tod im Jahr 5 nach der Darstellung des Flavius Josephus die Aufdeckung weiterer, zum Teil schon älterer Intrigen am herodianischen Hof verbunden war. Trotz der im Zusammenhang mit der Prinzen-Affäre gegen Pheroras erhobenen Vorwürfe setzte der König aber weiter sein Vertrauen in ihn; das jedenfalls mag als historischer Kern jenes josephischen Dramoletts um die Intervention des Kappadokiers Archelaos akzeptiert werden. Dennoch kam es schließlich zum großen Bruch zwischen den Brüdern, die sich erst am Totenbett des jüngeren versöhnten. Allerdings fiel mit dem Abschluss der Antipater-Affäre doch noch ein schmerzlicher Schatten auf die ambivalente Haltung des Pheroras: In seinem Plädoyer zeigte sich Nikolaos, Herodes' Vertrauter und 'Sprachrohr' auch in dieser schwierigen Situation, „tief erschüttert ..., dass es Antipater gelungen sei, auch ihn zum Brudermord anzustiften" (BJ 1,31,4/638).

Um das Jahr 20 hatte Herodes dem Pheroras mit römischer Genehmigung die herrscherlichen Befugnisse im Bezirk Peräa übertragen. Schon einige Jahre zuvor war der Bruder mit einer Schwester der Mariamne verheiratet worden, was seine Bedeutung innerhalb der herodianischen Sippe unterstreicht. Als dann diese Gattin wohl schon um 20 verstarb, und ihm Herodes für eine neue dynastische Verbindung Salampsio, seine älteste Tochter von Mariamne, zur Ehe anbot, schlug er dies aus. Der Grund war eine tiefe emotionale Liaison mit einer Sklavin, an welcher dann um 14 ein weiterer Versuch des Herodes scheiterte, den Bruder mit einer seiner Töchter, diesmal der Kypros, zu verheiraten.

Nach dem Tod der Mariamne-Söhne reorganisierte Herodes im Jahr 7/6 das dynastische Netz, indem er einige der verwaisten Enkel und Enkelinnen mit künftigen Ehepartnern aus der eigenen Familie verband. Sogleich soll Antipater aus Angst um seine eigene Machtposition Einspruch erhoben haben. Insbesondere wandte er sich gegen die Verheiratung von Aristobuls Tochter Mariamne mit seinem eigenen ältesten Sohn sowie gegen die Heirat eines Sohnes Alexanders mit einer Tochter des Pheroras. Er erreichte, dass ihm selbst jene Mariamne zur Frau gegeben wurde, seinem Sohn dagegen die Pheroras-Tochter, und dass der Archelaos-Enkel leer ausging. In der Forschung ist die Ansicht verbreitet, dem Antipater habe Herodes' gewissenhafte Fürsorge für die sieben verwaisten Enkel missfallen, ja, er habe die familienpolitischen Maßnahmen seines Vaters auf mögliche Gefahren für seine eigene Machtstellung als nunmehr alleiniger Kronprinz hochgerechnet. Entsprechend seien die realisierten Heiraten geeignet gewesen, Antipaters Ängste zu beschwichtigen.[9] Diese Perspektive ist ebenso zu hinterfragen wie die geläufige Interpretation, dass es dem König bei seinen ersten Plänen darauf angekommen sei, die hasmonäischen und die nichthasmonäischen Nachkommen in zweiter und dritter Generation zu vermischen. Ganz ähnlich soll sich Herodes ja schon bei der Verheiratung der Mariamne-Söhne durch „die Verschmelzung der hasmonäischen Familie mit seiner eigenen, d.h. aber das endgültige Verschwinden des Hasmonäerhauses in der Herodesdynastie" eine Entspannung der Situation am Hof versprochen haben.[10] Während für eine derartige Interpretation der damaligen Heiratspolitik spricht, dass Herodes durch die Eheschließung auch seines Bruders Pheroras sowie dann seines ältesten Sohnes Antipater mit hasmonäischen Frauen tatsächlich die Integration jener Dynastie in die eigene Sippe förderte, fällt an den Eheprojekten des Jahres 7/6 auf, dass letztlich die hasmonäischen Enkelkinder gerade nicht in das existente Netz einbezogen wurden: Weder Alexanders Sohn noch Aristobuls Tochter Mariamne traten in die zunächst geplanten Bindungen ein, vielmehr kam es zur Ehe der jeweils vorgesehenen Partner untereinander, nämlich der Pheroras-Tochter mit Antipaters Sohn. Dass der Kronprinz die junge Mariamne durch seine eigene Verlobung für sich reservierte, ist mit der Absicht zu erklären, eine maximale dynastische Legitimation in eigener Distributionsgewalt zu halten, also etwaige Ansprüche durch außerherodianische Ansippung zu minimieren. Die neuen dynastischen Verbindungen von 7/6 betonten die starke Stellung des Tetrarchen der Peräa, der als de facto 'zweiter Mann' hinter dem König Einfluss auf die künftige Machtverteilung hatte. Daran vermochte auch Herodes' starke Abneigung gegen die zweite Gattin des Bruders nichts zu ändern. An deren vorgeblichen Sklavenstatus sind durchaus Zweifel erlaubt: Möglicherweise war sie nabatäischer, freilich weniger prominenter Herkunft und daher der restlichen herodianischen Sippe suspekt.

Bei den weiteren Verwicklungen am Hof des Herodes, die sich aus einem Komplott gegen den König ergaben, spielten offenbar gerade die Frauen um Pheroras sowie Antipaters Mutter Doris eine wichtige Rolle. Schließlich gab es sogar Gerüchte, die dem Antipater ein Verhältnis mit Pheroras' Gattin andichteten. So soll Herodes endlich – von Salome vor den Machenschaften jener Clique gewarnt – seinem Sohn jeden Kontakt mit seinem Onkel verboten haben, was aber durch nunmehr heimliche Treffen unterlaufen wurde.

Die Spannungen zwischen Herodes und seinem Bruder eskalierten sodann weiter, bis sich jener aus Jerusalem in seine ostjordanische Tetrarchie zurückzog; eine Aussöhnung zwischen den Brüdern kam erst an Pheroras' Totenbett zustande. Zum damaligen Zeitpunkt hielt sich Antipater bereits in Rom auf, und zwar allem Anschein nach in einer diplomatischen Mission, bei der es um die Syllaios-Affäre ging.

Nach der josephischen Darstellung kam nach der ehrenvollen Bestattung des Pheroras in Jerusalem sogleich der Stein der Aufklärung über ein schwelendes Komplott gegen Herodes ins Rollen, indem die umstrittene Gattin des Pheroras des Giftmordes bezichtigt wurde. Die nunmehr eingeleiteten Untersuchungen, bei denen vor allem Frauen aus der Entourage des Pheroras-Haushaltes gefoltert wurden, brachten mehrere, auf unterschiedlichem Wege beschaffte Giftmengen zu Tage.

Gegen Pheroras' Gattin waren schon vorher Vorwürfe wieder aufgekommen, die sich auf bereits längere Zeit zurückliegende Ereignisse bezogen: So soll sie einmal für eine große Gruppe von Pharisäern ein Bußgeld bezahlt haben, das jenen auferlegt worden war, weil sie sich geweigert hatten, dem römischen Imperator Augustus und zugleich König Herodes den Gefolgschaftseid zu leisten. Zum Politikum wurden diese Beziehungen allerdings, als eine pharisäische Weissagung kursierte, die ihren Kindern von Pheroras dereinst die Herrschaft in Judäa versprach und somit den Sturz des Herodes und seiner Söhne verkündete.

Die inkriminierte Frau, der jetzt offenbar ihre speziellen Kontakte zu den Nabatäern zum Verhängnis werden sollten, erlangte nach einem Selbstmordversuch aber schließlich doch vom König großzügigste Verzeihung. Im Verlauf derselben gewaltsamen Untersuchungen sowie Säuberungsmaßnahmen wurde vor allem Antipaters Mutter Doris beschuldigt, gleichsam als 'Spinne im Netz' in das Komplott involviert zu sein. Umgehend ließ der König seine Gattin schmachvoll aus dem Palast vertreiben.

Damit aber war das Schicksal Antipaters bereits entschieden: Nicht nur hatten auf der Folter erpresste Geständnisse auch ihn in das Giftkomplott einbezogen, jetzt erschien seine Reise nach Rom als Teil der Verschwörung: So soll er durch üppige Bestechungen römischer Funktionäre bewirkt haben, dass man seine Entsendung an den Tiber wünschte, was ihn, wenn der König während eines solchen Aufenthaltes starb, vermutlich in eine gesicherte Startposition gebracht hätte. Angeblich ereignete sich die Aufklärung des Komplotts in Judäa so schnell und geheim, dass Antipater in Rom nur ganz ungefähr von der Verstoßung seiner Mutter und vom Ableben des Pheroras erst während seiner Rückreise erfahren haben soll. Als er dann eilig heimkehrte, wurde er gefangen genommen und wegen Hochverrats hingerichtet.

2.2 Salome

Zu klären bleibt, worin genau das gemeinsame Interesse von Pheroras und Antipater samt der mit ihnen verwandten und verschwägerten Frauen bestanden haben mochte. Die Frage, inwieweit sich aus der tendenziösen Überlieferung ein tatsächliches Komplott gegen Herodes glaubhaft machen lässt, schließt zugleich die Suche nach denjenigen Hofkreisen ein, denen an der Entdeckung respektive der Vortäuschung einer derartigen Verschwörung gelegen haben konnte. Dazu ist ein erneuter Blick auf Herodes' Schwester Salome notwendig, die von manchen modernen Forschern für die treibende negative Kraft gehalten wird.[11]

Im Zusammenhang mit der Neustrukturierung der herodianischen dynastischen Politik im Jahr 7/6 betrafen einige Eheschließungen und Verlobungen auch Salome und ihre Nachkommen. So soll sie selbst damals mit einem gewissen Alexas und eine ihrer Töchter mit dessen Sohn verheiratet worden sein; allem Anschein nach waren diese beiden Ehen aber schon zu einem früheren Zeitpunkt geschlossen worden.

Berenike, die Witwe Aristobuls, wurde damals mit Theudion verheiratet, einem Onkel des Antipater mütterlicherseits. Diese Ehe wird in der Forschung als Versuch des Kronprinzen interpretiert, „die Sympathien ihrer Mutter Salome zu gewinnen", doch dürfte eine derartige Motivation bestenfalls marginal gewesen sein. Da wir nicht wissen, ob es anderweitige Interessenten für Berenike gegeben hat, und auch über Theudion nur sehr spärlich informiert sind, lässt sich nicht entscheiden, warum Herodes seine Nichte nun seinem Schwager zur Frau gab. Schwerlich wird Salome hierzu um ihr Einverständnis gefragt worden sein, ebenso wenig zu der Verlobung ihrer minderjährigen Enkelin Mariamne mit Antipater, dessen erste Gattin damals noch lebte. Gerade diese endogamen Verbindungen machen deutlich, worum es Herodes und seinem ältesten Sohn ging: den Kreis derjenigen, die am Hof Ansprüche erheben und im Kronrat eventuell mitreden konnten, so begrenzt wie möglich zu halten.

Angesichts der Größe der herodianischen Großfamilie, deren Frauen mit ihren kleinen Kindern in eigenen Gebäuden im Jerusalemer Palastkompex lebten, überraschen wechselnde Rivalitäten und entsprechend wechselnde Allianzen kaum. So flexibel die Strategien einschließlich der Heiratspolitik waren, blieb doch das Ziel jeder einzelnen Gruppe konstant: maximalen Anteil an Herrschaft, Ehre und Vermögen zu erhalten.

Im Fall der Salome, die allem Anschein nach am konsequentesten der Linie des Herodes folgte, sollte man nicht übersehen, dass auch sie nicht ganz allein agierte, sondern im Verbund mit ihren engsten Familienangehörigen. Hier dürfte eine bedeutsame Rolle gerade Salomes Sohn von Kostobaros zugekommen sein. Von diesem jungen Mann, der wie Herodes' ältester Sohn den Namen seines Großvaters Antipatros trug, ist bei Flavius Josephus erst spät die Rede: Nach dem Tod des Herodes reiste er gemeinsam mit seiner Mutter und weiteren Familienangehörigen nach Rom und bezog massiv Position gegen den designierten Thronfolger Archelaos, und zwar zugunsten von dessen jüngeren Bruder Herodes Antipas. Beider Mutter war Malthake, eine Samaritanerin, die Herodes um 27 geheiratet hatte; auch sie unterstützte den jüngeren Sohn, starb aber während des Aufenthalts in Rom. Ebenfalls auf dieser Seite stand damals Ptolemaios, einer der bedeutendsten Vertrauten des verstorbenen Königs. Er war der Bruder des um Herodes hochverdienten Nikolaos, der sich ebenfalls in Rom aufhielt, allerdings mit seiner erfolgverwöhnten Rhetorik für Archelaos eintrat.

Wir können also durchaus rivalisierende Gruppierungen fassen, die nicht auf das Klischee hasmonäisch–antihasmonäisch reduzierbar sind, und dürfen fragen, ob sich aus Salomes Favorisierung des Antipas eine Erkenntnis über die latenten Konfrontationen in der Zeit des tatsächlichen oder vorgeblichen Antipater-Komplotts gewinnen lässt. Salomes Sohn Antipatros war – vermutlich seit 12 – verheiratet mit seiner Cousine Kypros; seine beiden Nichten Herodias und Mariamne, Salomes Enkelinnen, waren um 7/6 mit den beiden präsumtiven Thronfolgern des Herodes verlobt worden: Die ältere mit Herodes, dem Sohn der Priestertochter Mariamne, der als Nachfolger des Antipater im Testament stand und bereits von seinem 'Erziehungsaufenthalt' in Rom nach Judäa zurückgekehrt war.

Mariamne, die jüngere Schwester jener Herodias, sollte dereinst Gattin des Kronprinzen Antipater werden. Auch für Antipas, den jüngeren der

Söhne Malthakes, war indessen schon eine Gattin ausgesucht worden: die älteste Tochter des Nabatäerkönigs Aretas IV. Malthakes Erstgeborener Archelaos dagegen rückte erst nach Antipaters Verurteilung (6/5) zum Kronprinzen auf und wurde dann sogleich mit jener Mariamne, damals einem etwa siebenjährigen Mädchen, verheiratet. Fragt man, warum diese Verbindung nicht schon im Jahr 7/6 geplant worden war, so mag eine Antwort in einem möglichen Protest nicht nur des Antipater, sondern auch des Pheroras liegen, aus dessen Sicht eine dynastische Einbindung jener noch jungen Söhne des Herodes in den inneren Kreis der herodianisch-hasmonäischen Sippe deren Stabilität bedrohte. Wenn Flavius Josephus mit seiner Darstellung darin Recht hat, dass sich der Kronprinz hinsichtlich der dynastischen 'Reservierung' der Salome-Enkelin Mariamne durchsetzte, dann wird verständlich, dass Salome hier eine gefährliche Allianz am Werke sah. Gegen diese hatte sie eine natürliche Verbündete nicht nur in ihrer Tochter Berenike, sondern auch in der Schwägerin Malthake, deren Söhne gleichfalls von einer Eliminierung Antipaters profitieren mussten.

Aus den in beiden rivalisierenden Gruppen vorhandenen guten Kontakten zu nabatäischen, idumäischen und samaritanischen Kreisen ergab sich eine sehr komplexe konfrontative Situation, in der beide Seiten immer neue gegenseitige Vorwürfe aufbrachten – wie beispielsweise erneut die Kostobaros-Affäre oder wie auch die in der Pharisäer-Affäre instrumentalisierten religiösen Spannungen.

Zusammenfassend lässt sich die oben gestellte Frage nach dem gemeinsamen Interesse von Pheroras und Antipater sowie ihrer Frauen an einem Komplott gegen Herodes und damit an einer baldigen eigenen Herrschaft in Judäa beantworten: Bruder und ältester Sohn des Königs sahen in einer Beschränkung von Herrschaftsansprüchen auf ihre eigenen Angehörigen ihre Machtposition garantiert, wobei sie notfalls die ansonsten gern marginalisierte hasmonäische Karte zu spielen bereit waren. Daher wurden die Herodes-Enkel von Alexander aus den weiteren dynastischen Überlegungen herausgehalten und den Malthake-Söhnen die Verbindung mit einer Tochter Aristobuls verweigert, Berenike geradezu in den Verfügungsbereich des Theudion 'weggesperrt'.

Herodes selbst mag es für einen tragfähigen Kompromiss gehalten haben, dass er seinen gleichnamigen Sohn mit Herodias, einen seiner Söhne von Malthake mit der nabatäischen Prinzessin verband, gingen doch seine – und seiner Schwester Salome – Intentionen dahin, durch Vielfalt und Vielschichtigkeit der dynastischen Beziehungen auch für künftige Situationen flexible Loyalitäten zu schaffen oder zu erhalten.

3. Antipater[12]

Wenige Tage vor dem Tod des Herodes im März des Jahres 4 wurde Antipater, der älteste Sohn des Königs und seit rund vier Jahren unbestrittener Kronprinz, hingerichtet. Die letzten Monate hatte er, bereits wegen eines Mordkomplotts gegen den Vater schuldig gesprochen, als Häftling in Jericho verbracht. Sein Ende war mit dem Eintreffen des Briefes aus Rom besiegelt, mit welchem Augustus dem Herodes freie Hand bei der Bemessung der Strafe – Verbannung oder Tod – ließ.

3.1 Das Komplott

Nach dem Bericht des Flavius Josephus stellt sich die Verschwörung des Antipater wie folgt dar: Weil er seine Thronchancen schwinden sah, wenn Herodes' Herrschaft noch längere Zeit andauerte und seine hasmonäischen Neffen einerseits, seine Halbbrüder aus den weiteren Ehen des Königs andererseits heranwuchsen, suchte Antipater eine Gelegenheit, den Vater umzubringen. Da er zudem um sein negatives Image in weiten Kreisen der Bevölkerung wusste, nämlich eingedenk seiner Verantwortung für die Hinrichtungen der Mariamne-Söhne, brauchte er einflussreiche Verbündete innerhalb der herodianischen Sippe und verbündete sich daher mit Pheroras. Dieser soll ganz unter dem Einfluss seiner zweiten Gattin, seiner Schwiegermutter und seiner Schwägerin gestanden haben, die ihrerseits engste Beziehungen zu Doris, der Mutter Antipaters, pflegten. „Man kam heimlich des Nachts zusammen und schmiedete allerlei Pläne gegen Herodes und die anderen Mitglieder der Familie." Konkret soll ein Giftanschlag verabredet worden sein, für den Antipater durch seinen Freund Antiphilos Gift aus Ägypten besorgen ließ, das unter Mithilfe des Theudion an Pheroras übergeben wurde. Nicht zuletzt soll auch Mariamne, die Tochter des Hohepriesters Simon, von dem Plan gewusst, ihn aber nicht angezeigt haben. Ein nicht unwichtiger Teil des Komplotts soll die Reise Antipaters nach Rom gewesen sein, wo er ja beim Tod des Herodes gleich zum König ernannt werden konnte; aber auch die Übersiedlung des Pheroras in seine Tetrarchie soll im gleichen Rahmen verabredet gewesen sein. Von Rom aus schickte der Kronprinz durch seinen Vertrauten Bathyllos nochmals eine Dosis Gift an Pheroras, von dessen Tod er nichts wusste, um sicher zu gehen, dass die verfügbare Menge auch ausreichen werde, den König umzubringen. Als er sich dann zur Rückreise anschickte und vom Vater brieflich sogar zur baldigen Heimkehr aufgefordert worden war, soll er von den zwischenzeitlichen Vorgängen und Enthüllungen, die bereits seit sieben Monaten im Gange gewesen waren, nichts gewusst, sondern nur etwas über den Hinauswurf seiner Mutter aus dem Palast gehört haben. So traf er, obgleich einige seiner Freunde ihn noch in Kilikien von der Weiterreise abzuhalten suchten, in Caesarea ein, wo er sich über das Fehlen eines prächtigen Empfanges gewundert haben soll. Beim Betreten des Jerusalemer Palastes wurde er verhaftet und erfuhr in der Nacht vor dem Prozess, der für den folgenden Tag angesetzt war, von seiner Mutter und seiner Gattin vom Stand der Ermittlungen und Anklagen gegen ihn wegen des Mordkomplotts.

Das Verfahren fand in Anwesenheit des römischen Statthalters in Syrien, Quinctilius Varus, statt; die Anklage ließ Herodes zum größten Teil durch seinen Vertrauten Nikolaos vortragen. Die stärksten Beweismittel waren – neben den auf der Folter erpressten Aussagen zahlreicher Zeugen – ein abgefangener Warnbrief der Doris an den Sohn sowie das restliche Gift aus dem Besitz der Witwe des Pheroras, dessen rasche tödliche Wirkung an einem Delinquenten erfolgreich getestet wurde. Antipaters Verteidigung bestand im Wesentlichen aus dem Anrufen Gottes als Zeugen für seine Unschuld. Varus zeigte sich von der Schuld des Beklagten allerdings überzeugt und reiste nach einer vertraulichen Unterredung mit dem König ab, der nunmehr den Sohn nach Jericho verbringen ließ. Sowohl Varus wie auch Herodes verfassten Berichte an Augustus, der über das weitere Schicksal des schuldig Gesprochenen zu befinden hatte.

Indessen zeigten sich weitere Facetten der Intrigen, die Antipater in Rom gesponnen hatte. Waren schon bei dem Giftboten Bathyllos gefälschte Briefe an Herodes gefunden worden, in welchen die Prinzen Archelaos und Philippus, die sich damals in Rom aufhielten, verleumdet wurden, so fing man jetzt einen Boten mit weiteren gefälschten Papieren ab. Dieser war ein Sklave des schon in das Komplott verstrickten Antiphilos; diesmal sollten die Briefe aus Rom Salome diskreditieren. Eine jüdische Sklavin namens Akme, Kammerdienerin der Livia, soll nämlich auf Anstiftung Antipaters die Abschrift vorgeblicher Briefe der Salome an die Gattin des Augustus besorgt und an Herodes adressiert haben, um ihn über die Umtriebe seiner Schwester aufzuklären. Ein gleichfalls bei dem Boten gefundenes Schreiben an Antipater machte deutlich, dass Herodes durch die Fälschung dazu gebracht werden sollte, Salome wegen ihres Mordplans hinzurichten.

Jetzt sollen dem Herodes die Augen aufgegangen sein, dass wohl auch diejenigen Briefe, die letztlich zur Verurteilung seiner Söhne Alexander und Aristobul geführt hatten, gefälscht gewesen sein könnten – eben auch von Antipater. „Die Vorstellung, dass er beinahe auch seine Schwester wegen Antipater ums Leben gebracht hätte, erfüllte ihn mit tiefem Schmerz; jetzt wollte er die Vollstreckung der Strafe für alle Schandtaten nicht mehr länger aufschieben“ (BJ 1,32,7/644).

Mit der Anspielung, dass Antipater für noch ganz andere Verbrechen die Verantwortung zu tragen hatte, schlägt Flavius Josephus den Bogen zu seinem Hauptanliegen, Gottes Strafe für den Tod der Mariamne-Söhne. Dies ist das Motto für die Aufklärung des Komplotts gegen Herodes, beginnen die Enthüllungen doch mit dem Tod des Pheroras: „Einen der Mörder Alexanders und Aristobuls erreichte so das Ende. Nun wandte sich die Strafe ... gegen Antipater, den Hauptschuldigen" (BJ 1,29,4/581; 30,1/582).

Der Eindruck, letztlich sei Antipater gar nicht wegen des geplanten Vatermordes, sondern wegen des doppelten Brudermordes hingerichtet worden, lässt sich mit einer Betrachtung der inneren Unstimmigkeiten des vorgeblichen Komplotts erhärten. In einer Situation, in der Briefe eine entscheidende Rolle spielten, die von dem Beklagten selbst oder durch seine Veranlassung von anderen gefälscht worden sein sollen, ist es nicht unproblematisch, dass zum Kronzeugen der Anklage ein verräterischer Brief der Doris an ihren Sohn diente – wer wollte hier eine Fälschung a priori ausschließen?

Das zweite Hauptargument im Verfahren gegen Antipater, das vor Quinctilius Varus stattfand, war die tödliche Wirkung des Giftes, das die geständige Witwe des Pheroras dem Herodes ausgehändigt hatte und ihren Angaben nach über Antiphilos aus Ägypten besorgt worden war, um damit den König umzubringen. Das von Bathyllos noch nach Pheroras Ableben nach Judäa gebrachte Gift spielte übrigens keine Rolle in dem Prozess, vielmehr erregten die Briefe, die der Bote des Antipater bei sich gehabt hatte, die Gemüter.

Davon abgesehen, dass Pheroras' Witwe einen ernsthaften Selbstmordversuch sehr viel sicherer mit dem Restgift hätte unternehmen können, statt sich vom Dach zu stürzen, und auch abgesehen davon, dass für diese Frau ihre Verwicklung in das Komplott, über das sie am meisten aussagte, letztlich keinerlei Konsequenzen hatte, muss man nach der Feinchronologie aller Vorgänge von der Abreise des Antipater nach Rom bis zum Aufgreifen seines Boten Bathyllos fragen. In der Forschung ist schon auf die Unwahrscheinlichkeit hingewiesen worden, dass eine Nachrichtensperre während der siebenmonatigen Abwesenheit des Kronprinzen konsequent aufrechterhalten wurde, so dass er von all den Vorgängen um die Entdeckung 'seines' Komplotts gar nichts erfuhr.[13]

Nicht nur müsste Antipater bei der Absendung des Bathyllos mit weiterem Gift nicht gewusst haben, dass Pheroras bereits tot war, ihm müsste auch der Auszug des Onkels aus dem Jerusalemer Palast unbekannt geblieben sein, jedenfalls der zornige Schwur, nie wieder zu Herodes zurückzukehren: Eine solche Situation machte den Giftanschlag auf den König nahezu unmöglich. Da aber unser Gewährsmann glauben machen will, man habe in der ungefähr gleichzeitigen Abreise des Antipater nach Rom und des Pheroras in seine Tetrarchie eine geheime Absprache zur Vertuschung des Komplotts erkennen können, geht es nicht an, den – vorgeblichen? – endgültigen Bruch der Brüder erst viele Monate nach Antipaters Romreise und damit in der zeitlichen Nähe des Todes von Pheroras anzusetzen. Man tut also gut daran, die mit Bathyllos verbundene Evidenz für das Antipater-Komplott aus der Beweiskette herauszuhalten.

Es bleibt die Frage nach dem Romaufenthalt des Kronprinzen, besonders nach dem Anlass für diese Reise. Antipater soll selbst für seine Einladung an den Tiber gesorgt haben, um einer scharfen Beobachtung durch Salome zu entgehen. Allerdings liegt auf der Hand, dass es vornehmlich der erneute Prozess gegen Syllaios in Rom und die notwendige Anwesenheit eines Vertreters des Königs waren, die den Reisetermin – wohl spätestens im Sommer 6 – bestimmten. Das Problem ist weniger die vermutlich mehr als einjährige Dauer des Aufenthalts des Kronprinzen in Rom als vielmehr sein Informationsdefizit bei seiner Rückkehr nach Jerusalem. Dieses erklärt sich aber nicht durch eine absurde Nachrichtensperre, sondern aus der auffälligen Schnelligkeit, mit der die Anschuldigungen gegen Antipater vorgebracht wurden, nachdem mit Pheroras sein bedeutsamster Protektor tot war. Möglicherweise warteten diejenigen, die den Kronprinzen ans Messer liefern wollten, schon geraume Zeit auf diese Gelegenheit. Die Vorwürfe wurden allesamt durch fragwürdige Zeugenaussagen untermauert, nämlich mit auf der Folter erpressten Geständnissen von Mitgliedern des Hauspersonals verschiedener hochgestellter Personen, wobei allem Anschein nach die Untersuchungen ausschließlich im Jerusalemer Palast durchgeführt wurden: „Es gingen die Geister Alexanders und Aristobuls im ganzen Palast herum, sie spürten auf und zeigten an, was verborgen war, ja selbst die, die von Verdacht völlig frei waren, schleppten sie vor den Richter“ (BJ 1,30,7/599). Alle Maßnahmen können sehr wohl innerhalb weniger Wochen getroffen worden sein, so dass dem Antipater, der bereits auf der Rückreise war, in der Tat die aktuelle Situation nicht bekannt sein konnte. Man darf sogar umgekehrt aus seiner Sorglosigkeit, mit der er heimkehrte, den Schluss ziehen, dass er sich keiner Schuld bewusst war und nicht ahnte, dass ihm ein Mordkomplott unterstellt wurde.

Bei kritischer Betrachtung des Berichtes über die Aufdeckung des Komplotts ergibt sich die Fiktionalität der Vorwürfe; zugleich wird deutlich, dass eine Palastintrige ihren Lauf nahm, die sich – zumindest indirekt – als Rache für den Tod der Mariamne-Söhne verstand und auf eine möglichst schnelle Verurteilung des Kronprinzen Antipater abzielte. Dass dabei mit denen, die zugunsten der hasmonäischen Enkel andere Thronfolger auszuschalten wünschten, auch diejenigen Frauen des Herodes gemeinsame

Sache machten, deren Söhne bisher keine Rolle in der Nachfolgediskussion gespielt hatten, geht aus der Involvierung der so genannten zweiten Mariamne und der Enterbung ihres Sohnes Herodes hervor. Vor allem aber scheinen Salome und ihr Anhang massiv an einer Diskreditierung und Beseitigung Antipaters interessiert gewesen zu sein; dies zeigt nicht nur die vielfache Erwähnung der Königsschwester als treibende Kraft gegen die Clique um die Familie des Pheroras, sondern auch die 'Briefaffäre', die noch nach der Verurteilung und Inhaftierung des Antipater aufkam.

Wenn es also ein von Antipater und Pheroras geplantes Mordkomplott gar nicht gab, fällt neues Licht auf die verschiedenen Briefe, mit denen der intrigante Kronprinz versucht haben soll, zum einen seine jüngeren Halbbrüder Archelaos und Philippus zu verleumden, zum anderen aber Salome bei Herodes in schweren Verdacht zu bringen. Es dürfte kein Zufall sein, dass die betreffenden belastenden Zeugnisse erst kurz vor der Rückkehr oder erst nach der Inhaftierung Antipaters entdeckt wurden und dass keines dieser Schreiben direkt im Verfahren gegen ihn verwendet wurde. Über die Briefe, die Antipaters Bote Bathyllos aus Rom nach Jerusalem brachte, berichtet Flavius Josephus durchaus Widersprüchliches: Einmal waren sie von Freunden des Herodes verfasst, die zu seiner Warnung von den Äußerungen der Prinzen erzählten, allerdings auf Anstiftung von Antipater und gegen eine hohe Belohnung; ein anderes Mal handelte es sich bei den Briefen um Fälschungen von der Hand des vermeintlichen Komplotteurs. Der Inhalt war stets derselbe, dass nämlich die jungen Männer in der römischen Öffentlichkeit ihren Vater als unberechenbaren Mörder bezeichneten, vor dem sie selbst nicht sicher wären, seit Mariamne und ihre Söhne ihr unverdientes Schicksal erlitten hätten.

Innere Widersprüche finden sich ebenso in Josephus' Bericht über diejenigen Schreiben zur Verleumdung Salomes, deren Entdeckung einmal mehr die Verschlagenheit Antipaters zu beweisen schienen. Diese, von einem Sklaven des Antiphilos nach Jerusalem gebracht, als Antipater bereits in Jericho inhaftiert war, bezweckten einen Justizmord und haben daher zur gedanklichen Voraussetzung, dass Herodes tatsächlich der von seinen Gegnern geschilderte Wüterich war, der zornesblind Todesurteile gegen verdächtige Familienangehörige zu fällen pflegte.

Was den ominösen Antiphilos betrifft, so bliebe noch zu fragen, ob er, dessen Mutter und Bruder im Zuge der Untersuchungen zum Giftmordplan gefoltert worden waren, so leichtsinnig gewesen sein kann, wie der josephische Bericht vorgibt: Verfügte er denn über keinerlei Informationen, die ihm hätten nahe legen müssen, nicht demselben Boten die Post aus Rom an Herodes wie die Briefe an Antipater im Kerker zu Jericho mitzugeben, sofern ihn die Gesamtlage des Freundes nicht besser von einer Übermittlung der genannten Briefe hätte abhalten müssen?

Das Verwirrspiel mit gefälschten Briefen, deren Fabrikation in anderen Schreiben gestanden wird, so dass diese besonders echt wirkten, brachte – wie schon erwähnt – den Herodes auf die Idee, dass seinerzeit die Dokumente, die seine Söhne Alexander und Aristobul eines geplanten Vatermordes überführt hatten, ebenfalls unecht waren. Er kam allerdings nicht auf den Gedanken, dass es sich auch jetzt wieder um komplette Fälschungen handeln könnte, die im Interesse gewisser Kreise den Tod seines dritten Sohnes als eines raffinierten Verschwörers gegen den Vater bezweckten.

Der moderne Historiker kann zwar Vorbehalte gegen die landläufige Auslegung der antiken Überlieferung samt der darin gegebenen Schuldzuweisungen äußern, er hat aber keine Möglichkeiten, die wahren Täter zu ermitteln. Über gewisse, den Quellentexten selbst entnommene Indizien hinaus können allenfalls Plausibilitäten aufgezeigt werden, in welche Richtung eine neue Interpretation eines komplexen Sachverhalts gehen sollte.

Die Affären um die Hochverratsklagen und daraus resultierenden Hinrichtungen, denen im Jahr 9/8 Alexander und Aristobul einerseits, im Jahr 5/4 Antipater andererseits zum Opfer gefallen sind, lassen massive Spannungen zwischen verschiedenen Gruppierungen am Hof des judäischen Königs Herodes erkennen. Deren höchstwahrscheinlich wechselnde, den jeweiligen Situationen sehr flexibel angepasste Koalitionen respektive Konfrontationen sind nur ansatzweise zu erkennen: Neben solchen, die ausschließlich Abkömmlinge der früheren hasmonäischen Dynastie für legitime Herrscher hielten, standen diejenigen, die den idumäischen Clan des von Rom inthronisierten Königs unterstützten; sie sahen keine Alternative zur fortgesetzten Freundschaft mit der Großmacht, insbesondere mit dem sich dort neu formierenden Herrscherhaus. Des Weiteren gab es sicherlich weitere Personengruppen, die andere Loyalitäten pflegten, etwa zu nabatäischen Stammesfürsten oder zu religiösen Traditionen. In ihrer jeweiligen politischen Haltung sind sie selten fassbar, denn Geschichtsschreibung über Monarchen ist stets auf den Herrscher und seine Taten, lobens- wie tadelnswerte, fixiert. So erhält der Historiker nur ausnahmsweise Informationen über Beziehungen zwischen bestimmten einflussreichen Gruppen, die nichts oder nicht viel mit jenem zentralen Protagonisten zu tun haben.

Für die letzten Lebensjahre des Herodes, die von den Affären um seine ältesten drei Söhne überschattet waren, überliefert Flavius Josephus einige Krisensituationen, bei denen aus religiösen Spannungen Volksaufstände erwuchsen.

3.2 Die so genannte Adler-Affäre[14]

Die Familie des Pheroras stand in Verbindung mit einer Gruppe Pharisäer, die der gegenwärtigen und künftigen Herrschaft der Herodianer mit großer Ablehnung begegneten. Daher weckten die Kontakte von Pheroras' zweiter Gattin den Argwohn des Königs, zumal Weissagungen einiger Schriftgelehrten kursierten, in denen exklusiv ihren Nachkommen der Thron versprochen wurde. Handelte es sich hier um eine Gefälligkeit der frommen Männer, denen die Dame mit ihrem eigenen Geld die Strafgebühr bezahlte, zu welcher der König sie wegen des verweigerten Gefolgschaftseides verurteilt hatte, oder spielte nicht doch die im Volk rasch wachsenden messianischen Hoffnungen eine bedeutsame Rolle? Man glaubte doch, dass mit dem Erscheinen des 'Heilandes' – in Gestalt eines neugeborenen Kindes – die Herrschaft des frevelhaften und ungläubigen Königs stürzen müsse.[15]

Dass eine rigorose Ablehnung der herodianischen Herrschaft in der Bevölkerung zu finden war, bezeugt ein größerer Zwischenfall, der sich wenige Monate, wenn nicht gar nur Wochen vor dem Ableben des Königs, vermutlich im Februar des Jahres 4 am Tempel in Jerusalem ereignete: Der goldene Adler an einem der Tore des Tempels, den Herodes als sein Weihgeschenk an Jahwe betrachtete, wurde zerstört. Die Verursacher des Skandals, zwei pharisäische Gelehrte und einige junge Leute, die handgreiflich geworden waren, wurden mit dem Tode bestraft. Inwieweit es einen direkten Zusammenhang zwischen den beiden pharisäischen Affären gegeben haben mag, ist unklar.

Bei genauer Betrachtung der so genannten Adler-Affäre wird deutlich, dass Flavius Josephus mit seiner Darstellung ein literarisches Gemälde über den grässlichen Tod des Herodes als einer evidenten Strafe Gottes für seine zahlreichen Freveltaten bietet. Für diese zeugten die zahlreichen Morde innerhalb der eigenen Familie, doch sollen sie sich zu seinem Lebensende hin noch zu unvordenkbarer Unmenschlichkeit gesteigert haben, nämlich zu einem vorgeblich geplanten Massenmord an tausenden vornehmer Juden aus allen Teilen des Landes. Ob die Abfolge der Ereignisse tatsächlich der Schilderung entsprach, ist daher durchaus unsicher.

Folgendes soll sich abgespielt haben: Aufgrund der Gesetzeslehre der beiden angesehenen Pharisäer Judas und Matthias, die der Jerusalemer Jugend die Frevelsünden des Königs vor Augen führten, stürmte eine Truppe junger Männer beim Gerücht vom Tod des Herodes zum Tempel. Dort schlugen sie den goldenen Adler, eine Abbildung eines Lebewesens, wie sie vom väterlichen Gesetz verboten war, vom Tor herunter und zerhackten ihn. Sogleich entstand ein Volksauflauf, den allerdings der rasch herbeigeeilte Militärposten zerstreute. Rund 40 Personen wurden ergriffen und vor den schon von schwerer Krankheit gezeichneten König geführt; sie konnten ihm ihr todesmutiges Bekenntnis zum orthodoxen Glauben vortragen, das in ganzem Kontrast zu seiner lästerlichen Lebenslust stand. Dann ließ Herodes die Schuldigen nach Jericho bringen, lud dorthin die vornehmsten Juden zu einer Versammlung ein und hielt ihnen die Ignoranz und Missachtung vor, welche das Volk ihm trotz aller seiner Leistungen für die Juden und für den Tempel entgegenbrächte. Er müsse nicht nur seine Hoffnung aufgeben, nach seinem Tod Lob und Dank für seine Politik zu ernten, sondern zu Lebzeiten jene beleidigende Vernichtung seines Weihgeschenks mit ansehen, geradezu eine Tempelschändung.

Da sich die Versammlung – aus Angst, sein Zorn könnte auch ihnen schlecht bekommen – für eine strenge Bestrafung der Frevler aussprach, wurden die beiden Pharisäer und die Rädelsführer der Zerstörungsaktion lebend verbrannt. Außerdem wurde der Hohepriester Matthias seines Amtes enthoben und durch Joazar ersetzt. Durch Flavius Josephus' Hinweis auf eine Mondfinsternis in der folgenden Nacht wird der Abschluss der Adler-Affäre auf die Nacht vom 12. zum 13. März des Jahres 4 datiert. Da Herodes nach einer anderen Angabe kurz vor dem Pessachfest jenes Jahres, nämlich kurz vor dem 11. April, gestorben ist, verbleiben für die folgenden Ereignisse eine Zeitspanne von vier Wochen. Jetzt soll sich die Krankheit des Königs weiter verschlimmert haben, auch eine Badekur in den warmen Quellen von Kallirhoë bewirkte keine nachhaltige Besserung. Nach Jericho zurückgekehrt gab Herodes Befehl, dass sich alle vornehmen Juden im dortigen Hippodrom einzufinden hätten; seiner Schwester Salome und seinem Schwager Alexas gab er den geheimen Auftrag, nach seinem Tod, aber vor dessen Bekanntgabe, die Versammelten von den Bogenschützen zusammenschießen zu lassen, damit im Lande um den Tod so vieler tatsächlich Trauer herrsche, nicht aber Jubel über sein eigenes Ende. Noch einmal soll dann Herodes etwas zu Kräften gekommen sein, als aus Rom der Brief eintraf, der ihm das Strafmaß für Antipater freistellte.

Dass der Sohn dann tatsächlich getötet wurde, ist nach Flavius Josephus dessen eigener Fehlreaktion zuzuschreiben, versuchte er doch seine Wächter zu seiner Freilassung zu bereden, als er meinte, der Vater sei gerade gestorben. Indessen soll das große Geschrei durch einen vereitelten Selbstmordversuch des Königs verursacht worden sein. Jetzt gab Herodes Befehl zur Hinrichtung Antipaters und zur unauffälligen Beisetzung auf der Festung Hyrkania. Auch änderte er nunmehr sein Testament ein letztes Mal ab: Hatte er nach dem Prozess gegen Antipater Malthakes jüngeren Sohn Antipas als Thronfolger vorgesehen, setzte er jetzt dessen älteren Bruder Archelaos an die erste Stelle, bestellte den Antipas aber zum Tetrarchen von Galiläa und Peräa, während das restliche Gebiet dem Sohn der Kleopatra, Philippus, überlassen wurde. „Hierauf starb er, fünf Tage nach Antipaters Hinrichtung" (AJ 17,8,1/191). So weit der Ereignisverlauf in der josephischen Darstellung.

Die Frage nach einem über die zeitliche Nähe hinausgehenden Zusammenhang zwischen der Adler-Affäre und dem Ende Antipaters stellt sich angesichts der – durchaus überraschenden – nochmaligen Abänderung des Testaments nach der Hinrichtung des vormaligen Kronprinzen. Mit Archelaos und Philippus rückten jene Söhne in den Mittelpunkt, die im Verlauf des Antipater-Komplotts diskreditiert worden waren. Bedenkt man, dass wenig später der Streit zwischen den beiden Söhnen der Malthake auch noch in Rom ausgetragen wurde und dass es dort Nikolaos war, der für Archelaos eintrat, so ist zu vermuten, dass es im engeren Umkreis des kranken Königs zu heftigem Widerstand gegen eine solche Erweiterung des Testaments gekommen ist. Offenbar hatte erst der Tod Antipaters das Ringen beendet. Wer aber könnte den Prinzen, für den sich kein Geringerer als der engste Berater des Königs einnehmen ließ, aus der Nachfolgediskussion herausgehalten haben? Dass Salome wohl zu diesen Personen zu rechnen ist, ermöglicht keine Antwort auf die Frage, wodurch es wenige Tage vor dem Tod des Herodes zu jenem neuen Testament kam. Möglicherweise spielten hierbei die ein- und abgesetzten Hohepriester eine Rolle: Mit der Beschuldigung der 'zweiten' Mariamne, von dem geplanten Giftanschlag gewusst zu haben, war im Jahr 5 sie selbst des Palastes verwiesen, ihr Sohn Herodes aus der Thronfolge ausgeschlossen und ihr Vater Simon als Hohepriester abgesetzt worden. Der neue Hohepriester, Matthias, Sohn des Theophilos, verlor dann sein Amt bereits wenige Monate später, weil er im Verdacht stand, die Ausschreitungen gegen jenen Adler am Tempeltorbogen zumindest indirekt begünstigt zu haben. Mit seinem Nachfolger, der in der Nacht vor jener Mondfinsternis, also am 12. März ernannt worden sein soll, kehrte allerdings wieder die Familie Simons in die hohe Würde zurück, denn Joazar war ein Bruder Simons, also ein Onkel der Prinzenmutter Mariamne. Beide Priesterfamilien waren allerdings verschwägert, so dass auch Matthias durchaus dem herodianischen Kreis angehörte. Er dürfte zugleich denjenigen Pharisäern nahe gestanden haben, die aus ihrer Distanz zu Herodes wenig Hehl machten, denn bei den Unruhen kurz nach dem Tod des Königs wurden Stimmen laut, die einen neuen, diesmal wahrhaft frommen Hohepriester forderten.

Die Adler-Affäre, in der er allem Anschein nach nicht energisch genug das inkriminierte Objekt als sakrosanktes Weihgeschenk vor Angriffen geschützt hatte, gab indessen einen Vorgeschmack darauf, was seitens der strenggläubigen Bevölkerung, die „ohnehin damals durch die messianischen Hoffnungen tief erregt wurde",[16] beim tatsächlichen Ableben des bereits schwerkranken Königs zu erwarten war. Nicht zufällig schlug ja die gesetzestreue Agitation in dem Moment in blanke Gewalt um, als sich das falsche Gerücht von Herodes' Tod verbreitete. Und nicht von ungefähr suchte anschließend der König an das Volk zu appellieren, doch die Vorteile seiner Herrschaft (an)erkennen zu wollen, anstatt einer verklärten hasmonäischen Vergangenheit nachzutrauern. So jedenfalls dürfte nach dem josephischen Bericht seine Argumentation gelautet haben. Der Adler, auch auf Münzen des Königs 'begreifbar' ein Zeichen des herodianischen Regimes, war den Juden zugleich ein verhasstes Symbol einer frevelhaften Fremdherrschaft. Indem Herodes in seiner Ansprache den Anschlag auf 'seinen' Adler zur Tempelschändung stilisierte, suchte er klar zu machen, dass es zu seiner – von Rom wohlwollend tolerierten – Herrschaft keine autonome Alternative gab, ja dass ein Angriff auf seine und seiner Nachfolger Herrschaft nicht Gottes Wille sei. Das jüdische Volk blieb jedoch bei seiner ablehnenden Haltung, zeigte äußerliches Wohlverhalten aus Furcht vor massiven Repressalien und sehnte ansonsten den Tag der Befreiung herbei.

Den Weitsichtigeren unter den Vornehmen musste der Gedanke an die politische Zukunft nach Herodes' Tod Sorgen machen; zu deutlich war die Abhängigkeit von Rom, dessen Repräsentant im nahen Syrien eine stattliche Armee kommandierte. Bei der Frage, wer dem König eines nahen Tages auf dem Thron folgen konnte, dürfte es den einen oder anderen gegeben haben, der seit Antipaters Verhaftung ein gewisses Machtvakuum hinter dem kranken, fast siebzigjährigen Monarchen erkennen und sich eine Rehabilitierung des vormaligen, erwiesenermaßen in Rom akzeptierten Kronprinzen wünschen mochte. Es sollte nicht übersehen werden, dass Antipater immer noch mit der Tochter des früheren hasmonäischen Königs Antigonus verheiratet war.

Auf dem hier skizzierten Hintergrund wäre es hilfreich zu wissen, wie groß der zeitliche Abstand zwischen dem Gewaltausbruch in Jerusalem und der Hinrichtung der Verantwortlichen in Jericho war, mithin wie viel Zeit für politische Reflexionen der genannten Art überhaupt zur Verfügung stand. Ebenso wichtig wäre zu wissen, wann sich Herodes noch in Jerusalem respektive seit wann er sich in Jericho aufhielt, genauer, ob es zum Gerücht von seinem Tod kam, weil er seit einiger Zeit in seinem Winterpalast in Jericho weilte, von wo es weniger aktuelle Informationen gab, oder ob er sich, was wohl weniger wahrscheinlich, erst nach der Schändung des Adlers aus Jerusalem zurückzog.

Die vorgestellten Überlegungen sind um die Frage zu ergänzen, was von all diesen Ereignissen der in Jericho inhaftierte Antipater erfahren haben könnte.

Die eigenwillige Szene im josephischen Bericht vom nicht nur gescheiterten, sondern kontraproduktiven Fluchtversuch zeigt, dass Antipater die

Vorgänge so gut als irgend möglich verfolgte, um seine Chance, an die er offensichtlich glaubte, zu erhaschen. Ob er dabei auch auf die Reaktion Roms rechnete oder ob er allein auf eine ihm günstige Stimmung in Judäa oder zumindest Jerusalem setzte, muss offen bleiben. Man geht wohl nicht fehl in der Annahme, dass er durch Vertraute, die Zugang zu ihm hatten, über relevante Entwicklungen durchaus informiert war; man darf zudem sogar annehmen, dass er nicht in einem Kerker schmachtete, sondern im Winterpalast in separaten Räumlichkeiten im Hausarrest gehalten wurde. Zusammenfassend lässt sich festhalten, dass das Schicksal Antipaters noch nicht mit seiner Inhaftierung in Jericho besiegelt war. Dabei mochten seine Hoffnungen auf einen radikalen Wechsel des Glücks vornehmlich von internen Entwicklungen in Jerusalem abhängen.

Nach seinem Tod setzte sich im engsten Kronrat offenbar schnell der Gedanke durch, dass allein Antipas kaum den herodianischen Thron sichern konnte; dies schienen eher die Bevorzugung seines älteren Bruders Archelaos sowie die Berücksichtigung auch seines Halbbruders Philippus zu gewährleisten. Diese Thronfolgeregelung trug vermutlich der jüngst erwiesenen Gewaltbereitschaft der Bevölkerung Rechnung, glaubte man doch seit der Adler-Affäre im Kronrat nicht mehr an einen ruhigen Übergang der Herrschaft des Königs auf einen seiner Söhne.

4. Le roi est mort, vive le roi![17]

„Bevor das Heer den Tod des Königs erfahren hatte, ging Salome mit ihrem Manne hin und ließ die Gefangenen frei, die der König zu töten befohlen hatte; sie sagte, der König habe seine Meinung geändert und schicke jeden wieder nach Hause. Erst als diese aufbrachen, machten sie den Soldaten Mitteilung und ließen sie zur Volkversammlung im Amphitheater in Jericho führen, an der auch die übrige Einwohnerschaft teilnahm. Dorthin begab sich auch Ptolemaios, der mit der Bewahrung des königlichen Siegelringes betraut war, sprach mit hohen Worten dem König zu Ehren, gab der Menge gute Ermahnungen und las ein Schreiben vor, das der König für die Soldaten hinterlassen hatte; er forderte sie darin zu treuem Verhalten gegenüber seinem Nachfolger auf. Nach der Verlesung des Schreibens öffnete er das berichtigte Testament und machte seinen Inhalt bekannt" (BJ 1,33,8/666–668).

Nach Flavius Josephus hatte Herodes in seinem Testament dem Archelaos aufgetragen, sowohl den königlichen Siegelring als auch die versiegelten Akten des Staatshaushaltes nach Rom zu bringen, da Augustus die letzte Entscheidung über alle Verfügungen des Verstorbenen zustünde, vor allem die Bestätigung des Testaments. Dessen Verlesung folgten laute Jubelrufe der Versammelten zu Begrüßung des Archelaos als des neuen Machthabers; „dann wandte man sich der Beisetzung des Königs zu“, der nach einem prachtvollen Leichenzug die letzte Ruhestätte, seinen eigenen Verfügungen gemäß, in Herodeion fand.

Bevor Archelaos dann seine obligatorische Romreise antrat, veranstaltete er nach der traditionellen siebentägigen Trauerzeit in Jerusalem einen Leichenschmaus für das Volk, wobei es freilich zu ersten Ausschreitungen der Bevölkerung kam. Als diese am Pessahfest erneut zur blutigen Konfrontationen führten, ließ sie der neue Herrscher mit militärischer Gewalt niederschlagen; dabei soll es 3000 Tote gegeben haben. Anschließend reiste er nach Caesarea, um nach politischen Gesprächen mit Quinctilius Varus, der aus Antiocheia dorthin gekommen war, sich nach Italien einzuschiffen.

Ungefähr gleichzeitig machte sich auch sein Bruder Antipas auf den Weg nach Rom, wo er unter Berufung auf das frühere Testament die Nachfolge seines Vaters für sich erstreiten wollte. In das Anhörungsverfahren vor Augustus platzten Neuigkeiten aus Judäa: Quinctilius Varus berichtete „über den Abfall der Juden, den er vorausgesehen“ und trotz der Postierung einer syrischen Legion in Jerusalem nicht hatte verhindern können (BJ 2,3,1/39f.). Auslöser waren – offenbar überzogene – administrative Kontrollmaßnahmen des Finanzprokurators Sabinus, die unter der Bevölkerung Angst um die Integrität des Tempelschatzes hervorriefen. Da sich indessen wegen eines Festes Tausende Juden aus dem ganzen Land in der Stadt einfanden, eskalierte die romfeindliche Stimmung schnell. Es kam zu Kampfhandlungen, in deren Verlauf im Tempelareal ein Großfeuer wütete, einige hundert Verteidiger des Gottesschatzes ums Leben kamen und schließlich die Soldaten des Sabinus fast 400 Talente Silber aus dem Tempel rauben konnten.

Bald griffen die Unruhen auf das ganze Land – mit Ausnahme Samarias – über; Flavius Josephus berichtet von einer Meuterei ehemaliger Soldaten in Idumäa, einem Aufstand in Galiläa unter Führung des Judas, eines Sohnes des ehemals von Herodes bekämpften Räuberhauptmanns Ezechias, sowie über die Usurpationen in Peräa und Judäa.

Außerdem tauchte ein Pseudo-Alexander auf, ein Mann jüdischer Herkunft aus Sidon, der – von einem Komplizen kompetent instruiert – wegen seiner äußerlichen Ähnlichkeit mit dem rund vier Jahre zuvor hingerichteten ältesten Mariamne-Sohn vorgab, der einst von seinem Henker gerettete hasmonäische Prinz zu sein. Er scheint von Anbeginn auf eine Inthronisierung durch Augustus gesetzt zu haben. Auf dem Weg nach Italien wurde er von Juden in Kreta und Melos umjubelt und erhielt großzügige finanzielle Unterstützung; ein Gönner, der ihn sogar nach Rom begleitete, sorgte für eine Sänfte und sonstige königliche Ausstattung. Auch bei der jüdischen Gemeinde in Puteoli erregte Pseudo-Alexander größtes Aufsehen „besonders seiner mütterlichen Abstammung wegen" (AJ 17,12,2/330). Schließlich entlarvte man aber am Hof des Augustus den Hochstapler, verurteilte ihn zum Ruderdienst auf Galeeren, den Komplizen dagegen zum Tode, während die melische Entourage, die zum Schaden sicher auch noch den Spott hatte, heimkehren durfte. Erst im Verlauf des Sommers stellte Quinctilius Varus im Bereich der herodianischen Herrschaft die Ruhe wieder her; mit den restlichen syrischen Legionen und zahlreichen Hilfstruppen zog er durch Galiläa nach Jerusalem und ließ schließlich 2000 Hauptschuldige kreuzigen.

Schon vor dem Aufstand hatte sich mit Genehmigung des Statthalters von Syrien auch eine fünfzigköpfige Delegation des jüdischen Volkes zu Augustus begeben, um zu erbitten, als autonomes Gebiet ohne eigenen Monarchen der benachbarten Provinz angegliedert zu werden; sie wurden dabei übrigens unterstützt von der jüdischen Gemeinde in Rom, die damals mehr als 8000 Männer gezählt haben soll. Zu dem Anhörungsverfahren des Augustus im Apollontempel auf dem Palatin war auch Philippus eingetroffen, ausdrücklich geschickt von Varus. Ihn hatte Archelaos eigentlich als „Hüter der Paläste und Treuhänder für den Familienbesitz" (BJ 2,2,1/14) in Jerusalem zurückgelassen.

Augustus fällte schließlich seine Entscheidung über das Testament des Herodes sowie die politische Zukunft Judäas und „übergab dem Archelaos die Hälfte des Königreiches mit der Amtsbezeichnung Ethnarch, er versprach ihm aber auch den Königstitel, wenn er sich bewähre; die andere Hälfte teilte er in zwei Tetrarchien und übergab sie den zwei weiteren Söhnen des Herodes, die eine dem Philippus, die andere dem Antipas, der mit Archelaos den Rechtsstreit um die Königsherrschaft geführt hatte" (BJ 2,6,3/93f.).

Archelaos kehrte also – vermutlich im Herbst – als neuer Herrscher über Judäa, Idumäa und Samaria nach Jerusalem zurück. Als eine seiner ersten Maßnahmen ist die Absetzung des Hohepriesters Joazar wegen seiner Parteinahme für die Aufständischen überliefert; die Nachfolge trat Eleazar an, ein weiterer Bruder von Simon und Joazar.

4.1 Herodes' letzte Verfügungen

Salome ergriff nicht erst im Streit der beiden Brüder vor Augustus Partei für Antipas, also gegen den dokumentierten letzten Willen des Herodes. Sie soll bereits unmittelbar nach seinem Tod die Anordnung über die im Hippodrom festgehaltenen Juden missachtet haben, obgleich sie dem Schwerstkranken geschworen hatte, seinen Wunsch zu erfüllen. Der Stellenwert der von Salome ergriffenen Maßnahmen und die Komplexität der Situation beim Herrscherwechsel werden im Zuge der josephischen Berichterstattung über die Vorgänge in Rom und in Judäa ganz deutlich. Vor allem mit der rhetorischen Gestaltung der drei Plädoyers vor Augustus lenkt unser Gewährsmann die Aufmerksamkeit des Lesers auf die letzten Lebenswochen des Herodes und die ersten Tage nach seinem Tod zurück; es sind dies die Reden von Salomes Sohn Antipatros für Antipas, von Nikolaos für Archelaos, von der jüdischen Delegation für eine Befreiung von der Monarchie.

Zu seinem zentralen Argument gegen die Thronfolge des Archelaos machte Antipatros die blutigen Unruhen in Jerusalem, die ja schon vor der Romreise begonnen hatten. Zu dem Aufruhr sei es gekommen, weil das Volk über Archelaos' vorgetäuschte Trauer empört gewesen sei. Die Grausamkeit, wie sie sich am vielfachen Mord im Tempelbezirk manifestiert habe, habe Herodes freilich vorhergesehen und daher diesem Sohn „keine Hoffnung auf das Königtum gelassen". Archelaos' spätere Nennung im Testament erkläre sich allein aus der damaligen geistigen Verwirrung des Erblassers (BJ 2,2,5/26–32).

Unter den Details des generellen Vorwurfs, Archelaos habe gar nicht abgewartet, dass er von Augustus als neuer Herrscher anerkannt würde und habe quasi als Privatmann respektive als Usurpator agiert, zählte Antipatros auch auf, dass er „die in der Rennbahn Eingeschlossenen freigelassen" habe (AJ 17,9,5/233). Die entsprechende Rechtfertigung in Nikolaos' Rede, dass jener hier ausschließlich aufgrund der damaligen Ratschläge seiner jetzigen Ankläger gehandelt habe, verweist eindeutig auf Salomes große Wohltat, nämlich die eigenwillige Freilassung der in der Rennbahn eingeschlossenen Juden; sie hatte ja jenen Leuten die Erlaubnis zur Heimkehr als Befehl des Königs mitgeteilt. Ist demnach der geheime Auftrag des schmerzgeplagten Herodes, die nach Jericho einbestellten Juden im Hippodrom gefangen zu halten und sie vom Militär unmittelbar nach seinem Tod niedermetzeln zu lassen, authentisch?

In der Forschung ist diese Frage heftig diskutiert worden,[18] offenbart sich hierin doch entweder Herodes' geradezu bestialischer Charakter oder aber die extreme Verunglimpfung seiner Person bei Flavius Josephus. Indessen ist ein Konsens erreicht worden, nach dem die im Geheimen geplante Tötung Unschuldiger eine böswillige Verleumdung des Autors darstellt, „der seiner Herodesdarstellung zum Ende hin nochmals einen besonders finsteren Akzent verleihen will"[19].

Zu diesem Zweck soll der Autor die Gruppe der ins Theater zu Jericho einbestellten jüdischen Honoratioren mit einer Gruppe von Männern im Hippodrom zusammengefasst haben, nämlich Delinquenten der Adler-Affäre sowie andere Aufrührer. Bei genauer Betrachtung kann es sich

Abb. 8: Der dritte Palast des Herodes in Jericho.

aber um keine Verwechslung handeln, vielmehr erklären moderne Autoren damit den Bericht über jene Inhaftierten, um nicht annehmen zu müssen, Herodes habe tatsächlich unbescholtene, vornehme Juden aus allen Dörfern des Landes gefangen gesetzt. Wenn nicht überhaupt die ganze Häftlingsepisode eine literarische Fiktion ist, dann könnte Flavius Josephus eine andere Versammlung zum Gegenstand des verleumderisch unterstellten Blutbefehls gemacht haben, etwa diejenige Heeres- und Volksversammlung „im Amphitheater", bei welcher der Tod des Königs und sein Testament bekannt gegeben wurden. Entscheidend ist also, ob man dem Bericht in seiner Gänze nicht glaubt oder ob man von einer Verfälschung der Absicht ausgeht, in welcher tatsächlich eine große Menschenmenge in die Rennbahn einberufen worden ist.

Zu berücksichtigen sind hier schließlich auch die neueren archäologischen Untersuchungen der vermutlichen Versammlungsstätte(n)[20]: Etwas außerhalb der antiken Siedlung Jericho wurde auf, an und unterhalb eines künstlichen Hügels eine kühne dreiteilige Mehrzweck-Architektur ausgegraben: ein 70 × 70 Meter großer repräsentativer Bau mit Hof und umgebenden Säulengängen nebst Räumen, eine Theatercavea mit ca. 26 Sitzreihen und Platz für etwa 3000 Personen, sowie eine Pferderennbahn (Hippodrom) von 350 Meter Länge und gut 80 Meter Breite, die von Säulenhallen flankiert und mit hohen Mauern von der Umgebung abgeschlossen war. Die ganze Anlage hatte augenscheinlich nur einen einzigen Zugang. Man darf davon ausgehen, dass es in oder bei Jericho keine andere Stätte für Versammlungen vergleichbaren Ausmaßes gab.

Immerhin verdeutlichen die Ausgrabungen des imposanten Mehrzweckbaus bei Jericho, dass Versammlungen auf Einladung durch den König – ob im Theater, Amphitheater oder Hippodrom – stets hier stattgefunden haben müssen.

Diese lokalen Gegebenheiten, die dem Flavius Josephus bekannt gewesen sein dürften, lassen es nicht undenkbar erscheinen, dass in der genannten Anlage tatsächlich Gefangene festgehalten worden waren, etwa solche Delinquenten, die bei der Adler-Affäre inhaftiert, aber noch nicht verurteilt oder hingerichtet worden waren, mithin noch auf einen endgültigen Spruch des Königs warteten. Diese hätte Salome beim Tod des Herodes quasi begnadigt, zumal an derselben Stätte – als der einzigen für solchen Zweck geeigneten – die Heeres- und Volksversammlung abgehalten werden musste. Diese beiden Personengruppen ganz unterschiedlicher Größe und Zusammensetzung könnte Flavius Josephus miteinander vermischt haben.

Unzweideutig stellt der josephische Bericht eine Verbindung zwischen den Unruhen in Jerusalem kurz nach dem Tod des Herodes und der Adler-Affäre her: Als der von Archelaos zum Ende der Trauerwoche veranstaltete Leichenschmaus und die öffentliche Klage um den König gerade zu Ende gingen, veranstalteten einige Aufrührer „eine eigene Klagefeier", nämlich für die Männer, „die von Herodes bestraft worden waren, weil sie den goldenen Adler am Tor des Tempels heruntergeschlagen hatten ... Klagelieder ... durchhallten die ganze Stadt im Gedenken an Männer, welche ... für die väterlichen Gesetze und den Tempel im Feuer zugrunde gegangen seien" (BJ 2,1,2/5f.).

Einen direkten Bezug zwischen den Unruhen im April des Jahres 4 und der viel diskutierten geheimen Anordnung des Königs über die im Hippodrom Festgehaltenen sieht zudem W. Otto[21] mit seiner umstrittenen Ansicht über einen historischen Kern jenes Befehls zur Massenhinrichtung: Danach hätte Herodes die versammelten und festgehaltenen Männer aus dem ganzen Land als Geiseln seinem Nachfolger hinterlassen wollen, damit das Volk nicht einen Versuch machen könnte, das Joch der Idumäer abzuschütteln. Und hätte nicht Salome jene Leute gegen den ausdrücklichen Befehl des Bruders freigelassen, wäre der große Aufstand gar nicht erst ausgebrochen. Somit soll der Bericht bei Flavius Josephus den Versuch des Herodes bezeugen, als ein auch in seiner letzten Stunde noch politisch ein- und weitsichtiger Mann künftige Unruhen zu verhindern.

Zu den Argumenten, die dagegen die Fiktivität der ganzen Episode aufdecken sollen, gehört nicht zuletzt der Gedanke, Salome habe gar nicht Befugnis und Recht gehabt, die Festgehaltenen nach Hause zu schicken.

Selbstredend ist hier zu betonen, dass weder sie noch Herodes zu seinen Lebzeiten das Recht gehabt hätte, jene Leute hinterrücks niedermetzeln zu lassen. Dem Anklagepunkt gegen Archelaos, er sei es gewesen, der in Anmaßung von Herrschaftskompetenz die Gefangenen aus dem Hippodrom freigelassen habe, trat Nikolaos entgegen mit der Bemerkung, jener habe ohnehin nur auf Anraten seiner Ratgeber – darunter doch auch Salome – gehandelt, vor allem aber sei jene Maßnahme gar kein Unrecht gewesen.

Unabhängig von der sachlichen Richtigkeit dieses Argumentes muss gefragt werden, bei wem eigentlich generell zwischen dem Tod eines Königs und der von Rom erklärten Anerkennung eines Nachfolgers die Handlungskompetenzen lagen. Jede Antwort hat den Kronrat, bestehend aus den „Verwandten und Freunden des Königs", zu berücksichtigen, der interimistisch die Amtsgeschäfte führte, wenn der Monarch physisch abwesend, schwer krank oder eben bereits tot war. Im Kronrat des Herodes war Ptolemaios, dem der Sterbende das Staatssiegel anvertraute, einer der bedeutendsten Funktionäre; unter den anderen Mitgliedern spielte sicherlich diejenige Person die wichtigste Rolle, die aufgrund ihrer Position innerhalb der Herrscherfamilie höchstes Ansehen genoss: Das war – jedenfalls seit dem Tod des Pheroras – Herodes' Schwester Salome, die nun zweifellos auch alle notwendigen repräsentativen Aufgaben übernahm. Zumindest bis zur Eröffnung des Testaments, wenn nicht bis zu seiner Bestätigung in Rom, waren ihr die Söhne, Enkelkinder und Ehefrauen des Verstorbenen nachgeordnet. Aus diesem Blickwinkel würde sich ein – wie auch immer zu rekonstruierender – historischer Kern der von Salome den Eingeschlossenen im Hippodrom verkündeten Freilassung erklären: Der Kronrat hatte beschlossen, jene Gefangenen heimzuschicken: dass ihnen dies von Salome persönlich verkündet wurde, gibt der Szene einen respektvollen Anstrich. Zusammenfassend lässt sich festhalten, dass in der Hippodrom-Episode Salome lediglich eine Entscheidung des Kronrats übermittelte und deren Vollzug überwachte. Was der etwaige historische Kern eines offenbar unfreiwilligen und längeren Aufenthalts von sehr vielen Männern aus dem ganzen Land im Hippodrom zu Jericho gewesen sein mag, muss letztlich doch offen bleiben.

4.2 Herodes' Testament

Im Rechtsstreit um die judäische Thronfolge in Rom standen Machtgier und Inkompetenz des Archelaos zur Debatte sowie die Gültigkeit des letzten Herodes-Testaments. Das Gegenargument lautete: „Wer so klar bei Verstande war, dass er dem Weltherrn ausdrücklich diese Vollmacht zuerkannte, der täuschte sich doch wohl nicht im Urteil über den Erben. Er wusste, wer in Wahrheit die Einsetzung vollziehen würde, und so hat er in weiser Überlegung auch den richtigen Kandidaten vorgeschlagen" (BJ 2,2,6/36).

Die Ankläger dagegen bezweifelten gerade die notwendige geistige Präsenz des Erblassers zum Zeitpunkt, als er Archelaos in das bisher schon existierende Testament aufnahm und Antipas zurücksetzte. Nach ihrer Auffassung war die Abänderung ungültig, ja, sie unterstellten zumindest indirekt, Herodes, der „nicht einmal mehr gewusst (habe), wen er ... als Nachfolger aufschreibe" (BJ 2,2,5/31), wäre von dem zuletzt begünstigten Sohn und dessen Freunden gezielt übertölpelt worden.

Nach dem genauen Wortlaut bei Flavius Josephus war Archelaos nicht im Hauptteil des Testaments, sondern in einem Zusatz genannt; dieser soll unmittelbar nach Antipaters Hinrichtung hinzugefügt worden sein, also wenige Tage vor dem Tod des Königs. War Herodes nun Ende März des Jahres 4 noch testierfähig oder nicht? Eine Antwort ist unter zwei Aspekten zu suchen: zum einen ist nach der Art des Zusatzes zu fragen, zum anderen nach dem mutmaßlichen Gesundheitszustand des Erblassers zu jenem Zeitpunkt.

Über den letzten Willen des Königs erfahren wir, dass Archelaos zum Nachfolger in der Königswürde, Antipas zum Tetrarchen von Peräa und Galiläa sowie Philippos zum Herrn über die Trachonitis und die angrenzenden Gebiete bestimmt wurde. Im bisherigen Testament, das zuletzt im voraufgegangen Herbst geändert worden zu sein scheint, war Antipas als König eingesetzt worden, offenbar anstelle des inzwischen verurteilten Antipater. Des Weiteren vermachte Herodes seiner Schwester die Städte Jamnia, Azot und Phasaëlis sowie als Geldwert 500000 Silberstücke, für die übrigen Verwandten ist von Legaten und Leibrenten die Rede. Schon im bisherigen Testament soll Salome mit großen Schenkungen bedacht worden sein, die Söhne und Enkel mit Geld, Einkünften und Liegenschaften. Abänderungen in diesen Punkten, sind also nicht zu erkennen, sofern sie nicht etwa in der Konkretisierung zugunsten Salomes enthalten sind.

Zudem waren im bisherigen Testament Augustus mit 1000 Talenten, Livia, seine (Adoptiv-)Söhne sowie Freunde und Freigelassene mit insgesamt 500 Talenten bedacht worden. Bei der letzten Abänderung ist neben Gold- und Silbergefäßen die Rede von 10 Millionen Silberstücken für Augustus, insgesamt 5 Millionen Silberstücken für die anderen. Damit dürfte allem Anschein nach aber dieselbe Summe gemeint sein wie mit 1000 beziehungsweise 500 Talenten, denn zum einen war das Talent Silber eine übliche Maßeinheit in der hellenistischen Welt, zum anderen gab es in Judäa keine eigenen Silbermünzen. Möglicherweise hat Flavius Josephus die 'alte' Bemessung in Talenten für seine Zeitgenossen in römische Denare umgewandelt, um die Summe anschaulich zu machen. W. Otto hält Herodes' letztes Testament für eine „ebenso plötzliche wie gänzliche Willensänderung" und sieht darin eine Entscheidung „für ein ganz anderes Erbfolgeprinzip";[22] er vermutet, dass hier bereits Augustus Einfluss genommen habe, nämlich in jenem Brief über Antipater, der gerade in Jericho eingetroffen war. Wenn auch diese These, die direkte und detaillierte Anregungen aus Rom für die Gestaltung des judäischen Testaments impliziert, kaum haltbar ist, so trifft doch die Beobachtung zu, dass sich Herodes' letzter Wille nur unwesentlich von derjenigen Nachfolge- und Erbschaftsregelung unterschied, die Augustus dann in Rom verkündete. Die den Söhnen zugeteilten Gebiete sind die gleichen – davon abgesehen, dass Gaza, Gadara und Hippos der Provinz Syrien zugeschlagen wurden und Salome zusätzlich den Palast in Askalon erhielt.

Entscheidend anders, als es Herodes gewollt hatte, ist allem Anschein nach nur, dass Archelaos statt zum König vorerst nur zum Ethnarchen berufen und auch Philippus jetzt titular mit dem Tetrarchen Antipas gleichgestellt wurde. Die Punkte, in denen Augustus vom Testament abwich, sind gerade diejenigen, in denen Herodes seinen früheren 'letzten Willen' geändert hatte: Jetzt waren drei Erben statt eines einzigen vorgesehen; zugleich fand sich der bisherige Kronprinz auf dem zweiten Rang wieder.

Diese Dreiteilung kann nur im Zusatz des ansonsten unveränderten Testaments gestanden haben, wobei die ältere Hauptbestimmung über den Thronfolger einfach gestrichen worden sein muss. Diese Abänderungen ersparten die Neuausfertigung des ganzen Dokumentes einschließlich der notwendigen mehrfachen Abschriften. Wenn Antipas' Protektoren mit ihrer Behauptung Recht hatten, dass Herodes nicht gewusst habe, wen er im neuen Zusatz zum Nachfolger machte, erhebt sich die Frage, ob er wenigstens mit eigener Hand unterschrieben hatte oder ob lediglich sein Siegel angebracht worden war. Nimmt man in diesem Sinne eine Fälschung der Zusätze an, bleibt nach einem Motiv für die Abänderung zu eben jenem Zeitpunkt zu fragen.

Nach den Berichten des Flavius Josephus soll der König in den Jahren und Monaten zuvor schon mehrfach seinen 'letzten Willen' abgeändert haben. Dabei ist anzunehmen, dass im Grundbestand des Testaments schon seit längerem die materiellen Bestimmungen für die engeren Familienangehörigen sowie die diversen Freunde auch in Rom festgesetzt waren, wie sie in der vorletzten Fassung detailliert vermerkt sind.

Demnach betrafen Umschreibungen primär die Thronfolge, wie beispielsweise im Herbst 5, als Herodes nach dem Prozess gegen Antipater an dessen Stelle Antipas eingesetzt haben soll. Er hatte allerdings gerade kurze Zeit zuvor das Testament abgeändert gehabt, nämlich seinen gleichnamigen Sohn von der 'zweiten' Mariamne aus der Nachfolge gestrichen, der als Nachrücker für Antipater vorgesehen gewesen war. Da die Ereignisse, die zu dieser Maßnahme geführt hatten, auf den Tod des Tetrarchen Pheroras gefolgt waren, ist zu erwägen, ob nicht Antipas' Aufnahme in das Testament eher in gerade diesen zeitlichen wie sachlichen Kontext gehören könnte und nicht erst in die Zeit nach dem Prozess gegen Antipater. In diesem Fall wäre Antipas als Nachrücker für Antipater respektive bei dessen Herrschaftsantritt ersatzweise als neuer Tetrarch – auch dies natürlich vorbehaltlich der Zustimmung aus Rom – benannt worden und hätte sich bereits als sicherer Thronfolger des Vaters betrachten können, als der älteste Bruder verurteilt wurde. Wer am herodianischen Hof den Antipas favorisierte, dürfte nach dem Urteil über Antipater kaum Interesse an einer erneuten Änderung des Testaments gehabt haben. Vielmehr schien es besser, auf die Hinrichtung zu warten. Wer dagegen eine Thronfolge des Archelaos bevorzugte, dem dürfte sowohl am Tod des bisherigen Kronprinzen wie an einer Testamentsänderung gelegen sein. Zugleich wird keine der beiden Gruppierungen eine komplette Neufassung des 'letzten Willens' gewünscht haben, um einen offenen Konflikt um die beste Startposition und eine dann irreversible autoritative Entscheidung von Herodes selbst zu vermeiden. Besser schien es zu sein, sich nicht unnötig zu exponieren, sondern abzuwarten, wie sich einerseits die Haltung Roms zu Antipater, andererseits die Krankheit des Herodes entwickelte. Dass der Brief aus Rom indirekt und offenbar entgegen seiner Intention Antipaters Hinrichtung zur Folge hatte, mag sich aus der skizzierten Situation gegenseitigen Misstrauens erklären, da nun beide Gruppen wenigstens den ältesten Bruder, der immer noch im Testament stand, wirklich ausschalteten.

Jene Kettenreaktion, die zum Hinrichtungsbefehl führte – Lärm im Palast, dessen Fehlinterpretation durch Antipater, sein Bestechungs- und Fluchtversuch, der Zorn des Königs darüber –, war nach Flavius Josephus von Herodes' Selbstmordversuch ausgelöst worden. Freilich gab es für diesen nur einen einzigen direkten Zeugen, nämlich Achiab, der dem König in den Arm fiel, als jener das Obstmesser gegen sich gerichtet haben soll. Ebenso konnte allein der Kerkermeister den Fluchtversuch Antipaters bezeugen. Andere Beteiligte mussten sich auf akustische Eindrücke stützen: den Lärm im Palast etwa, das erstaunlich laute Rufen des Kranken, als er von Antipaters Absichten erfuhr.

Die ganze Geschichte ist also fiktiv und erklärt sich aus der Angst gewisser Hofkreise vor der Rückkehr des früheren Kronprinzen und bezweckt durchsichtigerweise die Legitimation seiner Hinrichtung sowie die umgehende Abänderung des Testaments. Die enge Verknüpfung beider Punkte unterstützt die Vermutung, dass Antipater noch immer nicht aus Herodes' Testament gestrichen war, so dass es beim Tod des Königs tatsächlich noch zur Thronfolge des gehassten Bruders hätte kommen können. Warum aber wartete man nach dem Eintreffen des Briefes aus Rom nicht ab, bis Herodes von sich aus das Todesurteil sprach? Nahm man an, er würde den Sohn doch nur ins Exil schicken, oder rechnete man angesichts der Krankheitsentwicklung damit, dass es zu gar keiner Entscheidung mehr kommen würde?

Auf diesem Hintergrund ist es nicht undenkbar, dass der Lärm im Palast, den Antipater zum Anlass nahm, mit dem Tod des Vaters auf seine Befreiung und sogar seine Thronfolge zu hoffen, tatsächlich der Beginn der Klage über den soeben verstorbenen König war. Klingt dieser Gedanke zunächst abenteuerlich, macht er doch einen Zusammenhang zwischen der Hinrichtung des Rivalen und der überraschenden Zusatzklausel im Testament zugunsten des Archelaos plausibel; zudem erweist er Herodes' ridikülen Selbstmordversuch als durchsichtiges Lügengespinst zur Vertuschung der wahren Ursache des Lärms, der wegen seiner zentralen Rolle für die Glaubwürdigkeit der ganzen Episode nicht erfunden sein kann.

Trifft diese Vermutung das Richtige, so war Herodes schon tot, als mit seinem Siegel der umstrittene Zusatz in das Testament geschrieben wurde; der Siegelbewahrer Ptolemaios muss in die Fälschung ebenso involviert gewesen sein wie in die zugehörige Inszenierung des Hinrichtungsbefehls für Antipater und die fünftägige Verheimlichung des bereits eingetretenen Todes.

Antipas hatte für seinen Anspruch auf die Thronfolge in Judäa, den er sodann vor Augustus bekräftigte, die Unterstützung von Salome und Ptolemaios, die beide unmittelbar nach Herodes' Tod in Jericho mit der Einberufung von Heer und Volk ins Hippodrom das erforderliche Procedere organisiert hatten. Dort verlas Ptolemaios, der Siegelbewahrer, zunächst einen Brief des Verstorbenen, in welchem alle zur Loyalität gegenüber dem Nachfolger aufgerufen, freilich auch öffentlich auf die Notwendigkeit einer römischen Zustimmung hingewiesen wurden; danach eröffnete er das Testament. Die folgenden Akklamationen galten dem designierten Nachfolger Archelaos, der anschließend die Bestattung auszurichten begann. All dies verlief beeindruckend glatt, von irgendeinem Protest des Antipas hören wir nichts; möglicherweise setzte er – wie ja offenbar auch seine Protektoren – auf die Entscheidung in Rom. Archelaos wurde in den kritischen Tagen zwischen der offiziellen Trauerzeit und seiner Reise zu Augustus von seinen Gegnern scharf beobachtet; nahezu jede Entscheidung, die er zu treffen hatte, konnte gegen ihn verwendet werden, was dann ja auch geschah.

Warum unterlag schließlich doch Antipas dem Rivalen? Man mag dies damit erklären, dass die Argumentationsstrategie seiner Freunde primär an der Demontage des Archelaos, nicht so sehr am Aufbau ihres eigenen Protegés orientiert war. Wenn allerdings die Testamentsklauseln über Peräa, Trachonitis und andere Gebiete bereits im vorletzten Testament des Königs mindestens in ähnlicher Weise aufgeführt waren, läge der Schlüssel zum Erfolg der Gegenseite auf der Hand: Entscheidend wäre dann der Paragraph gewesen, in dem Herodes wünschte, dem Antipas quasi in der Nachfolge des Pheroras die bisherige transjordanische Tetrarchie zu überlassen; diese Klausel war bei der Hinzufügung des Archelaos als Thronerben nicht gestrichen worden war. Gerade weil der neue Zusatz mit keiner der älteren Klauseln des Testaments kollidierte, wurde er von Augustus und seinen Juristen ernst genommen, erfüllten sie doch somit alle im Testament genannten Wünsche.

Brachte allerdings der so entscheidende Zusatz gerade nicht den Willen des Verstorbenen zum Ausdruck, so konnte in Rom doch niemand mit dem Eingeständnis der Fälschung argumentieren, wollte er nicht das gesamte Testament gefährden und einer etwaigen Intention der Römer zur Einziehung Judäas als Provinz Vorschub leisten.

Gegen das Argument einer geistigen Unzurechnungsfähigkeit des Erblassers zum Zeitpunkt der Zusatzklausel hatte Nikolaos, der gewiefte Diplomat und Rhetor, ein äußerst wirksames Mittel gefunden: Indem er das unbedingte Vertrauen des verstorbenen Königs zum römischen Freund thematisierte, schmeichelte er dem Selbstverständnis des Augustus und seiner geradezu altrömischen Auffassung von Treue *(fides)*. Hier kam jeder Zweifel an Herodes' Verantwortungsbewusstsein, dem Princeps einen zuverlässigen Nachfolger für Judäa zu empfehlen, einem Zweifel an jener unverbrüchlichen Freundschaft gleich. Dies wiederum hätte eine den Römern sehr unerwünschte Signalwirkung bei den anderen Klientelherrschern haben können.

4.3 Herodes' Tod und Bestattung

Für Herodes' Lebensende ist die Frage zu erörtern, ob er noch jenen Testamentszusatz bei vollem Bewusstsein verfasst hatte oder nicht. Flavius Josephus berichtet mehrfach von ernsten Erkrankungen des Königs: Insbesondere nach der Hinrichtung Mariamnes soll er in ein schweres psychosomatisches Leiden verfallen sein. Ähnliches wiederholte sich allem Anschein nach im Sommer/Herbst des Jahres 5 im Kontext des Prozesses gegen den damaligen Kronprinzen, wobei allerdings jetzt nicht dessen Tod, sondern die Tatsache, dass Antipater noch lebte, zur Verschlimmerung der Krankheit beitrug. Schon zu Beginn jenes Jahres war Herodes – nach der Überlieferung über den Bruch mit Pheroras – schwer erkrankt und soll den Tod vor Augen und daher den Wunsch nach Aussöhnung mit dem Bruder gehabt haben. Im Winter 5 auf 4 ist der König dann allem Anschein nach erneut auf den Tod erkrankt, so dass man – wenn nicht allgemein, so doch in pharisäischen Kreisen, die geradezu auf sein Ableben warteten – nicht mehr mit seiner Genesung rechnete. Daher konnte es zu dem Gerücht kommen, er sei der Krankheit erlegen. Auch wenn Herodes tatsächlich noch lebte und die Adler-Stürmer zur Rechenschaft zog, so war doch sein eher unerwartetes öffentliches Erscheinen der Auftritt eines schwerkranken Mannes. Entsprechend dem körperlichen und seelischen Zusammenbruch nach den Hinrichtungen der hasmonäischen Gattin ergriff die Krankheit Herodes mit voller Gewalt nach den Hinrichtungen der Pharisäer Judas und Matthias sowie der für die Zerstörung des Adlers Hauptverantwortlichen. Erst an dieser Stelle geht Flavius Josephus detailliert auf die Krankheit selbst ein und schildert die Symptome: „Das Fieber war nicht heftig, es stellte sich aber auf der ganzen Haut ein unerträglicher Juckreiz ein; ununterbrochen quälten ihn schwere Leibschmerzen, an den Füßen bildeten sich Anschwellungen wie bei einem Wassersüchtigen, am Unterleib eine Entzündung, an den Geschlechtsteilen ein eiterndes Geschwür, das Würmer hervorbrachte. Atmen konnte er lediglich bei aufrechter Haltung und auch dann nur mit Beschwerden; dazu kamen schließlich Krämpfe an allen Gliedern. Prophetische Männer erklärten daher, seine Plagen seien die Strafe für den Mord an den Gelehrten" (BJ 1,33,5/656). Jeder moderne Versuch, aufgrund dieser Angaben Herodes' Krankheit zu benennen, scheitert nicht nur an dem generellen Problem, dass die Identifizierung antiker Krankheiten mit modernen äußerst schwierig ist. Vielmehr macht die spezifisch jüdische Topik der Symptome, an denen der große Frevler Herodes litt, eine präzise Diagnose unmöglich.[23] Dieser Sachverhalt wird unterstrichen von der Nachricht des Flavius Josephus, der König sei von einem kurzen und wenig effizienten Kuraufenthalt bei den heißen Quellen von Kallirhoë am Toten Meer nach Jericho zurückgekehrt „voll galliger Erbitterung" (AJ 17,6,5/173); daraus resultierte seine sadistische Idee, für eine angemessene Landestrauer nach seinem Tod dergestalt vorzusorgen, dass er die Vornehmen aus allen jüdischen Ortschaften nach Jericho einbestellte, die unmittelbar nach seinem Ableben umgebracht werden sollten. Der 'schwarzen Galle' folgten im josephischen Bericht häufige Schmerzattacken, die zu einer vorletzten Etappe, dem Selbstmordversuch des Königs beim gewünschten Verzehr eines Apfels führten. Im Anschluss daran erfahren wir nur noch lapidar, dass der König fünf Tage später gestorben ist.

Wir haben eine vielmonatige Leidensgeschichte vor uns, von der wir immer dann etwas – und stets etwas mehr – erfahren, sobald Herodes' Frevelhaftigkeit eine weitere schreckliche Manifestation zeitigte. Seine

Einsicht in die eigene Hinfälligkeit wuchs parallel zu seiner Einsicht in die wahren Zusammenhänge der Komplotte um Alexander und Aristobul, Pheroras und schließlich auch um Antipater: Hoffte er zunächst noch auf seine Genesung, um dann in aller Öffentlichkeit Antipater hinzurichten, so hätte am Ende Antipater den Vater fast noch überlebt. Mithin wäre beinahe die göttliche Strafe für dessen Frevel an seinen Söhnen der irdischen am mittelbaren Übeltäter, dem intriganten Kronprinzen, zuvorgekommen. Hierin entdeckt der Quellentext mit seiner symbolträchtigen Bildersprache, dass es stets Herodes war, der die eigentliche Schuld an all jenen Freveln – vornehmlich jenen an der hasmonäischen Dynastie – trug. Als einige Pharisäer die Unmöglichkeit von Herodes' Genesung erkannten, waren sie und ihre Anhänger zum Selbstopfer bereit, um damit die Überlegenheit Gottes und seiner Gesetze über den Frevler Herodes zu demonstrieren. Als jener selbst die Unmöglichkeit seiner Genesung erkannte, bereitete er die Hinopferung Unschuldiger vor, um die eigene Ehre in äußerster Hybris über diejenige des jüdischen Gottes, seiner Gesetze und seiner Gesetzestreuen zu erheben. Herodes erkannte schließlich, dass er auf Heilung nicht mehr hoffen konnte, nachdem er in Kallirhoë bei einem von den Ärzten empfohlenen warmen Ölbad das Bewusstsein verloren hatte. Dieser Episode entspricht dann als eine seelische Ohnmacht der Selbstmordversuch.

Liest man Herodes' Krankheitsverlauf als Metapher für eine Klimax der Bestrafung, den Tod als Lösung irdischer Leiden, mag man die so späte Hinrichtung Antipaters als notwendigen letzten Schritt vom gebrochenen Lebensmut, markiert durch den Versuch einer Selbsttötung, zum erlösenden Ende des Lebens auffassen. Es kann aber kein Zweifel sein, dass der König aus der Sicht gesetzestreuer Juden als maßloser Frevler und mit schwerster Schuld Beladener starb, nicht zuletzt in der Annahme, dass nach seinem letzten Atemzug alle jene Männer im Hippodrom umgebracht würden. Antipaters Tod als 'gute Tat' wurde im Subtext aufgewogen durch die Einsetzung des Archelaos als Nachfolger, da dies aus pharisäischer Sicht nichts anderes war als eine perfide Maßnahme zur fortgesetzten Unterdrückung Judäas.

Die Überlieferung, nach der Salome den Auftrag erhielt, bei Herodes' Tod den Befehl zur Niedermetzelung der vielen vornehmen Juden im Hippodrom zu Jericho zu geben, um für eine angemessene Landestrauer zu sorgen, dürfte nicht zuletzt aus der wohl tatsächlich von Salome vorbereiteten Beisetzung des Königs heraus gesponnen worden sein: „Es werde also Pflicht der Salome und ihres Gatten sein, diesem Übelstand (dass Herodes' Tod in Judäa Freude auslöst) abzuhelfen. Wenn sie seiner Meinung beipflichteten, müssten sie ihm ein glänzendes Leichenbegängnis veranstalten“ (AJ 17,6,5/177). Wenn auch Archelaos als derjenige genannt

Abb. 9: Luftaufnahme des Palastes Herodeion (Gesamtansicht).

wird, der das Leichenbegängnis ausrichtete, war es dennoch Salome, die über die gewünschte Gestaltung der Feierlichkeiten und die letzte Ruhestätte in Herodeion am besten informiert war. Flavius Josephus berichtet über den in der Tat äußerst prächtigen Leichenzug folgendes: „Die Bahre war von massivem Gold, mit Edelsteinen besetzt, die Decke aus Meerpurpur und bunt bestickt, auch der Leichnam darauf war in Purpur gehüllt;

Abb. 10: Ansicht der Palastfestung Herodeion.

das königliche Stirnband ruhte auf seinem Haupte, darüber die goldene Krone, das Szepter hielt er in seiner Rechten. Die Bahre war von den Söhnen und der großen Schar der Verwandten umgeben, ihnen folgten die königlichen Lanzenträger, die thrakische Truppe, die Germanen und die Gallier, alle in voller Kriegsrüstung. Voran zog das übrige Heer in Wehr und Waffen und guter Ordnung, geführt von den Obersten und Hauptleuten; auf sie folgten 500 Sklaven und Freigelassene, die wohlriechende Spezereien trugen. Der Leichnam wurde ... zum Herodeion geleitet und dort nach ausdrücklicher Verfügung beigesetzt" (BJ 1,33,9/671–673).

Über die Strecke, welche der Leichenzug von Jericho nach dem südlich Jerusalems gelegenen Herodeion zurücklegte, gibt die handschriftliche Überlieferung des Quellentextes verschiedene Maße, nämlich 8, 70 und 200 Stadien. Ein Blick auf die Landkarte zeigt, dass Sterbe- und der Bestattungsort in der Luftlinie 25 Kilometer voneinander entfernt sind. Eine so bequeme Straße, dass eine große Leichenprozession sie hätte problemlos benutzen können, gab es nicht. Möglicherweise startete man zur Beisetzung des Königs gar nicht in Jericho, sondern in Jerusalem, so dass nur rund 12 Kilometer zu bewältigen waren; doch auch für diese kürzere Strecke darf an einem Leichenzug wie dem beschriebenen gezweifelt werden. Damit gewinnt die Angabe von nur 8 Stadien, also 1,5 Kilometern, durchaus an Plausibilität, insofern damit die 'Parade-Strecke' gemeint ist, nicht die gesamte Entfernung, die der tote König zurückzulegen hatte. Ähnlich wie die Krankheitsschilderung bringt Flavius Josephus mit seiner Beschreibung des Leichenzuges mehr Symbolisches als Konkretes zum Ausdruck: Entscheidend war der volle Königsornat des Verstorbenen, die massive militärische Begleitung und der zeremonielle Aufwand. Darin nämlich drückte sich „getreulich das Wesen des herodianischen Reiches aus, indem (die Bestattung) ganz und gar Sache der fremdstämmigen Truppen war und nichts mit dem jüdischen Volk in seinem Lande zu schaffen hatte".[24]

Ziel des zweifellos pompösen Leichenzugs war Herodeion, genauer: ein Platz direkt bei oder zumindest in der Nähe der vorgesehenen Grablege. Diese ist trotz intensiver Ausgrabungen am Djebel Fureidis noch nicht entdeckt worden. Dort ist allerdings auf dem Plateau des Berges seit rund einem halben Jahrhundert die Palastfestung so weit freigelegt worden, dass man eine Grabstätte innerhalb dieser Anlage ausschließen kann. Hingegen ist am Fuß des Berges im Palastkomplex des 'Unteren Herodeion' ein architektonisches Ensemble freigelegt worden, das Hinweise auf die gesuchte Grabstätte gibt: Im Südosten grenzt an den großen Beckenkomplex eine auffällige so genannte Bahn von 350 × 30 Metern, an deren Kopfende ein Bau anschließt, der wegen einzelner Friesfragmente für eine Art Mausoleum gehalten und als Monumentalbau bezeichnet wird.[25]

Dass sich außerdem ein kleines Ritualbad an der südwestlichen Ecke der Bahn in der Nähe jenes Baus befindet, widerspricht einer Interpretation des ganzen Komplexes als einer Grabanlage keineswegs. Insbesondere legt die 'Bahn' einen Zusammenhang mit Herodes' Begräbnisprozession nahe.

Ist die Interpretation des Ausgräbers E. Netzer zutreffend, hätten wir hier also denjenigen Platz vor uns, an welchem der Leichenzug endete und die zahlreichen Teilnehmer für ein abschließendes Bestattungsritual Aufstellung genommen haben dürften. Sollte eines Tages in der Bergfestung doch noch die Grablege des Königs selbst entdeckt werden, so bliebe dennoch ein unmittelbarer Zusammenhang der Bahn und des Mausoleums mit den Bestattungsfeierlichkeiten Anfang April des Jahres 4 äußerst plausibel.

Zweifellos hatte Herodes bei der Erbauung der verschiedenen Palastanlagen am Berg, die insgesamt ein Areal von 25 Hektar bedecken und um das Jahr 17 begannen, seine künftige Grabstätte hier geplant und der entstehenden Ortschaft in einer ansonsten unbewohnten Gegend seinen Namen gegeben. Ebenso unzweifelhaft hatte der König mit einem glänzenden Nachruhm gerechnet; dieser ist ihm ungeachtet aller Diskussionen um seine politische historische Leistung für Judäa und um seine Persönlichkeit als Ruhm eines großen Bauherrn gewiss. Dass er seine letzte Ruhestätte tatsächlich in Herodeion fand, in einem der größten bekannten Paläste der griechisch-römischen Welt, ist nicht zuletzt ein Zeichen für seine außerordentliche Bedeutung als eigenwilliger Konstrukteur seiner Herrschaft.

VII. Herodes – Jude oder Hellenist?

In einer Volksversammlung, die Herodes, bereits von seiner schweren Krankheit gezeichnet, nach der Zerschlagung 'seines' Adlers einberufen hatte, zählte er auf, „wie viele Strapazen er um des Volkes Willen erduldet, mit wie großen eigenen Kosten er den Tempel erbaut, was den Hasmonäern während ihrer einhundertfünfundzwanzigjährigen Regierungszeit nicht möglich gewesen sei, ... wofür er noch nach seinem Tode Lob und Dank zu ernten hoffe" (AJ 17,6,3/161–163). Indessen scheint er sich keine Illusionen darüber gemacht zu haben, dass die Juden auf seinen Tod geradezu warteten und ihn als ein freudiges Ereignis herbeisehnten. Oft genug hatte er den Widerstand des Volkes gegen seine Person und seine Politik zu spüren bekommen; vom Beginn seiner Herrschaft an hatte man ihn zum unrechtmäßigen Inhaber des judäischen Throns erklärt.

Dafür gab es verschiedene Argumente: Aus der Sicht der Angehörigen und der Anhänger der makkabäisch-hasmonäischen Dynastie durfte die Königswürde nur einem Mann zufallen, der aus jenem königlichen Geschlecht stammte und damit auch dem Priesterstande angehörte. Indem sie in Herodes nichts anderes als einen unwürdigen Thronräuber sahen, interpretierten sie auch alle Maßnahmen gegen ein Mitglied der hasmonäischen Familie als Teil eines rigiden Ausrottungsplans des blutdürstigen Despoten: angefangen bei Antigonus, dem romfeindlichen König von parthischen Gnaden, der von Marcus Antonius angeblich nur hingerichtet wurde, weil Herodes ihn dazu bestochen hatte, über Hyrkanus, Alexandra und den 'Söhnen des Babas' bis zur geliebten Gattin Mariamne und deren Söhnen Alexander und Aristobul, die alle dem intriganten Kronprinzen Antipater sowie der bösartigen Königsschwester Salome zum Opfer gefallen sein sollen, trug nach Ansicht des Volkes allein Herodes die Schuld.

Immer wieder schildert Flavius Josephus den Unwillen 'der Untertanen', teils bei konkreten Anlässen, teils aufgrund der generellen Ablehnung aller vom König ausgehenden Neuerungen. Bei Maßnahmen, an denen es eigentlich nichts zu kritisieren gab und auf welche das Volk mit uneingeschränkter Zustimmung reagierte, wie beispielsweise das Krisenmanagement in der Hungersnot um 25, lässt es unser Quellenautor selten an deutlichen Hinweisen auf Eitelkeit und Ruhmsucht des Wohltäters fehlen. Er bietet schließlich einen zusammenfassenden Katalog der „Ungerechtigkeiten des Herodes" mit der von ihm rhetorisch ausgefeilten Rede einer fünfzigköpfigen Gesandtschaft aus Judäa in Rom. Sie wurde nach dem Tod des Königs und vor der Entscheidung des Augustus im Thronfol-

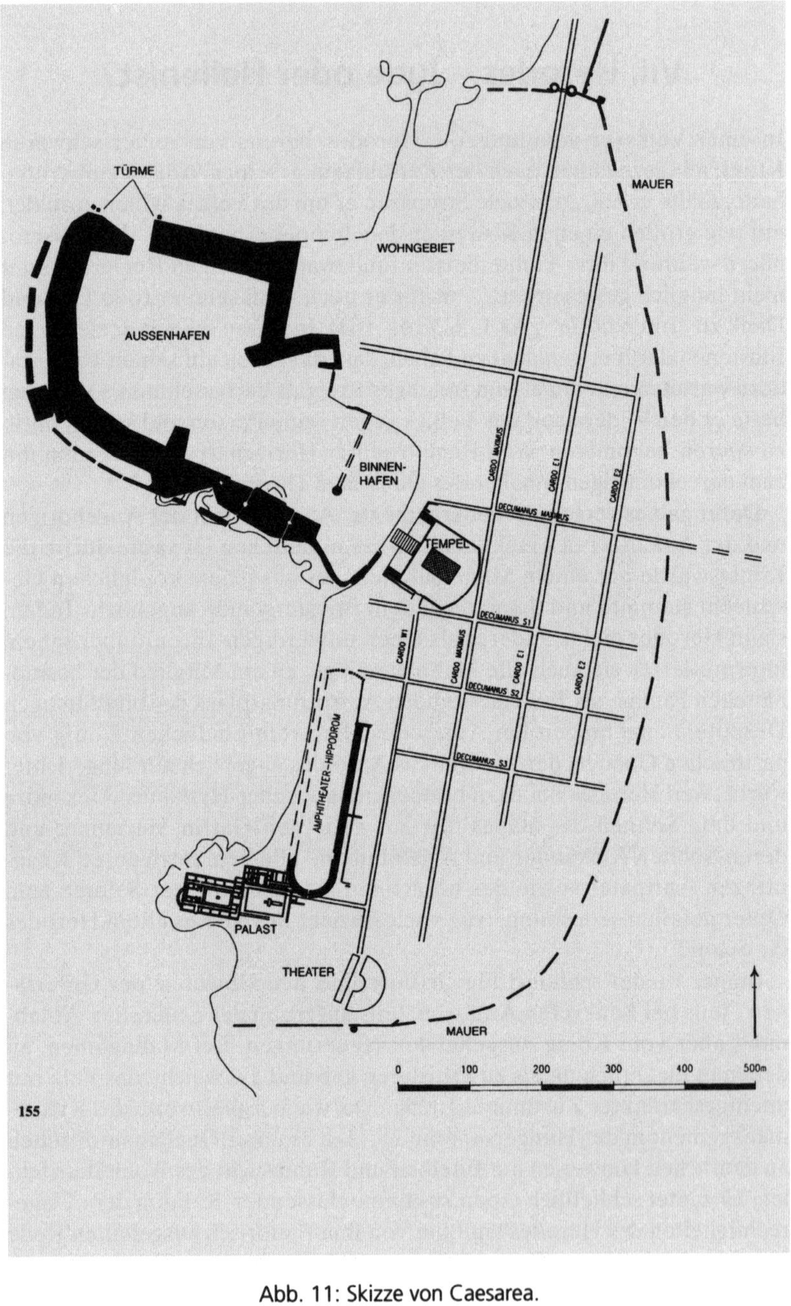

Abb. 11: Skizze von Caesarea.

gestreit zwischen Archelaos und Antipas vorgetragen und zielte auf die Befreiung des Landes von der Monarchie:

„Dem Namen nach ... sei (Herodes) wohl König gewesen, in der Tat aber habe er die ärgste Tyrannei ausgeübt, vieles zum Verderben der Juden ersonnen und sich nicht gescheut, eine Menge willkürlich erdachter Neuigkeiten einzuführen. Eine große Anzahl Menschen habe er, was in früheren Zeiten niemals geschehen sei, auf verschiedene Art aus dem Wege geräumt. Diejenigen aber, welche er am Leben gelassen, seien noch viel unglücklicher, einmal wegen der Angst, die sein blutdürstiges Wesen ihnen eingeflößt habe, dann aber auch wegen der beständigen Besorgnis, ihr Vermögen zu verlieren. Die benachbarten, von Ausländern bewohnten Städte habe er verschönert, um die in seinem eigenen Reiche gelegenen durch Steuern zu erschöpfen und zu Grunde zu richten. Das Volk, das bei seinem Regierungsantritt sich noch eines besonderen Wohlstandes erfreut habe, habe er völlig verarmen, die Vornehmen um der geringfügigsten Ursache willen töten und ihr Vermögen einziehen lassen, und diejenigen, denen er wenigstens noch das Leben geschenkt, seien von ihm um Hab und Gut gebracht worden. Außerdem, dass er die den Einzelnen auferlegten jährlichen Abgaben aufs Strengste eingetrieben habe, sei man auch noch genötigt gewesen, seinen Verwandten und Freunden sowie den Steuereinnehmern reiche Geschenke zu geben, weil man sich der Plackereien nur mit Aufopferung von Silber und Gold habe erwehren können. Nicht reden wolle man davon, wie er mit der größten Schamlosigkeit Frauen und Jungfrauen geschändet habe, weil es den Geschändeten fast mehr zum Trost gereiche, dass die Misshandlungen verborgen blieben, als dass sie nicht geschehen sein möchten. Kurz, sie seien von Herodes so misshandelt worden, dass ein wildes Tier ihnen wohl keine schlimmeren Unbilden hätte antun können, wenn es zur Herrschaft über sie gelangt wäre.

Zwar sei ihr Volk auch schon früher von schweren Unglücksfällen heimgesucht und zur Auswanderung gezwungen worden; aber es komme doch in der Geschichte kein Beispiel einer Drangsal vor, die mit dem gegenwärtigen Elend, welches Herodes heraufbeschworen, verglichen werden könne“ (AJ 17,11,2/304–310).

Die Mordlust, die – damit häufig verbundene – Habgier in ihren zahlreichen Facetten der Auspressung der (wohlhabenden) Bürger und der zügellose Sexualtrieb sind allerdings ebenso wie die ‘Entmenschung’ im Bild des wilden Tieres übliche Tyrannenklischees der griechischen Historiographie und Populärphilosophie: Einem Despoten wie Herodes musste man all das nachsagen können, was schon immer einem Tyrannen vorgehalten wurde. Der Topos der Unvordenklichkeit und derjenige von Neuerungen erhält eine spezifische Zuspitzung im Kontext der – explizit genannten – ganzen altehrwürdigen Geschichte der Juden und ihrer heiligen

Abb. 12: Luftaufnahme des Palastes von Caesarea.

Gesetze. In der entsprechenden Szene der jüdischen Gesandtschaft vor Augustus im *Jüdischen Krieg* lautet die Passage des historischen Vergleichs etwas anders: „Anstatt des überkommenen Wohlstandes und der Gesetze der Väter habe er das Volk mit Armut und höchster Ungerechtigkeit erfüllt; die Juden hätten im Ganzen von Seiten des Herodes mehr Drangsale erlitten als ihre Väter während der gesamten Zeit, seit sie unter Xerxes von Babylon zur Heimkehr aufgebrochen waren“ (BJ 2,6,2/86). Damit umfasst die herangezogene Zeitspanne ‘nur’ noch rund 400 Jahre und schließt im Unterschied zu der jüngeren Variante der Rede in den *Jüdischen Altertümern* dezidiert das Exil aus.

In einem anderen Punkt, der Vernachlässigung judäischer Städte zugunsten ausländischer, ist nun aber die ältere Fassung der Anklage expliziter: „die eigenen (Städte) habe er zugrunde gerichtet und die fremden herrlich ausgestattet, mit dem Herzblut Judäas habe er fremde Völker beschenkt“ (ebd.). Hier liegt weder ein klassischer Tyrannentopos vor noch eine Anleihe an einer Art des nachklassischen Fürstenspiegels. Selbstverständlich hatte ein hellenistischer Monarch seine Freigebigkeit auch auf internationaler Ebene zu beweisen, durfte darüber aber nicht die Wohlfahrt seiner Untertanen vernachlässigen. Der Vorwurf, den Wohlstand Judäas für fremde Völker und von Ausländern bewohnte Städte verschleudert zu haben, bezieht sich zweifellos auf Herodes’ Bau- und Spendenpolitik außerhalb des jüdischen Kerngebiets – etwa Gründung und Ausbau von Caesarea und Sebaste –, aber wohl auch auf die Geldgeschenke an die römischen Freunde und Protektoren, die freilich direkt vor Augustus nicht so offen kritisiert werden konnten. Einmal lässt Flavius Josephus den König zur Rechtfertigung seiner Bau- und Scheckbuchpolitik sagen, er habe diese Ausgaben nicht allein aus eigenem Entschluss getätigt, sondern auf Anweisung der allmächtigen Römer. Ansonsten aber macht unser Autor ein ums andere Mal deutlich, dass Herodes aus zwei für Tyrannen typischen Motiven heraus seine Bauten und Stiftungen durchführte, nämlich aus eigensüchtigem Ehrgeiz und feiger Besorgnis um seine Sicherheit.

In der modernen Geschichtsschreibung spielen das Verhältnis des Herodes zum Volk der Juden sowie die Frage, inwieweit seine Untertanen tatsächlich die Herrschaft dieses Königs ablehnten, eine zentrale Rolle. Dies mag eine Bemerkung H. Willrichs zeigen: „Es ist nur ein Zeichen von der frechen Verlogenheit seiner Gegner, wenn sie nach seinem Tode ihn … als den grausamsten Blutsauger hinstellten … Diese Leute standen der gesamten Regententätigkeit des Königs völlig verständnislos gegenüber und wollten sie auch gar nicht verstehen, weil sie eben … als ein Erzeugnis griechischen Geistes ihnen verdächtig schien.“[1]

Es geht also um eine Etikettierung dieses römischen Klientelkönigs, dessen kleines Reich schon in der hellenistischen Welt eine besondere Stellung einnahm, als 'jüdisch' oder 'hellenistisch'.

Beide Begriffe sind alles andere als eindeutig, nicht zuletzt angesichts der antiken Polarisierung der Juden in Rechtgläubige und Hellenisten. S. Perowne hat dazu treffend bemerkt: „Uns als Erben einer Überlieferung, die seit 2000 Jahren das Beste aus Judentum und Hellenismus miteinander verbunden hat, fällt es schwer, uns in eine Welt zurückzuversetzen, in der diese beiden Größen getrennt nebeneinander bestanden."[2]

1. Herodes und die Juden[3]

1.1 Juden und Judäer

Seit den antisemitischen Exzessen des 20. Jahrhunderts, die ohne den Rassenwahn des 19. Jahrhunderts samt seiner intellektuellen Aufbereitung auch in der Geschichtswissenschaft kaum denkbar sind, fällt es schwer, die Frage zu diskutieren, ob Herodes Jude, Halbjude, Scheinjude oder kein Jude war. An sich ist die Antwort recht einfach: Herodes, der Sohn des Antipater, war ein Einwohner Judäas, mithin Judäer, und war im jüdischen Glauben aufgewachsen, mithin Jude; die griechische Bezeichnung *Ioudaios* meint das eine wie das andere. Dass er als Idumäer aus Askalon oder Marisa nicht zu den alteingesessenen Israeliten des Kernlandes um Jerusalem zählte, ist letztlich ebenso zweitrangig wie die Feststellung, dass er nicht zu den Frommen gehörte.

Judäer wie ihn und seine Familie gab es im Reich der jüdischen Hohepriester und Ethnarchen/Könige zu Tausenden, seit die in der zweiten Hälfte des 2. Jahrhunderts autonom gewordenen Herrschaft über Judäa sich als expansive Territorialherrschaft zu einem Machtfaktor zwischen Seleukiden- und Ptolemäerreich entwickelt hatte. Eine Trennung zwischen Königs- und Hohepriesterwürde hatte es bereits unter der Herrschaft einer Frau, der Salome Alexandra, gegeben; sie war dann von den feindlichen Brüdern Hyrkanus und Aristobulos beibehalten worden. Schließlich hatte Antigonus seinen Onkel Hyrkanus nicht nur vertrieben, sondern zudem durch Verstümmelung der Ohren seine erneute Bekleidung des Hohepriesteramtes ausgeschlossen.

Mit dem Sturz des Usurpators gelangte im Frühjahr 37 Herodes, die bisherige romtreue Stütze der legitimen hasmonäischen Herrschaft, auf den judäischen Thron. Ihn hatten Octavian, Marcus Antonius und der römische Senat schon 40/39 zum König ernannt; inzwischen war er durch die Heirat mit Mariamne, der Enkelin des Hyrkanus, zum Mitglied der königlichen Familie geworden.

Auf diesem Hintergrund ist zu fragen, was Antigonus meinte, als er den Römern, die Jerusalem belagerten, entgegenrief, eine Herrschaft des Herodes wäre ungerecht, da jener „ein Privatmann und als Idumäer nur ein halber Jude sei, während die Königswürde nach den Bräuchen des Landes nur Männern aus königlichem Geschlecht zufallen dürfe ... es (gebe) doch noch viele Männer seines Geschlechtes, die ein Anrecht auf die Königswürde hätten, weil sie ... auch dem Priesterstande angehörten" (AJ 14,15,2/403). Diese propagandistische Verlautbarung hat als einziger Quellenbeleg für Herodes als 'Halbjuden' eine erbitterte Diskussion ausgelöst.[4] Sie erlaubt aber keinen anderen Schluss als den, dass aus Sicht der bereits entmachteten Dynastie Herodes nicht Jude genug war, um König zu werden, weil er weder aus Jerusalem stammte noch dem Priesterstande angehörte. Eine Aussage über Herodes' religiöse Einstellung enthält diese Polemik nicht. Durch die Autorität des Herodes-Biographen A. Schalit ist allerdings die josephische Sichtweise weitgehend zur *opinio communis* geworden: „Ein doppelter Fluch lastete auf dem Manne und seiner Herrschaft. Das eine war der Fluch des Proselyten, ... der sich zum König aufgeworfen hatte über ein Volk, das seine nationale Echtheit nicht voll anerkannte ... Das Königtum eines Proselyten galt in Judäa als von der Torah verboten: ein König konnte nur von ... wirklichen Israeliten ... stammen. Ärger war der zweite Fluch ..., der Fluch eines Laien, der sich gegen eine Familie von Hohepriestern und Königen erhoben und sie mit Hilfe der Römer ausgerottet hatte."[5]

1.2 Herodes und die 'väterlichen Gesetze'

Einen speziellen Kritikpunkt bildete der Umgang des neuen, von den Anhängern der entmachteten Hasmonäer gehassten Königs mit der Hohepriesterwürde. Eine seiner ersten Maßnahmen war die Ernennung eines gewissen Ananel zum Hohepriester, doch löste diese Personalie bei seiner Schwiegermutter Alexandra Unmut aus, da sie gern ihren Sohn Aristobul in dieser Rolle gesehen hätte. Daher setzte Herodes schließlich Ananel ab und den jungen Schwager ein, also wieder einen Hasmonäer. Dennoch erntet er harsche Kritik des Flavius Josephus: Ungesetzmäßig sei es, einen Hohepriester aus der lebenslangen Würde zu entfernen; als Erster habe einst Antiochos IV. Epiphanes „dieses Gesetz" verletzt.

Dass Herodes hier – wie auch noch an weiteren Stellen – mit dem Seleukidenkönig parallelisiert wird, der als großer Verfolger in die Geschichte der Juden eingegangen ist, charakterisiert ihn sublim gleichfalls als Fremdherrscher und soll erklären, dass er die Gesetze der Juden, denen er sich auch gar nicht verpflichtet fühlen musste, missachtete. Allzu einseitig und bei kritischer Auswertung der josephischen Überlieferung abzulehnen ist die Vorstellung, Herodes habe als römischer Klientelkönig tatsächlich die Torah als Rechtsgrundlage durch das römische Rechtswesen ersetzt und durch persönliche Einmischung in die Praxis der Rechtsprechung versucht, „römischen und auch hellenistischen Rechtsnormen Geltung zu verschaffen", wo immer dies „ohne Aufruhr durchsetzbar war".[6]

Die zeitgenössische und dezidiert fromme Überzeugung von einer grundsätzlich gesetz- und gottlosen Einstellung des späteren Königs spiegelt sich in der Legende von einer Prophezeiung des Esseners Menahem an den Knaben Herodes: „Du wirst ein glückliches Leben führen und dir ewigen Ruhm erwerben, Frömmigkeit und Gerechtigkeit aber wirst du vergessen. Allein Gott dem Herrn wird dies nicht verborgen bleiben, und er wird dich am Ende deines Lebens dafür bestrafen" (AJ 15,10,5/376).

Schon der junge Herodes hatte die jüdischen Gesetze gebrochen und als Statthalter in Galiläa aufständische Räuber eigenmächtig hinrichten lassen. Als ihn der Hohepriester Hyrkanus vor dem Sanhedrin wegen Mordes anklagte, soll der fromme Pharisäer Sameas den Gerichtshof gewarnt haben, jenen freizusprechen: „Ich will Herodes keinen Vorwurf daraus machen, dass er mehr auf seinen Vorteil als auf die Gesetze achtet ... Denkt aber daran, dass es einen allmächtigen Gott gibt, und ... (der Angeklagte) ... einst euch und den König ... züchtigen wird" (AJ 14,9,4/174).

Der Zusammenhang zwischen der Herrschaftsanmaßung des Herodes auf Kosten der Hasmonäer und seiner Missachtung der herkömmlichen jüdischen Rechtsordnung wird bei Flavius Josephus deutlich ausgesprochen: „Herodes hatte die Herrschaft so vollständig in den Händen, dass keiner ... seinen Ungesetzlichkeiten entgegentrat. Das war auch die Ursache, warum Herodes mehr und mehr von den väterlichen Einrichtungen abwich und die alte Ordnung der Dinge, die unversehrt hätten bleiben sollen, allmählich ins Wanken brachte. Da nun so alles, was das Volk früher zur Frömmigkeit hinleitete, beseitigt wurde, drang im Laufe der Zeit eine Menge von Übeln bei uns ein" (AJ 15,7,10f./266f.).

Während also von der politischen Führungselite kein Widerstand mehr gegen den Tyrannen ausging, formierte er sich im Volk, wo sich nicht alle Juden beschwichtigen ließen: „Immerhin beharrten aber immer noch einige dabei, dass sie sich an der Veränderung der heimischen Sitten stießen, und ... glaubten, ... sich eher jeder Gefahr aussetzen zu müssen, als dass sie den Herodes ruhig dabei gewähren lassen sollten, die Ordnung der Dinge umzustoßen, mit Gewalt Neuerungen einzuführen und, während er sich zum Schein als König benehme, in Wahrheit sich als den ärgsten Feind des ganzen Volkes zu beweisen" (AJ 15,8,3/281). Als ein von zehn Männern aus der Bürgerschaft geplantes Attentat auf den König entdeckt wurde, bekannten die Täter vor ihrem Märtyrertod, dass jeder selbst mit der Aufopferung seines Lebens das Gemeinwohl schützen müsse.[7] Kaum zufällig ähnelt diese Motivation derjenigen in der Adler-Affäre, wo die jungen Fanatiker insbesondere den religiösen Frevel des Königs stärker thematisierten.

Eine für die gläubigen Juden unerträgliche Neuerung war ein Gesetz, das den Verkauf verurteilter Diebe ins Ausland vorsah: „Diese Strafe ... lief ... den herkömmlichen Gesetzen zuwider. Denn als Sklave ... nach anderen Sitten lebenden Herren ... gehorchen zu müssen, war mehr eine Verletzung religiöser Vorschriften als eine Strafe für Übeltäter ... (Sie) erschien daher ... vom Übermute diktiert, gerade wie wenn Herodes nicht als König, sondern als Tyrann Strafen einführen wolle, ohne sich um die Verfassung der Juden zu kümmern" (AJ 16,1,1/1–5).

Zu den typisch despotischen Aktionen des Herodes, die das religiöse Empfinden ganz erheblich stören mussten und als Frevel galten, gehörten nicht zuletzt seine angeblichen Verstöße gegen die Totenruhe, die zudem von seiner Habgier motiviert waren. Zwei entsprechende Episoden sind überliefert: Nach der Eroberung Jerusalems im Frühjahr 37 ließ der Sieger nicht nur zahlreiche Gegner umbringen, sondern auch die Leichen beim Weg zur Bestattung außerhalb der Stadt nach Wertgegenständen untersuchen, die man ihm dann ausliefern musste. Man darf diese Leichenfledderei hinsichtlich ihrer Historizität ebenso anzweifeln wie die Grabschändung, vor der Herodes nicht zurückgeschreckt sein soll: „(Er) ... hatte schon früher einmal vernommen, dass sein Vorgänger Hyrkanus Davids Grab geöffnet und daraus 3000 Talente Silber entnommen habe, sowie auch, dass darin noch so viel vorhanden sei, um seinen ganzen jetzigen Bedarf zu decken. Er ... ließ jetzt in einer Nacht das Grab öffnen, ... fand aber ebenso wenig Geld darin wie Hyrkanus, und nahm dafür eine Menge goldener Schmucksachen und kostbare Geräte mit, die er dort antraf ... (Er ließ) um die Gottheit zu versöhnen, am Eingang (des Grabmals) mit großen Kosten ein Denkmal aus weißem Marmor errichten. Dieses Denkmal erwähnt auch der Geschichtsschreiber Nikolaos ..., doch berichtet er nicht, dass der König in das Grab eingedrungen ist, da er wohl weiß, wie unziemlich ein solches Benehmen ist" (AJ 16,7,1/179–183).

Hier resultierte die Geldgier des Königs explizit aus seiner Geldnot infolge des kolossalen Aufwandes sowohl innerhalb wie außerhalb seines Reiches, womit zweifellos Herodes' profane Bau- und Stiftungstätigkeit außerhalb Judäas gemeint ist. Weil die Verschönerung des Davidgrabes als eine am jüdischen Glauben orientierte Baumaßnahme die kritischen Zeitgenossen überraschte, erfabelten sie den besonderen und sinistren Anlass. Die angeführten Beispiele mögen genügen, um zu illustrieren, was die judäische Delegation im Sommer 4 in Rom meinte, als sie davon sprach, Herodes habe „vieles zum Verderben der Juden ersonnen und sich nicht gescheut, eine Menge willkürlich erdachter Neuigkeiten einzuführen".

Dagegen fehlt es im josephischen Bericht keineswegs an Zeugnissen dafür, dass Herodes häufig – für einen 'Nichtjuden' jedenfalls auffällig oft – die religiösen Vorschriften einhielt: In der Endphase der Belagerung Jerusalems gestattete er, wenn auch „in der Meinung, die Belagerten würden sich jetzt ergeben", die Anlieferung von Opfertieren, damit die Opfer nicht ausgesetzt werden mussten. Wenig später verhinderte er beim Fall der Stadt die Plünderung des Tempels (siehe oben S. 84). Er selbst hat das Verbot, das Tempelinnere zu betreten, stets befolgt. Damit bei den Bauarbeiten am neuen Tempel sich keine Unbefugten im näheren Umfeld des Allerheiligsten aufhalten mussten, ließ Herodes eigens eine große Anzahl von Priestern zu Zimmerleuten und Steinmetzen ausbilden.

Dass eine Ehe Salomes mit Syllaios nicht zustande kam, weil der Nabatäer nicht Herodes' Forderung nachkam, zum Judentum überzutreten, ist von der Forschung als diplomatischer Schachzug gesehen worden (siehe oben S. 144), offenbar unter der Prämisse, Herodes sei kein echter Jude gewesen und hätte bei hinreichender Opportunität seine Schwester durchaus einem Heiden zur Frau gegeben.

Ein für die Beurteilung des Herodes schwieriges Ereignis berichtet Flavius Josephus im Zusammenhang mit dem Feldzug im Frühjahr 31 gegen arabische Stämme (siehe oben S. 127): Um das Heer anzuspornen berief er sich auf Gott und den „Geist der Väter"; anschließend „opferte er Gott und überschritt nach dem Opfer den Jordanfluss mit seinem Heer" (BJ 1,19,5/380). Die Authentizität des Opfers ist mit dem Argument bezweifelt worden, es müsste sich sonst entweder um eine „Angleichung an den Gebrauch heidnischer Feldherrn" oder um „eine schwere Verletzung des jüdischen Gesetzes" handeln, da Opfer nur am Tempel zu Jerusalem dargebracht werden durften.[8] Nun fehlt aber nicht nur eine entsprechende kritische Bemerkung unseres Autors, vielmehr heißt es in seinem jüngeren Bericht explizit: Herodes opferte „wie es Sitte war". Daraus darf geschlossen werden, dass damals ein vornehmlich jüdisches Heer, ermuntert durch die Rede des Königs und gestärkt durch ein der Situation angemessenes, übliches Opferritual, erfolgreich Rache an den arabischen Feinden nahm. Zugleich konnte Herodes seinen Sieg auch als ein Zeichen für das Wohlwollen des Gottes der Juden interpretieren.

1.3 Herodes und seine Untertanen

Angesichts einer blut- und habgierigen Willkürherrschaft, wie sie Herodes aus der Sicht der in Rom vorstellig gewordenen Juden so viele Jahre ausgeübt hatte, herrschte unter diesem Tyrannen im ganzen Lande Angst. So erklärt sich etwa auch die Zustimmung des Volkes zur strengen Bestrafung der Schuldigen der Adler-Affäre, fürchtete man doch, „dass sehr viele in das Untersuchungsverfahren verwickelt würden“ (BJ 1,33,4/655).

Zugleich zieht sich durch die Überlieferung wie ein roter Faden der Hass des Volkes auf seinen König. Ursache für Hass und Erbitterung waren und blieben „seine Unternehmungen, durch welche Religion und Sitte untergraben zu werden drohten“ (AJ 15,10,4/365). Erfolglos versuchte Herodes – beispielsweise angesichts der Aufregung wegen der Trophäen im Theater, die für Menschenbilder gehalten wurden – die Juden „mit Worten zu besänftigen und von ihren religiösen Bedenken zu befreien“ (AJ 15,8,2/278), denn trotz aller harten Säuberungsmaßnahmen „bewies das Volk ... große Standhaftigkeit und Unerschrockenheit in der Verteidigung seiner Gesetze“ (AJ 15,8,4/291).

Herodes reagierte in zweierlei Weise auf die widerspenstige Haltung seiner Untertanen: mit 'Zuckerbrot und Peitsche', wobei Flavius Josephus immer wieder die Angst des Königs vor einem Volksaufstand betont: „Er beschloss deswegen, das Volk von allen Seiten einzuschließen ... So umgab er das ganze Volk mit Festungen, damit es nicht nach Belieben Unruhen erregen könnte“ (ebd.). Gemeint ist hier – für uns ganz überraschend – die Baupolitik nicht nur in Jerusalem und in Judäa, sondern auch in Samaria/Sebaste und Stratonsturm/Caesarea. Gegen einen Aufruhr des erregten Volkes suchte sich der König außerdem durch Versammlungsverbote und eine Geheimpolizei zu sichern: „Die meisten Untertanen fügten sich denn auch seinen Befehlen, teils aus wirklicher Zuneigung ... teils aus Furcht. Wer jedoch in zähem Widerstand verharrte ..., wurde schonungslos beiseite geschafft“ (AJ 15,10,4/366–369).

Zu den fürsorglichen Wohltaten des Königs, aus welchen die Zuneigung eines Großteils der Untertanen in Judäa resultierte, zählte sein Krisenmanagement während der Hungersnot im Jahr 25. Flavius Josephus verzichtet nicht darauf, zunächst die Geldknappheit des Königs zu betonen, die jener durch seine großzügigen Schenkungen und Bauprojekte außerhalb Judäas selbst verschuldet hatte; so steigerte das Volk, das die Obrigkeit für die Not verantwortlich machte, seinen Hass. Wenn dann Herodes mit der Preisgabe von Gold- und Silbergerät des Königspalastes zur Finanzierung der Getreideimporte „offenkundig (zeigte), wie sehr er auf das Wohl des Volkes bedacht gewesen war und damit vornehmlich denen, die ihm früher feindlich gegenübergestanden hatten, eine bessere Meinung bei(brachte)", so sorgte er doch zugleich dafür, „dass das Volk diese Hilfe nur ihm zuschrieb" (AJ 15,9,2/308).

Ambivalent ist schließlich der Hinweis auf den dreiunddreißigprozentigen Steuernachlass im Jahr 20, mit dem Herodes sich „in Wahrheit die Zuneigung (der Untertanen) sichern" wollte angesichts der landesweiten Empörung über „seine Unternehmungen, durch welche Religion und Sitte untergraben zu werden drohten" (AJ 15,10,5/365). Ein ähnlicher, diesmal fünfundzwanzigprozentiger Steuernachlass im Jahr 14 soll zu „hellem Jubel des Volkes" und zu „Glückwünschen für seinen König" geführt haben. In beiden Fällen könnte der Steuererlass mit einer landesweiten Steuerveranlagung im Zusammenhang gestanden haben, also mit höchst unpopulärer Volkszählung, Registrierung von Besitz und Feststellung von Steuerrückständen; die besondere Erbitterung der Bevölkerung galt es dann zu beschwichtigen.

So ist bei kritischer Lesart aus dem josephischen Bericht wohl zu schlussfolgern, dass sich die geringe Akzeptanz des Königs nicht primär aus seiner Gottlosigkeit und dem Bruch der väterlichen Gesetze und Sitten erklärte, sondern aus dem unerbittlichen Zugriff auf die finanziellen Ressourcen der Untertanen, nicht zuletzt der vornehmen und wohlhabenden Kreise.

Für A. Schalit ist die Überlieferung insoweit maßgeblich, als er daraus abliest, „daß über dem ganzen Land eine Atmosphäre von Gefängnis und Zwingburg lag";[9] entsprechend hält er das gesteigerte Sicherheitsbedürfnis des von seinen Untertanen verständlicherweise gehassten Königs für ganz berechtigt. Die moderne Forschung ist dagegen zu der Erkenntnis gekommen, dass Flavius Josephus nicht für die gesamte jüdische und judäische Bevölkerung spricht, wenn er Herodes zum grausamen, gottlosen und letztlich 'fremden' Herrscher stilisiert.[10]

1.4 Herodes und die Diaspora-Juden[11]

Eine Gruppe von Juden hatte zweifellos allen Grund, den König Herodes äußerst positiv zu beurteilen: diejenigen, die außerhalb Judäas in griechischen Städten der Provinz Asia unter Nichtjuden lebten und von Entscheidungen der römischen Vormacht profitierten, die ihnen die Einhaltung ihrer religiösen Obliegenheiten erleichterten. Die so genannten Diaspora-Juden waren zumeist in Gemeinden nach lokalem Vereinsrecht organisiert und hatten, da sie normalerweise kein Bürgerrecht genossen, den Auflagen der jeweiligen Stadtverwaltung nachzukommen. Daraus ergaben sich allem Anschein nach aufgrund ihrer Lebensweise nach den väterlichen Gesetzen immer wieder Konflikte, insbesondere über die Sabbathruhe, die Heranziehung zu öffentlichen und auch militärischen Leistungen sowie über die Abführung ihrer Steuern für den Jerusalemer Tempel. Ausnahmeregelungen, dank deren die jüdischen Einwohner einer griechischen Stadt ihren eigenen religiösen Verpflichtungen den Vorrang vor den zivilen Forderungen geben durften, wurden allenfalls von vorgesetzten politischen Instanzen, etwa dem Provinzstatthalter, gewährt. So waren von Caius Julius Caesar den Juden Privilegien konzidiert worden, für welche sich seinerzeit Herodes' Vater Antipater und sein Dienstherr Hyrkanus eingesetzt hatten. In der Forschung ist umstritten, ob diese Bestimmungen bereits eine Art „Charta of Jewish Rights" darstellten, also reichsweit anwendbar waren, oder ob es sich lediglich um Regelungen im Sinne regionaler Einzelfallentscheidungen handelte, die wegen der sie bedingenden konkreten Gegebenheiten auch widerrufbar waren.[12]

Im Rahmen dieser Diskussion kommt eine bedeutende Rolle der Inspektionsreise des Agrippa im Jahre 14 zu, die den zweitmächtigsten Mann Roms in Begleitung seines Freundes Herodes auf dem Rückweg vom Pontos-Feldzug auch nach Ionien führte. Damals erhoben Diaspora-Juden aus dortigen Städten Anklage gegen die Griechen, „dass man sie verhindere, nach ihren Gesetzen zu leben, dass man sie an heiligen Tagen nach der Willkür der Behörden vor Gericht lade, dass man ihnen das Geld raube, welches sie nach Jerusalem für den Tempel senden wollten, dass man sie zur Leistung von Heeresdienst und zu öffentlichen Arbeiten zwinge und sie nötige, das zu heiligen Zwecken bestimmte Geld dazu zu verwenden, während sie doch von alledem befreit seien, da die Römer ihnen ausdrücklich erlaubt hätten, nach ihren heimischen Gebräuchen zu leben" (AJ 16,2,3/27 f.). Nachdem Nikolaos, der rhetorisch brillante Vertraute des Königs, ein fulminantes Plädoyer zugunsten der Juden gehalten hatte, fällte Agrippa seinen Schiedsspruch: „Er sei wegen der ergebenen und freundschaftlichen Gesinnung des Herodes bereit, alle Forderungen der Juden zu erfüllen und als gerecht anzuerkennen. Auch wenn sie noch mehr Bitten vorzubringen hätten, werde die Gewährung keine Schwierigkeiten machen, wofern nur die römische Oberhoheit dadurch nicht benachteiligt würde. Weil sie aber nun um nichts weiter gebeten hätten, als dass ihnen ihre früheren Rechte bestätigt würden, so bestimme er hiermit, dass ihnen niemand etwas bei der Befolgung ihrer Gesetze in den Weg legen dürfe" (ebd. 60).

Das Engagement des Herodes für die Diaspora-Juden war allem Anschein nach aus zwei Gründen erfolgreich: weil dem Agrippa die Fürsprache seines judäischen Freundes viel galt und weil der Römer sich davon überzeugen ließ, dass durch die zu bestätigenden Privilegien die römischen Belange unberührt blieben. Die Frage, warum sich der König eigentlich so entschieden für die Rechte der Juden in der Diaspora einsetzte, wird unterschiedlich beantwortet. Zum einen wird betont, dass Herodes in erster Linie seine Stellung bei Augustus ausbauen und dazu den Agrippa beeindrucken wollte, nämlich durch Nikolaos' Ausführungen über die moralische Pflicht aller Juden zur Loyalität gegenüber Rom. Da diese auf dem ihnen gemeinsamen Wertesystems der *humanitas* gründete, steht der komplexe römische Reichsgedanke im Zentrum.[13]

Zum anderen wird Herodes' Bewusstsein seiner Verantwortung für die Auslandsjuden in den Vordergrund gestellt, nämlich seine Erkenntnis, „daß er zum vollen Genuß seines Amtes nur kommen konnte, wenn er auch im Judentum der Diaspora eine führende Rolle spielte".[14] So richtig es ist, bei der Beantwortung der Frage nach den Intentionen des Herodes bei der Förderung der ionischen Juden die gleichzeitigen so ungewöhnlich reichlichen Schenkungen für griechische Städte in Kleinasien zu berücksichtigen, so notwendig ist es doch, die pragmatischen Effekte jener Protektion in Judäa selbst im Blick zu behalten. Jedenfalls legte der König großen Wert auf die Propagierung seiner Erfolge gerade vor der eigenen jüdischen Bevölkerung, denn er berief gleich nach seiner Rückkehr eine Versammlung ein „und machte ... Mitteilung davon, dass er den Juden in ganz Asien die Gewährleistung ihrer Rechte erwirkt habe" (ebd. 63). Offenbar hat Herodes allen Ernstes den römischen Schiedsspruch zugunsten der ionischen Diaspora-Juden als Leistung seiner Politik angepriesen; entsprechend muss das *tertium comparationis* sein demonstratives Bemühen um die Religion der Väter gewesen sein. Trifft diese Überlegung das Richtige, zielte die Fürbitte des Königs bei jenem ionischen Tribunal darauf ab, sich als religionstreuer Jude und daher als Garant für das Verhalten aller Juden zu zeigen: Sowohl der Römer Agrippa als auch die Vertreter der klageführenden ionischen Judengemeinden sollten aus seinem Engagement zugunsten einer Lebensweise nach Vätersitte die Überzeugung gewinnen, dass eine friedliche, konfliktfreie Zukunft nur aus der gegenseitigen Respektierung erwachsen konnte und dass jede der beiden Seiten ihren Vorteil daraus haben würde: Die Römer sicherten sich treue Freunde, die Juden dauerhafte Protektion.

Herodes selbst profitierte dabei natürlich auch, nämlich von einer verringerten Neigung der Diaspora-Juden, sich entweder anderen Protektoren zuzuwenden oder die religiösen Bindungen an Jerusalem zu lockern. Zum einen konnte eine Intensivierung der kleinasiatischen Kontakte zur Diaspora im Partherreich die langjährigen Spannungen sowie das damit genährte ständige römische Misstrauen gegenüber Judäa abbauen, zum anderen stand weniger eine Verminderung als eine Vermehrung der Einkünfte des Tempels aus den Abgaben der Auslandsjuden zu erwarten – in einer Zeit, als die Bauarbeiten am zweiten Tempel noch nicht abgeschlossen waren.

1.5 Der herodianische Tempelbau[15]

Der These, dass ein in Judäa verbreitetes Unbehagen an der Herrschaft des Königs Herodes primär auf seine Gottlosigkeit und seine Verachtung der väterlichen Gesetze und Sitten zurückzuführen ist, ist entgegenzuhalten, dass die Ablehnung – sofern sie überhaupt von einer Mehrheit der Bevölkerung getragen wurde – aus den starken finanziellen Belastungen der Untertanen durch rigiden Steuereinzug erwuchs. Für diese Annahme spricht schließlich auch die Reaktion des Volkes auf die Ankündigung, „den Tempel Gottes in weit größerem Umfang und viel höher zu errichten, denn viele befürchteten, der König möchte, wenn der Tempel niedergelegt wäre, nicht die hinlänglichen Mittel besitzen, um das Werk … vollenden zu können, und es schien ihnen diese Gefahr umso größer zu sein, als der Bau ihnen … schwierig und kolossal vorkam“ (AJ 15,11,2/388).

Herodes wollte anstelle des Behelfsbaues, der seit vielen Generationen den einstigen, von Nebukadnezar zerstörten Tempel aus der Zeit des großen Salomon ersetzte, wieder einen prächtigen Tempel errichten und teilte seine Motive für das riesenhafte Bauprojekt in einer Volksversammlung mit: „Ich bin überzeugt, dass ich nach dem Willen Gottes das Volk der Juden zu einem Glücke geführt habe, wie es dasselbe früher nie gekannt hat … Weil ich nun durch Gottes Gnade zur Regierung gelangt bin, … so will ich mich bemühen das, was unsere Vorfahren … nicht ausführen konnten (den Tempelbau) zu vollenden, und dadurch Gott für die vielen Wohltaten, die er mir während meiner Regierung erwiesen hat, frommen Dank zu erstatten“ (AJ 15,11,1/383.387).

Der unermesslich aufwendige und prächtige Tempelbau des Herodes forderte wohl nicht nur den Vergleich mit dem allein vom Hörensagen bekannten, im Jahr 587 zerstörten Tempel Salomos heraus, sondern auch und gerade mit der Situation seit der Rückkehr der Juden aus dem babylonischen Exil. Mit dieser jüngeren Vergangenheit verglich auch Herodes selbst seine Regierungszeit, wenn er – bei seiner Rede im Kontext der Adler-Affäre – die eigenen Leistung für den Tempel an der generationenlangen Untätigkeit der Hasmonäer gemessen wissen wollte. Indem Flavius Josephus den jüdischen Gesandten vor Augustus denselben Zeitraum in den Mund legt, freilich um daran die Schrecknisse der Tyrannei des verstorbenen Königs zu ermessen, dann formuliert er ein vernichtendes Urteil über Herodes' Herrschaft: „die Juden hätten … mehr Drangsale erlitten als ihre Väter in der gesamten Zeit, seit sie unter Xerxes von Babylon zur Heimkehr aufgebrochen waren.“

Die logistisch bestens vorbereiteten Bauarbeiten begannen im Winter 20 auf 19 und erstreckten sich über insgesamt neuneinhalb Jahre, wovon acht Jahre an der Tempelplattform gearbeitet wurde, die man als Areal auf eine

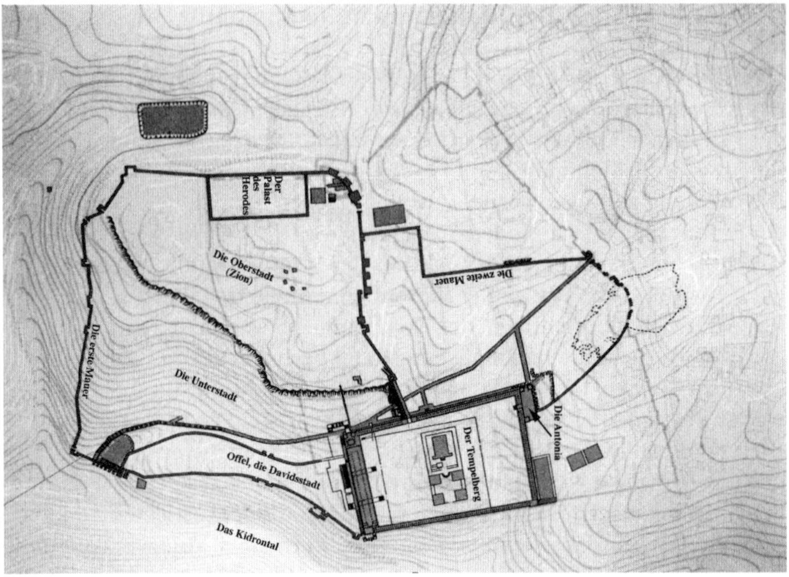

Abb. 13: Plan von Jerusalem.

Fläche von fast 150000 Quadratmetern verdoppelte; dabei erforderten den größten technischen Aufwand die Abtragung mächtiger Gesteinsmassen an der Nordseite des Tempelberges und die Errichtung einer gigantischen Stützmauer an der Südseite. Der Tempelplatz war über mehrere Tore und Treppenaufgänge erreichbar; außer dem so genannten Vorhof der Heiden gab es in dem Bereich, der nur Juden zugänglich war, den Frauenhof, den Männerhof, welcher den etwas höher gelegenen Priesterhof umgab, wo sich vor dem Tempelgebäude der Altar für die Tieropfer befand.

Am eigentlichen Tempel ist nach der Überlieferung 18 Monate lang gebaut worden, anschließend fand ein großes Fest zur Tempelweihe statt, die umso glänzender begangen wurde, als sie „auf denselben Tag fiel, an welchem der König den Antritt seiner Regierung zu begehen pflegte“ (AJ 15,11,6/421). Ungeklärt ist allerdings, in welchem Jahr der Tempel geweiht wurde: Üblicherweise nimmt man dafür den Sommer des Jahres 10 an, also nach Ablauf der als Gesamtbauzeit genannten neuneinhalb Jahre.[16] S. Perowne hat allerdings die Einweihungsfeier in den Sommer 18 gesetzt,[17] wofür einiges spricht, vor allem die Bedenken der Juden, es könnte dem König während der Bauzeit das Geld zur Vollendung des Tempels ausgehen: Flavius Josephus berichtet einerseits von Herodes’ Fürsorge hinsichtlich des Baumaterials vor dem Abriss des Tempels und dann von den Arbeiten zuerst am Tempel selbst, andererseits betont er die Freude und Dankbarkeit des gesamten Volkes, „dass das Werk so schnell zur Vollendung gekommen war und dass der König dieselbe mit so regem Eifer betrieben hatte“ (ebd.). Daher ist wohl auszuschließen, dass der Tempel selbst erst am Ende der mehr als neunjährigen Bauzeit in Angriff genommen wurde. Nicht zuletzt musste allen daran gelegen sein, dass die regelmäßigen Opfer möglichst bald wieder in ihrer herkömmlichen Art durchgeführt werden konnten. Hier ist etwa an den Besuch des Marcus Agrippa in Jerusalem im Herbst des Jahres 15 zu erinnern und an die großen Opfer aus eben diesem Anlass. Diese dürften nicht in einem Provisorium zelebriert worden sein, sondern im bereits erneuerten Tempel.

Gerade die schnelle und mit Priorität betriebene Beendigung des Tempelbaus hielt offenbar Kritik an den weiteren jahrelangen – und auch später noch immer wieder in kleinerem Maßstab weitergeführten – Bauarbeiten in Grenzen: an den geradezu wahnwitzig aufwendigen Veränderungen des Tempelbergs an der Südseite mit dem dort neu entstandenen Vorhof der Heiden und der ihn auf die ganze Länge flankierenden dreischiffigen königlichen Halle „eines der merkwürdigsten (Werke), welche die Sonne jemals beschienen hat“ (AJ 15,11,5/412).

In der jüngeren Forschung zum herodianischen Tempel ist die Frage nach den Motiven des Bauherrn beantwortet worden in Verbindung mit einer neuen Bewertung des architektonischen Ensembles, wobei die Interpretation der Königshalle als einer Basilika nach römischem Vorbild entscheidend ist.[18] In der Argumentationskette spielt die spekulative Vermutung eine Rolle, das architektonische Vorbild für den neuen Baukomplex auf dem Tempelberg sei das Kaisareion in Alexandria gewesen, also ein majestätischer Kultbezirk für den hellenistisch(-römischen) Herrscherkult. Die Vorstellung, es habe „wie in den Kaisareia … in den Säulenhallen ein buntes kulturell-religiöses Leben …, das natürlich z.T. mit den Vorgängen in den inneren Teilen des Tempelkomplexes in Verbindung stand“, stattgefunden, führt sodann zu der These,[19] der ‘Vorhof der Heiden’ habe die Funktion eines Marktplatzes, einer griechisch-hellenistischen *agora*, im Sinne eines städtischen Zentrums erhalten. Gerade dabei soll die Königshalle das zentrale Element gewesen sein, da ja auch ihr Vorbild, die römische Basilika, als ein integraler Bestandteil des römischen Forums gesehen wird. Diente also die Königshalle an der Südseite des Vorhofes der Heiden „allerlei kommunalen und kommerziellen Zwecken“?[20] Diese Vorstellung ist weder durch die archäologische noch die literarisch-historische Evidenz gerechtfertigt und daher ebenso abzulehnen wie die daraus erwogene Schlussfolgerung, Herodes habe mit diesem demonstrativ hellenistisch-römischen Baukomplex auf dem Tempelberg das jüdische Volk demütigen wollen.[21] Problematisch ist nicht zuletzt die Verbindung der skizzierten

Argumentation des Baukomplexes als Imitation eines Kaisareions und der Königshalle als einer Basilika mit der dezidierten Charakterisierung des Bauherrn als eines typisch hellenistischen Herrschers seiner Zeit. Damit figuriert die Absicht des Königs, zur Verherrlichung seines Gottes dessen irdischen Tempel in größtmöglicher Pracht zu errichten, bestenfalls als ein Motiv unter anderen.

Somit erscheint Herodes hier kaum mehr als Jude. Doch es fehlen hinreichende Argumente, ihm abzusprechen, dass er dieses monumentale Bauprojekt, das zweifellos seinen eigenen Ruhm und den seines Reiches wie der Stadt Jerusalem vergrößern musste, nicht „auf die Möglichkeiten und Bedürfnisse der monotheistischen jüdischen Religion" abgestimmt hätte. In diesem Sinne ist der herodianische Tempelbau mit Jerusalems Bedeutung als Wallfahrtsort, speziell die Königshalle in diesem Kontext allgemein „mit dem Heiligtumsbetrieb" zu verbinden. Auch A. Schalit interpretiert den Tempelbau als „eine Art Schutzwall ... gegen das Unheil, das die Fanatiker des jüdischen Glaubens ihm androhten, und eine Art Bürgschaft für die Dauer seiner Herrschaft: Mit diesem großen frommen Werk gedachte Herodes die Gottheit zu besänftigen und ihre Gnade für sich und sein Haus für alle Zeiten zu gewinnen."

Die Frage, inwieweit Herodes mit 'seinem' Tempelbau mehr ein frommes Werk oder ein Ruhm heischendes Bauprojekt intendierte, kann nur mit Blick auf die Gesamtheit des Komplexes beantwortet werden. Indem sich die Umgestaltung des Tempelberges mit ihrer räumlichen Zweiteilung in einen nur den Juden und einen der Allgemeinheit zugänglichen Bereich strikt an der Grenze zwischen dem Salomonischen Tempel und dem erweiterten Areal orientierte, blieb trotz aller architektonischer Geschlossenheit der optischen Fernwirkung die Addition des Vorhofes der Heiden evident. Damit wurde die neue Größe des judäischen Reiches infolge der Erweiterung um nichtjüdische Elemente augenfällig: Gadara, Hippos, Samaria, Gaza, Anthedon, Joppe und Stratonsturm seit 30, Trachonitis, Batanäa und Auranitis seit 22, Ulatha und Paneas seit 20. Dass dieses Wachstum nicht der Gnade des Gottes der Juden, sondern den Schenkungen des Augustus zu danken war, kam hier – anders als in den betreffenden Städten – freilich nicht zum Ausdruck. Wenig beachtet worden ist in diesem Zusammenhang der Hinweis im josephischen Bericht, dass Herodes den erbeuteten Rüstungen, die in den Säulenhallen „rings um den Tempel aufgehängt (waren), ... auch noch diejenigen hinzufügte, welche er den Arabern abgenommen hatte" (AJ 15,11,3/402). Derartige Weihgaben waren in der ganzen antiken Welt charakteristisch, verdankte sich doch politischer Erfolg, der gemäß der damaligen Mentalität stets primär ein militärischer war, dem Wohlwollen der Götter, denen man mit den entsprechenden Gaben Reverenz erwies.

Herodes führte mit den Waffendedikationen am Jerusalemer Tempel aber nicht nur seinen eigenen Kriegsruhm vor, sondern stellte sich demonstrativ in die Reihe der „vielen früheren Könige“ (ebd.). Damit können nur die hasmonäischen Herrscher gemeint sein, mit denen Herodes einen Vergleich nicht scheute. Dass er jene mit dem Tempelbau zu übertreffen suchte, lässt ihn unser Autor in der Adler-Affäre selbst sagen.

Zusammenfassend liegt also durchaus die Schlussfolgerung nahe, dass sich Herodes mit der neuen Gestaltung des Tempelberges als ein jüdischer König präsentierte, der sich ganz in der Tradition seiner Vorgänger bewegte, hinsichtlich kriegerischer Exzellenz und Frömmigkeit aber keinem von ihnen nachstand. Diese Selbstdarstellung diente der Stabilisierung der herodianischen Herrschaft nach innen, zugleich war sie ein Identifikationsangebot an alle Untertanen. Adressaten waren zum einen die Juden, die den inneren Tempelbereich betreten durften, zum anderen Besucher und Gäste aus der weiten hellenistisch-römischen Welt, die durch eine Inschrift in griechischer und lateinischer Sprache an der Trennmauer zu jenem inneren Areal wissen konnten, „dass jedem Fremden der Eintritt bei Todesstrafe verboten sei“ (AJ 15,11,5/417). Es dürften insbesondere zur zweiten relevanten Adressatengruppe gerade die neuen Untertanen des Herodes zu rechnen sein, die insofern keine Fremden waren, als sie wie die Juden auch Steuern an den König zahlten und in ihrer Sicherheit von ihm geschützt wurden. Für diese Judäer bot die Erweiterung des Tempelberges und die Schaffung des Vorhofs der Heiden eine Möglichkeit, auch in Jerusalem als der Hauptstadt kultisch einbezogen, nicht gänzlich ausgegrenzt zu sein.

Auf diesem Hintergrund eröffnet sich auch ein weiterer Sinn der Terminierung der Tempelweihe, die Herodes mit dem regulären Gedenktag zu seinem Regierungsantritt zusammengelegt hatte.

Folglich war der Tempelbau des Herodes ein eminentes politisches Zeugnis für die jüdische und judäische Prägung seiner Herrschaft, gerade aber nicht eines für den hellenistischen König, als welcher er von außerhalb Judäas gesehen werden wollte und gesehen wurde.

2. Herodes und die hellenistische Welt

Herodes, der Freund und Bundesgenosse des römischen Volkes, war sich der Abhängigkeit seiner Herrschaft vom Wohlwollen und von der militärischen Überlegenheit Roms uneingeschränkt bewusst. Zugleich verstand sich der König von Judäa als ein Monarch in der hellenistischen Tradition, die mit der ptolemäischen und seleukidischen Vormacht über Jahrhunderte hinweg die politische und materielle Kultur in der judäisch-palästinischen Levante beeinflusst hatte. Herodes hatte persönlich große Städte wie die ehemaligen Königsresidenzen Alexandria und Antiocheia oder bedeutende griechische Zentren wie Ephesos und Rhodos kennen gelernt; aber nicht nur sie, sondern viele kleinere Städte im östlichen Mittelmeergebiet prägten mit der oft monumentalen und prachtliebenden architektonischen Gestaltung ihrer öffentlichen Räume – ihrer Plätze, Säulenhallen oder Theater – das allgemeine Erscheinungsbild der hellenistischen Zivilisation. Prosperität infolge politischen und ökonomischen Wohlergehens wurde sinnfällig in Bautätigkeit, sei es in der Beseitigung von Schäden aus voraufgegangenen Kriegen – in Kleinasien vornehmlich aus der Zeit des römischen Ringens mit dem pontischen König Mithridates VI. –, sei es im Aus- und Weiterbau bestehender Anlagen, sei es in ganz neuen, selten bescheiden dimensionierten Projekten.

Kaum eine Stadt konnte sich Bautätigkeit im größeren Stil leisten ohne Förderung durch Euergeten (Wohltäter), die aus privatem Vermögen entweder Mittel einmalig oder als Stiftungen auch längerfristig zur Verfügung stellten und dafür vom Stadtrat und -volk geehrt wurden. Unter den Euergeten spielten dabei schon immer die Könige und ihre hohen Funktionäre eine besondere Rolle, denn Freigebigkeit, zumal zum Zweck der Zurschaustellung des dem Machthaber zu verdankenden Wohlergehens, war ein charakteristischer Zug der hellenistisch-monarchischen Mentalität: Ein Herrscher, der sich nicht um die sichtbare Prosperität seiner Untertanen kümmerte, war ein schlechter Herrscher.

Auf diesem Hintergrund wird das Verdikt, mit dem die jüdische Gesandtschaft bei Augustus im Sommer des Jahres 4 über den verstorbenen König klagte, noch verständlicher: Die eigenen Städte habe er zugrunde gerichtet, um fremde zu verschönern!

Die Informationen, die Flavius Josephus über die herodianische Euergetentätigkeit insgesamt gibt, lassen keinen Zweifel daran, dass Herodes einer der bedeutendsten Baumäzene seiner Zeit und für den damaligen hellenistischen Osten sicherlich der aktivste war.

Ausgehend von den Benennungen einzelner Palastbauten in Jerusalem und Jericho nach Augustus und Agrippa, aber mit Blick auf Städte im nichtjüdischen Siedlungsraum kommentiert Flavius Josephus schließlich: „er ließ keinen irgendwie geeigneten Platz seines Reiches ohne ein Zeichen der Ehre Caesars“ (BJ 1,21,4/407). Die enge Verbundenheit des befreundeten Königs mit den beiden römischen Machthabern, die in den Neubenennungen der Städte Samaria/Sebaste, Stratonsturm/Caesarea und Anthedon/Agrippias zum Ausdruck kommt, ist in der Forschung stets als Hauptargument dafür gewertet worden, dass Herodes als Klientelfürst geradezu die kulturpolitische Aufgabe gehabt habe, „römisch-hellenistisches Kulturgut auch für Palästina zu übernehmen“ , und dass er dies zur vollen Zufriedenheit Roms leistete.[22] Kronzeuge für die Aufgabenstellung durch Rom ist unser Quellenautor, der den Herodes seine Baupolitik gegenüber den Juden mit dem Verweis auf „höheren Befehl" verteidigen lässt, ihn aber im direkten Kontext scharf für seinen Eifer kritisiert, mit dem er rücksichtslos über die heimischen Gebräuche hinwegging, nur um sich „beim Caesar und den Römern ... in Gunst (zu setzen)" (AJ 15,9,5/330). Daher mag man an der Authentizität jenes entschuldigenden Verweises auf höhere Befehle zweifeln.

Ohne archäologische und bauhistorische Details ausbreiten zu können, sollen im Folgenden anhand ausgewählter Beispiele das Selbstverständnis des königlichen Bauherrn und Stifters betrachtet werden.

2.1 Herodes' Repräsentationsbauten

2.1.1 Die Paläste

Wenn auch die meisten herodianischen Bauten in fremden Städten, also außerhalb des ursprünglichen jüdisch-israelitischen Siedlungsraumes, zu finden waren, so ist doch nicht zu übersehen, dass – vom Tempelareal abgesehen – der bauwütige König in Jerusalem und in Judäa keineswegs auf Prestigeprojekte bedeutenden Ausmaßes verzichtet hat.

Es sollen nun nicht die verschiedenen Bauten einzeln nach einer chronologischen, topographischen oder typologischen Systematik vorgestellt werden. Hier haben Archäologie und Architekturforschung in den letzten Jahrzehnten wesentliche neue Erkenntnisse erbracht, die vor allem die konzeptionelle, technische und ästhetische Innovationsfreude sowie das hohe erreichte Niveau bezeugen.

Zu den auffälligen Festungsbauten[23] – Alexandreion, Herodeion, Hyrkania, Kypros, Machärus, Masada – sei hier lediglich bemerkt, dass mit Ausnahme von Herodeion alle bereits unter den hasmonäischen Vorgängern des Königs errichtet worden waren. Ihre Wiederherstellung und Ausgestaltung erfolgte allem Anschein nach gerade nicht unter militärisch-defensiven Aspekten, also nicht, um bei einem Volksaufstand dem Herrscher und seiner Sippe sichere Zuflucht zu bieten. Bei aller Wehrhaftigkeit lässt doch der ungemeine Aufwand für die Wohntrakte, Badeanlagen und Gärten auf primär repräsentative, palatiale Gestaltungsintentionen schließen.

Das Gleiche gilt für die Königspaläste in Jerusalem,[24] bei denen auf optimale Befestigungsanlagen natürlich nicht verzichtet wurde, die aber in erster Linie dem Gedanken verpflichtet sind, die Stadt, die durch den einzigartigen Tempel als eine heilige ausgewiesen ist, auch als Residenz- und

Abb. 14: Rekonstruktionsskizze von Masada nach dem Ausbau durch Herodes.

Hauptstadt des neuen Judäa in Erscheinung treten zu lassen. Beim Königsschloss in der oberen Stadt wurden zwei Räumlichkeiten, „die beiden größten und schönsten ..., mit denen nicht einmal der eigentliche Tempel verglichen werden konnte“, nach den „hohen Freunden“ des Königs *Kaisareios* und *Agrippeios* genannt (BJ 1,21,1/402). Augustus und Agrippa erscheinen dann als Namensgeber auch beim neuen Palast des Herodes in Jericho, wo eine besonders intensive Bautätigkeit zu beobachten ist und wo Herodes auch nicht nur nacheinander mehrere Paläste errichtete, sondern auch Mehrzweckbauten wie das Theater-Hippodrom anlegen ließ.

Erwähnung muss hier der „glänzende Palast“ in Caesarea finden,[25] der ebenso wie die Stadt und der Hafen der vormaligen heruntergekommenen Ortschaft Stratonsturm schon in der Antike zu den besonders ehrgeizigen Projekten des Königs gerechnet wurde. Auf einer großen Klippe südlich des Hafens, der einzigen im weiteren Küstenbereich der Stadt, hatte schon immer ein rechteckiges Becken Aufmerksamkeit erregt; Ausgrabungen in den letzten Jahrzehnten des 20. Jahrhunderts wiesen hier eine *villa maritima* nach, wobei der vermeintliche 'Fischteich' als Schwimmbecken inmitten eines Peristylhofes identifiziert werden konnte. Da vergleichbare Höfe für herodianische Paläste charakteristisch sind, spricht alles dafür, dass der extravagante Bau tatsächlich der Königspalast war. Die exponierte Lage lässt sich mit ptolemäischen Anlagen in Alexandria und Ptolemaïs in der Kyrenaika vergleichen und erlaubt daher eine bedeutsame Schlussfolge-

Abb. 15: Blick auf Masada von Osten.

rung: dass dieser Palast – ähnlich wie die anderen des Herodes – keine römischen Einflüsse zeigt, sondern sich an hellenistischen Vorbildern orientiert „und Herodes in dem Bau sein Königtum herausstellte“.[26]

2.1.2 Die Augustus-Tempel[27]

Die Kritik an Herodes' Eifer, sich ohne Rücksicht auf die heimischen Gebräuche „beim Caesar und den Römern ... in Gunst (zu setzen)“, entzündete sich vor allem an den Tempeln in Sebaste, Caesarea und Paneas für die Göttin Roma und Augustus, also für fremde Götter: Sie bezeugten nicht nur den Götzendienst des Königs und vieler seiner Untertanen, sondern wiesen zugleich Judäa als Teil des *Imperium Romanum* aus.

In dieser Perspektive könnten die höheren Befehle mehr oder weniger explizite Auflagen an Herodes gewesen sein, die ihm zusätzlich zum bisherigen Herrschaftsgebiet anvertraute Städte und Gebiete in ihrem besonderen Status deutlich zu machen. Jedenfalls baute Herodes nur solche Städte prächtig und mit Kaiserkult-Anlagen aus, die ihm Octavian/Augustus geschenkt hatte, nämlich im Jahr 30 Samaria, Stratonsturm und Anthedon, im Jahr 20 Paneas. Es ist aber zu beachten, dass es eine Reihe von weiteren Städten jener ersten Schenkung gab (Gadara, Hippos, Joppe, Gaza), in denen Herodes allem Anschein nach nicht tätig wurde.

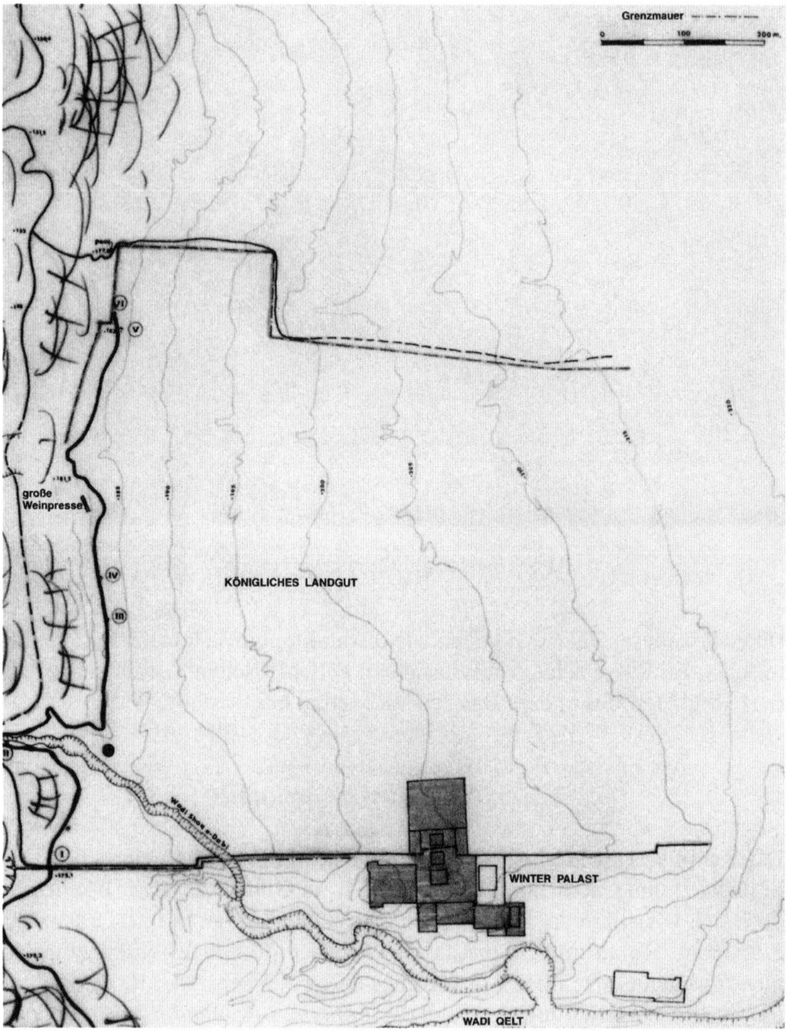

Abb. 16: Plan des Königgutes; der Palast in Jericho
(römische Ziffern bezeichnen die Öffnungen in der Hauptwasserleitung).

Die Frage, warum Herodes seinen Loyalitätserweis an Rom mit einem Tempel für Augustus ausgerechnet an den Jordanquellen in Paneion/ Paneas errichtete, ist mit der Vermutung eines Kulttransfers beantwortet worden: An jener Kultstätte für den Hirtengott Pan könnte es für die früheren ptolemäischen und seleukidischen Könige, die über Judäa geboten, einen Herrscherkult gegeben haben, den Herodes mit der Übertragung auf Augustus fortsetzte.[28] Dagegen ist auch eine andere Erklärung denkbar, denn der Ort mit seiner üppigen Quelle lag an einer sehr alten und bedeutsamen Straße; diese verband Tyros und Damaskus, zwei bedeutende strategische und kommerzielle Knotenpunkte in der römischen Provinz Syrien. Hier, etwa auf halber Strecke, fiel ein Tempel für Augustus wirklich ins Auge. Wir wissen nicht, wodurch Herodes seine Stifterrolle deutlich gemacht hatte; dass er der neue Herr über die Gegend am Fuß des Hermonberges war, dürfte der Reisende an den Zollstationen erfahren haben. Angesichts des Tempels, einer wirkungsvollen Hommage an Augustus, mochte der Reisende – Römer oder Provinziale – ansonsten aber wähnen, er befinde sich nicht einmal außerhalb des römischen Herrschaftsgebietes. Signalisierte in diesem Sinne der judäische König mit dem neu gestalteten Kultplatz nicht gerade seine Abhängigkeit von Rom? Aus der Perspektive des Zeitgenossen dürfte die Assoziation eine andere gewesen sein: Dass man sich im Schutzbereich des römischen Herrschers befand, dass es für den Reisenden keinen großen Unterschied machte, ob er im römischen Syrien oder im judäischen Nordgaliläa unterwegs war, schließlich, dass der hiesige Territorialherr Herodes ein Freund der Römer war, der gleich dem Augustus den Schutz der Reisewege schuldete.

Möglicherweise lässt sich der skizzierte Gedanke auch auf den sehr viel prächtigeren Augustus-Tempel in Caesarea übertragen, der gegenüber der Hafeneinfahrt auf einem kleinen Hügel lag und somit gut sichtbar war.[29] Der Hafen, den technische Meisterschaft der Natur abgerungen hatte, sollte als bequeme Etappenstation im maritimen Fernverkehr Fremde anziehen und die neue Stadt zu einem „Fenster nach Westen" machen. Auch hier könnte Herodes mit dem Kultbezirk für den Kaiser mehr und anderes bezweckt haben, als seine Loyalität zu demonstrieren. Den Bewohnern und Besuchern der Stadt wurde signalisiert, dass sie in dieser Stadt, die zu Judäa gehörte, keineswegs den Geltungsbereich der römischen Friedensordnung und Sicherheitsgarantie verlassen hatten. In diese Richtung weist Flavius Josephus: „Die Stadt nun weihte Herodes der Provinz (eparchia), den Hafen den ihn benutzenden Seefahrern, die Ehre … aber dem Augustus" (BJ 1,21,7/414). Der überraschende, aber klare Begriff 'eparchia' lässt keinen Zweifel an der Intention der Stadterneuerung, die der Autor dem König zuschreibt: Sie ist eine Geste weniger an die Adresse der eigenen Untertanen als an die Bewohner der angrenzenden römischen Provinz Syria und erklärt damit zugleich das Phänomen eines provinzialen Kaiserkulttempels in Caesarea.

Die Information, dass in diesem Heiligtum für Augustus und Roma zwei kolossale Statuen aufgestellt waren, die renommierten klassischen Kultbildern des 5. Jahrhunderts ähnelten, nämlich dem Zeus in Olympia und der

Hera in Argos, ist unter zwei Aspekten interessant: Zum einen liegt hiermit ein Zeugnis vor, dass Augustus im provinzialen Kult tatsächlich gemeinsam mit Roma verehrt wurde. Zum anderen könnte die bewusste Imitation der – im augusteischen Klassizismus hochgeschätzten – Meisterwerke des Phidias und Polyklet für die Kultstatuen in Caesarea auf eine propagandistische Intention des Bauherrn schließen lassen. Freilich ist auch hier Vorsicht angesagt, denn Josephus beschreibt nicht eigentlich die beiden Statuen, sondern stellt sie lediglich in einen rhetorisch-assoziativen Bezugsrahmen: Der Götzendienst für Augustus als Zeus/Juppiter und seine Kultpartnerin als Hera/Juno findet vor heidnischen Bildwerken statt; sodann kommen über den – hier nicht expliziten – Gedanken an das jüdische Verbot der Abbildung von Göttern und Menschen die berühmtesten Künstler ins Spiel: eben Phidias und Polyklet.

Dass man zumindest im 1. Jahrhundert n. Chr. Städte, die Caesarea hießen, sowohl mit dem Kaiserkult im hellenistischen Osten als auch mit dem Zeus Olympios einerseits, mit der Ergebenheit von Klientelkönigen andererseits in Verbindung brachte, zeigt eine Notiz bei Sueton (Augustus 60): „Befreundete und verbündete Könige gründeten, jeder in seinem Reich, Städte mit dem Namen Caesarea, und alle zusammen beschlossen, den Tempel des Olympischen Juppiter in Athen ... auf gemeinsame Kosten fertig stellen zu lassen und ihn dem Schutzgott des Augustus zu weihen."

Über den Augustus-Tempel in Sebaste,[30] den ersten derartigen Bau des Herodes, äußert sich Flavius Josephus vergleichsweise knapp: „In der Mitte der Stadt steckte er einen in jeder Hinsicht geeigneten Platz von eineinhalb Stadien ab, auf dem er einen großen und herrlichen Tempel erbaute" (AJ 15,8,5/298).

Die Erforschung des archäologischen Platzes im heutigen Dorf Sebastiye, die in mehreren Kampagnen zwischen 1908 und 1967 durchgeführt wurde, hat bestätigt, dass inmitten der Siedlung auf der höchsten Erhebung ein dreischiffiger Podiumstempel (24 × 35 Meter) aus herodianischer Zeit stand. Er war über eine Treppenanlage zugänglich von einem nördlich gelegenen großen Vorhof aus, zu welchem Kryptoportiken und Kolonnaden gehörten. Zwei weitere Gebäude im Süden und Westen des Tempels, ein Apsiden- und ein Atriumhaus, zunächst als Räumlichkeiten des Kaiserkults und einer zugehörigen Priesterwohnung angesehen, werden inzwischen als Palast sowie Repräsentationsraum des Königs interpretiert. Die auffällige enge Verbundenheit respektive gegenseitige Bezugnahme von Tempel- und Wohnbereichen unterscheidet die Anlage in Sebaste zwar von den jüngeren ähnlichen Augustus-Tempeln in Caesarea und Paneas, zeigt aber gewisse strukturelle Ähnlichkeiten mit Augustus' Haus auf dem Palatin unmittelbar neben dem Apollon-Tempel. Da jene römischen Gebäude aus den Jahren 36 bis 28 stammen, muss nach dem unmittelbaren Vorbildcharakter der Anlage auf dem Palatin für den maximal 10 Jahre jüngeren herodianischen Komplex in Samaria gefragt werden. Hierzu ist vermutet worden, dass die räumliche Nähe im Sinne einer symbolischen in der Selbststilisierung des jeweiligen Herrschers zu seinem Schutzgott zwar eher aus parallelen Adaptionen gewisser hellenistischer Traditionen zu erklären ist, dass aber dennoch Herodes mit seinem Wohnhaus in unmittelbarer Nachbarschaft zum Augustus-Tempel seine politische Unterordnung unter Rom verdeutlichte.[31]

Die drei Augustus-Tempel des Herodes in Sebaste (um 25), in Caesarea (um 20/15) und in Paneas (um 15/10) zeigen ein breites architektonisches und ideologisches Spektrum; von einer einheitlichen politischen Aussage im Sinne monumentaler Visitenkarten des römischen Klientelkönigs von Judäa kann kaum die Rede sein. Vor allem die beiden ersten Heiligtümer müssen im engen Zusammenhang mit den Neugründungen von Samaria/Sebaste und Stratonsturm/Caesarea gesehen werden.

2.2 Herodes' Städtegründungen

Von der prächtigen Ausgestaltung der Städte Samaria/Sebaste, Stratonsturm/Caesarea war bereits die Rede. Die kleine Hafenstadt Anthedon, wenige Kilometer nordwestlich von Gaza, nannte Herodes zu Ehren seines römischen Freundes in Agrippias um und baute sie zugleich wieder auf; möglicherweise kamen damals auch neue Siedler dorthin. Zeitlich kann diese Neugründung wohl parallel zum Neubau von Stratonsturm/Caesarea angenommen werden. Da keine Ausgrabungen stattgefunden haben, lässt sich über etwaige Baumaßnahmen nichts sagen.

Von irgendwelchen herodianischen Bauprojekten in den gleichfalls schon im Jahre 30 überlassenen Städten Gaza, Joppe, Gadara und Hippos ist hingegen ebenso wenig bekannt wie von entsprechenden Aktivitäten in den Gebieten, die er 22 erhalten hatte: Trachonitis, Batanäa, Auranitis.

Die beiden Städte Gadara und Hippos hatten vor der römischen Neuordnung zum Herrschaftsbereich der Hasmonäer gehört, dann hatte Pompeius sie „ihren rechtmäßigen Bürgern" zurückgegeben (63) und der neu geschaffenen Provinz Syrien zugeordnet, wobei er insbesondere für das „von den Juden zerstörte" Gadara Sorge trug (BJ 1,7,7/155–157). Auch Samaria gehörte zu den befreiten Poleis, um deren Wiederaufbau sich wenige Jahre später Aulus Gabinius kümmerte, während in Hippos wohl keine gravierenden Kriegsschäden zu beheben waren.

Mit Blick auf die jüngste Geschichte dieser drei Städte wird verständlich, warum Herodes nicht auch Gadara und Hippos neu gründete oder gar umbenannte. Die eine Stadt, die durch Pompeius bereits entsprechende „Wohltaten“ erfahren und im Übrigen ihre Unzufriedenheit mit der Herrschaft des judäischen Königs dem Augustus vorgetragen hatte, war ein denkbar ungeeignetes Objekt für die herodianische Baupolitik. Für Hippos dürfte das Gleiche gelten, zumindest werden auch dort die Bürger ihrer einstigen Unabhängigkeit nachgetrauert haben.

Mit Samaria dagegen war Herodes seit längerem persönlich eng verbunden: Hier hatte er im Bürgerkrieg gegen Antigonus seine Familie und die seiner künftigen Gattin Mariamne sicher untergebracht; auch stammte von hier seine spätere Gattin Malthake, die Mutter seiner Thronerben Archelaos und Antipas. Für die Städte Gaza und Joppe ergibt sich eine Antwort auf die Frage, warum nicht auch dort Herodes durch Neugründung und bauliche Ausschmückung als Wohltäter gewirkt hat, aus dem Vergleich mit den anderen Städten an der südsyrischen Küste. Dass Stratonsturm die besseren geographischen Voraussetzungen für die Schaffung eines neuen Hafens bot, ist sicher der Grund, warum Caesarea nicht an der Stelle des rund 50 Kilometer südlich gelegenen Joppe erbaut wurde, wo allerdings, hätte es hier eine zusätzliche Neuanlage gegeben, diese für den Ausbau von Stratonsturm Siedler abgezogen hätte.

Schwieriger ist die Lage für Gaza, eine traditionsreiche und prosperierende hellenistische Stadt, wo die Weihrauchstraße aus Arabien an der Mittelmeerküste endete. Nur rund 20 Kilometer nördlich von Gaza befand sich die gleichfalls traditionsreiche Stadt Askalon, die im Unterschied zu Gaza auch unter Pompeius ihre 104 errungene Unabhängigkeit bewahrt hatte. Auf halber Strecke zwischen beiden Poleis lag nun Anthedon, das Herodes zu Agrippias aufwertete. Dass er mit einer Umbenennung und Neugründung von Gaza auf heftigen Widerstand gestoßen wäre, ist leicht vorstellbar. Allem Anschein nach wollte der König mit dem zumindest ja nominellen Ausbau Anthedons beiden Nachbarstädten des neuen Agrippias seine direkte politische Präsenz und die indirekte seiner römischen Protektoren demonstrieren.

Wenn auch das im Jahre 20 erworbene Paneion/Paneas durch den Bau eines Augustus-Tempels ausgezeichnet wurde, blieben andere in derselben Region, dem vormals von Zenodoros beherrschten galiläisch-trachonitischen Grenzgebiet, offenbar viele Jahre unberücksichtigt. Erst um 8 legte Herodes dort eine stadtartige Siedlung beim vormaligen Dorf Bathyra an, und zwar mit Juden, die unter ihrem Clanchef Zamaris aus Babylon zugewandert waren. Flavius Josephus hebt hervor, dass bald viele weitere Siedler dorthin zogen, „namentlich solche, die treu am jüdischen Glauben hingen“ (AJ 17,2,2/27), nicht zuletzt weil Herodes dort komplette Steuerfreiheit gewährte, und dass sich mit der Ansiedlung der Babylonier mit ihren 500 berittenen Bogenschützen die Wegesicherheit verbesserte, zumal an der Straße, die aus Babylonien über Damaskus nach Jerusalem führte. In diesem Zusammenhang ist darauf verwiesen worden, dass diese Situation als gutes Beispiel gelten könne für eine effiziente Kooperation zwischen Herodes und den Römern, insbesondere den Truppen der Provinz Syrien.[32] Es ist allerdings zu bedenken, dass die Ansiedlung des Zamaris in einer Zeit schwerer Unruhen im judäisch-nabatäischen Grenzraum erfolgte, nämlich nach Herodes' Sieg über die bis in die Trachonitis hereingebrochenen Araberstämme (siehe oben S. 145). Und während von früheren Maßnahmen zur Friedenssicherung in den kritischen Regionen Batanäa und Trachonitis nichts bekannt ist, weiß Flavius Josephus für die Zeit unmittelbar nach der Beendigung jener militärischen Aktionen von einer neuen Militärsiedlung in der Trachonitis, die mit 3000 Idumäern gegründet wurde. Man darf annehmen, dass der König hier ähnlich massive Steuervergünstigungen gewährte wie in Bathyra.

Die Fürsorge des Herodes für die ökomonische Prosperität der Neusiedler in den ausgebauten oder neu gegründeten Städten ist für Samaria explizit bezeugt, denn dort erhielten die 6000 Siedler bestes Ackerland, „damit sie gleich nach ihrer Ankunft zu Wohlstand gelangten" (AJ 15,8,5/296).

Zur besonders hervorgehobenen Ausstattung der Stadt gehörte neben dem Tempel für Augustus die „sehr schöne, 20 Stadien lange Ringmauer" (BJ 1,21,2/403), so dass die Siedler, denen selbstredend die Verteidigung dieser Fortifikation oblag, durchaus auch als Wehrbauern anzusprechen sind. Die militärische Konnotation wird schließlich durch den unmittelbaren Kontext im josephischen Bericht nahe gelegt, denn dort will der Autor aufzeigen, dass Herodes „das ganze Volk mit Festungen (umgab), damit es nicht nach Belieben Unruhen erregen könnte" (AJ 15,8,5/295).

Im selben Zusammenhang erfahren wir von zwei weiteren Militärkolonien des angeblich sich vor dem eigenen Volk fürchtenden Königs: die eine im westgaliläischen Gaba, die andere in der peräischen *Esebonitis*, womit der Ort Hesbon gemeint sein dürfte. Keiner dieser beiden Orte war eine wirkliche Neugründung, wie nicht zuletzt die unveränderten judäischen Namen zeigen.

Mit dynastischen Namen, nämlich Antipatris nach seinem Vater und Phasaëlis nach seinem älteren Bruder, hat Herodes zwei Stadtgründungen geschmückt, deren erste wiederum an einer bereits existierenden Ortschaft erfolgte. Antipatris war an der Straße von Jerusalem nach Caesarea nahe den Quellen des Flüsschens Jarkon gelegen und zeichnete sich durch Wasser- und Waldreichtum aus. Daher eignete sich diese Gegend, „die schönste Ebene des Reiches" (BJ 1,21,9/417), hervorragend für landwirtschaftliche Nutzung und wird, auch wenn darüber keine expliziten Nachrichten vorliegen, durch die neuen Siedler, die für die Neugründung anzunehmen sind, entsprechend intensiv bebaut worden sein. Außerdem dürfte Antipatris als Verkehrsknotenpunkt an Bedeutung gewonnen haben, als Stratonsturm/Caesarea zu einer ökonomisch boomenden Stadt wurde.

Die intensive wirtschaftliche Wertschöpfung ist bei Phasaëlis, einer tatsächlich kompletten Neugründung, schon von Flavius Josephus hervorgehoben worden: „Diese Stadt gab Veranlassung dazu, dass das ganze benachbarte Gebiet, welches bis dahin so gut wie Wüste war, reger gewerblicher Tätigkeit erschlossen wurde“ (AJ 16,5,2/145). Dass hier nicht nur irgendwelche Landwirtschaft betrieben, sondern eine spezifische Spitzenqualität erzeugt wurde, geht aus einer Notiz in der *Naturgeschichte* des Älteren Plinius über Nussdatteln hervor, die in hervorragender Qualität in Judäa gedeihen würden „vor allem in Jericho, obgleich auch die in der Achelais, Phaselis und Livias, den Tälern dieses Gebietes, heimischen (Datteln) geschätzt werden“ (13,44). Das gerühmte herodianische Landwirtschaftszentrum am Rand der Ebene des Jordangrabens, 15 Kilometer nördlich von Jericho und 8 Kilometer südlich von Alexandreion, war auf künstliche Bewässerung angewiesen, von der sich Reste der Wasserleitungen archäologisch nachweisen lassen. Charakteristisch ist die dynastische Namensgebung der beiden primär agrarisch orientierten Neugründungen, die beide im Kernraum des judäischen Reiches lagen: Dass sie „durch ihre natürlichen Gegebenheiten … prosperierend waren, dürfte dem Glanz der Dynastie und einer damit verbundenen Wohlstandsverheißung zuträglich gewesen sein“.[33]

Zweifellos stellte sich Herodes mit seinen Städte(neu)gründungen respektive -ausbauten in die Tradition hellenistischer Herrscher. Zu denken gibt, dass er im engeren räumlichen Umfeld des altjüdischen Landes keine Stadt nach Augustus oder Agrippa genannt, sondern sich dort an Namen seiner eigenen idumäischen Familie gehalten hat. Damit modifizierte er quasi die Tradition seiner Vorgänger auf dem judäischen Thron, die nur Festungen wie Alexandreion und Hyrkania gestiftet hatten; zudem fällt auf, dass es keine nach seiner hasmonäischen Gattin Mariamne benannte Gründung gab.

Die Schlussfolgerung ist erlaubt, dass Herodes sich selbst nicht in der Nachfolge der Hasmonäer sah, sondern seine Herrschaftslegitimation auf die römische Ernennung zum Bundesgenoosen und befreundeten König zurückführte, die ihrerseits – zumindest teilweise – der erwiesenen Loyalität schon des Vaters Antipater und des ‘Märtyrertodes’ Phasaëls durch den romfeindlichen Usurpator Antigonus geschuldet war. Damit wandte er sich zwar an Caesar Augustus als dem Patron seiner Familie und des judäischen Throns – nach Pompeius, Julius Caesar und Marcus Antonius –, doch seine Präsentationsformen gegenüber der Weltöffentlichkeit waren die herkömmlichen hellenistischen.

Abb. 17: Reste der Festung Alexandreion.

An dieser Stelle ist noch einmal auf die Gründung von Caesarea im Jahre 22 zurückzukommen: Was mochte es besagen, dass „Herodes die Stadt der ‘eparchia’“, während er den Hafen den Seeleuten, die ihn benutzten, und die Ehre der gesamten Gründung dem Augustus weihte? Davon, dass Veteranen angesiedelt wurden, ist nichts bekannt, auch findet sich bei Flavius Josephus, der den Hafenausbau ausführlich schildert, zunächst kein Hinweis auf die Bewohner der neuen Stadt. In anderem Zusammenhang wird aber deutlich, dass in Stratonsturm noch keine Juden gelebt hatten und sich die Bewohner Caesareas mehrheitlich als Syrer definierten.[34] Sollte die zitierte auffällige Dedikationsformel die Sichtweise unseres Quellenautors und nicht ein authentisches Selbstzeugnis des Stadtgründers spiegeln, wäre auch dies signifikant genug. Herodes baute mit Caesarea eine komplett hellenistische Stadt – einen neuen Piräus, vielleicht ein neues Tyros oder auch ein zweites Antiocheia. Er inkorporierte das Geschenk Stratonsturm nicht in seine Herrschaft über Judäa – wie etwa Samaria und Anthedon –, sondern reihte mit Caesarea sich und seine Herrschaft in die moderne hellenistische Welt ein.

Die Exponiertheit des herodianischen Caesarea wird zumeist als Zeichen der Integration ins *Imperium Romanum* bewertet, doch darf bezweifelt werden, dass Rom für Herodes ein kulturelles Zentrum war, auf das hin er sich orientieren wollte. Primär war und blieb für ihn die hellenistische Welt; daneben war es von eher zweitrangiger Bedeutung, dass diese zunehmend zu einer politischen Einheit unter Roms Führung zusammenwuchs.

2.3 Herodes' Schenkungen und Stiftungen[35]

2.3.1 Bauten in der Nachbarschaft

In den skizzierten Strukturen entwickelten sich die vielen weiteren Euergesien des Herodes: „Nach so vielen Gründungen erwies er auch zahlreichen auswärtigen Städten seine Hochherzigkeit ... Sind nicht Athen und Lakedaimon, Nikopolis und Pergamon ... voll von den Weihgeschenken des Herodes?" (BJ 1,21,11/422.425). Nach dem josephischen Bericht lassen sich die zahlreichen Bauten in Städten außerhalb seines Reiches, die der judäische König teilweise oder auch ganz finanzierte, sowie sonstige Stiftungen und Subventionen in unterschiedlicher Weise katalogisieren, etwa nach Art der Bauten und Spenden oder nach beschenkten Orten. Die chronologische Abfolge ist zumeist unbekannt; nur in einzelnen Fällen lassen sich die bezeugten Maßnahmen präziser datieren, etwa die Schenkungen anlässlich seiner Reise zu und mit Agrippa im Jahre 14.

Hier sollen nur exemplarisch einige wenige Stiftungen vorgestellt werden, zunächst architektonische Euergesien in Phönizien und Syrien, dann die Hilfsmaßnahmen für Rhodos. Schließlich werden uns die Finanzspritzen für die Olympischen Spiele wieder zu den Agonen in Judäa selbst zurückführen.

Herodes hat fast alle Städte der palästinisch-phönizischen und der syrischen Küste mit Bauten beschenkt: Askalon mit Kolonnaden und Brunnen, Akko/Ptolemaïs mit einem Gymnasion, Tyros mit einer Agora und Kolonnaden, Sidon mit einem Theater, Berytos mit einer Agora und Kolonnaden, Byblos mit einer Stadtmauer, Tripolis mit einem Gymnasion, Laodikeia am Meer mit einem Aquaedukt. In Syrien verdankte ihm die Oasenstadt Damaskus, die Heimat der am herodianischen Hof hochverdienten Königsfreunde Nikolaos und Ptolemaios, ein Theater und ein Gymnasion.

Dieser Aufzählung ist noch Antiocheia am Orontes hinzuzufügen, wo Herodes die 3,5 Kilometer lange Hauptstraße *mit poliertem Marmor* pflastern und auf die ganze Länge an beiden Seiten mit Kolonnaden versehen ließ (BJ 1,21,11/425). Nun war Antiocheia nicht – wie etwa Askalon oder Damaskus – irgendeine souveräne oder autonome Polis, sondern die Hauptstadt der Provinz Syrien und Residenz des römischen Statthalters. Es überrascht daher, dass dort im Namen des Herodes eine so aufwendige Baumaßnahme durchgeführt wurde, die zumal der „Bequemlichkeit der Bürger" dienen sollte (AJ 16,5,3/148). Allem Anschein nach war diese

Euergesie mit dem Statthalter abgesprochen, höchstwahrscheinlich mit Agrippa, der als Inhaber prokonsularischer Machtbefugnisse lange Jahre als Statthalter aller östlichen Provinzen fungierte. Entsprechend würde das ungewöhnliche Bauprojekt in der syrischen Metropole in die Zeit um 15/14 gehören.

2.3.2 Herodes' unmäßige *Megalopsychia*

Viele der kostenträchtigen Stiftungen des judäischen Königs dürften in den Jahren vor dem Tod Agrippas 12 getätigt worden sein, wie eine etwas rätselhafte Bemerkung nahe legt, mit der Flavius Josephus das allgemeine Lob der prunkvollen Einweihungsfeierlichkeiten zu Caesarea im Jahre 10 kommentiert: „Man sagt, Augustus selbst und Agrippa hätten zu wiederholten Malen bemerkt, des Herodes' Reich sei für seine Prachtliebe viel zu klein, und es müssten eigentlich noch Syrien und Ägypten hinzukommen" (AJ 16,5,1/141). An der Authentizität des Ausspruchs sind Zweifel ebenso berechtigt wie an der jüngeren These, er ginge auf die herodianische Hofpropaganda zurück.[36] Vielmehr äußert sich hier sarkastische Kritik am Größenwahn des Herodes, dem man indirekt unterstellte, er agiere wie ein Möchtegern-Ptolemaier oder -Seleukide. Einen derartigen Vergleich provozierte der königliche Luxus der Hauptstraße in Antiocheia sehr viel eher als der Aufwand bei den Kaisareia-Agonen, zu dem auch Augustus und sogar Livia nicht unwesentlich beigetragen hatten.

In abgewandelter Form begegnet jene vermeintliche Äußerung über Herodes' Prachtliebe (megalopsychia = Großherzigkeit) im Zusammenhang seiner allerersten Dienstleistungen für den Sieger von Actium, den er durch Syrien nach Ägpyten begleitete: „Unter diesen Umständen stellte sich bei dem Caesar selbst und bei den Soldaten die Meinung ein, das Königreich, auf das Herodes beschränkt war, sei – gemessen an seinen Leistungen für das römische Heer – viel zu eng begrenzt. Deshalb hat der Caesar ... sein Königreich um das durch Kleopatra abgetrennte Land vermehrt, wie auch über dessen Grenze hinaus um Gadara ... und Stratonsturm" (BJ 1,20,3/395f.). An anderer Stelle bemerkt unser Autor zu eben dieser Situation des Jahres 30: „(Herodes) brachte so allen die Meinung bei, dass er einen größeren und glänzenderen Aufwand gemacht habe, als die Kräfte seines Reiches gestatteten. Infolgedessen breitete sich nur umso mehr die Überzeugung von seiner Ergebenheit und Treue aus, und es gereichte ihm zu großem Nutzen, dass er seine Freigebigkeit den Zeitverhältnissen so richtig angepasst hatte" (AJ 15,6,7/200f.).

Der Zusammenhang zwischen großzügigsten Schenkungen mit geradezu majestätischer Geste und dem dadurch erwirkten Eindruck bedingungsloser Ergebenheit liegt somit auf der Hand. Dies gibt aber zunächst allein Auskunft über die Sichtweise unseres Quellenautors und desjenigen Teils der zeitgenössischen Bevölkerung Judäas, der das Land zugunsten fremder Nutznießer ausgesaugt sah. Für die tatsächlichen Intentionen des Königs, sich mittels immer weiterer Schenkungen die Gunst der Römer zu erwerben, ist damit noch nichts bewiesen. Dass sich Herodes eines gewissen Misstrauens – wenn nicht der Beschenkten, so doch der Römer als der eigentlichen Herren über die jeweils Begünstigten – bewusst war, ist aus der Bemerkung abzulesen, mit welcher die Aufzählung der Euergesien endet: „Ein erhebliches Hemmnis für seine Freigebigkeit bildete dabei die Sorge, nicht den Anschein zu erwecken, als ... führe er etwas im Schilde, wenn er den Städten mehr Wohltaten erwies als ihre eigenen Besitzer" (BJ 1,21,12/428). Lässt sich dies beispielsweise auf die Schenkung für Askalon in dem Sinne übertragen, dass man dort befürchten konnte, die Römer würden die souveräne Polis einfach dem Königreich Judäa anschließen, so ist doch eine Anwendung etwa auf Antiocheia ausgeschlossen, solange man nicht annimmt, dass Herodes' Neider den Römern hätten weismachen wollen, er betriebe bereits die Restauration eines hellenistischen Großreiches in der Levante.

Ungeachtet der Diskussion um Hofpropaganda oder sarkastische Kritik lässt sich festhalten, dass Herodes' Baumaßnahmen in den genannten (süd-)syrischen Städten Erinnerungen an die große Spendenfreudigkeit früherer hellenistischer Herrscher wecken konnte und wohl auch sollte.

2.3.3 Euergesien für Rhodos und Ionien

Ähnliches ist bei den Euergesien des judäischen Königs in anderen Regionen der hellenistischen Welt zu beobachten. Mit Rhodos war Herodes seit dem Jahre 40 freundschaftlich verbunden, hatte man ihm dort doch bei seiner Flucht vor Antigonus und den Parthern nach Rom geholfen (siehe oben S. 67). Seine Dankbarkeit drückte er – wohl schon recht bald und dabei „über seine Kräfte" (AJ 14,14,3/378) – mit Spenden in der Höhe von angeblich mehreren tausend Talenten zur Unterstützung der rhodischen Flotte aus und bestritt den Wiederaufbau des niedergebrannten Apollon-Pythios-Tempels aus seiner Privatschatulle.[37] Problematisch ist es, von dieser oder einer anderen Finanzhilfe für heidnische Heiligtümer einen direkten Bogen zu schlagen zu Herodes' Augustus-Tempeln und zu meinen, er habe alle diese Tempel „gar nicht sosehr als religiöse Kultstätten betrachtet, sondern als Symbole der politischen Einbindung seines Reiches in das römische Imperium".[38]

Beim rhodischen Beispiel, das nur eines unter vielen gewesen sein dürfte, steht evidenterweise nicht eine römische Orientierung im Vordergrund, sondern die hellenistische Tradition. Möglicherweise darf man hier sogar an eine Reminiszenz an die versunkene Seleukidenherrschaft in Syrien denken, die sich unter dem besonderen Schutz des delphischen Gottes gesehen hatte. In diesem Zusammenhang ist auf ein Detail der herodianischen Bronzemünzen zu verweisen, die um 40 in Samaria geprägt wurden und auf der Vorderseite einen Dreifuß mit Becken auf einem Podium zeigen.[39]

Herodes' „Großzügigkeit gegen ganz Ionien, wo nur jemand in Not war", streift Flavius Josephus (BJ 1,21,11/425) nur kurz, nennt aber bei Agrippas Inspektionsreise Details, etwa über die Restaurierung einer großen Stoa in Chios, doch bleibt er auch hier eher pauschal: „In den einzelnen Städten gewährte Agrippa dem Herodes zu Gefallen Hilfesuchenden ... bedeutende Unterstützung, und auch Herodes selbst ließ keine Gelegenheit vorbeigehen, wo er durch Geldgeschenke ... seinen Vorteil wahren konnte" (AJ 16,2,2/24f.).

In der Forschung sind diese Fördermaßnahmen vielfach diskutiert worden, weil sich zumal im Zusammenhang mit der Unterstützung der ionischen Diaspora-Juden die Frage nach den eigentlichen Absichten des Königs stellt. Die Antworten lauten unisono, dass Herodes im alten griechisch-hellenistischen Kulturraum Prestige erwerben oder vermehren wollte, woran sich dann Überlegungen anschließen, wie Herodes diesen Prestigegewinn zum einen zugunsten der Juden, zum anderen zugunsten seines Ansehens bei Augustus verwerten konnte.[40] Indem dabei der unkritische Blick stets auf den tatsächlichen oder vermeintlichen Wunsch des Herodes gerichtet ist, Augustus und Agrippa zu gefallen, tritt auch hier die Auslotung der hellenistischen Traditionen in den Hintergrund. So geht die Selbststilisierung des judäischen Königs als hellenistischer Wohltäter nicht selten in der Vorstellung auf, er habe als Klientelfürst eine dezidierte kulturpolitische Aufgabe gehabt, nämlich römisch-hellenistische Kultur nach Palästina zu bringen; dazu musste sich Herodes erst einmal als der geeignete Mann, eben als Philhellene erweisen.[41]

2.3.4 Olympia[42]

Für Herodes' Wohltätigkeiten im griechischen Mutterland, beispielsweise in Athen, gibt es zwar einige wenige inschriftliche Zeugnisse, doch bleibt der Historiker auch hier auf die literarische Überlieferung angewiesen. Mit folgenden Worten berichtet Flavius Josephus über Herodes' Engagement in Olympia: „Er bedachte Elis mit einem Geschenk, an dem nicht nur Griechenland, sondern die ganze Welt Anteil hatte, soweit der Ruf der

Olympischen Spiele dringt. Als er nämlich sah, dass diese Spiele aus Mangel an Geld dem Verfall nahe waren und somit das einzige Überbleibsel vom alten Hellas zu verschwinden drohte, trat er nicht nur in dem Olympiadenjahr, in welches seine Seereise nach Rom fiel, als Preisrichter auf, sondern stiftete auch für alle kommende Zeit bestimmte Geldeinkünfte" (BJ 1,21,12/426f.). Daher fungierte Herodes, nunmehr 'ewiger' Agonothet, bei jeder künftigen Olympiade nominell als derjenige, der für Organisation und Finanzierung des Festes verantwortlich war.

Für die Datierung dieser Euergesie kommt am ehesten das Jahr 12 in Frage, als Herodes mit seinen Söhnen Alexander und Aristobul zu Augustus reiste und mit ihnen sowie Antipater aus Rom nach Jerusalem zurückkehrte (siehe oben S. 153f.). Dass damals die Olympischen Spiele in Gefahr standen, aufgegeben zu werden, ist ebenso eine rhetorische Übertreibung wie die Etikettierung der Agone als 'letzter Rest' des alten Griechenland.

Damit soll die epochale Leistung des Retters Herodes unterstrichen werden, der eine Art 'Weltkulturerbe' vor dem Untergang bewahrte. Als Gegenbegriff zum alten ist ein neues Hellas zu denken – damit kann nur das römische Griechenland, also die Provinz Achaia, gemeint sein. Wenn die Olympischen Spiele jenes alte Griechenland repräsentierten, dann assoziierten die Zeitgenossen mit dem neuen sicherlich die Aktia in Nikopolis. Diese Agone wurden seit 28 immer im gleichen Jahr wie die peloponnesischen Olympien abgehalten und waren mit olympiagleichen Ehren für die Wettkämpfer ausgestattet; mit ihnen wurde in der neu gegründeten 'Siegesstadt' Augustus, der Sieger von Actium, gefeiert.

Herodes selbst wird mit seiner olympischen Stiftung wohl kaum beabsichtigt haben, den konkurrierenden Aktia irgendeine Verantwortung für den verblassenden Glanz der Spiele in Elis anzulasten. Vielmehr demonstrierte der judäische König mit seiner ewigen Agonothesie bei den uralten Olympien seine Fähigkeit, Vergangenheit und Zukunft, Traditionsbewusstsein und Innovation, miteinander zu verbinden.

Eine andere Frage ist, ob Herodes tatsächlich mit seiner Stiftung in Olympia dezidiert im Sinne des Augustus handelte. Dessen Restaurationspolitik zugunsten traditionsreicher Kulte im hellenistischen Osten manifestiert sich jedenfalls auch in Olympia, wo eine fragmentarische lateinische Inschrift bezeugt, dass Agrippa sich an den Kosten für die Beseitigung von Erdbebenschäden am Zeustempel beteiligt hatte. Man mag darin einen konkreten Dienst Agrippas für die pax Augusta sehen, wie ihn dann auch Herodes erbrachte. Es kann das Engagement des Herodes für die Olympischen Spiele im Jahr seines Rombesuches, bei dem er vom Tod Agrippas erfahren musste, aber auch anders interpretiert werden, und zwar als pietätvolle Geste gegenüber dem römischen Freund, nach dessen Beispiel der Euerget aus Judäa dem alten hellenischen Kulturerbe seinen Respekt bezeugte.

2.3.5 Herodes' Kaisareia-Agone[43]

Als ruhmwürdiger Förderer des alten Hellas konnte Herodes in Olympia insofern unbesorgt um missgünstige Interpretationen seiner Einstellung zum neuen Weltherrscher auftreten, als er ja einer der Ersten gewesen war, der in seinem Reich Agone nach dem Vorbild der Aktia eingeführt hatte. Er soll in Jerusalem ein Theater und ein „großartiges Amphitheater" erbaut und „zu Ehren des Caesars alle fünf Jahre wiederkehrende Kampfspiele" eingerichtet haben. „Auch lud er die benachbarten Völkerschaften dazu ein und rief Zuschauer aus aller Herren Länder herbei. Weithin strömten in der Hoffnung, die Siegespreise zu gewinnen, Wettkämpfer und Schauspieler aller Art zusammen" (AJ 15,8,1/268–271). Bald darauf kam es unter den in ihren religiösen Gefühlen verletzten Juden zu der Verschwörung von zehn Männern, deren Attentat auf den König aber entdeckt wurde (siehe oben S. 202f., 205). Aus der Reihenfolge der von Flavius Josephus geschilderten Ereignisse, denen dann erst die Hungersnot des Jahres 25 folgte, wird allgemein die Einführung der Kaisareia ins Jahr 27 datiert. Umstritten ist, ob die Agone ein weiteres Mal in Jerusalem stattgefunden haben oder ob sie in andere Städte verlegt worden sind. So nimmt man an, dass nach der Gründung von Caesarea und der Stiftung dortiger Agone diejenigen in Jerusalem eingestellt wurden.[44]

Damit kommen wir zu unserem letzten Punkt, den prachtvollen Einweihungsfeierlichkeiten für Caesarea, die im Jahre 10 mit aufwendigen, neu gestifteten Kaiser-Spielen begangen wurden: „Die glänzendsten Zurüstungen wurden getroffen, Wettstreit in musischen und gymnischen Disziplinen angesagt, eine große Zahl Gladiatoren und wilde Tiere beschafft und Wettrennen sowie alles, was in Rom und anderswo beliebt war, vorbereitet ... Die ganze ungeheure Menge, welche in die Stadt zum Zuschauen strömte, sowie die Gesandtschaften, welche die einzelnen Völkerschaften zum Dank für empfangene Wohltaten schickten, erhielten Herberge und Verpflegung und genossen andauernde Unterhaltung. Bei Tage ergötzte sich die Menge an den Spielen, bei Nacht an sonstigen rauschenden Vergnügungen, so dass die Freigebigkeit des Herodes allgemeines Lob fand. Dieser bemühte sich aber auch, alles zu überbieten, was früher in dieser Beziehung geleistet worden war" (AJ 16,5,1/136–140).

Die archäologischen Befunde in Caesarea, wo nördlich des Palastes auf den Klippen und südlich des großen Hafens ein Theater sowie ein lang gestrecktes Amphitheater oder Hippodrom nachgewiesen sind, bestätigen die Schilderung des Flavius Josephus. Dass zusätzlich zu den kanonischen athletischen, hippischen und musischen Agonen offenbar Gladiatorenkämpfe und Tierhetzen, ganz wie in römischen Arenen, geboten wurden, wird in der Forschung zum einen damit erklärt, dass Augustus und Livia sich nicht nur an der Finanzierung, sondern auch an der konkreten Ausstattung der Feierlichkeiten beteiligt hatten, zum anderen aber damit, dass Herodes „in Caesarea ... weniger Rücksicht auf jüdische Vorbehalte gegen römisch-hellenistische Einrichtungen und Veranstaltungen nehmen mußte als in Jerusalem“.[45] Dabei werden die Spiele, für die ein Bezug zum Kaiserkult in Verbindung mit dem Augustus-Tempel in der neuen Stadt zu bestehen scheint, als eine Loyalitätsbekundung an Rom und direkte Präsentation der Zugehörigkeit zum *Imperium Romanum* interpretiert, womit Herodes „seine Qualitäten als Klientelkönig“ herausstellte. Letztlich zeigen – nach der zitierten Interpretation – diese Agone die Verbindung von demonstrativer herrschaftlicher Potenz in der hohen Prachtentfaltung und kultureller Zugehörigkeit, endlich die politische Bereitwilligkeit in Form der Angleichung an die Reichskultur.

Wie immer man die Reifestufe der römischen Reichskultur im Zeitraum der Jahre 20 bis 10 bewerten mag, wie immer man sich die strukturellen Unterschiede zwischen örtlichen Agonen in Nachahmung der Aktia respektive vielerorts auch der Olympien und provinzialen Kaiserkult-Agonen samt Gladiatoren- und Tierkämpfen zu denken hat, entscheidend ist die Zuverlässigkeit, die Glaubwürdigkeit unseres Quellentextes. Ohne die Beteiligung von Gladiatoren an den Festlichkeiten grundsätzlich in Frage stellen zu wollen, darf doch darauf verwiesen werden, dass es nicht Schlussfolgerung, sondern Prämisse des nachgeborenen Flavius Josephus sein könnte, dass Herodes sich bemühte, alle frühere Freigebigkeit noch zu übertreffen. Ohne die Abhaltung üppiger Gastmähler für Festteilnehmer prinzipiell in Zweifel ziehen zu wollen, sollte erwogen werden, dass unser Gewährsmann literarische Topoi anbringt – seien es Anspielungen auf alexandrinische Schwelgereien, seien es römische Metaphern der Herrscherkritik. Dass die Fürsorge für den Pöbel, der „in die Stadt zum Zuschauen strömte, ... Verpflegung (erhielt) und ... andauernde Unterhaltung (genoss), sich ... bei Nacht an sonstigen rauschenden Vergnügungen (ergötzte)“ (ebd. 140), ein wesentlicher Faktor der gerühmten *megalopsychia* des Herodes war, sollte zu denken geben: Waren die Kaisareia in Caesarea tatsächlich „stärker römisch geprägt“, oder kommt hier in der feindseligen Berichterstattung des Flavius Josephus noch ein weiterer Degout mit ins Spiel, insofern als nächtliche kulinarische und sonstige Vergnügungen römische Metaphern für fortschreitenden Sittenverfall sind?[46]

Wieder wird deutlich, wie entscheidend unser Bild der Ereignisse und Rahmenbedingungen der Herrschaft des Herodes in Judäa von der literarischen Darstellung des Flavius Josephus abhängig ist, zumindest aber geprägt von seiner meisterlichen, nämlich auf mehreren Ebenen wirksamen, oftmals zwischen den Zeilen aussagekräftigen Kunst der Schilderung und der kommentierenden Analyse. Aus seiner Sicht war Herodes ein frevelhafter Mensch, ein allzu ehrgeiziger Politiker, ein Vernichter seines frommen Volkes – kurz: ein zweiter Antiochos IV. Epiphanes, den schon die syrischen Zeitgenossen für *epimanes* = verrückt hielten.

Herodes' Wahnsinn, sosehr er sich vielleicht tatsächlich aus seinem letztlich allerdings anachronistischen Bemühen um Nachahmung früherer seleukidischer oder ptolemäischer Großkönige herleiten lassen mag, wird von maßgeblichen Autoren des 20. Jahrhunderts als 'Wahnsinn mit mörderischer Methode' aufgefasst. Diese Perspektive prägt bis heute – im Einklang mit dem meist gut versteckten Hass des antiken Geschichtsschreibers – das geläufige Bild des judäischen König Herodes.

VIII. Herodes – „der Große"?

„Anstelle einer Würdigung" überschreibt S. Sandmel sein Resümee über den Tyrannen Herodes und verweist auf die „böse Verleumdung, die das Bild des Königs bis heute verzerrt hat": Verleumdung nicht nur bei Flavius Josephus, sondern auch im Matthäusevangelium und in der rabbinischen Überlieferung. Obgleich er die Vorwürfe der Nekrophilie am Leichnam Mariamnes ebenso wie den bethlehemitischen Kindermord als dichterische Auswüchse einer Herodes verabscheuenden Welt versteht, zweifelt er doch nicht daran, dass er „immer wieder sinnlos morden ließ" und dass die Machtgier ihn zwang, „brutal, erbarmungslos und tyrannisch vorzugehen". Sandmel beantwortet die Frage, warum jener alle moralischen Bindungen abgeschüttelt habe, mit der Primitivität und der nur dünnen „Tünche der Zivilisation" bei Herodes und sieht in ihm einen Mann, der durch Anfälle von Verfolgungswahn dazu gebracht worden sei, seine eigenen Kinder hinzurichten. Zugleich äußert der Autor, dass Herodes' Söhne diesen inneren Zwang ihres Vaters gar nicht verstehen konnten und sich daher unbegreiflicherweise immer wieder „kopflos" zu Verschwörungen hinreißen ließen.[1] Ganz ähnlich rechnet S. Perowne zu Herodes' wesentlichen Schattenseiten seine grundlegende Empfindungslosigkeit, aus der letztlich sein politisches Scheitern resultierte und mit der er die Hinrichtung von Verwandten offenbar als „Staatsnotwendigkeit" hinnahm.[2] Auch A. Schalit konstatiert eine zügellose Mordgier als Wesenszug des Herodes, vermutet aber das Motiv nicht in einer Staatsräson, sondern in „einem an sich aufrichtigen Glauben …, daß es vom Himmel her bestimmt sei, daß nur ihm allein das Königtum gebühre".[3]

Die Frage, ob Herodes berechtigterweise „der Große" genannt werden könne, ist überraschend selten gestellt worden. Schalit beschließt seine Biographie mit der von zahlreichen Rezensenten kritisierten Würdigung des Herodes als „König von Israel". Während er ihn „als einen der großen politischen Bahnbrecher des jüdischen Volkes im Altertum" versteht,[4] rechtfertigt Perowne seine Wertung des „großen" Herodes mit dem „höchsten politischen Ziel" des Königs, nämlich mit dem Bestreben, „den Juden friedlichen und gedeihlichen Bestand in dieser Welt zu sichern". Er sieht die große Leistung für Palästina vor allem darin, dass es Herodes gelang, „die Römer in einer gewissen Entfernung zu halten."[5]

Wenn man auch als Historiker über Mutmaßungen und Plausibilitäten nicht hinausgelangen kann, soll doch zum Abschluss des in den voraufgehenden Kapiteln dargelegten Lebensbildes zu den beiden Aspekten Stellung genommen werden, unter denen immer wieder Herodes' historische Leistung beurteilt wird: zu dem „Blut, das Herodes in Strömen vergoss, um seine Herrschaft vor Feinden zu schützen“[6] und zur Bewahrung vor einem massiveren Zugriff der Römer auf Judäa. Beides steht in direktem Zusammenhang miteinander, insofern es um die politische Zielsetzung geht, für die selbst die Hinrichtung eigener Söhne kein zu hoher Preis gewesen zu sein scheint. Anders gewendet: Handelte Herodes in der Überzeugung, dass ein anderer Herrscher notwendig den von ihm erreichten Status Judäas verspielt hätte? Mit Blick auf die rund zehn Jahre nach Herodes' Tod lässt sich kaum eine andere als eine bejahende Antwort geben, wie denn auch Schalit betont, dass er „eine große politische Erbschaft (hinterließ), die keine würdigen Erben traf“.[7] Doch ist eine Bewertung *ex eventu* immer problematisch: Zu welchem Zeitpunkt schätzte Herodes die Gefährdung dessen, was jeweils sein politisches Erbe war, wie ein? Lassen sich aus seinen Maßnahmen in rund 35 Jahren Machtausübung Schlüsse auf politische Verhaltensmuster ziehen oder lassen sich nur Fähigkeiten wie politische Einsicht, Gedankenklarheit, ausgezeichnete Menschenkenntnis, Wagemut, schnelle Entschlusskraft, schöpferische Initiative und Geschmeidigkeit beobachten?

Man wird zugeben, dass Herodes an der Seite seines Vaters Antipater sowohl die höfischen Strukturen der selbstzerstörerischen Hasmonäerherrschaft als auch den profitablen Umgang mit den neuen römischen Herren in Syrien und der restlichen Welt kennen gelernt hat.

Vom Beginn seiner politischen Karriere an war ihm die Abhängigkeit legitimer Machtausübung von der Billigung Roms bewusst, freilich auch – das war in den Jahren der römischen Bürgerkriege zu lernen – der personelle Wechsel bei den Römern, sei es infolge republikanischer Regeln, wie im Amt des syrischen Statthalters, sei es infolge von Umsturz wie bei der Ermordung des Pompeius oder Caesars, der Niederlage eines Cassius, eines Marcus Antonius.

Gleichwohl war am Ideal der Treue *(fides)* nicht zu rütteln, sie zahlte sich auch gegenüber jedem neuen Feldherrn aus, wenn man den Nutzen für Rom aufzeigen konnte. Dass der junge Herodes diese Lektion vergleichsweise mühelos lernte, verdankte er den Zeitläuften und der exponierten Position seines Vaters. Dass es eine Lektion war, die ein idumäischer Judäer mit nabatäischer Verwandtschaft überhaupt lernen musste, ergibt sich aus den spezifischen Clanstrukturen seiner heimatlichen Gesellschaft. Dort wurzelte die soziale Existenz und Identität in der eigenen und in der unbedingten Loyalität ihr gegenüber; Verrat an Eltern oder Geschwistern war todeswürdig. Von hier aus erklärt sich die enge Bindung zwischen Herodes und Salome beziehungsweise auch manche Schwierigkeiten beider mit dem anderen Bruder Pheroras.

Noch bevor Herodes die Römer samt ihren Vorstellungen von Treue als durchaus ähnlichen moralischen Kategorien kennen lernte, war er in die Werteordnung des Hasmonäerhofes hineingewachsen. Dort galt die spezifisch griechisch-hellenistische Erwiderungsmoral, die zum einen Vergeltung von Wohltat und Ehrabschneidung kannte, andererseits aber das ständige Streben nach Vergrößerung des Ansehens, also von Einfluss und Reichtum, und nach Überlegenheit. Das hohe Ziel des erfolgreichen Mehrens der Ehre *(philotimia)* legitimierte zugleich die taktische Flexibilität im Umgang mit Bündnissen und Versprechungen; hier rechnete sich gegebenenfalls gerade der Vertrauensbruch und die Vorspiegelung falscher Tatsachen.

Es ist kein Zufall, dass der Historiograph Flavius Josephus als Motiv für das Handeln des Herodes immer wieder dessen *philotimia* (meist nicht ganz zutreffend mit ‘Ehrgeiz’ übersetzt) nennt. Und es ist wohl auch kein Zufall, dass moderne Autoren wie Schalit und Sandmel in dieser Art „unbändiger Ruhmsucht“, „ungezügelten Ehrgeizes“ Herodes’ negative Seiten, ja sogar einen charakteristischen Verlust „aller moralischer Bindungen“ zu erfassen glauben.

Zweifellos war Herodes schon früh ein Meister der Flexibilität, allerdings ist auch nicht zu übersehen, dass er nie die unbedingte Loyalität gegenüber den Römern und seiner Familie in Frage stellte, zumindest so lange nicht, wie die Reziprozität dieser Haltung gewährleistet war.

Beispiele bieten sein Umgang mit Hyrkanus und Alexandra, denen er wohl seit dem Tod seines Vaters (43) und seines Bruders Phasaël (40) nur noch bedingt traute – sie waren ja auch Exponenten des volatilen Hasmonäerhofes. Die Virtuosität, die Herodes im Umgang mit den zahlreichen und jeweils ganz unterschiedlichen Personen seines politischen Umfeldes bewies, war die Virtuosität in der Anwendung der jeweils passenden moralischen Kategorien und Maximen.

Wie aber passt zu diesem Bild die Hinrichtung der eigenen, angeblich oder tatsächlich innig geliebten Gattin Mariamne, der von ihr geborenen Söhne Alexander und Aristobul sowie schließlich auch des Erstgeborenen Antipater?

Die üblichen Erklärungen lauten Machtgier, Staatsräson, Empfindungslosigkeit und Wahnsinn. Dabei fällt der Blick, geleitet von Flavius Josephus, immer auf die hasmonäischen Opfer von Herodes’ ‘Mordlust’: Mariamne ist ja nicht die Erste, sie folgt ihrem Bruder Aristobul und ihrem Großvater Hyrkanus; ihr wiederum folgen nicht nur Alexandra und die ‘Söhne des Babas’, sondern viele Jahre später die eigenen Söhne. Hier sollte nicht übersehen werden, dass auch Herodes’ Onkel Joseph und Kostobar, der zweite Gatte Salomes, hingerichtet wurden, sowie zahlreiche Königsfreunde. Unter diesen Personen dürften zumindest einige sehr wohl mit dem König verwandt gewesen sein, auch wenn die Formel

„Freunde und Verwandte“ für den Kronrat ein hellenistischer Terminus technicus ist.

Die Fixierung auf die hervorragende Rolle der hasmonäischen Gattin Mariamne erscheint weniger gerechtfertigt, wenn man bei Flavius Josephus von insgesamt zehn Ehefrauen des Königs erfährt. Die abfällige Bemerkung, er habe seine Frauen nach Schönheit, nicht nach der Bedeutung ihrer Herkunft ausgesucht, verrät als Topos des auch in seinem sexuellen Verhalten von Emotionen dominierten und zügellosen Tyrannen geradezu das Gegenteil, nämlich dass Herodes primär aus ‘vernünftigen’ Gründen seine Ehefrauen wählte.

Das gängige Klischee, dass eine oder mehrere Frauen zum beschleunigten Unglück beitragen, lässt sich in der josephischen Darstellung immer wieder finden. Wo damit Datierungen verbunden sind, etwa bei der Ernennung Simons zum Hohepriester vor der Heirat mit seiner Tochter Mariamne, ist Vorsicht geboten.

Die prosopographische Forschung, nicht zuletzt N. Kokkinos, hat inzwischen erkannt, dass Herodes schon sehr bald nach dem Tod der Hasmonäerin Mariamne erneut heiratete, und zwar gleich dreifach: die ‘zweite’ Mariamne, die Mutter des Herodes, Malthake aus Samaria, die Mutter von Archelaos und Antipas, sowie Kleopatra, eine Frau möglicherweise nordpalästinischer Herkunft, die Mutter des Philippus. Um das Jahr 15, also noch lange vor den Affären um die Söhne Alexander und Aristobul, heiratete Herodes drei weitere Frauen: Pallas, Phaedra und Elpis; später holte der König sogar wieder seine allererste Gattin Doris in den Palast. Bemerkenswerterweise sind die beiden anonymen Ehefrauen, von denen unser Quellenautor weiß, seine Nichte und seine Cousine, vermutlich eine Tochter des Bruders Joseph und eine Tochter des Onkels Joseph; aus chronologischen Erwägungen ist anzunehmen, dass Herodes diese Frauen bereits zwischen 37/36 und 34/33 ehelichte, also in einem Zeitraum, in dem er mit Mariamne einige der insgesamt fünf Kinder zeugte. Damit kann von einer Exklusivität der hasmonäischen Gattin nur insofern die Rede sein, als sie im Unterschied zu den anderen Frauen Söhne gebar.

Der Blick in den Harem des Herodes lässt den Schluss zu, dass alle Ehefrauen des Königs eine gewisse politische Rolle spielten – doch welche? Die Antwort kann angesichts der geringen Informationen über die einzelnen Personen nur kurz sein und liegt allem Anschein nach gemäß den Usancen herrscherlicher Polygamie in der Bindung und Bündelung von Loyalitäten der Schwiegerfamilien gegenüber dem Ehemann.

Wie an anderer Stelle ausgeführt wurde (siehe oben S. 163f.), gab es in Jerusalem rivalisierende Gruppen, Hofparteien. Über die Konstanz oder Varianz ihrer jeweiligen personellen Zusammensetzung lässt sich so viel sagen, dass dort mit ihren teils kongruierenden, teils divergierenden Interessen die Angehörigen der hasmonäischen Dynastie im weiteren Sinne, idumäische Familien, vermutlich mit engeren Beziehungen zur Familie des Herodes, sowie Familien der jerusalemischen Aristokratie vertreten waren. Mit jeder Eheschließung, wohl auch mit jeder Geburt eines Kindes, verschob sich zumindest latent die Gewichtung innerhalb der Gruppierungen. Herodes musste und konnte hier durch personalpolitische Entscheidungen – etwa bei der Besetzung von Funktionärsstellen – gegensteuern oder akzentuieren.

In dieses dynastisch verankerte Gefüge, das sehr viele führende Familien Judäas mit dem König als zentraler Figur verband, gehören zweifellos auch die Verschwörungen, die in den Jahren 34, 31, 30, 29, 28 sowie 9 bis 7 und 5/4 zu Hinrichtungen und größeren Säuberungsaktionen führten. Aus der für so auffällig erachteten Tatsache, dass Herodes bei der Aufdeckung von Anschlagsplänen sogar seine eigenen Söhne nicht schonte, sondern sie ebenso einem Untersuchungs- und Strafverfahren unterzog wie andere Verdächtige, ist auf seine besondere Grausamkeit und Blutgier geschlossen worden. Dagegen liegt eine andere Konsequenz auf der Hand: Gegner seiner Herrschaft sollten sich nicht durch die Verbindung mit einem der Söhne vor rechtzeitiger Entdeckung und Strafe sicher wähnen.

Indem Herodes durch Äquidistanz allen Verwandten und Freunden gegenüber eine gewisse Chancengleichheit bot, verringerte er die Neigung zu Komplotten. In diesem Sinne ist es wohl symptomatisch, dass es eine neue Welle von Verschwörungen gab, als die Thronfolge auf die Mariamne-Söhne hinauszulaufen schien beziehungsweise als diese vermeintliche Gewissheit, mit der sich wohl viele hätten arrangieren können, durch den Aufstieg Antipaters wieder in Frage gestellt wurde. Hätte Herodes im Verfahren gegen Alexander und Aristobul Gnade walten lassen, wäre vermutlich das komplizierte Gleichgewicht innerhalb des dynastisch fundierten Beziehungsnetzes zerbrochen; der König hatte somit nur die Chance, durch Preisgabe dieser Söhne eine drohende Anarchie zu verhindern. Angesichts seines eigenen Alters und seiner angeschlagenen Gesundheit konnte er dann aber nicht durch neue eigene dynastische Verbindungen, sondern nur noch durch diejenigen seiner Kinder und Enkel die Herrschaft stabilisieren. Inwieweit die strukturelle Schwäche, die sich nach der Hinrichtung der Mariamne-Söhne offenbarte, auch die Opposition der Frommen angespornt hat, lässt sich nicht beantworten. Möglicherweise lag im Risiko eines weiteren Stabilitätsverlustes bei einer Hinrichtung Antipaters ein Grund für dessen Hoffnungen, den Vater zu überleben und dann doch noch die Herrschaft zu übernehmen.

Die Kaltblütigkeit, mit der Herodes drei seiner Söhne wegen Hochverrats hinrichten ließ, entspricht der Kaltblütigkeit, mit der er schon in den ersten zehn Jahren seiner Herrschaft auf Verschwörungen zu seinem Sturz reagiert hatte. Dass er vor allem die Hasmonäer aus Hass auf ihre höhere Legitimation ‘zur Strecke bringen’ wollte, lässt sich umso weniger erweisen, als wir bei Flavius Josephus eigentlich nichts über die soziale Rolle der anderen mit Herodes verbundenen Familien erfahren, und auch nicht wissen, wie viele Angehörige seiner eigenen Sippe den verschiedenen Säuberungswellen zum Opfer gefallen sind.

Man mag die skizzierte komplexe Situation als Staatsräson oder Machtgier bezeichnen, doch dürfte deutlich geworden sein, dass Herodes sehr lange erfolgreich und virtuos alle Fäden in der Hand hielt und keine Abweichungen von seiner politischen Auffassung zulassen wollte. Es bleibt zu fragen, ob es ihm um den eigenen Machterhalt ging oder um die Umsetzung einer politischen Vision über den jeweiligen Tageshorizont hinaus. Hat er bewusst die Römer „in einer gewissen Entfernung“ gehalten? Hat er gefürchtet, dass ein anderer Judäa mit seiner der jüdischen Religion ergebenen Bevölkerung in den Ruin treiben würde? Wer hier mit ‘nein’ antwortet, kann Herodes nicht ‘den Großen’ nennen.

Andererseits ist nicht deutlich, wie die Behauptung widerlegt werden könnte, er habe alles für das dann ja auch erreichte Ziel, Frieden und Unabhängigkeit Judäas, getan – zu offensichtlich ist der Erfolg seiner romfreundlichen, gelegentlich als romhörig bezeichneten Politik.

Wir können allerdings einmal danach fragen, was Herodes unternommen hat, um denjenigen unter den Meinungsführern in Jerusalem und Judäa, die mit dem prorömischen Kurs nicht einverstanden waren, seine Politik nahe zu bringen. Für die ersten rund zehn Jahre seiner Herrschaft, bis zum Jahre 30, findet sich keinerlei Spur; vielmehr zeigt die Historiographie eine starke Kontrastierung zwischen dem Römling Herodes einerseits und den Hasmonäern andererseits. Dabei ist der König weniger ein Freund des Machthabers Marcus Antonius als eher sein Lakai, der beizuspringen, zu gehorchen und zu zahlen hat. Nicht auszuschließen ist, dass sich hier das negative Antonius-Bild der augusteischen Geschichtsschreibung auswirkt.

Im folgenden rund zwanzigjährigen Zeitraum, in welchem die herodianische Städtegründungs- und Baupolitik fällt, ist eine Propagierung der Romfreundschaft als Basis für die friedliche und gedeihliche Existenz Judäas dort auszumachen, wo kein besonderer Widerstand zu erwarten war: in Samaria, in Caesarea. In Jerusalem dagegen provozierten allem Anschein nach diejenigen Maßnahmen, die Rom als eigentlichen Machthaber zu erkennen gaben, jedenfalls nach der Darstellung bei Flavius Josephus, der die Sichtweise des Volkes unterstreicht: Dass der König sein eigenes Land für das Wohlergehen fremder Städte bluten lässt und er dies alles nicht tatsächlich um der Römer willen unternimmt, sondern um seinen eigenen maßlosen Ehrgeiz zu stillen. Hier bildet allein der Besuch Agrippas in der Heiligen Stadt eine Ausnahme.

Es ist zumindest anhand unserer Quellen nicht zu erkennen, dass Herodes um ein breiteres Verständnis für seine Politik gegenüber Rom bemüht gewesen ist. Er war von der unabänderlichen Dominanz Roms so überzeugt, dass er in Widersprüchen dagegen nur „Weltfremdheit“ erkennen konnte. Möglicherweise täuschte er sich aber, wenn er glaubte, dass seine Weltsicht, seine Treue zu Rom, in der mit ihm persönlich verbundenen Führungselite genauso selbstverständlich aufgenommen wurde. Daraus wäre zu schließen, dass Herodes mit Blick auf eine ordnungsgemäße Thronfolge keine Bedenken darüber hatte, dass der einmal eingeschlagene segensreiche Kurs an der Seite Roms auch künftig fortgesetzt werden würde.

Was also fürchtete er von den Verschwörungen, die immer wieder in seinem engeren familiären Umfeld entdeckt wurden und in die dann sogar seine eigenen Söhne involviert waren? Offenbar liegt die Antwort in einer Furcht vor Anarchie, vor mehr oder weniger latentem Bürgerkrieg, also vor einer Wiederkehr der Situation, wie er sie in seiner Jugend erlebt und mitgestaltet hatte. Er dürfte zutiefst überzeugt gewesen sein, dass es ein starkes, großes Judäa nur unter einem starken, überlegenen Herrscher geben konnte, der partikulare Interessen zum Wohle des Ganzen bekämpfte, wo er auf sie traf. Zudem dürfte er aus seinen Erfahrungen mit Rom geschlossen haben, dass nur ein nach außen einheitliches und tatsächlich stabiles Judäa ein geschätzter politischer Partner der ‘Supermacht’ sein konnte. Neue innere Kämpfe müssten demnach als Signal der Instabilität und der Unzuverlässigkeit – gerade auch gegenüber dem immer noch gefährlichen Partherreich – aufgefasst werden: zunächst in der benachbarten Provinz Syrien, dann aber auch bald am Tiber selbst.

Herodes wollte König eines möglichst potenten Reiches sein, zumal als befreundeter König ein ernst zunehmender und auch für Rom unverzichtbarer Partner im Staatengefüge der sich transformierenden hellenistischen Welt. Dass Augustus das Territorium Judäas in mehreren Schritten vergrößerte und dem Herodes damit sowohl neue ökonomische Möglichkeiten eröffnete als auch neue Sicherheits- und Ordnungsaufgaben zuwies, entsprach ganz Herodes’ Erwartungen und Hoffnungen.

Herodes’ Vorstellungshorizont orientierte sich evidenterweise an der Geschichte der Levante, insbesondere Syriens und Palästinas, mithin am einstigen Glanz des Seleukidenreiches.

Das augusteische Rom, das in der Forschung gelegentlich – und in jüngerer Zeit zunehmend – als das Vorbild des judäischen Königs gesehen wird, hatte in den hier relevanten Jahren zwischen 30 und 15 noch keine so wirkungsmächtige Gestalt gewonnen, dass Herodes es hätte imitieren wollen. Vielmehr suchten sowohl Augustus als auch Herodes nach einem Erfolgsrezept für die nachhaltige Stabilisierung ihrer jeweiligen Herrschaft.

Zusammenfassend ist also festzustellen, dass Herodes sich dezidiert in die Tradition eines hellenistischen Monarchen stellte und den Ruhm seines Landes zugleich mit dem seiner eigenen Person sowie dem seiner Dynastie zu mehren wünschte. Im Unterschied zu den bisherigen hellenistisch-levantinischen Herrschern, die in den rund 100 Jahren vor Herodes ihr einstiges Wohlergehen und Ansehen in Zwist und Bürgerkrieg verloren hatten, wollte Herodes gerade eine solche Entwicklung unterbinden. Seine politische Ethik[8] war bestimmt durch unbedingte Treue zu Rom und zu möglichst großer Förderung seiner eigenen Sippe, wobei er Prioritäten partikularer Interessen nicht akzeptierte. Je erfolgreicher er mit seiner Politik war – und je augenfälliger dieser Erfolg von ihm selbst auch gestaltet werden konnte –, desto überzeugter war er davon, dass es keine Alternative zu seinem Weg gab. Zugleich wuchs allerdings die Begehrlichkeit in seinem unmittelbaren Umfeld, an seine Stelle zu treten und das Staatsruder zu übernehmen. Offenbar hielt sich jeder Exponent einer Hofpartei – sei es Antipater oder Alexander – für hinreichend befähigt, den 'Alten' abzulösen und selbst die große zentrale Rolle auf der prächtigen Bühne zu spielen.

In dem Maße, in dem Herodes die bisherigen Erfolge als seine ureigenen ansah – wohl nicht zu Unrecht –, konnte er sich eine von ihm selbst nicht autorisierte Fortsetzung der Führungsaufgabe durch einen anderen nicht vorstellen. Das mag man, wie gesagt, als Machtgier und Megalomanie bezeichnen oder als eine unverzeihliche rein säkulare Haltung kritisieren.[9]

Wird Herodes, der wider jedes Erwarten und gegen die Zeitläufte Judäa zu einem großen und für mehrere Jahrzehnte stabilen, vergleichsweise friedlichen und sogar kulturell glänzenden Reich machte, zu Recht „der Große“ genannt?

Es gibt für die Vergabe dieses Prädikats keinen akademischen Konsens, es existiert kein Kriterienkatalog zur Bemessung historischer Leistungen. Legt man als Maßstab an, dass die auszuzeichnende Persönlichkeit ein Stückchen Weltgeschichte geschrieben haben sollte und nicht nur im nationalen Rahmen eine „große Herrscherpersönlichkeit“ gewesen ist,[10] dann hat Herodes den Titel „der Große“ nicht verdient. Freilich: Auch die „Großen“, zu denen man in diesem Zusammenhang Augustus rechnen müsste, machen Weltgeschichte nicht im luftleeren Raum, sondern mit Hilfe ihrer zuverlässigen Freunde – eben mit großen Männern wie Herodes, dem König von Judäa.

Anmerkungen

I. Salome

[1] Vgl. T. Hausamann, Die tanzende Salome in der Kunst von der christlichen Frühzeit bis um 1500. Ikonographische Studien, Zürich 1980; K. Merkel, Salome. Ikonographie im Wandel, Frankfurt u. a. 1989; T. Rohde (Hrsg.), Mythos Salome. Vom Markusevangelium bis Djuna Barnes, Leipzig 2000; C. Eschenfelder, Tiepolo, Köln 1998; E. Roters, Malerei des 19. Jahrhunderts, Köln 1998; W. Deppisch, Richard Strauss, Reinbek 1968.

[2] Vgl. Willrich 146f.; Vogel 292ff. – Ausführlich behandelt die Nachfahren des Herodes N. Kokkinos, The Herodian Dynasty, Sheffield 1998 (229ff. zu Antipas); zu Herodes Antipas vgl. H. W. Hoehner, Herod Antipas, Cambridge 1972.

[3] Zur Diskussion vgl. Hoehner 169.

[4] Vgl. Kokkinos 232f.

[5] Zum Verhältnis des Herodes Antipas zum Propheten und Täufer Johannes vgl. Hoehner 137ff., 172ff.; Vogel 300ff.

[6] Vgl. M. Lindner, Geschichte der Nabatäer, in: M. Lindner (Hrsg.), Petra und das Königreich der Nabatäer, München [6]1997, 37ff., besonders 46ff. – Zur nabatäischen Gattin des Herodes Antipas vgl. Lindner 74f.; Kokkinos 231f., 376f. – Zu Machärus vgl. Netzer 67f.; Lichtenberger 40ff., mit der Auskunft, dass nach Angaben der Ausgräber der nachweislich umfangreichste Baubestand gerade auf Herodes Antipas zurückgeht (47).

[7] Vgl. Willrich 147ff.; Vogel 305ff.; ausführlich: Kokkinos 271ff.; D. R. Schwartz, Agrippa I: The last King of Judaea, Tübingen 1990.

[8] Vgl. Kokkinos 265ff.; Vogel 305ff.

II. Herodes' Aufstieg (ca. 80–40 v. Chr.)

[1] Vgl. M. Gelzer, Pompeius, München 1949, 87ff., besonders 111ff.; U. Baumann, Rom und die Juden. Die römisch-jüdischen Beziehungen von Pompeius bis zum Tode des Herodes (63 v.–4 v. Chr.), Frankfurt 1983; E. Baltrusch, Die Juden und das Römische Reich, Darmstadt 2002, 125ff.

[2] Vgl. P. Schäfer, Geschichte der Juden in der Antike, Stuttgart 1983, 79ff., besonders 91ff. – Antipaters Heimat Idumäa widmet Kokkinos den Teil I seines Buches (36–139); zu Herodes' Abstammung vgl. 94–102.

[3] Nach AJ 14,2,3/30 sollen Aristobulus und Hyrkanus jeweils 400 Talente geboten haben, nach BJ 1,6,3/128 nur Aristobulus 300 Talente.

[4] Vgl. Willrich 18; Schäfer 95f.; Baumann 51ff.; Baltrusch 143–146.

[5] Vgl. Willrich 22: (Die bisherigen Anhänger des Pompeius) „waren nur darauf bedacht, ihr eigenes Schiff im Kielwasser der großen Galeere Rom schwimmen zu lassen". – Sandmel 44: „Caesar plante … eine regelrechte Eroberung Ägyptens, …

eine Chance für Antipater, die sich dieser nicht entgehen ließ." – Schalit 36f.: „Nach dem Siege Julius Caesars ... ging Antipatros (und mit ihm Hyrkanos) unbedenklich ins Lager des Siegers über."

[6] Vgl. dazu Schalit 40ff.

[7] Vgl. Schalit 61ff. (mit einer Diskussion der älteren Literatur); Willrich 35; Sandmel 72f. – Nach Kokkinos 211 ging die Eheabsprache bereits auf Antipater zurück.

[8] Vgl. Willrich 37; Schalit 74ff.; A. Kasher, Jews, Idumaeans, and Ancient Arabs, Tübingen 1988, 122f.

[9] Sandmel 79.

[10] Vom Selbstmordversuch des Herodes berichtet AJ 14,13,8/357; zur Diskussion: Sandmel 79–82. – Nach Netzer 90 hatte Herodes wegen des Unfalls der Mutter eine „starke emotionale Bindung an den Ort der Schlacht entwickelt, dass er sich dort mit einer Siedlung seines Namens verewigte und dort bestattet sein wollte".

[11] Diodor 14,8,4ff.; vgl. 20,78,2f. – Dazu H. Berve, Die Tyrannis bei den Griechen, München 1967, 226 und 639f. (mit Hinweisen zur antiken Rezeption dieser Anekdote). Noch in der Spätantike war die syrakusanische Episode ein literarisches Vorbild: Prokop, Perserkrieg 1,24,37 berichtet, wie Kaiserin Theodora ihren Gatten Justinian I. beim Nika-Aufstand in Konstantinopel (534 n. Chr.) vom verzweifelten Freitod abhielt. – Eine direkte Parallele zwischen Herodes und Dionysios I. von Syrakus sieht auch Willrich 133f., allerdings ohne Rekurs auf die hier diskutierte Anekdote.

[12] Vgl. Schalit 80 mit Anm. 91: „Als nun ... Herodes ... einsehen mußte, daß ... alles sich gegen ihn verschworen hatte, richtete er seine Augen ... auf die Römer." – Vgl. ferner Perowne 66; Sandmel 82; Kasher 124. – Willrich 40 äußert die Vermutung, Herodes habe sich mit dem Geld des Malichus die Reise nach Rom finanzieren lassen wollen.

[13] Dies mag eine kleine Blütenlese zeigen: „Aber Herodes ließ sich von ihren lockenden Angeboten nicht betören" (Schalit 83); „Es wäre schließlich auch völlig widersinnig gewesen, sich erst der Geliebten des Römers anzunehmen und dann Antonius mit einer Bitte zu kommen. Kleopatra sollte sich später noch eine weitere Gelegenheit zu einem Abenteuer mit Herodes bieten" (Sandmel 83); „Warum, so überlegte Kleopatra, sollte man diesen hübschen Idumäer nicht verführen, ihn dann als Befehlshaber für den geplanten Äthiopienfeldzug verwenden, ihm danach Gift geben und sein Königreich annektieren? Der Plan war verlockend – aber Herodes war kein Mark Anton und ließ sich nicht zum Narren halten ... So antwortete er Kleopatra mit Nein, was sie ihm weder als Königin noch als Frau je vergaß." (Perowne 67).

[14] Schalit 83.

III. Herodes wird König (40–37 v. Chr.)

[1] Dafür, dass Herodes direkt „um die Krone" gebeten habe, plädieren Schalit 85 und Prause 101ff.; für eine Idee von Antonius und Octavian dagegen Perowne 69 und verklausuliert Sandmel 84f.; unklar bleibt die Position von Vogel 82.

[2] Vgl. zu den Anfängen der makkabäisch-hasmonäischen Herrschaft: Schäfer 71ff.; zu Jonathan, einem Bruder des Judas Makkabäus, der im Jahr 152 als Hohe-

priester (seit 153) vom damaligen seleukidischen König Alexander I. zum Strategen und Meridarchen von Koilesyrien ernannt wurde (71); zu Simon, dem Bruder Jonathans, der 142 Hohepriester wurde und der nach der Bestätigung der Souveränität Judäas durch König Demetrios II. durch das Volk in Jerusalem als Ethnarch, Hohepriester und Heerführer (strategos) akklamiert wurde, wobei diese Würden ihm als erbliche verliehen wurden (74); zur Herrschaft von Simons Sohn Johannes Hyrkanus (135/34–104), gegen dessen (ererbter) Machtfülle von den Pharisäern die Forderung erhoben wurde, er solle auf das Hohepriesteramt verzichten (81–86); zu Hyrkanus' I. Sohn Aristobul (104–103), der als erster Hasmonäer den Königstitel annahm (88f.); zu den eskalierenden Konflikten mit den Pharisäern unter König Alexander Jannai (103–76), dem eine hellenistische Tyrannis vorgeworfen wurde (89f).

[3] Schalit 88.

[4] Willrich 41.

[5] Schalit 90.

[6] Der Name ist evidenterweise kein Spitzname; er ist von griech. *machaira* = Messer, Kurzschwert abgeleitet; er ist selten und erst im 1. Jahrhundert n.Chr. als römischer Name belegt (vgl. H. Solin, Die griechischen Personennamen in Rom, Berlin [2]2003, Bd. 3, 1239). – Da für das Jahr 37 neben den römischen Truppen, die unter dem Kommando des Sosius gemeinsam mit Herodes Jerusalem belagerten, auch Hilfstruppen belegt sind (AJ 14,16,1/469: *epikourika apo tes Syrias* = *auxilia ex Syria*), dürfte Machairas ein Hilfstruppenführer gewesen sein.

[7] Willrich 43.

[8] Zur Münzprägung des Antigonos Mattathias vgl. Y. Meshorer, Ancient Jewish Coinage. The Israel Museum, Israel; Bd. I: Persian Period through Hasmonaeans, New York 1982, 87ff. – Ebendort 57ff. zur Münzprägung von Alexander Jannai.

[9] Willrich 46; vgl. Perowne 77; Schalit 96.

[10] Sandmel 89.

[11] Willrich 47.

[12] Plutarch, *Aemilius* 26,11 belehrt der Sieger den König zu seinen Füßen: „Warum verkleinerst du meinen Sieg und setzt meine Leistung herab, indem du dich als einen unedlen, der Römer nicht würdigen Gegner erweist? Fester Mut erwirbt dem Unglücklichen auch beim Feinde hohe Achtung, Feigheit aber gilt den Römern, auch wenn sie vom Glück begünstigt ist, als das Ehrloseste von allem." – Vgl. Polybios 29,20,1–2.

[13] Perowne 84f.; Schalit 99f., nach dessen Ansicht Herodes ganz bewusst als erste Maßnahmen den Sanhedrin als Machtzentrum der Aristokratie vernichtet hat, um dadurch „deren politisches Gewicht zu erschüttern" (100). – Sandmel 113f., nimmt an, dass Herodes den Sanhedrin einfach aufgelöst und dessen Funktionen einfach selbst übernommen habe. – Die Vermutung, dass die getöteten Männer, die als die *Ersten/Vornehmsten* der Bürgerschaft bezeichnet sind, tatsächlich Ratsherren im Sanhedrin waren, ist zwar plausibel, doch nicht zwingend. – Vgl. zur Diskussion: M. Jacobs, Die Institution des jüdischen Patriarchen, Tübingen 1995.

[14] Vgl. Perowne 80ff.; Sandmel 117.

[15] Schalit 103; vgl. Willrich 50.

IV. Herodes bleibt König

[1] Vgl. Plutarch, *Antonius* 25. – Dazu vgl. H. Bengtson, Marcus Antonius. Triumvir und Herrscher des Orients, München 1977, 161; zu Dellius als 'Historiograph des Partherkrieges' und vermutliche Vorlage in der Antonius-Biographie Plutarchs: ebd. 186f., 203, 303.

[2] Vgl. Willrich 49.

[3] Vgl. Schalit 113: „Es war jedem klar, daß Aristobulus auf Geheiß des Herodes ermordet worden war"; ähnlich Perowne 88. – Willrich 53 steht mit seiner Ansicht eigenartiger Weise recht allein: „Wer die äußeren Umstände unbefangen betrachtet, wird geneigt sein, an einen Unglücksfall zu glauben."

[4] Den griechischen Begriff *kolymbetra*, der eine Örtlichkeit zum Schwimmen und Tauchen bezeichnet, ist von H. Clementz mit 'Fischteichen' übersetzt worden; eine ähnliche Assoziation hat Sandmel 122, zu einer ganz irrigen Vorstellung geführt: „So konnte man (wegen der Bruthitze) ganz natürlich ein Schwimmen im Jordan oder in einigen seiner Buchten, die als Fischteiche dienten, vorschlagen." – Zu den Ausgrabungen am hasmonäischen Palast in Jericho und den Rekonstruktionen der Wassserbecken: Netzer 7–16, 28ff.

[5] Schalit 111f. Anm. 48 plädiert für das Jahr 36; Kokkinos 152 und 212, für das Jahr 35.

[6] W. Huss, Ägypten in hellenistischer Zeit, München 2001, 734ff., besonders 345 mit Anm. 31.

[7] Schalit 121.

[8] Vgl. Netzer 6.

[9] Vgl. Schalit 120, 772ff. (Anhang XII), besonders 777.

[10] Schalit 121 mit Anm. 91.

[11] Schalit 121; Perowne 91; Sandmel 132ff., der die Geschichte genüsslich ausbreitet: (Herodes) „versagte sich das Vergnügen, das Marcus Antonius und Caesar ausgekostet hatten". Zu einer anderen Sicht der angeblichen Affäre vgl. M. Clauss, Kleopatra, München 22005, 61.

[12] Flavius Josephus, AJ 15,3,5–9/65–87; vgl. BJ 1,22,4f./441–444.

[13] Vgl. Schalit 576f., zur Schilderung in den *Jüdischen Altertümern*: „vielmehr haben wir hier eine literarische Darstellung vor uns, die nach dem üblichen Schema historiographischer Technik gearbeitet ist ... Wir glauben nicht zu irren, wenn wir sagen, daß wir ... ein Musterbeispiel tragisch-pathetischer Geschichtsschreibung vor uns haben, mit wichtigen Zutaten, die der hellenistischen rhetorisch-persönlichen Geschichtsschreibung entstammen." – Vgl. aber ebd. 115f.: „Wir haben also an beiden Stellen die Geschichte, so wie sie Josephus uns erzählt, als historisch hinzunehmen ... All das paßt ausgezeichnet zum Charakter des Herodes."

[14] Schalit 698; vgl. Kasher 149f.

[15] Vgl. Schalit 689f. – Willrich 53: „Es sollte sich bitter an Herodes rächen, daß er aus Liebe zu Mariamne davon Abstand nahm, seine Schwiegermutter gleichfalls hinrichten zu lassen." – Vgl. die Argumentation von Schalit 138ff. im Zusammenhang mit der Mariamne-Affäre, welche Alexandra ja auch überlebte: „Hätte Herodes die Tötung der Mutter mit der der Tochter verbunden ... wäre sein Haß gegen

das Hasmonäerhaus als wahres Motiv der Hinrichtung der Mariamne vor aller Augen zum Vorschein gekommen" (140f.).

16 Vgl. Willrich 58: „Salome, an boshafter Verlogenheit und Hang zu Zetteleien der Alexandra durchaus ebenbürtig"; vgl. Perowne 107; Kokkinos 177ff.

17 Kokkinos 217; diese Ehe blieb allem Anschein nach kinderlos.

18 Flavius Josephus, AJ 15,7,7/240–246. – Vgl. Sandmel 155ff., der im Kontext der Mariamne-Affäre Herodes' Entwicklung zum Psychopathen beziehungsweise Wahnsinnigen skizziert.

19 Vgl. Kokkinos 208ff.

20 Zur Frage der Verflechung einflussreicher Familien mit der Herrscherdynastie und untereinander besteht für das herodianische Judäa – wie generell für die hellenistische Epoche und die Situation an den verschiedenen Höfen – ein Forschungsdefizit, zu dessen Aufarbeitung freilich das Buch von Kokkinos einen wichtigen Beitrag leistet.

V. Herodes – Freund des Caesar Augustus

1 Vgl. Flavius Josephus, AJ 15,10,1–3/342–364. Die Gebietsschenkungen gehören ins Jahr 23/22.

2 Willrich 61.

3 Malichus war nabatäischer König 62–30; vgl. zur nabatäischen Geschichte in diesem Zeitraum Lindner 64ff.

4 Flavius Josephus, AJ 15,5,1–5/112–159; BJ 1,19,1–6/364–385; dazu Kasher 136–142, 156ff.

5 So etwa sollen es die Scheichs gewesen sein, die im Winter 40 auf 39 dem Malichus rieten, den Flüchtling Herodes nicht mit Geld zu unterstützen, um nicht die Parther gegen die Nabatäer aufzubringen: Flavius Josephus, AJ 14,14,1/372f.

6 Vgl. Flavius Josephus, AJ 15,10,1/342–348; BJ 1,20,4/398f. – Schalit 326f.; Kasher 157f. mit. Anm. 70.

7 Vgl. Cassius Dio 53,29,3–8, der die großen Schwierigkeiten des letztlich gescheiterten Unternehmens schildert, ohne aber Herodes und Syllaios zu erwähnen; Strabon, Geographie 16,4,22–24 lässt das volle Ausmaß des Desasters erkennen, das er dem Syllaios anlastet; hier sind die 500 judäischen Teilnehmer erwähnt (23). – Vgl. Schalit 163f.; Perowne 140ff.; Vogel 120 datiert den Feldzug ins Jahr 26/25. – Ausführlich zum Feldzug des Aelius Gallus: C. Marek, Zur Expedition des Aelius Gallus nach Arabien im Jahr 25 v.Chr., Chiron 23, 1993, 21–156.

8 Vgl. Sandmel 169; Schalit 423: „Dennoch verlor der König auch in dieser schweren Stunde nicht seine Pflichten … aus den Augen und beteiligte sich an dem arabischen Feldzug … Kein Zweifel, daß Augustus diese Handlungsweise seines getreuen Klienten zur Kenntnis nahm. Die Belohnung ließ denn auch nicht lange auf sich warten."

9 Zur Bedeutung der Rückgabe der Feldzeichen D. Kienast, Augustus, Prinzeps und Monarch, Darmstadt 1982, 283ff.; notabene ist auch auf dem Panzer der Augustusstatue von Primaporta die Rückgabe der römischen Feldzeichen durch die Parther dargestellt.

10 Vgl. Flavius Josephus, AJ 15,10,2/350. – Zur Datierung: Schalit 424 mit Anm. 975; anders Vogel 22f.; Kasher 159.

[11] Perowne 181, vgl. Vogel 143.

[12] Vgl. zu Agrippa: Kienast, 85ff. und 92ff.; J.-M. Roddaz, Marcus Agrippa, Paris 1984, 319ff. (zum ersten Aufenthalt im Orient), 419ff. (zum zweiten Aufenthalt im Orient), 451f., 470ff. (zum Besuch in und Verhältnis zu Judäa).

[13] Vgl. Perowne 183; Sandmel 171. – Zurückhaltender sind Willrich 62; Kasher 159f.; Vogel 144.

[14] Vgl. Bengtson 269f. – Zu den Gebietserweiterungen um 21/20 vgl. Cassius Dio 54,9,2; Strabon, Geographie 12,535.555. – Über die bewegte Geschichte Kappadokiens und der Vorfahren des Archelaos im 1. Jahrhundert gibt M. Schottky, Archelaos, DNP 1, 1996, 988, einen knappen Überblick.

[15] Vgl. Schalit 424; Sandmel 183; Vogel 167f.

[16] Netzer 40 vermutet, Agrippa sei von der Großartigkeit der Bauunternehmungen so beeindruckt gewesen, dass er in Rom Ehrungen für Herodes erreicht habe, als deren Teil („ein Akt der Ehrenbezeugung") ein Team von Bauarbeitern und Architekten nach Judäa entsandt worden sei, „um bei der Aufführung zusätzlicher Bauvorhaben behilflich zu sein"; er begründet dies aus dem Befund von Überresten von *opus reticulatum* (in Jerusalem, in Paneas und in Jericho).

[17] Vgl. die Reminiszenz des Nikolaos vor Agrippa im Jahr 14: Flavius Josephus, AJ 16,2,4/56: „Eine solche Aufnahme, die ein Mann von deiner Stellung beim Volke und in der Stadt gefunden hat, muss ein Beweis zwischen dir und dem jüdischen Volke durch Vermittlung des Hauses des Herodes bestehenden Freundschaft gelten." – Vgl. Schalit 424; Perowne 186; Vogel 168. – Zur projüdischen Politik Agrippas: Roddaz 456ff.

[18] Ein Beispiel für die Usancen gibt eine Episode, die Plutarch (Cato 13) schildert: Cato kam im Jahr 66/65 inkognito nach Antiocheia und erblickte vor dem Stadttor „eine Menge von Leuten, die beiderseits der Straße in Reih und Glied aufgestellt waren. Jünglinge in Festgewändern bildeten eine besondere Gruppe, und ihnen gegenüber standen Knaben, ruhig und gesittet. Einige Männer trugen Kränze und weiße Kleider ... Cato war fest überzeugt, dies alles sei von der Stadt veranstaltet worden, um ihn ehrenvoll zu empfangen"; doch ist dann die Pointe, dass der Empfang für einen Freigelassenen des Pompeius gedacht war, der als besonders einflussreich galt. – Die bekannte 'Palmsonntags-Szene' vom Einzug Jesu in Jerusalem (Matthäus 21,8f.; Markus 11,8–10; Johannes 12,12f.) ist zwar ein Beispiel für ein nicht von der Obrigkeit organisiertes Empfangsritual, doch ist es an dessen äußeren Formen orientiert. Bemerkenswert ist hierbei, dass die Hosianna-Rufe und die Psalmenzitate (Psalm 118,24–26) die Funktion der hellenistischen *euphemiai,* also „Segenswünsche", einnehmen, mit denen im offiziellen Zeremoniell der Ankömmling begrüßt wurde (vgl. AJ 16,2,2/14).

[19] Vgl. Bengtson 216, 271f.; Kienast 101, 281; ausführlich: R. D. Sullivan, Dynasts in Pontos, ANRW II 7,2, 1980, 913–918. – Nach seinem Sieg bei Actium hatte Octavian den Polemon auf seinem Thron belassen, ihm allerdings Kleinarmenien genommen, das jener gerade erst 34/33 von Marcus Antonius erhalten hatte und das dann später zu Kappadokien kam. Das einstige Pontische Reich hatte auch das Bosporanische Reich umfasst, wo seit der Neuordnung durch Pompeius (63) Nach-

fahren des großen Mithridates VI. herrschten, sich indessen unter einem gewissen Scribonius aber ein romfeindliches Regime etabliert hatte.

20 Vogel 170; vgl. Schalit 425.

21 Zu Nikolaos, dem Sohn eines Antipatros aus Damaskus, vgl. die kurze Vorstellung von J. Malitz, Nikolaos von Damaskus: Leben des Kaisers Augustus, Darmstadt 2003, 1–3; danach stand der um 63 geborene Nikolaos schon zu Beginn von Herodes' Königsherrschaft in dessen Diensten und kam dann – als Prinzenerzieher für Kleopatras VII. Sohn Ptolemaios Kaisarion – an den ptolemäischen Hof nach Alexandria. Für die Zeit nach 31/30 weiß man nichts über seinen Verbleib, im Jahr 20 begegnet er Herodes jedenfalls in Antiocheia; spätestens seit 15/14 ist er Mitglied im Kreis von Herodes' Königsfreunden. Durch diplomatische und rhetorische Glanzleistungen ist er ebenso aufgefallen wie durch seine herodianische Hofgeschichtsschreibung, von der freilich kaum Fragmente überliefert sind. Sein Werk hat dem Flavius Josephus zweifellos vorgelegen und als wohl wichtigste Informationsquelle gedient.

22 Schalit 426.

23 Perowne 190.

24 Vgl. Lindner 65ff., der Syllaios als „nabatäischen Nationalisten" porträtiert, ferner Kasher 72ff., 163ff.

25 Schalit 599.

26 So Flavius Josephus, AJ 16,9,1/275; zu AJ 16,10,5/322 vgl. Sandmel 206.

27 Vgl. Kasher 167f.; Vogel 248.

28 Vgl. Vogel 248: „Natürlich paßte das Gezänk ... schlecht zur Inszenierung der Pax Augusta, die in jenen Wochen in Rom ihren Höhepunt erlebte." – Bei Flavius Josephus, AJ 16,9,3/289 heißt es: „Und um den Herodes bei Augustus noch verhasster zu machen, fügte (Syllaios) hinzu, er würde wohl seine Reise nach Rom nicht unternommen haben, wenn er nicht die Überzeugung gehabt hätte, dass dem Caesar die Erhaltung des Friedens in seinem ganzen Reiche am Herzen liege."

VI. Herodes' umkämpftes Erbe

1 Sandmel 227ff.; Perowne 212ff.; Schalit 593ff.; Prause 253ff.; Vogel 232ff.

2 Vogel 233.

3 Vgl. Flavius Josephus, BJ 1,23,3f./452–456; AJ 16,4,1–6/87–131. – Nach AJ 16,4,1/91 traf Herodes den Augustus nicht in Rom, sondern reiste ihm nach Aquileia nach (so auch Perowne 203).

4 Die zeitliche Einordnung ist umstritten: Nach Flavius Josephus gehört sie in die Zeit unmittelbar vor dem Konflikt mit den arabischen Stämmen der Trachonitis, also vor 11/10; dagegen hat Kokkinos 169 eine Datierung in die Zeit 14/13 vorgeschlagen, was aber mit der Erwähnung des Statthalters Marcus Titus in den Jahren 13 bis 8 kollidiert, zu dessen Amtszeit Archelaos in dem Konflikt zwischen Herodes und seinen Söhnen vermittelt haben soll (AJ 16,8,6/270). Die opinio communis lautet nach wie vor „12 v. Chr." (so Perowne 204).

5 Flavius Josephus, BJ 1,24,7–25,6/488–512; AJ 16,7,2–8,6/188–269. – Perowne

205ff. („Die ... Krise wurde durch Alexander und einen recht schmutzigen Vorfall hervorgerufen"); Vogel 232ff.

[6] Vgl. Flavius Josephus, BJ 1,26,1–27.6/513–551; AJ 16,10,1–8/300–350. – Perowne 207ff. („Die ... letzte Krise im Leben der unglücklichen Prinzen ... wurde durch einen Lumpen namens Eurykles, einem verkommenen Abenteurer aus Sparta, veranlaßt."); Schalit 616ff.; Vogel 240ff.

[7] Zu Eurykles vgl. G. W. Bowersock, Eurykles of Sparta, JRS 51, 1961, 112–118; P. Cartledge, A. Spawforth, Hellenistic and Roman Sparta, London 1989, 98ff.

[8] Vgl. Kokkinos 164ff.

[9] Zur Heiratspolitik: Flavius Josephus, BJ 1,28,2/556ff.; 28,3f./559ff. – Kokkinos 246f.; Vogel 152ff.

[10] Vogel 167.

[11] Vgl. Willrich 128; Sandmel 230: „Sie ließ sich in keiner Weise in ... ihrem Wunsch, im Palast Unfrieden zu stiften, beeinflussen."

[12] Vgl. Kokkinos 210f.; Perowne 212ff.

[13] Vgl. Schalit 631, der vermutet, dass der von Josephus genannte Zeitraum vom Tod des Pheroras bis zur Rückkehr Antipaters „auf alle Fälle weit übertrieben" ist.

[14] Flavius Josephus, BJ 1,33,2–4/648–655; AJ 17,6,2–4/149–167. – Schalit 734 (Zusatz XLIV zu 458); Perowne 218f.; Sandmel 242f.; Vogel 261ff. – Für Willrich 105f. gehört auch diese Affäre zum Kampf der 'pharisäischen Partei' gegen Herodes.

[15] Vgl. Willrich 103f.

[16] Willrich 106.

[17] Flavius Josephus, BJ 1,33,5–9/656–673; AJ 17,6,5–8,4/168–205. – Vgl. Schalit 637ff.; Perowne 219f.; Sandmel 243f.; Vogel 267ff.

[18] Otto 144; Willrich 183f.; Schalit 641f.; Sandmel 247.

[19] Vogel 271.

[20] Netzer 56–59 stellt zu der diskutierten Passage (BJ 1,159; AJ 17,174f.) eine Beziehung her.

[21] Otto 144; vgl. oben Anm. 18.

[22] Otto 145; die hiermit angestoßene Diskussion ist allem Anschein nach in der Forschung nicht aufgegriffen worden.

[23] Schalit 638ff. mit Anm. 1295 verweist auf die Vorschläge, es habe sich um Darmkrebs und eine schwere Lebererkrankung gehandelt oder um Diabetes oder auch eine Geschlechtskrankheit; vgl. Perowne 219: Wassersucht und „Greisenbrand"; Sandmel 261 Anm. 9 nennt neben Wassersucht, Diabetes, Leberzirrhose auch innere und äußere Geschwüre, Arteriosklerose, Herzschwäche sowie Paranoia. – Zur Übertragung eines theologisch inspirierten Motivs vgl. D. D. J. Ladouceur, The Death of Herod the Great, CPh 76, 1981, 25–34, besonders 27–32; J.-D. Gauger, Der „Tod des Verfolgers": Überlegungen zur Historizität eines Topos, Journal for the Study of Judaism 23, 2002, 42–64, besonders 52–56; Schalit 639 mit Anm. 198; Prause 328f.; Vogel 268f.

[24] Schalit 643.

[25] Zu den älteren Vermutungen über das eigentliche Grab: Schalit 357f. (innerhalb der Bergfestung); Perowne 222 (in der Burg auf dem Berg); Willrich 133 („auf einer kleinen Insel in dem künstlichen Teil" der Burg Herodeion). – Zu den Ausgrabungen: Netzer 90ff. und 106ff. zum so genannten Monumentalbau. Zur auffäli-

gen 'Bahn' weist Netzer 107 darauf hin, dass sie für ein Hippodrom zu schmal, für ein gymnisches Stadion zu lang ist (Vogel 192).

VII. Herodes – Jude oder Hellenist?

1 Willrich 87.

2 Perowne 128.

3 In allen Herodes-Biographien spielt die Frage nach Herodes' 'Jude-sein' eine zentrale Rolle; kaum ein Autor rechnet den König zu den Juden im religiösen Sinne; vgl. Willrich 99; Perowne 128f.: „Er hatte das eigentliche Wesen des Judentums nie begriffen"; Sandmel 81: „Er war nicht nur kein wirklicher Jude im religiösen Sinne, sondern er wollte das nicht sein"; Schäfer 112: „Er war zwar Jude, ... aber in seinem Wesen ... ein Hellenist"; Prause 33: „Herodes – und das blieb für sein ganzes Leben und Wirken von entscheidender Bedeutung – war kein Jude." – Vgl. Vogel 210ff., der im Rahmen einer übersichtlichen und abgewogenen Erörterung betont: „Ob und in welcher Hinsicht er als Ioudaios galt, war eine Definitions- und Ermessensfrage, die sich am Sachinteresse des jeweiligen Kontextes entschied" (218).

4 Vgl. Sandmel 111f.: „Man könnte sogar daran denken, daß der ... spöttische Vorwand, er sei ja nur ein Halbjude, ihn geradezu herausforderte, nicht nur kein besonderes Judentum zur Schau zu tragen, sondern vielmehr zu beweisen, daß der Ausdruck 'Halbjude' noch viel zu hoch gegriffen sei." – Vgl. Anm. 1.

5 Schalit 314.

6 So Schäfer 103f. – Vorsichtiger formuliert Schalit 324.

7 Flavius Josephus, AJ 15,8,3f./282–289.

8 Flavius Josephus, BJ 1,19,5/380; Zweifel äußern Michel und Bauernfeind 416 Anm. 17. – Nach Schalit 122f. und 170 setzte sich Herodes' Heer vorwiegend aus Juden zusammen; auf das hier diskutierte Opfer geht der Autor nicht ein.

9 Schalit 314.

10 Vgl. Prause 190; Vogel 225.

11 Vgl. zum Thema generell: E. S. Gruen, Diaspora. Jews amidst Greeks and Romans, Cambridge/Mass. 2002; E. M. Smallwood, The Diaspora in the Roman period before CE 70, CHJ 3, 1999, 168–191; P. R. Trebilco, Jewish Communities in Asia Minor, Cambridge 1991.

12 Vgl. E. M. Smallwood, The Jews under Roman Rule, Leiden [2]1981, besonders 135; Baumann 254: „Das ... von Caesar initiierte Gesetzgebungswerk ersetzte das bis dahin für die jüdische Diaspora geltende Gewohnheitsrecht ... durch eine universale gesetzliche Regelung." – Anders dagegen mit überzeugenden Argumenten: T. Rajak, Was there a Roman Charta for the Jews?, JRS 74, 1984, 107–123.

13 Schalit 426f., 448.

14 Perowne 126.

15 Vgl. dazu Schalit 372–396; Perowne 162–178; D. Bahat, The Herodian Temple, CHJ 3, 1999, 38–58; Lichtenberger 131–142.

16 Vgl. Willrich 82. – Für den Baubeginn wird gemeinhin das Jahr 20/19 angenommen (vgl. AJ 15,11,1/380: in Herodes' 18. Regierungsjahr); anders Vogel 161, der

unter Hinweis auf BJ 1,21,1/401 (15. Regierungsjahr) für 23/22 plädiert; demnach wäre die Einweihungsfeier bereits im Sommer 13 gewesen.

[17] Perowne 177.

[18] J. Ådna, Jerusalemer Tempel und Tempelmarkt im 1. Jahrhundert n. Chr., Wiesbaden 1999, 70f. mit Anm. 157, 158 (unter Berufung auf israelische Archäologen).

[19] So Ådna 82ff. mit Anm. 42; vgl. Vogel 200.

[20] Vogel 199f.

[21] Vgl. Ådna 70f. mit Anm. 158, der diese These allerdings entschieden ablehnt; vgl. Vogel 201 Anm. 68.

[22] Baumann 209; vgl. Sandmel 169; Lichtenberger 182, spricht von „programmatischer Übernahme kultureller Errungenschaften der römisch-hellenistischen Welt".

[23] Vgl. dazu Netzer 60ff., 71ff. (Masada); Lichtenberger 17ff. (Alexandreion), 21ff. (Masada), 40ff. (Machärus), 51ff. (Hyrkania), 71ff. (Kypros), 99ff. (Herodeion); jeweils mit älterer Literatur.

[24] Vgl. Netzer 115ff.; Lichtenberger 35ff., 93ff.

[25] Vgl. Netzer 109ff.; Lichtenberger 122ff.

[26] Lichtenberger 124.

[27] Generell zum Thema Kaiserkult vgl. C. Habicht, Die augusteische Zeit und das erste Jahrhundert nach Christi Geburt, in: O. Reverdin (Hrsg.), Le Culte des Souverains dans L'Empire Romain, Genf 1973, 41–99; S. R. F. Price, Rituals and Powers. The roman imperial cult in Asia Minor, Cambridge 1984, besonders 101ff.; M. Clauss, Kaiser und Gott. Herrscherkult im Römischen Reich, Stuttgart u.a. [2]1999, besonders 54ff., 217ff.; A. Chaniotis, Der Kaiserkult im Osten des Römischen Reiches im Kontext der zeitgenössischen Ritualpraxis, in: H. Cancik, K. Hitz (Hrsg.), Die Praxis der Herrscherverehrung in Rom und seinen Provinzen, Tübingen 2003, 3–28.

[28] Vgl. Flavius Josephus, BJ 1,21,3/404; AJ 15,10,3/360. 363. – Vgl. dazu Lichtenberger 150–153.

[29] Flavius Josephus, BJ 1,21,7/414; vgl. Schalit 421f.; Lichtenberger 120f.

[30] Flavius Josephus, BJ 121,2/403; vgl. Lichtenberger 81–86.

[31] Vgl. Lichtenberger 88, unter Hinweis auf die Überlegungen P. Zankers in: Città e Architettura nella Roma Imperiale, Kopenhagen 1983, 21ff. – Vgl. G. Carettoni, Das Haus des Augustus auf dem Palatin, Mainz 1983.

[32] So Lichtenberger 167.

[33] Lichtenberger 159.

[34] Vgl. Flavius Josephus, AJ 20,8,9/173ff.; dazu Lichtenberger 129f.

[35] Flavius Josephus, BJ 1,21,11/422–428; AJ 16,5,3/146–149. – Vgl. Lichtenberger 168ff.

[36] So M. Lämmer, Die Kaiserspiele von Caesarea im Dienst der Politik des Königs Herodes, Jahrbuch der Deutschen Sporthochschule, Köln 1974, 95–164, besonders 106ff.

[37] Flavius Josephus, BJ 1,21,11/424f.; AJ 14,14,3/378; vgl. Perowne 160; Schalit 416 mit Anm. 941.

[38] Vogel 229f.

[39] Vgl. Meshorer Nr. 1.

[40] Vgl. Willrich 90ff.; Perowne 160; Schalit 412ff., 425f.; Lichtenberger 172ff.

[41] Vgl. Baumann 207, 209; Willrich 92: (Herodes) „wollte beweisen, daß auch ein Jude ein großartiger Förderer der Kultur sein könne".

[42] Flavius Josephus, BJ 1,21,12/426f.; AJ 16,5,3/149; vgl. Perowne 204; Schalit 417 kommentiert die Agonothetenrolle des Königs: „Herodes wird wohl auf diesen Titel, der ihn vom 'Barbaren' zum 'Ehrenhellenen' erhob und zu einem gleichberechtigten Teilnehmer an der hellenistisch-römischen Kultur machte, nicht wenig stolz gewesen sein."

[43] Flavius Josephus, AJ 15,8,1/268–271; vgl. Schalit 370f., 417f.; Lichtenberger 74ff.

[44] Vgl. Lämmer (Anm. 36) 99, der meint, die Spiele seien bald nach Sebaste verlegt worden; vgl. auch Lichtenberger 78.

[45] Lichtenberger 126.

[46] Vgl. dazu E. Stein-Hölkeskamp, Das römische Gastmahl, München 2005, 254f. zum nächtlichen Bankett.

VIII. Herodes – „der Große"?

[1] Sandmel 247f., 251.

[2] Perowne 227f.

[3] Schalit 667.

[4] Schalit 674f.

[5] Perwone 225f.

[6] Schalit 667.

[7] Schalit 675.

[8] Anders Sandmel 248: „Weder seine beinahe psychotische Toleranz gegenüber der eigenen Familie noch seine durch die Umstände erzwungene Willfährigkeit gegenüber Rom können ja als moralische Bindung aufgefaßt werden."

[9] Perowne 228f.: „Er war ausschließlich den Geschehnissen dieser Welt verhaftet. Seine große Schuld gegenüber dem Judentum, für das er so viel geleistet hatte, war …, daß er seine geistliche Bestimmung nie erkannte. Herodes' Tragödie lag … darin …, daß er niemals die Glorie der Vision schauen durfte."

[10] Vogel 361.

Zeittafel

um 73 v.Chr.	Herodes wird als zweiter Sohn des Idumäers Antipater und der Nabatäerin Kypros (in Marisa?) geboren.
67–65/64	Um die Herrschaft in Judäa bekämpfen sich die Söhne der Salome Alexandra, Aristobulus II. und Hyrkanus II.
65–63	Pompeius erobert in der Endphase des Mithridatischen Krieges Syrien; Tigranes von Armenien, in Personalunion Herrscher des Seleukidenreiches, wird abgesetzt. Syrien wird römische Provinz.
63	Pompeius erobert Jerusalem, setzt Hyrkanus II. als Hohepriester wieder ein und ernennt ihn zum Ethnarchen. Antipater ist Militärberater und graue Eminenz an Hyrkanus' Hof. Aristobulus II. und seine Söhne werden nach Rom gebracht. Alexander entflieht.
57	Gabinius kämpft als Statthalter von Syrien, in dessen Gefolge sich der junge Marcus Antonius befindet, gegen Alexanders Versuche, Hyrkanus zu stürzen; er wird dabei von Hilfstruppen Antipaters unterstützt. Er verfügt eine Verwaltungsreform für Judäa, indem er fünf autonome Gerichtsbezirke einrichtet.
55	In Jerusalem besiegelt die Verheiratung von Hyrkanus' Tochter Alexandra mit dem besiegten Rebellen Alexander den erreichten Frieden. Gabinius leistet im Auftrag des Pompeius militärische Hilfe bei der Rückführung Ptolemaios' XII. auf den Thron in Alexandria; er wird dabei von Antipater unterstützt.
55/54	Licinius Crassus beginnt seinen Partherfeldzug, zu dessen Finanzierung hohe Kontributionen aus Syrien und Judäa gepresst werden; er vergreift sich sogar in Jerusalem am Tempelschatz.
53	Crassus erleidet mit den römischen Truppen eine schwere Niederlage gegen die Parther und fällt bei Carrhae.
49	Zwischen Pompeius und Julius Caesar beginnt der Bürgerkrieg, von dem sich in Judäa die Söhne des Aristobulus den Wiedergewinn des Thrones versprechen, diese agitieren erneut gegen Hyrkanus. Alexander wird vom Statthalter in Syrien, Scipio Metellus, wegen Hochverrats hingerichtet.
48	Pompeius flieht nach seiner Niederlage bei Pharsalos

	nach Ägypten, wo er im Auftrag des jungen Königs Ptolemaios XIII. ermordet wird. Julius Caesar gewinnt Alexandria und schlichtet den ptolemäischen Geschwisterkrieg um die Nachfolge Ptolemaios' XII. zugunsten Kleopatras VII.; in dem sich daraus entwickelnden Alexandrinischen Krieg unterstützt ihn Antipater.
47	Caesar bestätigt Hyrkanus als Ethnarch; in Abänderung der Anordnungen des Gabinius wird Jerusalem als Gerichtsbezirk, der Sanhedrin, den vier anderen übergeordnet. Antipater erhält die Würde eines Epitropos sowie das römische Bürgerrecht für sich und seine Söhne. Herodes heiratet Doris. Antipater ernennt seine Söhne Phasaël und Herodes zu Strategen von Judäa und Idumäa respektive von Galiläa. Herodes' blutige Säuberungen in Galiläa gegen Räuberbanden bringen ihn vor den Sanhedrin; vor der Verurteilung flieht er zum Statthalter in Syrien, der ihn zum Strategos von Koilesyrien und Samaria ernennt.
45	Herodes unterstützt die Caesarianer gegen die Pompeius-Anhänger, die mit parthischer Unterstützung Syrien erobern wollen, bei der Belagerung von Apameia.
15. März 44	In Rom wird der Dictator Caesar ermordet.
Sommer 44	Der Bürgerkrieg zwischen Caesarianern und Caesarmördern beginnt.
43	Marcus Antonius, Octavian und Lepidus bilden das Triumvirat. In Jerusalem wird Antipater von internen Rivalen um die Macht am Hasmonäerhof ermordet; Herodes rächt sich am Mörder Malchus mit Hilfe des Cassius Longinus.
Oktober 42	Die Caesarianer siegen bei Philippi über Brutus und Cassius.
41	Marcus Antonius weist in Antiocheia Beschwerden jüdischer Gesandter über Herodes zurück und ernennt ihn zum Tetrarchen von Galiläa, seinen Bruder Phasaël zum Tetrarchen von Judäa und Idumäa. Herodes verlobt sich mit Mariamne, Hyrkanus' Enkelin; vermutlich trennt er sich bereits von Doris und seinem Sohn Antipater.
40	Die Parther intervenieren militärisch in Judäa und inthronisieren Antigonus Mattathias in Jerusalem. Phasaël wird gefangen genommen und kommt schließlich ums Leben, während der gefangene Hyrkanus nach Ktesiphon gebracht wird. Herodes flieht mit seiner eigenen

	und der hasmonäischen Familie um Alexandra aus Jerusalem nach Masada und bemüht sich vergeblich um nabatäische Unterstützung gegen Antigonus und die Parther.
Spätherbst 40	Herodes reist über Alexandria und Rhodos nach Rom. Auf Antrag von Marcus Antonius und Octavian ernennt der Senat ihn zum befreundeten und verbündeten König von Judäa.
Frühjahr 39	Antigonus Mattathias belagert vergeblich die Herodianer in Masada. Herodes landet in Akko/Ptolemaïs und begibt sich nach Masada, um seine Verwandten nach Samaria in Sicherheit zu bringen.
Sommer 39	Herodes und die römischen Truppen unter Silo belagern Jerusalem.
Herbst 39	Herodes erobert mit einem Söldnerheer Galiläa und besiegt bei Arbela ein Heer des Antigonus.
Frühjahr 38	Marcus Antonius beordert Silo zum Partherfeldzug und schickt zur Unterstützung des Herodes gegen Antigonus Ersatztruppen unter Machairas.
Sommer 38	Die Römer besiegen bei Gindaros die bis nach Syrien vorgedrungenen Parther. Marcus Antonius befiehlt Herodes zu sich als Unterstützung bei der Belagerung des Königs von Kommagene in Samosata. Indessen erleidet Herodes' Bruder Joseph mit den herodianischen Truppen eine militärische Niederlage bei Jericho und kommt ums Leben. Galiläa fällt von Herodes ab.
Herbst 38	Herodes' Rückkehr und Rückeroberung Galiläas; Sieg über die Truppen des Antigonus bei Gophna.
Frühjahr 37	Herodes belagert Jerusalem mit Unterstützung römischer Truppen unter Sosius. Herodes heiratet Mariamne in Samaria. Eroberung Jerusalems; politische Säuberungen; Neuformierung des Sanhedrin; Ananel wird Hohepriester.
Herbst 37 (?)	Rückkehr des Hyrkanus aus parthischer Gefangenschaft. Herodes ersetzt den Hohepriester Ananel durch seinen Schwager Aristobul. Möglicherweise heiratet Herodes eine Tochter seines Bruders Joseph. Marcus Antonius lässt den gefangenen romfeindlichen Usurpator Antigonus Mattathias in Antiocheia hinrichten.
Frühsommer 36	Herodes' Schwager, der Hohepriester Aristobul, kommt in Jericho ums Leben. Marcus Antonius macht Land-

	schenkungen in Syrien und Palästina an Kleopatra und bricht zum Feldzug gegen die Parther auf.
34	Marcus Antonius bricht von Laodikeia aus zum Feldzug gegen Armenien auf und beordert Herodes zu politischen Konsultationen zu sich. Eine Verschwörung unter Herodes' Onkel und Schwager Joseph, dem er den Schutz der königlichen Familie anvertraut hatte, wird entdeckt; Joseph wird hingerichtet.
34/33	Salome, Herodes' Schwester, heiratet den Idumäer Kostobaros. Möglicherweise heiratet Herodes eine Tochter seines Onkels Joseph.
32/31	Herodes unternimmt einen zunächst wenig erfolgreichen Feldzug gegen die Nabatäer des Malichus und mit ihnen verbündete Araberstämme in der Trachonitis. Ein Erdbeben in Judäa fordert fast 30000 Opfer. Herodes beendet im Frühsommer erfolgreich den Feldzug im ostjordanischen Gebiet bei Philadelphia.
September 31	In der Seeschlacht bei Actium siegt Octavian über Kleopatra VII. und Marcus Antonius, die nach Alexandria fliehen. Eine Verschwörung gegen Herodes wird entdeckt, in die Hyrkanus und seine nabatäischen Freunde verwickelt sind; Hyrkanus wird hingerichtet. Herodes reist zu Octavian nach Rhodos und bietet dem Gegner seines bisherigen Protektors seine zuverlässigen Freundschaftsdienste an. Octavian bestätigt Herodes als König, Freund und Bundesgenossen.
30	Herodes unterstützt den Feldzug Octavians gegen Alexandria logistisch und wird nach dem Ende des Ptolemäerreiches mit der Restituierung früheren judäischen Landbesitzes sowie mit der Überlassung mehrerer Städte belohnt. Eine neuerliche Verschwörung wird entdeckt, in die neben einem gewissen Soëmus auch Mariamne verwickelt ist; Soëmus wird hingerichtet.
29	Mariamne wird wegen Hochverrats verurteilt und hingerichtet. Herodes zieht sich schwer krank nach Samaria zurück.
29/28	Herodes heiratet mehrere Frauen innerhalb eines wohl engeren Zeitraumes.
28	Ein Komplott Alexandras wird entdeckt und führt zu ihrer Hinrichtung.
28/27	Ein Komplott des Kostobaros, Salomes zweiten Gatten, und der hasmonäischen 'Söhne des Babas' wird entdeckt,

	die Verschwörer sowie weitere Verdächtige aus dem engeren Kreis von Herodes' Königsfreunden werden hingerichtet.
27	Octavian erhält vom römischen Senat den Titel Augustus. Herodes beginnt mit dem Ausbau Samarias zur neuen Gründung Sebaste.
25	Herodes stellt eine Elitetruppe von 500 Soldaten für einen römischen Arabienfeldzug zur Verfügung.
25/24	Hungersnot in Judäa infolge einer Missernte; Herodes meistert die Krise mit Getreideimporten aus Ägypten.
24/23	Herodes ernennt Simon, den Sohn des Boëthus, zum Hohepriester.
seit 23	Agrippa kommt als Generalstatthalter in den Osten des Reiches. Herodes' Söhne Alexander und Aristobul werden zur weiteren Ausbildung nach Rom geschickt.
23/22	Augustus unterstellt Batanäa, Trachonitis und Auranitis der Herrschaft des Herodes.
22	Herodes gründet Stratonsturm neu als Caesarea und beginnt mit dem Ausbau der Stadt.
20	Augustus kommt zum Friedensschluss mit den Parthern nach Syrien. Er erweitert das Gebiet des Herodes um die Landschaften Paneas und Ulatha. Er ernennt auf Herodes' Bitte Pheroras zum Tetrarchen der Peräa. Herodes beginnt in Paneas mit dem Bau des Augustus-Tempels.
20/19	In Jerusalem beginnen die Bauarbeiten für den Neuen Tempel mitsamt der Vergrößerung des Tempelbergareals durch Aufschüttungen an der Südseite.
Sommer 18	Der neue Tempel wird feierlich eingeweiht.
18/17	Herodes reist nach Rom und kehrt mit seinen beiden Söhnen nach Jerusalem zurück. Alexander heiratet Glaphyra aus Kappadokien, Aristobul seine Cousine Berenike, Salomes Tochter.
15	Agrippa kommt auf Herodes' Einladung nach Judäa und Jerusalem.
14	Herodes reist zu Agrippa und nimmt an dessen bosporanischem Feldzug teil. Nach der gemeinsamen Rückreise durch Kleinasien bestätigt Agrippa in Samos den Diaspora-Juden ihre Privilegien in der Provinz Asia. Herodes holt seinen ältesten Sohn Antipater zurück an den Hof und verheiratet ihn mit einer Tochter des Antigonus Mattathias.
13	Rückreise Agrippas nach Rom; Herodes bringt ihm sei-

	nen Sohn Antipater, der Augustus und maßgeblichen Kreisen vorgestellt werden soll.
12	Herodes reist mit seinen Söhnen Alexander und Aristobul nach Rom zu Augustus, der ihm für die Thronfolge in Judäa freie Hand bei der Auswahl unter seinen Söhnen lässt.
12/11	Einfälle arabischer Stämme verursachen Unruhen in der Trachonitis.
10	Nach neunjähriger Bauzeit werden die Umbauten auf dem Tempelberg in Jerusalem vorläufig beendet. In Caesarea finden die Einweihungsfeierlichkeiten mit dem neu gestifteten Kaisareia-Agon statt. Doris, die Mutter Antipaters, wird wieder an den Hof geholt.
10/9	Herodes stellt dem Nabatäerkönig Obodas vergeblich ein Ultimatum über einen Rückzug der Araberstämme aus judäischem Gebiet. Er unternimmt mit Wissen des syrischen Statthalters eine militärische Strafexpedition gegen die Araber in der Trachonitis und erobert Raëpta.
9	In Petra stirbt der Nabatäerkönig Obodas, Nachfolger ist Aretas IV.
9/8	Herodes siedelt in Bathyra babylonische Juden an.
8	Ein Komplott der Söhne Alexander und Aristobul zu Herodes' Ermordung, angeblich eine Intrige Antipaters, wird aufgedeckt.
8/7	In Berytos findet vor dem römischen Statthalter das Hochverratsverfahren gegen Alexander und Aristobul statt. Nach dem Schuldspruch werden die Söhne in Samaria hingerichtet und in Alexandreion bestattet.
7/6	Herodes veranlasst neue dynastische Verbindungen mit den verwaisten Kindern seiner Söhne von Mariamne. Er ändert sein Testament zugunsten Antipaters als Thronerben; bei dessen vorzeitigem Tod soll Herodes, Sohn der 'zweiten' Mariamne, die Herrschaft übernehmen.
Frühjahr 5	Pheroras trennt sich im Zorn von Herodes, zieht sich in seine Tetrarchie zurück und verweigert trotz Herodes' schwerer Erkrankung die Versöhnung und kehrt nicht nach Jerusalem zurück; Pheroras stirbt unerwartet. Eine Verschwörung des Pheroras und Antipater wird entdeckt, in die auch die Frauen beider Familien verwickelt gewesen sein sollen. Herodes verstößt Doris und die 'zweite' Mariamne. Simon wird als Hohepriester durch Matthias ersetzt.

Herbst 5	Antipater wird bei seiner Rückkehr aus Rom verhaftet. Der Hochverratsprozess gegen ihn findet in Jerusalem vor dem Statthalter Quinctilius Varus statt. Herodes ändert erneut sein Testament ab und setzt als Thronfolger Antipas ein. Ein Komplott Antipaters gegen Salome wird entdeckt. Antipater wird in Jericho inhaftiert, während Herodes auf die Bestätigung des Schuldspruches durch Augustus wartet. Herodes erkrankt erneut schwer.
Jan./Febr. 4	In Jerusalem zerstören fanatische Fromme einen goldenen Adler an einem der Tempeltore. Die hauptverantwortlichen Aufrührer, darunter zwei Pharisäer, werden hingerichtet; der Hohepriester Matthias wird durch Joazar ersetzt.
März 4	Herodes sucht Linderung seiner Leiden in Kallirhoë. Ihm wird von Augustus das Strafmaß für Antipater freigestellt. Wegen eines Fluchtversuches wird Antipater hingerichtet. Herodes ändert sein Testament erneut ab und benennt in einem Zusatz Archelaos, den ältesten Sohn der Malthake, als seinen Nachfolger.
März/April 4	Tod des Herodes in Jericho, Bestattung in Herodeion.
Sommer 4	Die Söhne des Herodes streiten in Rom um die Erbfolge. Augustus entscheidet, dass Archelaos als Ethnarch in Judäa, Idumäa und Samaria regiert, Herodes Antipas als Tetrarch in Galiläa und Peräa, Philippus als Tetrarch von Gaulanitis, Batanäa, Trachonitis und Auranitis.
6 n. Chr.	Archelaos wird von Augustus abgesetzt und geht ins Exil. Judäa mit Idumäa und Samaria wird römische Provinz.
14	In Rom stirbt Augustus; Tiberius tritt die Nachfolge an.
um 19/20	Salome wird als Tochter des Philippus und der Herodias, einer Enkelin Herodes' des Großen, geboren.
33/34	Philippus stirbt ohne männlichen Erben.
um 35	Herodes Antipas heiratet die verwitwete Herodias. Johannes der Täufer wird in der Festung Machärus inhaftiert und hingerichtet.
37	In Rom stirbt Kaiser Tiberius; sein Nachfolger ist Caius Caesar, beigenannt Caligula. Agrippa I., Herodias' Bruder, wird von seinem Jugendfreund Caligula zum Herrscher über die von Philippus hinterlassene Tetrarchie erhoben und erhält den Königstitel.
39	Herodes Antipas wird von Caligula abgesetzt und ins Exil geschickt; Agrippa erhält seine Tetrarchie.

Glossar

Agon/ Agonothet Der „Wettspielveranstalter“ war für die Organisation und die sehr kostenträchtige Finanzierung der Agone (= sportliche und/oder musische Wettkämpfe bei kultischen Festen) verantwortlich; die meisten Agone waren panhellenisch, also für einen Teilnehmerkreis aus der ganzen griechischen (später auch: römischen) Welt, und fanden in regelmäßigen Abständen (jedes zweite oder vierte Jahr) statt.

Auranitis Die heute als Hauran bekannte Region im Grenzgebiet der modernen Staaten Syrien und Jordanien, eine bergige Landschaft aus vulkanischem Basaltgestein, war in der Antike Einzugsgebiet nomadischer → Nabatäer, die hier die Karawanenstraße aus dem Süden nach Damaskus kontrollierten. Die bedeutendste Stadt war Bos(t)ra.

Batanäa Mit der auch Basanitis genannten Landschaft senkt sich die → Auranitis (Hauran) in Richtung auf das westlich gelegene Golangebirge (Gaulanitis); sie reicht im Nordwesten bis zum Hermongebirge, in dem der Jordan entspringt.

Bithynien Im nordwestlichen Kleinasien hatte sich im Laufe des 3. Jahrhunderts eine einheimische Herrscherdynastie etabliert, die als hellenistisches Königreich Bithynien mit den kleinasiatischen und den thrakischen Nachbarn jenseits des Bosporus in teils freundschaftlichen, teils feindseligen Kontakten stand. Der romtreue König Nikomedes IV. vererbte bei seinem Tod im Jahr 74 sein Reich den Römern, was den Mithridatischen Krieg (89–63) wieder aufleben ließ, nach dessen Ende Pompeius die Provinz Bithynien und Pontos konstituierte.

Caesar Durch die testamentarische Adoption wurde Octavius, Caesars Großneffe, zu dessen Sohn und hieß fortan Caius Julius Caesar. Indem er den früheren Ehrentitel Imperator als Vornamen und als eigenen Ehrennamen den vom Senat 27 verliehenen ‘Augustus’ trug, erhielt der alte julische Beiname eine dynastisch-legitimierende Bedeutung, deren sich alle seine Nachfolger bedienten. Da der Caesar-Titel bei den Germanen als Herrscherbezeichnung bekannt wurde, entwickelte sich aus Caesar = griech. Kaisar schließlich der deutsche Kaiser sowie über das Altkirchenslavisch-Bulgarische der russische Zar.

Dekapolis Der Zehnstädtebund gründete sich als Zusammenschluss hellenistischer Städte im ostjordanischen Gebiet, die Pompeius im Zuge der Neuordnung des vormals seleukidischen Syrien von fremder Herrschaft befreite, die aber trotz ihrer Autonomie der Provinz Syrien unterstanden; die Zusam mensetzung variierte im Laufe der Zeit.

Denar Die römische Silbermünze, ursprünglich $\frac{1}{84}$ des römischen Pfundes, hatte unter Augustus ein Gewicht von 3,8 Gramm; später sank ihr Gewicht auf 3,2 Gramm, zugleich war die nur noch $\frac{1}{96}$ eines römischen Pfundes wert. 25 Denare entsprachen einem Aureus, also einer römischen Goldmünze.

Ekklesia Mit der Bezeichnung „Volksversammlung" ist im Zusammenhang mit Versammlungen, die Herodes veranlasst hat, entweder eine Einberufung des Sanhedrin gemeint oder eine Versammlung eines größeren Kreises von Honoratioren.

Epitropos Der griechische Begriff Verwalter, Aufseher wurde unter römischer Herrschaft zum griechischen Terminus technicus für den Prokurator.

Ethnarch Der Titel „Volksherrscher" wurde dem Hasmonäer Hyrkanus II. von Pompeius verliehen und bezeichnet die Herrschaft über das autonome, nach eigenen Gesetzen lebende ethnos = Stamm, Volk der Juden.

Euergesie/ Euerget In den griechisch-hellenistischen (Stadt-)Staaten bedurften zahlreiche öffentliche Versorgungsleistungen (Wasser; Brennholz und Öl für den Betrieb der Sportstätten; Ausrichtung von Kultfeiern und zugehörigen → Agonen, Bauten der Infrastruktur, öffentliche Gebäude) der Finanzierung durch private Stifter. Für derartige Wohltaten wie auch politische Unterstützung – etwa die Befreiung von Fremdherrschaft oder die Stundung oder Aufhebung von Steuern – erhielten die Wohltäter von den Städten zum Dank und zum Ansporn für weitere Freundschaftsdienste diverse Ehrenbekundungen. Durch die politischen Gegebenheiten erwiesen sich nicht mehr nur die hellenistischen Könige selbst oder ihre Funktionäre als Euergeten einer Stadt, sondern zunehmend auch wohlhabende Mitbürger. Die Euergesien des judäischen Königs Herodes für syrische und ionische Städte außerhalb seines eigenen Herrschaftsbereichs knüpfen somit an die älteren hellenistischen Traditionen an.

Gaulanitis Die Landschaft erstreckte sich vom Golangebirge und östlich des Jordan bis zum See Genezareth und ging in die Senke der → Batanäa über.

Hasmonäer Die jüdische Hohepriester-Dynastie, die seit 105 auch die Königswürde innehatte, führte sich auf den Ahnherren Hasmon/Asamon zurück. Der erste historisch fassbare Hasmonäer ist Mattathias, der gegen die Religionsgesetze des Seleukidenkönigs Antiochos IV. (175–164) eiferte und mit seinen zahlreichen Söhnen den Makkabäeraufstand entfachte. Simon, der Bruder des Judas Makkabi/Makkabäus wurde 142 zum Hohepriester, Ethnarchen und Strategos erhoben, sein Sohn Johannes Hyrkanus I. betrieb eine erfolgreiche Expansionspolitik, dessen Söhne wiederum, Aristobulus I. und Alexander Jannai, trugen erstmals den Königstitel. Mit diesem vererbte Alexander allerdings auch den Bruderzwist an seine Söhne Hyrkanus II. und Aristobulus II., den diese dann mit Hilfe des römischen Imperators Pompeius entscheiden lassen wollten. Hyrkanus verlor den Königstitel und wurde von Julius Caesar nur als Ethnarch bestätigt; als ihn sein Neffe Antigonus Mattathias im Jahre 40 mit parthischer Hilfe stürzte, war das der Anfang vom Ende der Hasmonäerherrschaft, denn die Römer erhoben jetzt den Idumäer Herodes zum König Judäas.

Hellenistisch Das Zeitalter des Hellenismus, das als politischer Zeitraum mit Alexander dem Großen (336–323) begann und mit dem Tod Kleopatras VII. (30) endete, ist gekennzeichnet durch die kulturelle Expansion des Griechentums in den Orient. Der Begriff hellenistisch bezeichnet einerseits die Zugehörigkeit zu dieser Epoche, andererseits das Ergebnis der Akkulturation, insbesondere im jüdischen Kontext das Abweichen von der reinen Tradition und das säkularisierte Sich-Öffnen für die mit der neuen ptolemäischen und seleukidischen Oberherrschaft einhergehenden griechischen Lebensweise.

Hippodrom Die „Pferderennbahn“ gehörte zu den Wettkampfanlagen panhellenischer Heiligtümer und in hellenistischer Zeit solcher Städte, die im Rahmen ihrer großen Feste Wettkämpfe mit Pferden und Gespannen veranstalteten. Für die Wagenrennen in der römischen Welt wurde das Hippodrom zum Circus umgestaltet.

Idumäa Im südlichen Landesteil Palästinas, der sich um die Stadt Hebron herum bis an die Mittelmeerküste bei Askalon erstreckte, siedelten die Idumäer. Sie waren im 5. Jahrhundert aus dem südöstlich des Toten Meeres gelegenen Edom nach Westen gewandert, vermutlich auf Druck der Nabatäer.

Nach der Mitte des 2. Jahrhunderts führte die territoriale Expansion Judäas unter den Hasmonäern um 126 zur gewaltsamen Eingliederung der Idumäer in die jüdische Kultusgemeinschaft. Fortan war Idumäa ein Teilgebiet des Hasmonäerreiches.

Imperator — Den Ehrentitel des republikanischen Rom, den Soldaten nach einer siegreichen Schlacht ihrem Feldherrn gaben, nahm im Jahre 38 Augustus – wie dann alle späteren römischen Kaiser – als seinen Vornamen an.

Ituräa — In die Landschaft im nördlichen Palästina, zu der auch die Gebirgszüge des Libanon und des Antilibanon gehörten, waren im Laufe des 2. Jahrhunderts die Ituräer, ursprünglich arabische Nomaden, vorgedrungen und hatten einen eigenen Staat mit dem Zentrum in der heutigen Beqaa-Ebene und der Hauptstadt Chalkis im Libanon gegründet. Dessen Auflösung begann 36 infolge der militärischen Aktivitäten des Marcus Antonius, wobei das Gebiet zwischen der Trachonitis und Galiläa dem Zenodorus überlassen wurde, nach dessen Tod es der Judäerkönig Herodes aus der Hand des Augustus erhielt.

Kohorte — Die Untergliederung der römischen Legionen in jeweils 10 Kohorten zu 600 Mann (Sollstärke) geht auf die Heeresreform des Marius ab 107 zurück; die Manipel der früheren Manipellegionen gingen zu jeweils drei in die Kohorten ein. In die Kohorten der Verbündeten wurden auch ausländische Truppenkontingente eingegliedert.

Koilesyrien — Was die geographische Bezeichnung zu welcher Zeit umfasste, ist angesichts der unklaren Überlieferung unsicher. Sie war wohl auch tatsächlich schwankend und mag gelegentlich die gesamte → Transeuphratene gemeint haben, meist aber wohl → Phönizien und damit verbunden auch die syrische Küstenregion südlich des Karmelgebirges, denn Koilesyrien war vornehmlich im 3./2. Jahrhundert zwischen Seleukiden und Ptolemäern umstritten. was auch die Bestallung hasmonäischer Kriegsherren als Strategen von Koilesyrien verständlich macht.

Legion — Das römische Heer war in eine zunehmende Zahl von Infanterietruppenkörpern mit einer jeweiligen Sollstärke von 6000 Mann eingeteilt, die seit den marianischen Reformen aus jeweils 10 → Kohorten bestanden.

Makkabäer — Benannt wird diese Familie, die ihre Abstammung auf einen gewissen Hasmon/Asamon zurückführte und daher auch als

→ Hasmonäer zu bezeichnen ist, nach Judas, dem Sohn des Mattathias, beigenannt Makkabi (der Hammer), der erfolgreich den Makkabäeraufstand führte, die blutige Rebellion der Juden gegen die Religionspolitik des Seleukiden Antiochos IV. Epiphanes (175–164).

Nabatäer — Das arabische Nomadenvolk in Nordwestarabien hatte bereits im 4. Jahrhundert eine quasistaatliche Organisation mit einem seit dem 2. Jahrhundert nachgewiesenen König in der Residenzstadt Petra (im heutigen Jordanien). Die Nabatäer beherrschten den gesamten nordarabischen Karawanenhandel wie die Weihrauchstraße, die bei Gaza das Mittelmeer erreichte, und dehnten im 1. Jahrhundert ihren Einfluss zeitweise bis nach Damaskus aus.

Parther — Ausgehend von Parthia, der Landschaft östlich des Kaspischen Meeres, die eine Satrapie (Provinz) des persischen Achämenidenreiches wie dann des Seleukidenreiches war, drangen die Parther nach Mesopotamien vor, erklärten sich unter den ersten Herrschern ihrer Arsakidendynastie für unabhängig (247) und gerieten seit Ende des 3. Jahrhunderts zunehmend unter hellenistischen Einfluss. Im Zuge der ersten Phase des Mithridatischen Krieges kamen die Parther in Kontakt mit den Römern und vereinbarten die Euphratgrenze, doch kam es nach der Einrichtung der römischen Provinz Syrien immer wieder zu Angriffen und Kampfpausen ohne dauerhafte Lösung sowie zu parthischen Einmischungen in die römischen Bürgerkriege. Im Friedensvertrag mit Augustus verzichteten die Parther im Jahre 20 auf Armenien und bestätigten den Euphrat als Grenze.

Peräa — Mit dem „Gegenüber" wurde das Territorium eines griechisch-hellenistischen (Stadt-)Staates bezeichnet, das in einer gewissen Entfernung von dessen geschlossenem Staatsgebiet lag, wie etwa der Festlandsbesitz von Inselstaaten wie Rhodos. Die judäische Peräa ist das Gebiet jenseits des Jordans und des Toten Meeres, also östlich des Jordangrabens; sie wurde im Süden und Osten begrenzt durch das Gebiet der → Nabatäer, im Norden von der → Dekapolis.

Pharisäer — Unter der Herrschaft der → Hasmonäer bildeten latent oppositionelle Fromme eine Gruppe, die streng nach den Gesetzen lebte, das Ideal der religiösen und politischen Verwirklichung der → Torah in konkrete politische Handlungen umzusetzen forderte und ihre Lehren in Philosophenschulen weitergaben. Sie wurden zu einer Religionspartei, die immer

	wieder Einfluss auf die religiöse und weltliche Politik in Judäa nahm.
Phönizien	Die syrische Küstenzone zwischen dem Karmelgebirge im Süden und dem Fluss Eleutheros im Norden mit berühmten Hafen- und Handelsstädten wie Arados, Byblos, Sidon, Tyros hatte im Seleukidenreich ihre alte Bedeutung verloren, gewann sie aber mit der Einrichtung der römischen Provinz Syria zurück.
Procurator	Seit Augustus bezeichnet der Begriff 'Fürsorger' einen Beamten, der für die Finanzverwaltung zuständig war oder kleinere kaiserliche Provinzen verwaltete.
Provinz	Aus der 'provincia', die in der frühen und mittleren römischen Republik der Amtsbereich eines Konsuls oder Prätors war, wurde im Zuge der territorialen Ausdehnung Roms über das westliche und östliche Mittelmeer der Terminus technicus für das von einem entsprechenden Amtsträger verwaltete Gebiet, das, meist infolge militärischer Eroberung, der direkten römischen Herrschaft unterstand.
Prutah/ Prutot (pl.)	In Judäa wurden nur (kleine) Bronzemünzen geprägt, die im Gewichtsstandard des tyrischen Silberschekels gemessen wurden; demnach entsprachen 672 Prutot dem Wert einer 14,5 Gramm schweren Silbermünze.
Ptolemäer	Die vom Makedonen Ptolemaios I. Soter, einem der Generäle und Nachfolger Alexanders des Großen, gegründete Dynastie regierte in Ägypten in der Tradition der Pharaonen bis zum Tod der letzten Ptolemäerin, Kleopatras VII. (30). Alle Könige führten den Namen Ptolemaios und wurden in ihrer Zeit durch Beinamen unterschieden; die numerische Zählung (I–XV) ist modern.
Sanhedrin/ Synhedrion	Nach dem griechischen Begriff synhedrion (Sitzung), der eine Körperschaft von Delegierten oder Kollegien von Oberbeamten bezeichnet, nannte sich auch der Oberste Rat und Gerichtshof der Juden so, der eng mit dem Tempel in Jerusalem verbunden war; er bestand aus 70 aristokratischen Ratsmitgliedern sowie dem Hohepriester, der zugleich Vorstand des Rates war.
Seleukiden	Die von dem Makedonen Seleukos I. Nikator, einem General und Nachfolger Alexanders des Großen, gegründete Dynastie herrschte seit 312 in Mesopotamien, Syrien und Teilen Kleinasiens. Sie regierte, inzwischen durch die Expansion der Parther auf die syrische Levante beschränkt, bis 63 und endete, als Pompeius Syrien zur römischen Provinz machte.

Der letzte, von Pompeius besiegte König in der Reihe der Seleukiden war der armenische König Tigranes, gegen den die Römer als den Schwiegersohn Mithridates' VI. Krieg führten und so auch nach Syrien kamen.

Strategos, Stratege — Der „Heerführer" war in griechisch-hellenistischen Stadtstaaten ein militärischer Wahlbeamter, in hellenistischen Monarchien ein Offizier mit selbstständigem Kommando; als solcher fungierte er mit militärischen und zivilen Aufgaben auch als Gouverneur eines Landesteils.

Synhedrion — siehe Sanhedrin

Talent — Das Talent, das griechisch-hellenistische (Münz-)Gewichtsmaß, entsprach 26 Kilogramm (attischer Münzfuß) und teilte sich als Maß für Silbermünzen in 6000 Drachmen zu 4,3 Gramm. Das gängige 4-Drachmen-Stück (Tetradrachmon) wog 17 Gramm und entsprach in etwa einem Schekel, der Standardmünze nach dem phönizisch-altjüdischen Gewichtsmaß. Im 1. Jahrhundert war weithin der tyrische Schekel zu 14,5 Gramm maßgeblich.

Tetrarch — Der „Vierfürst", wörtlich „Herrscher in einem Viererkollegium", bezeichnet in hellenistischer Zeit einen (Klientel-)Fürsten, der über ein kleines Territorium herrscht.

Torah — Den ersten und wichtigsten Teil der schriftlichen Lehre des Judentums, zugleich ihr heiligstes Vermächtnis, bilden die fünf Bücher Mose (des Alten Testaments der Christen). Der weitere Teil der schriftlichen Lehre ist der Talmud, ein über lange Zeit nur mündlich tradierter Teil der Lehre, der die Propheten und Hagiographien umfasst.

Trachonitis — Die Landschaft nördlich der → Auranitis (Haurân) und südlich von Damaskus ist der östliche Teil der → Batanäa. Das Gebiet ist gekennzeichnet durch die trostlose Lavawüste, die dem vulkanischen Basaltgebirge des Hauran vorgelagert ist.

Transeuphratene — Zum „Gebiet jenseits des Euphrat" (von Mesopotamien aus gesehen), einem Verwaltungsbezirk im persischen Achämenidenreich (6.–4. Jahrhundert), gehörte die syrische Wüstenregion, der Fruchtbare Halbmond bis zum Taurosgebirge in Kilikien sowie die phönizisch-palästinische Küstenzone bis zur Grenze nach Ägypten.

Abkürzungsverzeichnis

AJ	Flavius Josephus, *Jüdische Altertümer (Antiquitates Judaicae)*
Abb.	Abbildung
Anm.	Anmerkung
ANRW	H. Temporini, W. Haase (Hrsg.), Aufstieg und Niedergang der römischen Welt, Berlin 1972ff.
BJ	Flavius Josephus, *Jüdischer Krieg (Bellum Judaicum)*
CHJ	Cambridge History of Judaism
CPh	Journal for Classical Philology
DNP	Der Neue Pauly, Enzyklopädie der Antike, 1996ff.
f. (ff.)	die folgende(n) Seite(n)
Hrsg.	Herausgeber
JRS	Journal of Roman Studies
ND	Nachdruck
Nr.	Nummer
RE	Pauly's Real-Encyclopädie der classischen Altertumswissenschaft, Neue Bearbeitung 1894ff.
S.	Seite(n)
vgl.	vergleiche

Bibliographie

Ådna, J., Jerusalemer Tempel und Tempelmarkt im 1. Jahrhundert n. Chr., Wiesbaden 1999.
Baltrusch, E., Die Juden und das Römische Reich, Darmstadt 2002.
Bengtson, H., Marcus Antonius. Triumvir und Herrscher des Orients, München 1977.
Berve, H., Die Tyrannis bei den Griechen, München 1967.
Baumann, U., Rom und die Juden. Die römisch-jüdischen Beziehungen von Pompeius bis zum Tode des Herodes (63 v. Chr.–4 v. Chr.), Frankfurt u. a. 1983.
Cancik, H./Hitzl, K. (Hrsg.), Die Praxis der Herrscherverehrung in Rom und seinen Provinzen, Tübingen 2003.
Carettoni, G., Das Haus des Augustus auf dem Palatin, Mainz 1983.
Cartledge, P./Spawforth, A., Hellenistic and Roman Sparta. A Tale of two Cities, London 1989.
Clauss, M., Kaiser und Gott. Herrscherkult im Römischen Reich, Stuttgart u. a. ²2001.
Deppisch, W., Richard Strauss in Selbstzeugnissen und Bilddokumenten, Reinbek 1968.
Eschenfelder, C., Tiepolo, Köln 1998.
Gelzer, M., Pompeius, München 1949.
Gruen, E. S., Diaspora. Jews amidst Greeks and Romans, Cambridge/Mass. 2002.
Hausamann, T., Die tanzende Salome in der Kunst von der christlichen Frühzeit bis um 1500. Ikonographische Studien (Dissertation), Zürich 1980.
Hoehner, H. W., Herod Antipas, Cambridge 1972.
Huss, W., Ägypten in hellenistischer Zeit, München 2001.
Jacobs, M., Die Institution des jüdischen Patriarchen, Tübingen 1995.
Kasher, A., Jews, Idumaeans, and Ancient Arabs, Tübingen 1988.
Kienast, D., Augustus, Prinzeps und Monarch, Darmstadt 1982.
Kokkinos, N., The Herodian Dynasty, Sheffield 1998.
Lämmer, M., Die Kaiserspiele von Caesarea im Dienst der Politik des Königs Herodes, JDSK 1974, 95–164.
Lichtenberger, A., Die Baupolitik Herodes des Großen, Wiesbaden 1999.
Lindner, M. (Hrsg.), Petra und das Königreich der Nabatäer, München ⁶1997.
Malitz, J., Nikolaos von Damaskus: Leben des Kaisers Augustus, Darmstadt 2003.
Merkel, K., Salome. Ikonographie im Wandel, Frankfurt u. a. 1989.
Meshorer, Y,. Ancient Jewish Coinage. The Israel Museum, Israel, Bd. I: Persian Period through Hasmonaeans, New York 1982.
Netzer, E., Die Paläste der Hasmonäer und Herodes' des Großen, Mainz 1999.
Otto, W., Herodes (Nr. 14), RE Suppl. 2, 1913, 1–158.
Perowne, S., Herodes der Große, Stuttgart 1957.
Prause, G., Herodes. König der Juden, Hamburg 1977.

Price, S. R. F., Rituals and Powers. The Roman Imperial cult in Asia Minor, Cambridge 1984.
Rajak, T., Josephus the Historian and His Society, London ²2002.
Richardson, P., Herod. King of the Jews and Friend of the Romans, Columbia 1996.
Roddaz, J.-M., Marcus Agrippa, Paris 1984.
Rohde, T. (Hrsg.), Mythos Salome. Vom Markusevangelium bis Djuna Barnes, Leipzig 2000.
Roters, E., Malerei des 19. Jahrhunderts, Köln 1998.
Sandmel, S., Herodes. Bildnis eines Tyrannen, Stuttgart 1968.
Schäfer, P., Geschichte der Juden in der Antike, Stuttgart 1983.
Schalit, A., König Herodes. Der Mann und sein Werk, Berlin 1969, ²2001 (mit einem Vorwort von D. R. Schwartz).
Schwartz, D. R., Agrippa I: The last King of Judaea, Tübingen 1990.
Smallwood, E. M., The Jews under Roman Rule, Leiden ²1981.
Solin, H., Die griechischen Personennamen in Rom, Berlin ²2003.
Stein-Hölkeskamp, E., Das römische Gastmahl, München 2005.
Sullivan, R. D., Near Eastern Royality and Rome 100–30 B. C., Toronto 1990.
Trebilco, P. R., Jewish Communities in Asia Minor, Cambridge 1991.
Vogel, M., Herodes. König der Juden, Freund der Römer, Leipzig 2002.
Willrich, H., Das Haus des Herodes zwischen Jerusalem und Rom, Heidelberg 1929.

Personen- und Ortsregister

Abbildungsnachweis

Abb. 1 aus: Ch. Eschenfelder, Tiepolo, Köln 1998.
Abb. 2: akg-images.
Abb. 3 von E. Netzer, aus: E. Netzer, Die Paläste der Hasmonäer und Herodes' des Großen, Mainz 1999 (engl. Ausgabe: The Palaces of the Hasmoneans and Herod the Great, Jerusalem 2001).
Abb. 4 von E. Netzer, aus: E. Netzer, Die Paläste der Hasmonäer.
Abb. 5 mit freundlicher Genehmigung von Thomas Weber, aus: Th. Weber, R. Wenning (Hrsg.), Petra, Antike Felsstadt zwischen arabischer Tradition und griechischer Norm, Mainz 1997.
Abb. 6 von E. Netzer, aus: E. Netzer, Die Paläste der Hasmonäer.
Abb. 7 von E. Netzer, aus: E. Netzer, Die Paläste der Hasmonäer.
Abb. 8 von Z. Radovan, aus: E. Netzer, Die Paläste der Hasmonäer.
Abb. 9 Albatross, Tel Aviv, aus: E. Netzer, Die Paläste der Hasmonäer.
Abb. 10 von V. Brown, aus: E. Netzer, Die Paläste der Hasmonäer.
Abb. 11 von E. Netzer, aus: E. Netzer, Die Paläste der Hasmonäer.
Abb. 12 von Z. Radovan, aus: E. Netzer, Die Paläste der Hasmonäer.
Abb. 13 von D. Bahat, aus: E. Netzer, Die Paläste der Hasmonäer.
Abb. 14 von E. Netzer, aus: E. Netzer, Die Paläste der Hasmonäer.
Abb. 15 von A. Volk, aus: E. Netzer, Die Paläste der Hasmonäer.
Abb. 16 von E. Netzer, aus: E. Netzer, Die Paläste der Hasmonäer.
Abb. 17 von Y. Tsafrir, aus: E. Netzer, Die Paläste der Hasmonäer.

Landkarte von Peter Palm.
Stemmata von der Autorin.